Tusculum-Bücherei

Zweisprachige antike Taschenausgabe

ANTIKE ASTRONOMIE

Aus griechischen und lateinischen Quellen
mit Text, Übersetzung und Erläuterungen
geschichtlich dargestellt von

HEINRICH BALSS

BEI ERNST HEIMERAN IN MÜNCHEN

Titelvignette: Helios mit dem Sonnenwagen
von einer Hydria des Meidiasmalers um 400 v. Chr.

1. Auflage · 1949 · 1.—4. Tausend. 159
Gedruckt und gebunden bei „Fränkischer Tag" Bamberg

D I E A N F Ä N G E

ΟΜΗΡΟΣ

1.

Ἐν μὲν γαῖαν ἔτευξ', ἐν δ' οὐρανὸν ἐν δὲ θάλασσαν
ἠέλιόν τ' ἀκάμαντα σελήνην τε πλήθουσαν,
ἐν δὲ τὰ τείρεα πάντα, τά τ' οὐρανὸς ἐστεφάνωται,
Πληιάδας θ' Ὑάδας τε τό τε σθένος Ὠαρίωνος
ἄρκτον θ', ἣν καὶ ἄμαξαν ἐπίκλησιν καλέουσιν,
ἥ τ' αὐτοῦ στρέφεται καί τ' Ὠαρίωνα δοκεύει
οἴη δ' ἄμμορός ἐστι λοετρῶν Ὠκεανοῖο.

Ilias XVIII 483—489

2.

Ὣς Ἀχιλεὺς λαιψηρὰ πόδας καὶ γούνατ' ἐνώμα.
τὸν δ' ὁ γέρων Πρίαμος πρῶτος ἴδεν ὀφθαλμοῖσιν
παμφαίνονθ' ὥς τ' ἀστέρ', ἐπεσσυμένον πεδίοιο,
ὅς ῥά τ' ὀπώρης εἶσιν, ἀρίζηλοι δέ οἱ αὐγαὶ
φαίνονται πολλοῖσι μετ' ἀστράσι νυκτὸς ἀμολγῷ,
ὅν τε κύν' Ὠαρίωνος ἐπίκλησιν καλέουσιν·
λαμπρότατος μὲν ὅ γ' ἐστί, κακὸν δέ τε σῆμα τέτυκται
καί τε φέρει πολλὸν πυρετὸν δειλοῖσι βροτοῖσιν.

Ilias XXII 25—31

3.

Γηθόσυνος δ' οὔρῳ πέτασ' ἱστία δῖος Ὀδυσσεύς.
αὐτὰρ ὃ πηδαλίῳ ἰθύνετο τεχνηέντως
ἥμενος· οὐδέ οἱ ὕπνος ἐπὶ βλεφάροισιν ἔπιπτεν
Πληιάδας τ' ἐσορῶντι καὶ ὀψὲ δύοντα Βοώτην
ἄρκτον θ', ἣν καὶ ἄμαξαν ἐπίκλησιν καλέουσιν,
ἥ τ' αὐτοῦ στρέφεται καὶ τ' Ὠαρίωνα δοκεύει,
οἴη δ' ἄμμορός ἐστι λοετρῶν Ὠκεανοῖο·
τὴν γὰρ δή μιν ἄνωγε Καλυψώ, δῖα θεάων,
ποντοπορευέμεναι ἐπ' ἀριστερὰ χειρὸς ἔχοντα.

Odyssee V 269—277

INHALT

DIE ANFÄNGE

HOMER

1.

Bildete oben darauf die Erde, das Meer und den Himmel,
Ferner den vollen Mond und die unermüdliche Sonne,
Dann auch alle Sterne dazu, die den Himmel umkränzen,
Oben das Siebengestirn, die Hyaden, die Kraft des Orion,
Und den Bären, den auch mit Namen „den Wagen" sie nennen,
Der auf der Stelle sich dreht und stets den Orion belauert,
Doch als einziger teil nicht hat an Okeanos' Bade.

H. Rupé

2.

So bewegte Achilleus rasch die Schenkel und Kniee.
Priamos aber, der Greis, ersah ihn zuerst mit den Augen,
Als er, hell wie der Stern, daher durch die Ebene stürmte,
Der in herbstlicher Zeit sich erhebt und in strahlender Klarheit
Jeden Stern überglänzt von den vielen im nächtlichen Dunkel,
Welchen die Menschen „Hund des Orion" mit Namen benennen.
Hell wie er strahlt, bedeutet er doch ein verderbliches Zeichen,
Denn er bringt viel fiebrige Glut den elenden Menschen.

H. Rupé

3.

Freudig spannte der Held im Winde die schwellenden Segel.
Und nun setzt' er sich hin ans Ruder und steuerte künstlich
Über die Flut. Ihm schloß kein Schlummer die wachsamen Augen,
Auf die Plejaden gewandt und auf Bootes, der spät erst
Untergeht, und den Bären, der wohl auch Wagen genannt wird,
Welcher im Kreise sich dreht, den Blick zum Orion gewendet,
Und allein niemals in Okeanos' Bad sich hinabtaucht.
Denn beim Scheiden befahl ihm die hehre Göttin Kalypso,
Daß er auf seiner Fahrt ihn immer zur Linken behielte.

J. H. Voss — E. R. Weiss

ΗΣΙΟΔΟΣ

1.

Πληιάδων Ἀτλαγενέων ἐπιτελλομενάων
ἄρχεσθ' ἀμήτοι', ἀρότοιο δὲ δυσομενάων,
αἳ δή τοι νύκτας τε καὶ ἤματα τεσσαράκοντα
κεκρύφαται, αὖτις δὲ περιπλομένου ἐνιαυτοῦ
φαίνονται τὰ πρῶτα χαρασσομένοιο σιδήρου.

Opera 383—387

2.

Εὖτ' ἂν δ' Ὠαρίων καὶ Σείριος ἐς μέσον ἔλθῃ
οὐρανόν, Ἀρκτοῦρον δὲ ἴδῃ ῥοδοδάκτυλος Ἠώς,
ὦ Πέρσῃ, τότε πάντας ἀποδρέπεν οἴκαδε βότρυς.

Opera 609—611

3.

. . . . . Αὐτὰρ ἐπὴν δὴ
Πληιάδες θ' Ὑάδες τε τό τε σθένος Ὠαρίωνος
δύνωσιν, τότ' ἔπειτ' ἀρότου μεμνημένος εἶναι
ὡραίου· πλειὼν δὲ κατὰ χθονὸς ἄρμενος εἴσιν.

Opera 614—617

ΘΑΛΗΣ

1.

Ὥσπερ καὶ Θαλῆν ἀστρονομοῦντα καὶ ἄνω βλέποντα, πεσόντα εἰς φρέαρ, Θρᾷττά τις ἐμμελὴς καὶ χαρίεσσα θεραπαινὶς ἀποσκῶψαι λέγεται, ὡς τὰ μὲν ἐν οὐρανῷ προθυμοῖτο εἰδέναι, τὰ δ' ἔμπροσθεν αὐτοῦ καὶ παρὰ πόδας λανθάνοι αὐτόν.

Platon, Theaetet pg. 174A - DKr 11 A 9

2.

Οἱ δ' ἐφ' ὕδατος κεῖσθαι [τὴν γῆν]. τοῦτον γὰρ ἀρχαιότατον παρειλήφαμεν τὸν λόγον, ὅν φασιν εἰπεῖν Θαλῆν τὸν Μιλήσιον, ὡς διὰ τὸ πλωτὴν εἶναι μένουσαν ὥσπερ ξύλον ἤ τι τοιοῦτον ἕτερον (καὶ γὰρ τούτων ἐπ' ἀέρος μὲν οὐθὲν πέφυκε μένειν, ἀλλ' ἐφ' ὕδατος) . . . ἔτι δ' ὥσπερ ἀὴρ ὕδατος κουφότερον, καὶ γῆς ὕδωρ, ὥστε πῶς οἷόν τε τὸ κουφότερον κατωτέρω κεῖσθαι τοῦ βαρυτέρου τὴν φύσιν;

Aristoteles, de caelo II/13 pg. 294a - DKr 11 A 14

HESIOD

1.

Wenn das Gestirn der Plejaden, der Atlastöchter, heraufsteigt,
Fanget die Ernte an; aber die Saat dann, wenn sie hinabgehn.
Sie sind vierzig Nächt' und vierzig Tage zusammen
Nimmer gesehen; dann wieder im rollenden Laufe des Jahres
Treten sie vor zum Lichte, sobald man schärfet das Eisen.

E. Eyth

2.

Wenn der Orion nun und Sirius mitten am Himmel
Stehn, den Arktur erblicket die rosenfingrige Eos,
Perses, schneid' und hol' jetzt sämtliche Trauben nach Hause ...

E. Eyth

3.

Doch wenn jetzt
Sich Plejaden, Hyaden und auch die Kraft des Orion
Neigen hinab, dann mußt du der Aussaat wieder gedenk sein.
Jetzt ist's Zeit. So wäre das Jahr für den Boden geordnet.

E. Eyth

THALES VON MILET

1.

Den Thales, als er, um die Sterne zu beschauen, den Blick nach oben gerichtet, in den Brunnen fiel, verspottete eine kluge und witzige thrakische Magd: er strebe, was am Himmel sei, wohl zu erfahren, was aber vor ihm und zu seinen Füßen liege, das bleibe ihm unbekannt.

F. Schleiermacher

2.

... Andere behaupten, die Erde liege auf dem Wasser; diese Begründung ist uns nämlich als die älteste überkommen, von welcher man sagt, es habe sie Thales aus Milet ausgesprochen: Es beharre die Erde darum, weil sie schwimme, wie etwa Holz oder anderes dieser Art schwimme (denn auch von diesen beharre von Natur aus keines auf der Luft, wohl hingegen auf dem Wasser) ... Aber wie die Luft leichter als das Wasser ist, ist das Wasser leichter als die Erde; wie ist es folglich möglich, daß das Leichtere weiter unten liegt als das von Natur aus Schwerere?

C. Prantl

3.
Διαφέρουσι δέ σφι ἐπ' ἴσης τὸν πόλεμον τῷ ἕκτῳ ἔτει συμβολῆς γενομένης συνήνεικε, ὥστε τῆς μάχης συνεστεώσης τὴν ἡμέρην ἐξαπίνης νύκτα γενέσθαι. τὴν δὲ μεταλλαγὴν ταύτην τῆς ἡμέρης Θαλῆς ὁ Μιλήσιος τοῖσι Ἴωσι προηγόρευσε ἔσεσθαι, οὖρον προθέμενος ἐνιαυτὸν τοῦτον, ἐν τῷ δὴ καὶ ἐγένετο ἡ μεταβολή . . . . .

Herodot, historiae I/74 - DKr 11 A 5

ΜΙΜΝΕΡΜΟΣ

1.
Ἠέλιος μὲν γὰρ πόνον ἔλλαχεν ἤματα πάντα,
οὐδέ κοτ' ἄμπαυσις γίγνεται οὐδεμία
ἵπποισίν τε καὶ αὐτῷ, ἐπεὶ ῥοδοδάκτυλος Ἠώς
Ὠκεανὸν προλιποῦσ' οὐρανὸν εἰσαναβῇ·
τὸν μὲν γὰρ διὰ κῦμα φέρει πολυήρατος εὐνή
κοίλη Ἡφαίστου χερσὶν ἐληλαμένη
χρυσοῦ τιμήεντος, ὑπόπτερος, ἄκρον ἐφ' ὕδωρ
εὕδονθ' ἁρπαλέως χώρου ἀφ' Ἑσπερίδων
γαῖαν ἐς Αἰθιόπων, ἵνα δὴ θοὸν ἅρμα καὶ ἵπποι
ἑστᾶσ', ὄφρ' Ἠὼς ἠριγένεια μόλῃ.
ἔνθ' ἐπεβή[σεθ]' ἑ]ῶν ὀχέων Ὑπερίονος υἱός.

Athenaios 11, 470a - fr. 10 D

ΑΝΑΞΙΜΑΝΔΡΟΣ

1.
Ἀναξίμανδρος [τὰ ἄστρα εἶναι] πιλήματα ἀέρος τροχοειδῆ, πυρὸς ἔμπλεα, κατά τι μέρος ἀπὸ στομίων ἐκπνέοντα φλόγας.

Aëtios II/13,7 - DKr 12 A 18

2.
Ἀ . . . ἀνωτάτω μὲν πάντων τὸν ἥλιον τετάχθαι, μετ' αὐτὸν δὲ τὴν σελήνην, ὑπὸ δὲ αὐτοὺς τὰ ἀπλανῆ τῶν ἄστρων καὶ τοὺς πλάνητας.

Aëtios II/15,6 - DKr 12 A 18

3.

Es erhob sich ein Krieg [zwischen den Lydern und Medern an 5 Jahre] ... Als aber der Krieg sich gar nicht entscheiden wollte und sie im sechsten Jahre wieder aneinander gerieten, begab es sich, daß mitten im Treffen aus Tag auf einmal Nacht wurde. Und diese Tagesverwandlung hatte Thales aus Milet den Ioniern vorher verkündigt und als Zeit ebendieses Jahr angegeben, an dem diese Verwandlung sich zutrug. [Die Lyder und Meder aber ließen, als sie sahen, daß aus Tag Nacht geworden war, vom Kampf ab und beeilten sich, miteinander Frieden zu schließen.]

F. Lange - O. Guthling

MIMNERMOS

1

Wahrlich, ein mühvoll Amt muß Helios täglich verwalten;
Auch kein einziges Mal ist ja den Rossen und ihm
Innezuhalten vergönnt, sobald zur Höhe des Himmels
Aus des Okeanos Flut Eos, die rosige, stieg.
Aber ihn trägt bei Nacht durch die Woge das wonnige Lager,
Das aus lauterem Gold künstlich Hephaistos gewölbt;
Über den Spiegel des Meers auf eilenden Fittichen schwebend
Trägt es den Schlummernden sanft fort von Hesperiens Strand
Zum Äthiopengestad, wo sein Gespann mit dem Wagen
Harrt, bis wieder des Tags dämmernde Frühe sich naht.
[Dort wird wieder den Wagen besteigen der Sohn Hyperions.]

E. Geibel

ANAXIMANDER

1.

Anaximander sagt, die Gestirne seien radförmige Verdichtungen von Luft, die von Feuer erfüllt seien und an gewissen Stellen aus Öffnungen Flammen aushauchten.

W. Capelle

2.

Zuoberst von allen Gestirnen habe die Sonne ihren Stand, danach komme der Mond und unter ihnen die Fixsterne und die Planeten.

W. Capelle

3.
'Αναξίμανδρος [τόν ἥλιον] κύκλον εἶναι ὀκτωκαιεικοσαπλασίονα τῆς γῆς, ἁμαρτείῳ τροχῷ παραπλήσιον, τὴν ἁψῖδα ἔχοντα κοίλην, πλήρη πυρός, κατά τι μέρος ἐκφαίνουσαν διὰ στομίου τὸ πῦρ ὥσπερ διὰ πρηστῆρος αὐλοῦ.

Aëtios II/20,1 - DKr 12 A 21

4.
'Α. τὸν μὲν ἥλιον ἴσον εἶναι τῇ γῇ, τὸν δὲ κύκλον, ἀφ' οὗ τὴν ἐκπνοὴν ἔχει καὶ ὑφ' οὗ περιφέρεται, ἑπτακαιεικοσαπλασίω τῆς γῆς.

Aëtios II/21,1 - DKr 12 A 21

5.
'Α. [τὴν σελήνην] κύκλον εἶναι ἐννεακαιδεκαπλασίονα τῆς γῆς, ὅμοιον ἁρματείῳ [τροχῷ] κοίλην ἔχοντι τὴν ἁψῖδα καὶ πυρὸς πλήρη καθάπερ τὸν τοῦ ἡλίου, κείμενον λοξόν, ὡς κἀκεῖνον, ἔχοντα μίαν ἐκπνοὴν οἷον πρηστῆρος αὐλόν· ἐκλείπειν δὲ κατὰ τὰς τροπὰς τοῦ τροχοῦ.

Aëtios II/25,1 - DKr 12 A 22

6.
'Α. [ἐκλείπειν τὴν σελήνην] τοῦ στομίου τοῦ περὶ τὸν τροχὸν ἐπιφραττομένου.

Aëtios II/29,1 - DKr 12 A 22

7.
Εἶναι γὰρ τὸ πρῶτον ὑγρὸν ἅπαντα τὸν περὶ τὴν γῆν τόπον, ὑπὸ δὲ τοῦ ἡλίου ξηραινόμενον τὸ μὲν διατμίσαν πνεύματα καὶ τροπὰς ἡλίου καὶ σελήνης φασὶ ποιεῖν, τὸ δὲ λειφθὲν θάλατταν εἶναι.

Aristoteles, Meteorologica II, 1 353b6 - DKr 12 A 27

8;
Ὑπάρχειν δέ φησι τῷ μὲν σχήματι τὴν γῆν κυλινδροειδῆ, ἔχειν δὲ τοσοῦτον βάθος, ὅσον ἂν εἴη τρίτον πρὸς τὸ πλάτος.

Pseudoplutarch, Stromateis 2 - DKr 12 A 10

9.
[Τὴν δὲ γῆν] . . . τὸ δὲ σχῆμα αὐτῆς γυρόν, στρογγύλον, κίονι λίθῳ παραπλήσιον· τῶν δὲ ἐπιπέδων ᾧ μὲν ἐπιβεβήκαμεν, ὃ δέ ἀντίθετον ὑπάρχει.

Hippolytos, refutationes I/6,3 - DKr 12 A 11

3.

Nach Anaximander ist die Sonne ein Kreis, 28 mal so groß wie die Erde und einem Wagenrade ähnlich; sie habe den Felgenkranz hohl; dieser sei voll von Feuer und lasse an einer Stelle durch eine Mündung das Feuer zum Vorschein kommen wie durch einen Blasebalg.

W. Capelle

4.

Anaximander behauptete, die Sonne selbst sei gleich der Erde, dagegen der Kreis, an dem sie ihr Luftloch hat und von dem sie herumgetragen werde, 27 mal so groß wie die Erde.

W. Capelle

5.

Nach Anaximander ist der Mond ein Kreis, 19 mal so groß wie die Erde; er ist gleich wie ein Wagenrad, das den Felgenkranz hohl und von Feuer erfüllt habe, gerade wie der der Sonne. Er habe eine schiefe Lage wie jene und ein einziges Luftloch wie die Röhre eines Blasebalges. Er verfinstere sich, entsprechend den Umdrehungen des Rades.

W. Capelle

6.

Die Mondfinsternis erfolge dadurch, daß die Mündung [des Feuerloches] am Rade verstopft wird.

W. Capelle

7.

Ursprünglich sei die ganze Oberfläche der Erde feucht gewesen. Wie sie dann aber von der Sonne ausgetrocknet wurde, sei der eine Teil [der Feuchtigkeit] verdunstet und habe die Winde und die Wenden von Sonne und Mond verursacht, der übrig gebliebene Teil dagegen sei das Meer.

W. Capelle

8.

Die Erde habe die Gestalt eines Zylinders, dessen Höhe ein Drittel seiner Breite [= des Durchmessers ihrer Grundfläche] sei.

W. Capelle

9.

Die Gestalt der Erde sei gewölbt, abgerundet, einer steinernen Säule ähnlich. Auf der einen ihrer beiden Grundflächen gehen wir, die andere liegt dieser gegenüber.

W. Capelle

10.
'A. δέ ὅτι ἡ γῆ μετέωρος· καὶ κεῖται περὶ τὸ τοῦ κόσμου μέσον.

Theon Smyrnaeus pg. 198,18 - DKr 12 A 26

11.
Εἰσὶ δέ τινες οἳ διὰ τὴν ὁμοιότητά φασιν αὐτὴν γῆν] μένειν, ὥσπερ τῶν ἀρχαίων Α. . μᾶλλον μὲν γὰρ οὐθὲν ἄνω ἢ κάτω ἢ εἰς τὰ πλάγια φέρεσθαι προσήκει τὸ ἐπὶ τοῦ μέσου ἱδρυμένον καὶ ὁμοίως πρὸς τὰ ἔσχατα ἔχον· ἅμα δ' ἀδύνατον εἰς τἀναντία ποιεῖσθαι τὴν κίνησιν, ὥστ' ἐξ ἀνάγκης μένειν.

Aristoteles, de caelo II/13 pg. 295b10 - DKr 12 A 26

ΑΝΑΞΙΜΕΝΗΣ

1.
Πιλουμένου δὲ τοῦ ἀέρος πρώτην γεγενῆσθαι λέγει τὴν γῆν πλατεῖαν μάλα· διὸ καὶ κατὰ λόγον αὐτὴν ἐποχεῖσθαι τῷ ἀέρι.

Pseudoplutarch, Stromateis 3 - DKr 13 A 6

2.
Τὴν δὲ γῆν πλατεῖαν εἶναι ἐπ' ἀέρος ὀχουμένην, ὁμοίως δὲ καὶ ἥλιον καὶ σελήνην καὶ τὰ ἄλλα ἄστρα πάντα πύρινα ὄντα ἐποχεῖσθαι τῷ ἀέρι διὰ πλάτος . . . οὐ κινεῖσθαι δὲ ὑπὸ γῆν τὰ ἄστρα λέγει, καθὼς ἕτεροι ὑπειλήφασιν, ἀλλὰ περὶ γῆν, ὥσπερ εἰ περὶ τὴν ἡμετέραν κεφαλὴν στρέφεται τὸ πιλίον. κρύπτεσθαί τε τὸν ἥλιον οὐχ ὑπὸ γῆν γενόμενον, ἀλλ' ὑπὸ τῶν τῆς γῆς ὑψηλοτέρων μερῶν σκεπόμενον καὶ διὰ τὴν πλείονα ἡμῶν αὐτοῦ γενομένην ἀπόστασιν. τὰ δὲ ἄστρα μὴ θερμαίνειν διὰ τὸ μῆκος τῆς ἀποστάσεως.

Hippolytos, refutationes I/7 - DKr 13 A 7

3.
Καὶ τὸν ἥλιον καὶ τὴν σελήνην καὶ τὰ λοιπὰ ἄστρα τὴν ἀρχὴν τῆς γενέσεως ἔχειν ἐκ γῆς. ἀποφαίνεται γοῦν τὸν ἥλιον γῆν, διὰ δὲ τὴν ὀξεῖαν κίνησιν † καὶ μάλ' ἱκανῶς θερμὴν ταύτην καῦσιν λαβεῖν.

Pseudoplutarch, Stromateis 3 - DKr 13 A 6

10.

Anaximander behauptet, daß sich die Erde [im Weltraum] in schwebender Lage befinde, und zwar im Mittelpunkt der Welt.

W. Capelle

11.

Einige — so von den ältesten Denkern Anaximander — behaupten, daß die Erde infolge ihrer Gleichheit an ihrem Platze verharre. Denn das, was im Mittelpunkt ruht und sich in gleicher Weise zu den äußeren Rändern verhält, könne sich um nichts mehr nach oben oder nach unten oder nach einer der beiden Seiten bewegen. Daß es sich aber zugleich nach entgegengesetzten Seiten bewege, ist unmöglich, so daß es notwendiger Weise in seiner Ruhelage verharren müsse.

W. Capelle

ANAXIMENES

1.

Wie sich die Luft verdichtete, sei zuerst die Erde entstanden, von ganz flacher Gestalt. Sie schwimme daher begreiflicher Weise auf der Luft.

W. Capelle

2.

Die Erde sei flach und schwimme auf der Luft und ebenso schwämmen Sonne, Mond und die anderen Gestirne, die sämtlich von feuriger Natur seien, infolge ihrer flachen Gestalt auf der Luft ... Die Gestirne bewegten sich nicht unter der Erde durch, wie andere gemeint haben, sondern um die Erde herum, gerade wie sich um unseren Kopf der Filzhut dreht. Und die Sonne gehe nicht dadurch unter, daß sie unter der Erde verschwinde; vielmehr würde sie von den höheren Gegenden der Erde verdeckt und [sie werde auch deshalb unsichtbar], weil sie sich weiter von uns entfernt habe. Die Sterne erwärmen nicht wegen der Größe ihrer Entfernung von uns.

W. Capelle

3.

[Anaximenes lehrte] Sonne, Mond und die übrigen Gestirne hätten ihren Ursprung von der Erde. Er erklärt demnach die Sonne für Erde; sie sei aber infolge ihrer raschen Bewegung erhitzt worden und in diesen Verbrennungszustand geraten.

W. Capelle

4.
'Αναξιμένης ἥλων δίκην καταπεπηγέναι τὰ ἄστρα τῷ κρυσταλλοειδεῖ.

Aëtios II/14,3 - DKr 13 A 14

5.
Εἶναι δὲ καὶ γεώδεις φύσεις ἐν τῷ τόπῳ τῶν ἀστέρων συμπεριφερομένας ἐκείνοις.

Hippolytos, Refutationes I/7,5 - DKr 13 A 7

6.
'Α. ὑπὸ πεπυκνωμένου ἀέρος καὶ ἀντιτύπου ἐξωθούμενα τὰ ἄστρα τὰς τροπὰς ποιεῖσθαι.

Aëtios II/23.1 - DKr 13 A 15

ΠΥΘΑΓΟΡΑΣ

1.
(Πυθαγόρας) ἀλλὰ μὴν καὶ τὸν οὐρανὸν πρῶτον ὀνομάσαι κόσμον καὶ τὴν γῆν στρογγύλην, ὡς δὲ Θεόφραστος Παρμενίδην, ὡς δὲ Ζήνων Ἡσίοδον.

Diogenes Laërtios VIII 46

2.
Καὶ δοκεῖ [Παρμενίδης] πρῶτος πεφωρακέναι τὸν αὐτὸν εἶναι Ἕσπερον καὶ Φωσφόρον, ὥς φησι Φαβωρῖνος ἐν πέμπτῳ 'Απομνημονευμάτων· οἱ δὲ Πυθαγόραν.

Diogenes Laërtios IX/33 - DKr 14 A 20

ΑΛΚΜΑΙΩΝ

1.
(Τῶν μαθηματικῶν τινες) τοὺς πλανήτας τοῖς ἀπλανέσιν ἀπὸ δυσμῶν ἐπ' ἀνατολὰς ἀντιφέρεσθαι. τούτῳ δὲ συνομολογεῖ καὶ 'Αλκμαίων.

Aëtios II/16,2f - DKr 24 A 4

2.
'Αλκμαίων πλατὺν εἶναι τὸν ἥλιον.

Aëtios II/22,4 - DKr 24 A

4.

Die Gestirne seien wie Nägel an dem eisartigen [Himmelsgewölbe] befestigt.

W. Capelle

5.

Es gebe auch erdartige Körper in der Region der Gestirne, die mit diesen herumkreisten.

W. Capelle

6.

Anaximenes sagt, die Gestirne vollzögen ihre Wenden, weil sie von der verdichteten und wieder zurückschlagenden Luft abgestoßen würden.

W. Capelle

PYTHAGORAS

1.

Weiter wird berichtet, daß Pythagoras als erster den Himmel das Universum (Kosmos) genannt habe und die Erde für eine Kugel erklärt habe, während dies nach Theophrast Parmenides und nach Zeno Hesiod gewesen seien.

H. Balss

2.

Und von ihm [Parmenides] glaubt man, daß er als erster gesehen hat, daß der Abend- und der Morgenstern ein und derselbe Stern sind, wie Favorinus im fünften Buch seiner Denkwürdigkeiten berichtet; andere aber sagen, daß Pythagoras dies gewesen sei.

H. Balss

ALKMAION

1.

Einige Mathematiker behaupten, daß sich die Planeten von West nach Ost, der Bewegung der Fixsterne entgegen, bewegen; damit stimmt auch Alkmaion überein.

W. Capelle

2.

Alkmaion lehrt, die Sonne sei flach.

W. Capelle

3.
'Αλκμαίων, 'Ηράκλειτος, 'Αντιφῶν κατὰ τὴν τοῦ σκαφοειδοῦς στροφὴν καὶ τὰς περικλίσεις [ἐκλείπειν τὴν σελήνην].

Aëtios II/29,3 - DKr 24 A 4

4.
Παραπλησίως δὲ τούτοις καὶ 'Αλκμαίων ἔοικεν ὑπολαβεῖν περὶ ψυχῆς· φησὶ γὰρ αὐτὴν ἀθάνατον εἶναι διὰ τὸ ἐοικέναι τοῖς ἀθανάτοις· τοῦτο δ' ὑπάρχειν αὐτῇ ὡς ἀεὶ κινουμένῃ· κινεῖσθαι γὰρ καὶ τὰ θεῖα πάντα συνεχῶς ἀεί, σελήνην, ἥλιον, τοὺς ἀστέρας καὶ τὸν οὐρανὸν ὅλον.

Aristoteles, de anima I/2 pg. 405a - DKr 24 A 12

5.
'Ο γάρ τοι Κροτωνιάτης 'Αλκμαίων θεοὺς ᾤετο τοὺς ἀστέρας εἶναι ἐμψύχους ὄντας.

Clemens Alexandrinus, Protreptikos 66 - DKr 24 A 12

'ΗΡΑΚΛΕΙΤΟΣ

1.
'Ο ἥλιος, καθάπερ ὁ 'Ηράκλειτός φησι, νέος ἐφ' ἡμέρῃ ἐστίν.

Aristoteles, Meteorologica II/2 pg. 355a. - DKr 22 B 6

2.
'Ο ἥλιός ἐστι τὸ μέγεθος οἷος φαίνεται.

Diogenes Laërtios IX/7. - DKr 22 A 1

3.
[Περὶ μεγέθους ἡλίου] εὖρος ποδὸς ἀνθρωπείου.

Aëtios II/21,4 - DKr 22 B 3

4.
Πιλήματα πυρὸς τὰ ἄστρα.

Aëtios II/13,8 - DKr 22 A 11

5.
Τρέφεσθαι τοὺς ἀστέρας ἐκ τῆς ἀπὸ γῆς ἀναθυμιάσεως.

Aëtios II/17,4 - DKr 22 A 11

6.
Σχεδὸν πάντα ἐπὶ τὴν ἀναθυμίασιν ἀνάγων τὴν ἀπὸ τῆς θαλάττης . . . γίνεσθαι δὲ ἀναθυμιάσεις ἀπό τε γῆς καὶ θαλάττης, ἃς μὲν λαμπρὰς καὶ καθαράς, ἃς δὲ σκοτεινάς. αὔξεσθαι δὲ τὸ μὲν πῦρ ὑπὸ τῶν λαμπρῶν, τὸ δὲ ὑγρὸν ὑπὸ τῶν ἑτέρων. τὸ δὲ περιέχον ὁποῖόν ἐστιν οὐ δηλοῖ· εἶναι μέντοι ἐν αὐτῷ σκάφας ἐπεστραμμένας κατὰ κοῖλον πρὸς ἡμᾶς, ἐν αἷς ἀθροιζομένας τὰς λαμπρὰς ἀναθυμιάσεις ἀποτε-

3.

Alkmaion, Heraklit und Antiphon lehren, daß [die Mondfinsternis] infolge der Drehung und der Umbeugungen des Nachenartigen erfolge.

W. Capelle

4.

Eine ähnliche Ansicht [wie Thales und Heraklit] scheint auch Alkmaion über die Seele gehabt zu haben. Er behauptet nämlich, sie sei unsterblich, weil sie den Unsterblichen gleiche, und dies sei ihr eigentümlich wegen ihrer beständigen Bewegung. Denn in ununterbrochener Bewegung sei auch alles Göttliche, der Mond, die Sonne, die Sterne und der ganze Himmel.

A. Busse

5.

Alkmaion aus Kroton hielt die Sterne, weil sie beseelt seien, für Götter.

W. Capelle

HERAKLIT

1.

Nach Heraklit ist die Sonne neu an jedem Tag.

W. Capelle

2.

Die Sonne ist so groß, wie sie uns erscheint.

W. Capelle

3.

Die Sonne hat die Breite eines menschlichen Fußes.

W. Capelle

4.

Die Gestirne seien Verdichtungen von Feuer.

W. Capelle

5.

Die Gestirne ernährten sich von der Ausdünstung der Erde.

W. Capelle

6.

Er führt fast alles auf die vom Meere aufsteigende Ausdünstung zurück ... Es entständen aber Ausdünstungen von der Erde und vom Meere, die einen hell und rein, die anderen dunkel. Und zwar werde das Feuer [der Gestirne] von den hellen, die Feuchtigkeit [in der Atmosphäre] aber von den anderen [Ausdünstungen] ernährt. Welcher Art aber das [die Gestirne] Umgebende sei, sagt er nicht. In diesem aber befänden sich

λεῖν φλόγας, ἃς εἶναι τὰ ἄστρα. λαμπροτάτην δὲ εἶναι τὴν τοῦ ἡλίου φλόγα καὶ θερμοτάτην. τὰ μὲν γὰρ ἄλλα ἄστρα πλεῖον ἀπέχειν ἀπὸ γῆς καὶ διὰ τοῦτο ἧττον λάμπειν καὶ θάλπειν, τὴν δὲ σελήνην προσγειοτέραν οὖσαν μὴ διὰ τοῦ καθαροῦ φέρεσθαι τόπου. τὸν μέντοι ἥλιον ἐν διαυγεῖ καὶ ἀμιγεῖ κεῖσθαι καὶ σύμμετρον ἀφ' ἡμῶν ἔχειν διάστημα· τοιγάρτοι μᾶλλον θερμαίνειν τε καὶ φωτίζειν. ἐκλείπειν τε ἥλιον καὶ σελήνην ἄνω στρεφομένων τῶν σκαφῶν· τούς τε κατὰ μῆνα τῆς σελήνης σχηματισμοὺς γίνεσθαι στρεφομένης ἐν αὐτῇ κατὰ μικρὸν τῆς σκάφης.

Diogenes Laërtios IX 9-10-DKr 22 A 1

ΞΕΝΟΦΑΝΗΣ

1.

Ξενοφάνης ἐκ νεφῶν πεπυρωμένων εἶναι τὸν ἥλιον. Θεόφραστος ἐν τοῖς Φυσικοῖς γέγραφεν ἐκ πυριδίων μὲν τῶν συναθροιζομένων ἐκ τῆς ὑγρᾶς ἀναθυμιάσεως, συναθροιζόντων δὲ τὸν ἥλιον.

Aëtios II/20,3-DKr 21 A 40

2.

Τὸν δέ ἥλιον ἐκ μικρῶν πυριδίων ἀθροιζομένων γίνεσθαι καθ' ἑκάστην ἡμέραν.

Hippolytos, Refutationes I/14,3-DKr 21 A 33

3.

Ξενοφάνης κατὰ σβέσιν [δύσιν ἡλίου γίνεσθαι], ἕτερον δὲ πάλιν πρὸς ταῖς ἀνατολαῖς γίνεσθαι.

Aëtios II/24 DKr 21 A 41

4.

Ξενοφάνης ἐκ νεφῶν μὲν πεπυρωμένων [τοὺς ἀστέρας γίνεσθαι]· σβεννυμένους δὲ καθ' ἑκάστην ἡμέραν ἀναζωπυρεῖν νύκτωρ καθάπερ τοὺς ἄνθρακας· τὰς γὰρ ἀνατολὰς καὶ τὰς δύσεις ἐξάψεις εἶναι καὶ σβέσεις.

Aëtios II/13-DKr 21 A 38

5.

Ξενοφάνης νέφος εἶναι πεπιλημένον [τὴν σελήνην]. . . . ἴδιον αὐτὴν ἔχειν φῶς . . . καὶ τὴν μηνιαίαν ἀπόκρυψιν κατὰ σβέσιν [γίνεσθαι].

Aëtios II/25, 28, 29-DKr 21 A 43

Nachen, die uns mit ihrer Hohlseite zugekehrt seien und in denen sich die hellen Ausdünstungen ansammelten und entzündeten; dies seien die Gestirne. Am hellsten aber und am wärmsten sei das Feuer der Sonne. Die anderen Gestirne seien nämlich von der Erde weiter entfernt und leuchteten und wärmten deshalb weniger, der Mond aber, der der Erde näher sei, bewege sich nicht durch die reine Region. Dagegen bewege sich die Sonne in der hellen und reinen Sphäre und habe eine angemessene Entfernung von uns. Daher wärme und leuchte sie stärker. Es verfinsterten sich aber Sonne und Mond, indem sich ihre Nachen nach oben umkehrten. Und die monatlichen Gestalten des Mondes entständen, indem sich die Hohlschale allmählich in ihm umdrehe.

W. Capelle

XENOPHANES

1.

Xenophanes sagt, die Sonne bestehe aus glühend gewordenen Wolken. Theophrast berichtet aber in seiner Physik, [sie entstehe nach ihm] aus Feuerteilchen, die sich aus der feuchten Ausdünstung ansammelten und so die Sonne bildeten.

W. Capelle

2.

Die Sonne entstehe jeden Tag [neu] aus kleinen Feuerteilchen, die sich ansammelten.

W. Capelle

3.

[Der Untergang der Sonne] erfolge durch Erlöschen und beim Aufgang entstehe wieder eine neue.

W. Capelle

4.

[Die Gestirne entständen] aus glühend gewordenen Wolken. Sie verlöschten aber mit jedem Tage und glühten nachts wieder auf wie die Kohlen. Denn die Auf- und Untergänge [der Gestirne] seien Entzündungen und Verlöschen [von Feuer].

W. Capelle

5.

[Der Mond] sei eine verdichtete Wolkenmasse ... Er habe eigenes Licht ... Und sein monatliches Verschwinden [erfolge] infolge von Verlöschen.

W. Capelle

6.

Ξενοφάνης . . . ὁ τῆς Ἐλεατικῆς αἱρέσεως ἡγησάμενος ἓν εἶναι τὸ πᾶν ἔφησε σφαιροειδὲς καὶ πεπερασμένον, οὐ γενητὸν ἀλλ' ἀίδιον καὶ πάμπαν ἀκίνητον.

Theodoretos IV/5 (aus Aëtios) - DKr 21 A 36

7.

Ἐδογμάτιζε δὲ ὁ Ξενοφάνης παρὰ τὰς τῶν ἄλλων ἀνθρώπων προλήψεις ἓν εἶναι τὸ πᾶν, καὶ τὸν θεὸν συμφυῆ τοῖς πᾶσιν, εἶναι δὲ σφαιροειδῆ καὶ ἀπαθῆ καὶ ἀμετάβλητον καὶ λογικόν.

Sextus Empiricus, Pyrrhoniarum institutiones I/224.
DKr 21 A 35

ΠΑΡΜΕΝΙΔΗΣ

1.

Καὶ τῆς μὲν γῆς ἀπόκρισιν εἶναι τὸν ἀέρα διὰ τὴν βιαιοτέραν αὐτῆς ἐξατμισθέντα πίλησιν, τοῦ δὲ πυρὸς ἀναπνοὴν τὸν ἥλιον καὶ τὸν γαλαξίαν κύκλον. συμμιγῆ δ' ἐξ ἀμφοῖν εἶναι τὴν σελήνην, τοῦ τ' ἀέρος καὶ τοῦ πυρός. περιστάντος δ' ἀνωτάτω πάντων τοῦ αἰθέρος ὑπ' αὐτῷ τὸ πυρῶδες ὑποταγῆναι τοῦθ' ὅπερ κεκλήκαμεν οὐρανόν, ὑφ' ᾧ ἤδη τὰ περίγεια.

Aëtios II/7,1 - DKr 28 A 37

2.

Παρμενίδης πρῶτον μὲν τάττει τὸν Ἑῷον, τὸν αὐτὸν δὲ νομιζόμενον ὑπ' αὐτοῦ καὶ Ἕσπερον, ἐν τῷ αἰθέρι· μεθ' ὃν τὸν ἥλιον, ὑφ' ᾧ τοὺς ἐν τῷ πυρώδει ἀστέρας, ὅπερ οὐρανὸν καλεῖ.

Aëtios II/15,4 - DKr 28 A 40a

3.

Παρμενίδης ἴσην τῷ ἡλίῳ [εἶναι τὴν σελήνην]· καὶ γὰρ ἀπ' αὐτοῦ φωτίζεται.

Aëtios II/26,2 - DKr 28 A 42

4.

Αἰεὶ παπταίνουσα πρὸς αὐγὰς ἠελίοιο.

Plutarch, de facie in orbe lunae 16,6 - DKr 28 B 15

5.

Νυκτιφαὲς περὶ γαῖαν ἀλώμενον ἀλλότριον φῶς.

Plutarch, adversus Coloten, 15 - DKr 28 B 14

6.

Xenophanes, der die eleatische Schule begründet hat, behauptete, das All sei eines, kugelförmig und begrenzt, nicht entstanden, sondern ewig und durchaus unbewegt.

W. Capelle

7.

Im Gegensatz zu den Vorstellungen der übrigen Menschen behauptete Xenophanes, das All sei eines und die Gottheit sei mit der Gesamtheit der Dinge verwachsen; sie sei kugelförmig, jedem Leiden und jeder Veränderung entrückt, und sie sei ein vernünftiges Wesen.

W. Capelle

PARMENIDES

1.

Die Luft ist von der Erde abgeschieden in Form von Dünsten, durch den heftigeren Druck bei ihrer Verdichtung. Die Sonne und die Milchstraße sind eine Aushauchung des Feuers. Der Mond ist eine Mischung der beiden [Elemente] Luft und Feuer. Und während der [als Kugel] umgebende Äther der oberste von allem ist, liegt unter ihm das feurige Wesen, das wir Himmel nennen, unterhalb dessen sich wieder die Regionen um die Erde befinden.

H. Balss

2.

Parmenides lokalisiert den Morgenstern, den er für identisch mit dem Abendstern hält, als ersten in den Äther; nach ihm kommt dann die Sonne und unter dieser wieder die Sterne in dem feurigen Wesen, das er Himmel nennt.

H. Balss

3.

[Den Mond] erklärte Parmenides für gleich mit der Sonne; denn sein Licht kommt in der Tat von dieser.

H. Balss

4.

Immer schaut er sich um, [der Mond,] nach den Strahlen der Sonne.

W. Nestle

5.

Erdumwandelnd erhellt er die Nacht mit geliehenem Lichte.

W. Nestle

ΕΜΠΕΔΟΚΛΗΣ

1.

Ἐμπεδοκλῆς ὁ Ἀκραγαντῖνος . . . ἐκ πρώτης φησὶ τῆς τῶν στοιχείων κράσεως ἀποκριθέντα τὸν ἀέρα περιχυθῆναι κύκλῳ· μετὰ δὲ τὸν ἀέρα τὸ πῦρ ἐκδραμὸν καὶ οὐκ ἔχον ἑτέραν χώραν ἄνω ἐκτρέχειν ὑπὸ τὸν περὶ τὸν ἀέρα πάγον. εἶναι δὲ κύκλῳ περὶ τὴν γῆν φερόμενα δύο ἡμισφαίρια τὸ μὲν καθόλου πυρός, τὸ δὲ μικτὸν ἐξ ἀέρος καὶ ὀλίγου πυρός, ὅπερ οἴεται τὴν νύκτα εἶναι . . . . ὁ δὲ ἥλιος τὴν φύσιν οὐκ ἔστι πῦρ, ἀλλὰ τοῦ πυρὸς ἀντανάκλασις ὁμοία τῇ ἀφ' ὕδατος γινομένῃ. σελήνην δέ φησιν συστῆναι καθ' ἑαυτὴν ἐκ τοῦ ἀποληφθέντος ἀέρος ὑπὸ τοῦ πυρός. τοῦτον γὰρ παγῆναι καθάπερ καὶ τὴν χάλαζαν. τὸ δὲ φῶς αὐτὴν ἔχειν ἀπὸ τοῦ ἡλίου.

Pseudoplutarch, Stromateis I/8,10 - DKr 31 A 30

2.

Στερέμνιον εἶναι τὸν οὐρανὸν ἐξ ἀέρος συμπαγέντος ὑπὸ πυρὸς κρυσταλλοειδῶς, τὸ πυρῶδες καὶ τὸ ἀερῶδες ἐν ἑκατέρῳ τῶν ἡμισφαιρίων περιέχοντα.

Aëtios II/11,2 - DKr 31 A 51

3.

Ἐμπεδοκλῆς ὃς ἔλεγεν ἀπορρέον τὸ φῶς σῶμα ὂν ἐκ τοῦ φωτίζοντος σώματος γίνεσθαι πρῶτον ἐν τῷ μεταξὺ τόπῳ τῆς τε γῆς καὶ τοῦ οὐρανοῦ, εἶτα ἀφικνεῖσθαι πρὸς ἡμᾶς, λανθάνειν δὲ τὴν τοιαύτην αὐτοῦ κίνησιν διὰ τὴν ταχυτῆτα.

Philoponos, de anima 334/34 - DKr 31 A 57

4.

Ἐμπεδοκλῆς τοῦ ὕψους τοῦ ἀπὸ τῆς γῆς εἰς τὸν οὐρανόν, ἥτις ἐστὶν ἀφ' ἡμῶν ἀνάτασις, πλείονα εἶναι τὴν κατὰ τὸ πλάτος διάστασιν κατὰ τοῦτο τοῦ οὐρανοῦ μᾶλλον ἀναπεπταμένου διὰ τὸ ᾠῷ παραπλησίως τὸν κόσμον κεῖσθαι.

Aëtios II/31,4 - DKr 31 A 50

1.

Empedokles aus Akragas sagt, daß aus der ersten Mischung der Elemente sich die Luft abgesondert und ringsum im Kreise ausgebreitet habe; nach der Luft aber sei das Feuer hervorgebrochen. und da es keine andere Stätte fand, sei es nach oben entwichen, unter das die Luft umgebende Himmelsgewölbe.... Es gebe aber zwei Halbkugeln, die sich im Kreise um die Erde bewegten, die eine ganz aus Feuer, die andere aus Luft und wenig Feuer gemischt, welch letztere er für die Nacht hält ... Die Sonne aber ist ihrer Substanz nach kein Feuer, sondern nur ein Widerschein des Feuers, ähnlich dem, der von Wasser verursacht wird. Der Mond, behauptet er, habe sich aus der Luft, die durch das Feuer abgeschnitten war, für sich gesondert zusammengeballt. Denn diese sei eine feste Masse geworden, gerade wie Hagel. Sein Licht aber habe er von der Sonne.

W. Capelle

2.

Der Himmel sei ein festes Gewölbe aus Luft, die unter Einwirkung des Feuers fest wie Eis geworden sei, und er umfasse das Feurige und das Luftartige in jeder seiner beiden Halbkugeln.

W. Capelle

3.

Empedokles sagte, daß das Licht eine ausströmende Substanz sei, die von dem leuchtenden Körper [der Sonne] zuerst in die Zwischenregion zwischen Erde und Himmel eintrete und erst dann zu uns komme; daß uns aber eine solche Bewegung des Lichtes infolge ihrer Schnelligkeit verborgen bliebe.

W. Capelle

4.

Empedokles meinte, daß größer als die Entfernung von der Erde bis zum Himmelsgewölbe, d. h. als die Ausdehnung der Welt von der Erde an nach oben hin, ihre Ausdehnung der Breite nach sei, da sich in dieser Richtung das Himmelsgewölbe weiter [als nach oben] erstrecke, weil das Weltall ähnlich einem Ei gelagert sei.

W. Capelle

5.
Καὶ τὸν μὲν ἥλιόν φησι πυρὸς ἄθροισμα μέγα καὶ τῆς σελήνης μείζω· τὴν δὲ σελήνην δισκοειδῆ, αὐτὸν δὲ τὸν οὐρανὸν κρυσταλλοειδῆ.

Diogenes Laërtios VIII/77 - DKr 31 A 1

6.
Ἐμπεδοκλῆς ὑπὸ τῆς περιεχούσης αὐτὸν σφαίρας κωλυόμενον ἄχρι παντὸς εὐθυπορεῖν καὶ ὑπὸ τῶν τροπικῶν κύκλων [τὸν ἥλιον τρέπεσθαι].

Aëtios II/23,3 - DKr 31 A 58

7.
Ἐμπεδοκλῆς διπλάσιον ἀπέχειν τὸν ἥλιον ἀπὸ τῆς γῆς ἤπερ τὴν σελήνην.

Aëtios II/31,1 - DKr 31 A 61

8.
Lumen excipiens lunaris globus magnus largusque mox illico reversus est ut currens caelum attingeret.

Philon, de providentia II/70 - DKr 31 B 43

9.
ἀπεστέγασεν δέ οἱ αὐγάς,
ἔστ' ἂν ἴῃ καθύπερθεν, ἀπεσκνίφωσε δὲ γαίης
τόσσον ὅσον τ' εὖρος γλαυκώπιδος ἔπλετο μήνης.

Fragment aus Plutarch, de facie in orbe lunae 16 - DKr 31 B 42

10.
Σελήνης αὐτὸν ὑπερχομένης [ἥλιον ἐκλείπειν].

Aëtios II/24,7 - DKr 31 A 59

11.
Ἐμπεδοκλῆς τοὺς μὲν ἀπλανεῖς ἀστέρας συνδεδέσθαι τῷ κρυστάλλῳ, τοὺς δὲ πλανήτας ἀνεῖσθαι.

.Aëtios II/13,11 - DKr 31 A 54

ΑΝΑΞΑΓΟΡΑΣ

1.
Ἥλιον δὲ καὶ σελήνην καὶ πάντα τὰ ἄστρα λίθους εἶναι ἐμπύρους συμπεριληφθέντας ὑπὸ τῆς αἰθέρος περιφορᾶς. εἶναι δ' ὑποκάτω τῶν ἄστρων ἡλίῳ καὶ σελήνῃ σώματά τινα συμπεριφερόμενα ἡμῖν ἀόρατα.

Hippolytos, refutationes I/8,6 - DKr 59 A 42

5.

Die Sonne sei eine mächtige Ansammlung von Feuer und größer als der Mond; der Mond habe die Gestalt einer Scheibe und der Himmel sei eisartig.

W. Capelle

6.

Empedokles behauptet, daß die Sonne von der sie umgebenden [Welt-]Kugel und von den Wendekreisen gehindert werde, bis ins Unendliche geradeaus zu gehen, und [infolgedessen] ihre Wenden vollziehe.

W. Capelle

7.

Empedokles meint, daß die Sonne doppelt so weit von der Erde entfernt sei als der Mond.

W. Capelle

8.

Sowie das Sonnenlicht den weiten Kreis des Mondes getroffen hat, prallt es alsbald zurück und durcheilt wieder den Himmelsraum [um zu uns zu gelangen].

W. Capelle

9.

Wandelt über dem Mond die Sonne dahin, so verdeckt er
Deren Strahlen, und so viel wird von der Erde verdunkelt,
Als die Breite beträgt der Scheibe des leuchtenden Mondes.

W. Nestle

10.

[Die Sonne verfinstere sich,] wenn der Mond unter ihr durchgehe.

W. Capelle

11.

Empedokles lehrte, daß die Fixsterne am Himmelsgewölbe festsäßen, während die Planeten sich frei bewegen könnten.

W. Capelle

ANAXAGORAS

1.

Sonne, Mond und alle Sterne seien glühende Gesteinsmassen, die von dem Umschwung des Äthers mit herumgerissen würden. Es gebe aber auch unterhalb der Gestirne Weltkörper, die zusammen mit Sonne und Mond herumkreisten, uns aber unsichtbar seien.

W. Capelle

2.
Οὗτος ἔλεγε τὸν ἥλιον μύδρον εἶναι διάπυρον καὶ μείζω τῆς Πελοποννήσου· τὴν δὲ σελήνην οἰκήσεις ἔχειν, ἀλλὰ καὶ λόφους καὶ φάραγγας.

Diogenes Laërtios II/8 - DKr 59 A 1

3.
Ἐπεὶ τὸν μὲν ἥλιον λίθον φησὶν εἶναι, τὴν δὲ σελήνην γῆν.

Platon, apologia pg. 26D - DKr 59 A 35

4.
Τὸ δὲ φῶς τὴν σελήνην μὴ ἴδιον ἔχειν, ἀλλὰ ἀπὸ τοῦ ἡλίου.

Hippolytos, refutationes I/8,8 - DKr 59 A 42

5.
Ἀναξάγορας .. τοῖς μαθηματικοῖς συμφώνως τὰς μὲν μηνιαίους ἀποκρύψεις συνοδεύουσαν αὐτὴν ἡλίῳ καὶ περιλαμπομένην ποιεῖσθαι, τὰς δὲ ἐκλείψεις εἰς τὸ σκίασμα τῆς γῆς ἐμπίπτουσαν, μεταξὺ μὲν ἀμφοτέρων τῶν ἀστέρων γενομένης, μᾶλλον δὲ τῆς σελήνης ἀντιφραττομένης. Ἀ., ὥς φησι Θεόφραστος, καὶ τῶν ὑποκάτω τῆς σελήνης ἔσθ' ὅτε σωμάτων ἐπιπροσθούντων.

Achilleus Isag. 29, 6 7 - DKr 59 A 77

6.
Ἐκλείπειν δὲ τὴν σελήνην γῆς ἀντιφραττούσης, ἐνίοτε δὲ καὶ τῶν ὑποκάτω τῆς σελήνης, τὸν δὲ ἥλιον ταῖς νουμηνίαις σελήνης ἀντιφραττούσης.

Hippolytos, refutationes I/8,9 - DKr 59 A 42

7.
Τὸν δὲ γαλαξίαν ἀνάκλασιν εἶναι τοῦ φωτὸς τῶν ἄστρων τῶν μὴ καταλαμπομένων ὑπὸ τοῦ ἡλίου.

Hippolytos, refutationes I 8/10 - DKr 59 A 42

8.
Οἱ δὲ περὶ Ἀναξαγόραν καὶ Δημόκριτον φῶς εἶναι τὸ γάλα λέγουσιν ἄστρων τινῶν· τὸν γὰρ ἥλιον ὑπὸ τὴν γῆν φερόμενον οὐχ ὁρᾶν ἔνια τῶν ἄστρων. ὅσα μὲν οὖν περιορᾶται ὑπ' αὐτοῦ, τούτων μὲν οὐ φαίνεσθαι τὸ φῶς (κωλύεσθαι γὰρ

2.

Er erklärte die Sonne für eine glühende Masse und für größer als den Peloponnes. Der Mond aber habe bewohnte Gegenden, auch Berge und Täler.

W. Capelle

3.

Er erklärt die Sonne für eine Gesteinsmasse, den Mond für Erde.

W. Capelle

4.

Der Mond habe kein eigenes Licht, sondern [er habe sein Licht nur] von der Sonne.

W. Capelle

5.

Anaxagoras glaubte in Übereinstimmung mit den Mathematikern, daß die monatlichen Verdunkelungen des Mondes dadurch hervorgerufen werden, daß er auf seinem Lauf mit der Sonne in Konjunktion trete und von ihr umleuchtet werde, und daß die Mondfinsternisse dadurch entstehen, daß er in den Schatten der Erde gelangt, indem diese zwischen die beiden Gestirne trete, oder vielmehr der Mond [von ihr] verdeckt werde. — Auch glaubte er, nach Theophrast, daß der Mond gelegentlich dadurch verfinstert wird, daß die Körper unter ihm zwischen ihn [und die Erde] treten.

H. Balss

6.

Der Mond verfinstere sich, wenn die Erde, zuweilen auch die Weltkörper unterhalb des Mondes zwischen ihn und die Sonne träten; die Sonne dagegen, wenn der Mond bei Neumond zwischen sie und die Erde trete.

W. Capelle

7.

Die Milchstraße sei ein Reflex des Lichtes derjenigen Sterne, die nicht von der Sonne beschienen würden.

W. Capelle

8.

Die Anhänger des Anaxagoras und des Demokrit erklären die Milchstraße für das Licht gewisser Sterne. Denn die Sonne bescheine, wenn sie sich unter der Erde hindurchbewege, einige von den Sternen nicht. Das Licht derjenigen Sterne also, die von ihr beschienen würden, sei nicht sichtbar (denn es werde von den

ὑπὸ τῶν τοῦ ἡλίου ἀκτίνων)· ὅσοις δ' ἀντιφράττει ἡ γῆ ὥστε μὴ ὁρᾶσθαι ὑπὸ τοῦ ἡλίου, τὸ τούτων οἰκεῖον φῶς φασιν εἶναι τὸ γάλα.

Aristoteles, Meteorologica I/8 pg. 345a - DKr 59 A 80

9.

Τὴν δὲ γῆν τῷ σχήματι πλατεῖαν εἶναι καὶ μένειν μετέωρον διὰ τὸ μέγεθος καὶ διὰ τὸ μηδὲν εἶναι κενὸν καὶ διὰ τὸ τὸν ἀέρα ἰσχυρότατον ὄντα φέρειν ἐποχουμένην τὴν γῆν.

Hippolytos, refutationes I/8,3 - DKr 59 A 42

ΟΙΝΟΠΙΔΗΣ

1.

Εὔδημος ἱστορεῖ ἐν ταῖς 'Αστρολογίαις ὅτι Οἰνοπίδης εὗρε πρῶτος τὴν τοῦ ζῳδιακοῦ διάζωσιν.

Theon Smyrnaeus pg. 198 - DKr 41 A 7

2.

Πυθαγόρας πρῶτος ἐπινενοηκέναι λέγεται τὴν λόξωσιν τοῦ ζῳδιακοῦ κύκλου, ἥντινα Οἰνοπίδης ὁ Χῖος ὡς ἰδίαν ἐπίνοιαν σφετερίζεται.

Aëtios II/12,2 - DKr 41 A 7

3.

. . . Τόν τε Οἰνοπίδην ὁμοίως συνδιατρίψαντα τοῖς ἱερεῦσι καὶ ἀστρολόγοις μαθεῖν ἄλλα τε καὶ μάλιστα τὸν ἡλιακὸν κύκλον, ὡς λοξὴν μὲν ἔχει τὴν πορείαν, ἐναντίαν δὲ τοῖς ἄλλοις ἄστροις τὴν φορὰν ποιεῖται.

Diodoros, βιβλιοθήκη, I, 98 - DKr 41 A 7

ΛΕΥΚΙΠΠΟΣ

1.

Εἶναι δὲ τὸν τοῦ ἡλίου κύκλον ἐξώτατον, τὸν δὲ τῆς σελήνης προσγειότατον, τῶν ἄλλων μεταξὺ τούτων ὄντων. καὶ πάντα μὲν τὰ ἄστρα πυροῦσθαι διὰ τὸ τάχος τῆς φορᾶς, τὸν δὲ ἥλιον καὶ ὑπὸ τῶν ἀστέρων ἐκπυροῦσθαι· τὴν δὲ σελήνην τοῦ πυρὸς ὀλίγον μεταλαμβάνειν . . . καὶ τὸν μὲν ἥλιον ἐκλείπειν σπανίως, τὴν δὲ σελήνην συνεχὲς διὰ τὸ ἀνίσους εἶναι τοὺς κύκλους αὐτῶν.

Diogenes Laërtios IX/33 - DKr 67 A 1

Strahlen der Sonne gehindert); das eigene Licht der Sterne aber, die von der Erde verdeckt werden, sodaß sie nicht von der Sonne beschienen werden, — das sei die Milchstraße.

W. Capelle

9.

Die Erde sei von flacher Gestalt und sie verharre in schwebender Lage infolge ihrer Größe und weil es keinen leeren Raum gebe und weil die Luft, die äußerst stark [d. h. tragfähig] sei, die Erde trage, sodaß sie auf ihr schwimme.

W. Capelle

OINOPIDES

1.

Eudemos erzählt in seiner Geschichte der Astronomie, daß Oinopides als erster den Gürtel des Tierkreises gefunden habe.

H. Balss

2.

Von Pythagoras wird berichtet, daß er als erster die Schiefe des Tierkreises [d. h. der Ekliptik] gefunden habe, was sich dann Oinopides aus Chios als eigene Erkenntnis angeeignet habe.

H. Balss

3.

Es habe auch Oinopides mit den Priestern und Astrologen [Ägyptens] Umgang gepflogen und viel von ihnen gelernt, namentlich aber, daß die Sonne eine schiefe Bahn habe und sich in einer den anderen Gestirnen entgegengesetzten Richtung bewege.

A. Wahrmund

LEUKIPPOS

1.

Es sei aber der Kreis der Sonne der äußerste, der des Mondes dagegen der Erde am nächsten, während die anderen Gestirne zwischen diesen beiden sich befänden. Und sämtliche Gestirne seien infolge der Schnelligkeit ihrer Bewegung glühend; die Sonne aber werde auch von den Gestirnen in glühenden Zustand versetzt. Der Mond dagegen habe nur wenig Anteil an Feuer ... Und die Sonne verfinstere sich selten, der Mond aber häufig, weil ihre Kreise ungleich seien.

W. Capelle

2.

Λεύκιππος δὲ καὶ Δημόκριτος ἀπείρους τῷ πλήθει τοὺς κόσμους ἐν ἀπείρῳ τῷ κενῷ καὶ ἐξ ἀπείρων τῷ πλήθει τῶν ἀτόμων συνίστασθαί φησι.

Simplikios, Commentarium in Aristotelis de caelo pg. 202, 16.
DKr 67 A 21

ΔΗΜΟΚΡΙΤΟΣ

1.

Ἀπείρους δὲ εἶναι κόσμους καὶ μεγέθει διαφέροντας. ἐν τισὶ δὲ μὴ εἶναι ἥλιον μηδὲ σελήνην, ἐν τισὶ δὲ μείζω τῶν παρ' ἡμῖν καὶ ἐν τισὶ πλείω· εἶναι δὲ τῶν κόσμων ἄνισα τὰ διαστήματα καὶ τῇ μὲν πλείους τῇ δὲ ἐλάττους καὶ τοὺς μὲν αὔξεσθαι, τοὺς δὲ ἀκμάζειν, τοὺς δὲ φθίνειν, καὶ τῇ μὲν γίνεσθαι, τῇ δ' ἐκλείπειν. φθείρεσθαι δὲ αὐτοὺς ὑπ' ἀλλήλων προσπίπτοντας. εἶναι δὲ ἐνίους κόσμους ἐρήμους ζῴων καὶ φυτῶν καὶ παντὸς ὑγροῦ.

Hippolytos, refutationes I 13,2,3 - DKr 68 A 40

2.

Τοῦ δὲ παρ' ἡμῖν κόσμου πρότερον τὴν γῆν τῶν ἄστρων γενέσθαι, εἶναι δὲ τὴν μὲν σελήνην κάτω, ἔπειτα τὸν ἥλιον, εἶτα τοὺς ἀπλανεῖς ἀστέρας. τοὺς δὲ πλανήτας οὐδ' αὐτοὺς ἔχειν ἴσον ὕψος.

Hippolytos, refutationes I 13,4 - DKr 68 A 40

3.

Nec ratio solis simplex et certa patescit,
quo pacto aestivis e partibus aegocerotis
brumalis adeat flexus atque inde revertens
canceris ut vertat metas se ad solstitialis,
lunaque mensibus id spatium videatur obire,
annua sol in quo consumit tempora cursu,
non, inquam, simplex his rebus reddita causast.

nam fieri vel cum primis id posse videtur,
Democriti quod sancta viri sententia ponit:
quanto quaeque magis sint terram sidera propter,
tanto posse minus cum caeli turbine ferri.

Leukippos und Demokritos behaupten, daß sich unzählige Welten in dem unendlichen Leeren aus zahllosen Atomen bildeten.

W. Capelle

DEMOKRIT

1.

Es gebe unzählige Welten, die sich durch ihre Größe unterschieden. In manchen gebe es weder Sonne noch Mond, in anderen seien sie größer als die in unserer Welt, und in manchen gebe es ihrer mehr. Es seien aber die Entfernungen der einzelnen Weltsysteme von einander ungleich; an der einen Stelle gebe es mehr Welten, an der anderen weniger, und die einen seien noch im Wachsen, die anderen ständen auf der Höhe ihrer Blüte, andere aber seien im Schwinden begriffen; und an der einen Stelle [des Raumes] entstünden sie, an der anderen schwänden sie. Sie gingen aber durch einander zu Grunde, wenn sie auf einander stießen. Auch gebe es einige Welten, in denen es keine Tiere und Pflanzen und keinerlei Feuchtigkeit gebe.

W. Capelle

2.

In unserer Welt sei die Erde früher, als die Gestirne entstanden. Es liege aber der Mond unten, dann käme die Sonne, dann die Fixsterne. Auch die Planeten hätten keine gleiche Höhenlage.

W. Capelle

3.

Aber warum sich Sol aus der heißen Gegend des Himmels
Wende zum Winterkreise des Steinbocks, wieder von da sich
Hin zu dem Sommerziele des Krebses drehe, davon läßt
Sich kein einfacher Grund noch sichere Rechenschaft geben;
Ebensowenig, warum den Kreislauf, welchen die Sonne
Erst im Jahre beschließt, in Monaten Luna vollende:
Dies muß, wie ich gesagt, sich auf mehrere Gründe beziehen.

Mag vorzüglich hierin des Demokritos Meinung dir gelten,
Jenes göttlichen Mannes, daß himmliche Lichter, je näher
Hin an der Erde sie gleiten, sie minder der Wirbel des Äthers
Mit sich zu reißen vermag, indem sein gewaltiger Umtrieb

evanescere enim rapidas illius et acris
imminui supter viris ideoque relinqui
paulatim solem cum posterioribu' signis,
inferior multo quod sit quam fervida signa.
et magis hoc lunam: quanto demissior eius
cursus abest procul a caelo terrisque propinquat,
tanto posse minus cum signis tendere cursum.
flaccidiore etenim quanto iam turbine fertur
inferior quam sol, tanto magis omnia signa
hanc adipiscuntur circum praeterque feruntur.
propterea fit ut haec ad signum quoque reverti
mobilius videatur, ad hanc quia signa revisunt.
fit quoque ut e mundi transversis partibus aer
alternis certo fluere alter tempore possit,
qui queat aestivis solem detrudere signis
brumalis usque ad flexus gelidumque rigorem
et qui reiciat gelidis a frigoris umbris
aestiferas usque in partis et fervida signa.
et ratione pari lunam stellasque putandumst,
quae volvunt magnos in magnis orbibus annos,
aeribus posse alternis e partibus ire.
nonne vides etiam diversis nubila ventis
diversas ire in partis inferna supernis?
qui minus illa queant per magnos aetheris orbis
aestibus inter se diversis sidera ferri?

Titus Lucretius Carus, de natura rerum V 612—647
DKr 68 A 88

4.

Δημόκριτος πολλῶν καὶ μικρῶν καὶ συνεχῶν ἀστέρων συμφωτιζομένων ἀλλήλοις διὰ τὴν πύκνωσιν συναυγασμόν.

Aëtios III 1,6 (περὶ γάλακτος) - DKr 68 A 91

Unterwärts sich verliert, sein Fortschwung nach und nach abnimmt.
Nun, da die Sonne und die ihr folgenden Lichter am Himmel
Tiefer und niedriger stehen, als die hohen brennenden Zeichen,
Bleibt sie zurück allmählich; der Mond am meisten, denn dieser
Läuft vom Himmel entferneter noch und näher der Erde,
Kann so minder den Lauf mit jenen erhabneren halten.

Und je entkräfteter nun sein Wirbel unter der Sonn' ist,
Desto schneller erreicht ihn jedes himmlische Zeichen,
Wallet an ihm vorbei: so scheint es, er werde geschwinder
Fort zu demselben gerückt, da diese sich schneller ihm nähern.

Denken ließe sich auch, daß aus den entgegengesetzten
Teilen der Welt zu bestimmeter Zeit ein anderer Luftstrom
Hertreibt, welcher vermag die Sonne vom Zeichen des Sommers
Hinzudrücken zur Wende des Winters, zur starrenden Kälte,
Wieder ihn dann zurück von den Nächten des frostigen Winters
Stößt in die heiße Zone, die glühenden Zeichen des Sommers.
Ebenso ändern vielleicht der Mond und die übrigen Sterne,
Welche vollenden im größeren Kreis die größeren Jahre,
Nach den verschiedenen Strömen der Luft die verschiedene Laufbahn.
Siehet man nicht, wie Wolken, entgegen die niedern den obern,
Durch verschiedene Winde verschieden sich treiben in Richtung?
Könnten weniger sich in den weiten Kreisen des Äthers
Jene Gestirne drehn nach verschieden strömendem Anhauch?

K. L. v. Knebel

4.

Demokrit sagt [von der Milchstraße], daß sie aus vielen kleinen, dicht nebeneinander stehenden Sternen bestehe, die zusammenleuchten und durch ihre Dichte ihr Licht vermehren.

H. Balss

DIE ATTISCHE PERIODE

ΣΩΚΡΑΤΗΣ

1.

Ἐκέλευε δὲ καὶ ἀστρολογίας ἐμπείρους γίγνεσθαι, καὶ ταύτης μέντοι μέχρι τοῦ νυκτός τε ὥραν καὶ μηνὸς καὶ ἐνιαυτοῦ δύνασθαι γιγνώσκειν ἕνεκα πορείας τε καὶ πλοῦ καὶ φυλακῆς, καὶ ὅσα ἄλλα ἢ νυκτὸς ἢ μηνὸς ἢ ἐνιαυτοῦ πράττεται, πρὸς ταῦτ' ἔχειν τεκμηρίοις χρῆσθαι, τὰς ὥρας τῶν εἰρημένων διαγιγνώσκοντας· καὶ ταῦτα δὲ ῥᾴδια εἶναι μαθεῖν παρά τε τῶν νυκτοθηρῶν καὶ κυβερνητῶν καὶ ἄλλων πολλῶν, οἷς ἐπιμελὲς ταῦτα εἰδέναι. τὸ δὲ μέχρι τούτου ἀστρονομίαν μανθάνειν, μέχρι τοῦ καὶ τὰ μὴ ἐν τῇ αὐτῇ περιφορᾷ ὄντα, καὶ τοὺς πλάνητάς τε καὶ ἀσταθμήτους ἀστέρας γνῶναι καὶ τὰς ἀποστάσεις αὐτῶν ἀπὸ τῆς γῆς καὶ τὰς περιόδους καὶ τὰς αἰτίας αὐτῶν ζητοῦντας κατατρίβεσθαι, ἰσχυρῶς ἀπέτρεπεν. ὠφέλειαν μὲν γὰρ οὐδεμίαν οὐδ' ἐν τούτοις ἔφη ὁρᾶν· καίτοι οὐδὲ τούτων γε ἀνήκοος ἦν· ἔφη δὲ καὶ ταῦτα ἱκανὰ εἶναι κατατρίβειν ἀνθρώπου βίον καὶ πολλῶν καὶ ὠφελίμων ἀποκωλύειν.

Xenophon, Memorabilia IV 7,4

2.

Πρῶτον μὲν δὴ περὶ θεοὺς ἐπειρᾶτο σώφρονας ποιεῖν τοὺς συνόντας . . . „εἰπέ μοι, ἔφη, ὦ Εὐθύδημε, ἤδη ποτέ σοι ἐπῆλθεν ἐνθυμηθῆναι, ὡς ἐπιμελῶς οἱ θεοὶ ὧν οἱ ἄνθρωποι δέονται κατεσκευάκασι;" καὶ ὅς· „Μὰ τὸν Δί', ἔφη, οὐκ ἔμοιγε". „Ἀλλ' οἶσθά γ', ἔφη, ὅτι πρῶτον μὲν φωτὸς δεόμε-

DIE ATTISCHE PERIODE

SOKRATES

1.

Auch empfahl Sokrates, sich mit der Sternkunde bekannt zu machen, jedoch auch mit ihr nur soweit, daß man imstande sei, die Zeit der Nacht, des Monats und des Jahres zu erkennen, um bei Reisen zu Wasser und zu Lande, beim Wachdienst und allen übrigen Geschäften, welche in der Nacht, monatlich oder jährlich verrichtet werden, sich darnach richten zu können, in dem man die Zeiten der genannten Erscheinungen zu unterscheiden vermag. Auch könne man dies leicht erlernen von Jägern in der Nacht, den Steuermännern und vielen anderen, welche sich damit abgeben. Dagegen warnte er davor, die Astronomie auch bis zur Bekanntschaft mit denjenigen Himmelskörpern zu treiben, welche ihre Lage gegen die übrigen verändern, bis zur Kenntnis der Planeten und der nur ab und zu erscheinenden Gestirne, und die Zeit mit Untersuchungen über ihre Entfernungen von der Erde, Bewegungen und deren Ursachen hinzubringen — davor also warnte er auf das nachdrücklichste, denn er könne davon, wie er sagte, keinen Nutzen absehen. Zwar war er selbst auch hiermit bekannt, aber er meinte, auch dies sei imstande, ein ganzes Menschenleben in Anspruch zu nehmen und von vielem Nützlichen abzuhalten.

O. *Güthling*

2.

Zuerst nun suchte er seinen Freunden eine richtige Erkenntnis der Götter beizubringen ... Sokrates: Sage mir, Euthydemos, ist dir schon einmal eingefallen, darüber nachzudenken, mit welcher Fürsorge die Götter alles, was die Menschen nötig haben, eingerichtet haben? — Nein, in der Tat, bis jetzt noch nicht, antwortete dieser. — Weißt du nicht, daß wir zuerst des Lichtes

θα, ὃ ἡμῖν οἱ θεοὶ παρέχουσι;" „Νὴ Δί', ἔφη, ὅ γ' εἰ μὴ εἴχομεν, ὅμοιοι τοῖς τυφλοῖς ἂν ἦμεν ἕνεκά γε τῶν ἡμέτερων ὀφθαλμῶν." „'Αλλὰ μὴν καὶ ἀναπαύσεώς γε δεομένοις ἡμῖν νύκτα παρέχουσι κάλλιστον ἀναπαυτήριον." „Πάνυ γ' ἔφη, καὶ τοῦτο χάριτος ἄξιον." „Οὐκοῦν καὶ ἐπειδὴ ὁ μὲν ἥλιος φωτεινὸς ὢν τάς τε ὥρας τῆς ἡμέρας ἡμῖν καὶ τἄλλα πάντα σαφηνίζει, ἡ δὲ νὺξ διὰ τὸ σκοτεινὴ εἶναι ἀσαφεστέρα ἐστίν, ἄστρα ἐν τῇ νυκτὶ ἀνέφηναν, ἃ ἡμῖν τῆς νυκτὸς τὰς ὥρας ἐμφανίζει, καὶ διὰ τοῦτο πολλὰ ὧν δεόμεθα πράττομεν;" „"Εστι ταῦτα", ἔφη. „'Αλλὰ μὴν ἥ γε σελήνη οὐ μόνον τῆς νυκτός, ἀλλὰ καὶ τοῦ μηνὸς τὰ μέρη φανερὰ ἡμῖν ποιεῖ." „Πάνυ μὲν οὖν", ἔφη . . . . . „Τὸ δὲ τὸν ἥλιον, ἐπειδὰν ἐν χειμῶνι τράπηται, προσιέναι τὰ μὲν ἁδρύνοντα, τὰ δὲ ξηραίνοντα, ὧν καιρὸς διελήλυθε, καὶ ταῦτα διαπραξάμενον μηκέτι ἐγγυτέρω προσιέναι, ἀλλ' ἀποτρέπεσθαι φυλαττόμενον μή τι ἡμᾶς μᾶλλον τοῦ δέοντος θερμαίνων βλάψῃ, καὶ ὅταν αὖ πάλιν ἀπιὼν γένηται, ἔνθα καὶ ἡμῖν δῆλόν ἐστιν ὅτι, εἰ προσωτέρω ἄπεισιν, ἀποπαγησόμεθα ὑπὸ τοῦ ψύχους, πάλιν αὖ τρέπεσθαι καὶ προσχωρεῖν, καὶ ἐνταῦθα τοῦ οὐρανοῦ ἀναστρέφεσθαι ἔνθα ὢν μάλιστ' ἂν ἡμᾶς ὠφελοίη;" „Νὴ τὸν Δί', ἔφη, καὶ ταῦτα παντάπασιν ἔοικεν ἀνθρώπων ἕνεκα γιγνομένοις." „Τὸ δ', ἐπειδὴ καὶ τοῦτο φανερὸν ὅτι οὐκ ἂν ὑπενέγκοιμεν οὔτε τὸ καῦμα οὔτε τὸ ψῦχος, εἰ ἐξαπίνης γίγνοιτο, οὕτω μὲν κατὰ μικρὸν προσιέναι τὸν ἥλιον, οὕτω δὲ κατὰ μικρὸν ἀπιέναι, ὥστε λανθάνειν ἡμᾶς εἰς ἑκάτερα τὰ ἰσχυρότατα καθισταμένους;" „'Εγὼ μέν, ἔφη ὁ Εὐθύδημος, ἤδη τοῦτο σκοπῶ, εἰ ἄρα τί ἐστι τοῖς θεοῖς ἔργον ἢ ἀνθρώπους θεραπεύειν.

Xenophon, Memorabilia IV/3,2

ΠΛΑΤΩΝ

1.

Χ. Τί δαί; τρίτον θῶμεν ἀστρονομίαν; ἢ οὐ δοκεῖ;

bedürfen, welches uns die Götter gewähren? — Freilich, denn wenn wir dies nicht hätten, wären wir ja wie die Blinden, trotz unserer Augen. — Aber da wir auch der Ruhe bedürfen, so geben sie uns die Nacht, die schönste Zeit der Ruhe. — Auch dieses ist sehr dankenswert. — Und noch mehr; die Sonne läßt uns durch ihr Licht die Tageszeiten und alles übrige erkennen, während die Nacht dunkel und ohne bestimmte Merkmale ist. Deshalb lassen die Götter in der Nacht die Gestirne leuchten, welche uns die Nachtzeiten anzeigen, und vermöge dessen können wir vieles von dem, was wir nötig habn, verrichten. — So ist es. — Aber noch mehr; der Mond macht uns nicht nur die Teile der Nacht sondern auch die des Monats kenntlich. — Allerdings — . . . Und daß die Sonne, nachdem sie im Winter sich gewendet hat, sich uns nähert und einiges zur Reife bringt, anderes, wenn seine Zeit vorüber ist, dörrt, und, wenn sie dies zustande gebracht hat, nicht näher rückt, sondern umkehrt, damit sie uns nicht durch ihre allzugroße Hitze schadet, und, wenn sie wieder so weit sich entfernt hat, daß wir selbst merken, wir müßten vor Kälte erstarren, wenn sie noch weiter sich entfernte, daß sie dann sich wieder wendet und näher kommt und in der Gegend des Himmels ihren Kreislauf vollzieht, wo sie am meisten uns nützen kann? — Beim Zeus, sagte Euthydemos, auch dies sieht ganz so aus, wie wenn es um der Menschen willen vor sich gehe. — Und daß sie endlich, da wir offenbar weder die Kälte noch die Hitze ertragen könnten, wenn sie plötzlich hereinbräche, daß die Sonne deswegen erst ganz allmählich sich nähert und ganz allmählich sich wieder entfernt, daß wir, ohne es zu merken, in beiden den höchsten Grad erreichen — wie siehst du das an? — Ich, sagte Euthydemos, erwäge schon, ob überhaupt die Götter etwas anderes tun, als für die Menschen sorgen . . .

O. Güthling

PLATON

1.

(S o k r a t e s - P l a t o n): Als dritte Wissenschaft stellen wir doch die Astronomie auf? Meinst du nicht auch?

Ἔμοιγ' οὖν, ἔφη· τὸ γὰρ περὶ ὥρας εὐαισθητοτέρως ἔχειν καὶ μηνῶν καὶ ἐνιαυτῶν οὐ μόνον γεωργίᾳ οὐδὲ ναυτιλίᾳ προσήκει, ἀλλὰ καὶ στρατηγίᾳ οὐχ ἧττον.

Ἡδὺς εἶ, ἦν δ' ἐγώ, ὅτι ἔοικας δεδιότι τοὺς πολλούς, μὴ δοκῇς ἄχρηστα μαθήματα προστάττειν. τὸ δ' ἔστιν οὐ πάνυ φαῦλον ἀλλὰ χαλεπὸν πιστεῦσαι, ὅτι ἐν τούτοις τοῖς μαθήμασιν ἑκάστου ὄργανόν τι ψυχῆς ἐκκαθαίρεταί τε καὶ ἀναζωπυρεῖται ἀπολλύμενον καὶ τυφλούμενον ὑπὸ τῶν ἄλλων ἐπιτηδευμάτων, κρεῖττον ὂν σωθῆναι μυρίων ὀμμάτων· μόνῳ γὰρ αὐτῷ ἀλήθεια ὁρᾶται. οἷς μὲν οὖν ταῦτα ξυνδοκεῖ, ἀμηχάνως ὡς εὖ δόξεις λέγειν· ὅσοι δὲ τούτου μηδαμῇ ᾐσθημένοι εἰσίν, εἰκότως ἡγήσονταί σε λέγειν οὐδέν· ἄλλην γὰρ ἀπ' αὐτῶν οὐχ ὁρῶσιν ἀξίαν λόγου ὠφέλειαν. σκόπει οὖν αὐτόθεν, πρὸς ποτέρους διαλέγει, ἢ οὐ πρὸς οὐδετέρους, ἀλλὰ σαυτοῦ ἕνεκα τὸ μέγιστον ποιεῖ τοὺς λόγους, φθονοῖς μὴν οὐδ' ἂν ἄλλῳ, εἴ τίς τι δύναιτο ἀπ' αὐτῶν ὄνασθαι.

Οὕτως, ἔφη, αἱροῦμαι, ἐμαυτοῦ ἕνεκα τὸ πλεῖστον λέγειν τε καὶ ἐρωτᾶν καὶ ἀποκρίνεσθαι.

Ἄναγε τοίνυν, ἦν δ' ἐγώ, εἰς τοὐπίσω· νῦν δὴ γὰρ οὐκ ὀρθῶς τὸ ἑξῆς ἐλάβομεν τῇ γεωμετρίᾳ.

Πῶς λαβόντες; ἔφη.

Μετὰ ἐπίπεδον, ἦν δ' ἐγώ, ἐν περιφορᾷ ὂν ἤδη στερεὸν λαβόντες, πρὶν αὐτὸ καθ' αὐτὸ λαβεῖν· ὀρθῶς δὲ ἔχει ἑξῆς μετὰ δευτέραν αὔξην τρίτην λαμβάνειν. ἔστι δέ που τοῦτο περὶ τὴν τῶν κύβων αὔξην καὶ τὸ βάθους μετέχον.

(G l a u k o n): Einverstanden, freilich! Denn die ganz genaue Vertrautheit mit den Zeitverhältnissen der Monate und Jahre bringt nicht allein dem Landbau oder der Schiffahrt Förderung, sondern in nicht geringerem Maße auch der Kriegskunst.

(S o k r a t e s - P l a t o n): Wie naiv du bist! Fürchtest dich offenbar vor dem großen Haufen! Er könnte meinen, du empfehlest unpraktische Kenntnisse! . . . Und es ist doch eine gar nicht verächtliche, nur schwer zu glaubende Wahrheit, daß durch die Behandlung dieser Wissenszweige ein Werkzeug der Seele gereinigt und gleichsam in läuterndem Feuer zu neuer Lebenskraft geweckt wird, während andere Beschäftigungen es vernichten und seiner geistigen Sehkraft berauben würden, obschon es weit mehr verdiente, erhalten zu werden, denn zehntausend leibliche Augen: bewirkt es doch allein, daß man die Wahrheit erblicken kann. Wer nun darüber gleich denkt, wie du, wird deine Rede bis in den Himmel erheben; jedoch wer noch gar nichts von diesen Dingen geahnt hat, wird wähnen, deine Worte seien ohne Inhalt: sieht er daraus doch keinen bemerkenswerten praktischen Nutzen ersprießen! Darum überlege du nunmehr, mit welcher von diesen Parteien du dich beredest; vielleicht auch redest du mit keiner von ihnen, sondern stellst deine Betrachtungen in erster Linie deinetwegen an, ohne sie aber einem andern zu mißgönnen, der etwa Nutzen aus ihnen ziehen könnte!

(G l a u k o n): Gut, so entscheide ich mich: meinetwegen will ich der Hauptsache nach reden, fragen und antworten!

(S o k r a t e s - P l a t o n): Zurück denn wieder! Denn gerade vorhin nach der Geometrie wahrten wir die richtige Reihenfolge nicht!

(G l a u k o n): Mit welcher Annahme denn?

(S o k r a t e s - P l a t o n): Als wir auf die Lehre von der Ebene gleich die vom sich bewegenden Körper folgen ließen, bevor wir noch den ruhenden Körper betrachtet hatten! Und doch wäre die richtige Folge die, daß wir nach der zweiten Dimension die dritte hinzustellten! Es gilt ja wohl hier der Ausdehnung der Würfel und allem, was Tiefe hat!

Ἔστι γάρ, ἔφη· ἀλλὰ ταῦτά γε, ὦ Σώκρατες, δοκεῖ οὔπω εὑρῆσθαι.

Διττὰ γάρ, ἦν δ' ἐγώ, τὰ αἴτια· ὅτι τε οὐδεμία πόλις ἐντίμως αὐτὰ ἔχει, ἀσθενῶς ζητεῖται χαλεπὰ ὄντα, ἐπιστάτου τε δέονται οἱ ζητοῦντες, ἄνευ οὗ οὐκ ἂν εὕροιεν· ὃν πρῶτον μὲν γενέσθαι χαλεπόν, ἔπειτα καὶ γενομένου, ὡς νῦν ἔχει, οὐκ ἂν πείθοιντο οἱ περὶ ταῦτα ζητητικοὶ μεγαλοφρονούμενοι. εἰ δὲ πόλις ὅλη ξυνεπιστατοῖ ἐντίμως ἄγουσα αὐτά, οὗτοί τε ἂν πείθοιντο καὶ ξυνεχῶς τε ἂν καὶ ἐντόνως ζητούμενα ἐκφανῆ γένοιτο ὅπῃ ἔχει· ἐπεὶ καὶ νῦν ὑπὸ τῶν πολλῶν ἀτιμαζόμενα καὶ κολουόμενα, ὑπὸ δὲ τῶν ζητούντων, λόγον οὐκ ἐχόντων καθ' ὅ τι χρήσιμα, ὅμως πρὸς ἅπαντα ταῦτα βίᾳ ὑπὸ χάριτος αὐξάνεται, καὶ οὐδὲν θαυμαστὸν αὐτὰ φανῆναι.

Καὶ μὲν δή, ἔφη, τό γε ἐπίχαρι καὶ διαφερόντως ἔχει. ἀλλά μοι σαφέστερον εἰπέ, ἃ νῦν δὴ ἔλεγες. τὴν μὲν γάρ που τοῦ ἐπιπέδου πραγματείαν γεωμετρίαν ἐτίθης.

Ναί, ἦν δ' ἐγώ.

Εἶτά γ', ἔφη, τὸ μὲν πρῶτον ἀστρονομίαν μετὰ ταύτην, ὕστερον δ' ἀνεχώρησας.

Σπεύδων γάρ, ἔφην, ταχὺ πάντα διεξελθεῖν μᾶλλον βραδύνω· ἑξῆς γὰρ οὖσαν τὴν βάθους αὔξης μέθοδον, ὅτι τῇ ζητήσει γελοίως ἔχει, ὑπερβὰς αὐτὴν μετὰ γεωμετρίαν ἀστρονομίαν ἔλεγον, φορὰν οὖσαν βάθους.

(G l a u k o n): Schon! Indessen scheint mir, Sokrates: das ist noch nicht erfunden!

(S o k r a t e s - P l a t o n): Allerdings, und zwar aus doppelter Ursache: weil kein einziger Staat diese Wissenschaft in Ehren hält, wird ihre Erforschung der großen Schwierigkeiten wegen nur matt betrieben; sodann bedürfen die Forscher des Leiters, ohne den sie schwerlich etwas erzielen. Aber erstens, daß uns ein solcher Geist erstehe, ist kaum anzunehmen, und zweitens: auch wenn er erstünde.... so wie die Dinge jetzt liegen, würden ihm die Fachgelehrten in ihrem Eigendünkel doch nicht folgen! Nur wenn ein ganzer Staat, der diese Wissenschaft in Ehren hielte, die Gesamtleitung übernähme, würden sie folgen, und auch in diesem Wissensgebiete würd' es dann durch beständiges und angestrengtes Forschen helle werden, so daß man es in seiner wahren Bedeutung zu erkennen vermöchte. Wird es doch auch jetzt schon vom großen Haufen verachtet und in den Hintergrund geschoben, jedoch von solchen, die es erforschen wollen, ohne dabei an seinen praktischen Nutzen zu denken, allen Hindernissen zum Trotz seines hohen Reizes wegen durch kräftiges Studium gehoben! Und da wäre es nicht verwunderlich, wenn es ans Licht hervorträte.

(G l a u k o n): Freilich! Hat es doch auch höchst reizvolle Seiten! ... Aber erkläre mir deutlicher, wie du es vorhin meintest: du verstandest doch unter der Lehre von der Ebene die Geometrie?

(S o k r a t e s - P l a t o n): Jawohl!

(G l a u k o n): Und sodann, gleich nach ihr, nanntest du erst die Astronomie; hernach aber bist du wieder zurückgewichen!

(S o k r a t e s - P l a t o n): Ja, die Eile, mit der ich alles zu schnell durchsprach, muß ich jetzt mit Verspätung büßen: obwohl nämlich die Lehre von der Höhenausdehnung das nächste gewesen wäre, übersprang ich sie, weil es mit ihrer Erforschung noch so lächerlich schlecht steht, und nannte nach der Geometrie die Astronomie, die dem bewegten Körper gilt!

᾿Ορθῶς, ἔφη, λέγεις.

Τέταρτον τοίνυν, ἦν δ' ἐγώ, τιθῶμεν μάθημα ἀστρονομίαν ὡς ὑπαρχούσης τῆς νῦν παραλειπομένης, ἐὰν αὐτὴν πόλις μετίῃ.

Εἰκός, ἦ δ' ὅς· καὶ ὅ γε νῦν δή μοι, ὦ Σώκρατες, ἐπέπληξας περὶ ἀστρονομίας ὡς φορτικῶς ἐπαινοῦντι, νῦν ᾗ σὺ μετέρχει ἐπαινῶ. παντὶ γάρ μοι δοκεῖ δῆλον, ὅτι αὕτη γε ἀναγκάζει ψυχὴν εἰς τὸ ἄνω ὁρᾶν καὶ ἀπὸ τῶν ἐνθένδε ἐκεῖσε ἄγει.

῎Ισως, ἦν δ' ἐγώ, παντὶ δῆλον πλὴν ἐμοί· ἐμοὶ γὰρ οὐ δοκεῖ οὕτως.

᾿Αλλὰ πῶς; ἔφη.

῾Ως μὲν νῦν αὐτὴν μεταχειρίζονται οἱ εἰς φιλοσοφίαν ἀνάγοντες, πάνυ ποιεῖν κάτω βλέπειν.

Πῶς, ἔφη, λέγεις;

Οὐκ ἀγεννῶς μοι δοκεῖς, ἦν δ' ἐγώ, τὴν περὶ τὰ ἄνω μάθησιν λαμβάνειν παρὰ σαυτῷ ἥ ἐστι· κινδυνεύεις γάρ, καὶ εἴ τις ἐν ὀροφῇ ποικίλματα θεώμενος ἀνακύπτων καταμανθάνοι τι, ἡγεῖσθαι ἂν αὐτὸν νοήσει ἀλλ' οὐκ ὄμμασι θεωρεῖν. ἴσως οὖν καλῶς ἡγεῖ, ἐγὼ δ' εὐηθικῶς. ἐγὼ γὰρ αὖ οὐ δύναμαι ἄλλο τι νομίσαι ἄνω ποιοῦν ψυχὴν βλέπειν μάθημα ἢ ἐκεῖνο, ὃ ἂν περὶ τὸ ὄν τε ᾖ καὶ τὸ ἀόρατον· ἐὰν δέ τις ἄνω κεχηνὼς ἢ κάτω συμμεμυκὼς τῶν αἰσθητῶν ἐπιχειρῇ τι μανθάνειν, οὔτε μαθεῖν ἄν ποτέ φημι αὐτόν — ἐπιστήμην γὰρ οὐδὲν ἔχειν τῶν τοιούτων — οὔτε ἄνω ἀλλὰ κάτω αὐτοῦ βλέπειν τὴν ψυχήν, κἂν ἐξ ὑπτίας νέων ἐν γῇ ἢ ἐν θαλάττῃ μανθάνῃ.

(G l a u k o n): Richtig!

(S o k r a t e s - P l a t o n): Somit haben wir erst als vierte Wissenschaft die Astronomie festzusetzen; die dritte, die wir jetzt beiseite lassen, mag sich bemerkbar machen, wenn ihr einmal ein Staat seine Beachtung schenkt.

(G l a u k o n): Natürlich! Und weil du mich vorhin, Sokrates, getadelt, als lobe ich die Astronomie nur nach Art der ungebildeten Menge, so will ich nunmehr ihr Lob nach deiner Weise singen! Ich denke doch: jedermann ist es klar, daß sie es ist, die unsere Seele zwingt, nach oben zu sehen, die von hier dorthin führt!

(S o k r a t e s - P l a t o n): Es könnte wohl sein, daß das „jedermann klar ist", nur mir nicht; denn so denke ich gar nicht!

(G l a u k o n): Sondern wie?

(S o k r a t e s - P l a t o n): So, wie es die heutigen Wegweiser zur Wissenschaft auffassen: sie bewirke ganz und gar, daß man nach unten blicke!

(G l a u k o n): Wie meinst du das?

(S o k r a t e s - P l a t o n): Nicht gewöhnlich, scheint mir, fassest du in deinen Gedanken das Wesen der Wissenschaft vom Höheren auf. Denn vermutlich glaubst du auch, wer mit zurückgebogenem Haupte die Stukkatur einer Zimmerdecke betrachte und eine Beobachtung mache, schaue mit der Vernunft, nicht mit seinen leiblichen Augen! Möglicherweise aber hast auch *du* den rechten Glauben und *ich* bin der Einfältige. Ich meinerseits kann nicht glauben, daß ein anderes Wissen die Seele nach oben blicken lassen könne als jenes, das dem wahren und unsichtbaren Sein gilt! Wer dagegen nach oben gähnend oder nach unten blinzelnd versucht, etwas sinnlich Wahrnehmbares wissenschaftlich zu erfassen, wird nie und nimmer, so behaupte ich, *wissenschaftlich* lernen, weil überhaupt nichts Derartiges mit „Wissen" etwas zu tun hat; und auch seine Seele blickt nicht hinauf zur Höhe, nein, in die Tiefe hinab — und läge oder schwömme er selbst auf dem Rücken, um so zu lernen!

Δίκην, ἔφη, ἔχω· ὀρθῶς γάρ μοι ἐπέπληξας. ἀλλὰ πῶς δὴ ἔλεγες δεῖν ἀστρονομίαν μανθάνειν παρὰ ἃ νῦν μανθάνουσιν, εἰ μέλλοιεν ὠφελίμως πρὸς ἃ λέγομεν μαθήσεσθαι;

Ὧδε, ἦν δ' ἐγώ. ταῦτα μὲν τὰ ἐν τῷ οὐρανῷ ποικίλματα, ἐπείπερ ἐν ὁρατῷ πεποίκιλται, κάλλιστα μὲν ἡγεῖσθαι καὶ ἀκριβέστατα τῶν τοιούτων ἔχειν, τῶν δὲ ἀληθινῶν πολὺ ἐνδεῖν, ἃς τὸ ὂν τάχος καὶ ἡ οὖσα βραδυτὴς ἐν τῷ ἀληθινῷ ἀριθμῷ καὶ πᾶσι τοῖς ἀληθέσι σχήμασι φοράς τε πρὸς ἄλληλα φέρεται καὶ τὰ ἐνόντα φέρει· ἃ δὴ λόγῳ μὲν καὶ διανοίᾳ ληπτά, ὄψει δ' οὔ· ἢ σὺ οἴει;

Οὐδαμῶς, ἔφη.

Οὐκοῦν, εἶπον, τῇ περὶ τὸν οὐρανὸν ποικιλίᾳ παραδείγμασι χρηστέον τῆς πρὸς ἐκεῖνα μαθήσεως ἕνεκα, ὁμοίως ὥσπερ ἂν εἴ τις ἐντύχοι ὑπὸ Δαιδάλου ἤ τινος ἄλλου δημιουργοῦ ἢ γραφέως διαφερόντως γεγραμμένοις καὶ ἐκπεπονημένοις διαγράμμασιν. ἡγήσαιτο γὰρ ἄν πού τις ἔμπειρος γεωμετρίας, ἰδὼν τὰ τοιαῦτα, κάλλιστα μὲν ἔχειν ἀπεργασίᾳ, γελοῖον μὴν ἐπισκοπεῖν ταῦτα σπουδῇ, ὡς τὴν ἀλήθειαν ἐν αὐτοῖς ληψόμενον ἴσων ἢ διπλασίων ἢ ἄλλης τινὸς συμμετρίας.

Τί δ' οὐ μέλλει γελοῖον εἶναι; ἔφη.

Τῷ ὄντι δὴ ἀστρονομικόν, ἦν δ' ἐγώ, ὄντα οὐκ οἴει ταὐτὸν πείσεσθαι εἰς τὰς τῶν ἄστρων φορὰς ἀποβλέποντα; νομιεῖν μέν, ὡς οἷόν τε κάλλιστα τὰ τοιαῦτα ἔργα συστήσασθαι, οὕτω ξυνεστάναι τῷ τοῦ οὐρανοῦ δημιουργῷ αὐτόν τε καὶ τὰ ἐν αὐτῷ· τὴν δὲ νυκτὸς πρὸς ἡμέραν ξυμμετρίαν καὶ τούτων πρὸς μῆνα καὶ μηνὸς πρὸς ἐνιαυτὸν καὶ τῶν ἄλλων

(G l a u k o n): Da hab' ich nun meine Strafe! Aber mit Recht hast du mich getadelt! Doch wie ist denn deine Behauptung zu verstehen: man dürfe die Astronomie nicht so betreiben, wie es jetzt der Fall sei, wenn man ihr Studium für unsere Zwecke nutzbar machen wollte?

(S o k r a t e s - P l a t o n): So: dieses bunte Gewebe am Himmel — denn es ist wirklich ein Webegebilde in sichtbarer Welt! — mag man zwar für das Schönste ansehen und für das Kunstvollste von solcher Schöpfung halten, jedoch muß man wissen, daß es ihm an der *Wahrheit* sehr mangele: an jenen Bewegungen, die die *wahre* Schnelligkeit und die *wahre* Langsamkeit im Gebiete der *wahren* begrifflichen Zahl und aller *wahren* Gestalten [der Bahnen] erzielen und ihr ganzes Gebiet bewegen. Fürwahr, diese Bewegungen sind nur mit Vernunft und Denken zu erfassen, nicht mit dem Gesichte! ... Oder glaubst du es doch?

(G l a u k o n): Nie und nimmer!

(S o k r a t e s - P l a t o n): Muß man nun nicht dieses himmliche Webegebilde als Vorlage benutzen für jenes wahre Wissen? Ähnlich wäre es ja, wenn jemand auf hervorragende Bilder und kunstreiche Entwürfe des Daidalos oder eines anderen Künstlers oder Zeichners stieße: ihre Schönheit als Kunstleistungen müßte dann ein Geometer, der sie zu Gesicht bekäme, anerkennen, doch lächerlich schiene es ihm gewiß auch, sie allen Ernstes daraufhin zu untersuchen, ob man das wahre Verhältnis des Gleichen oder Doppelten oder eines andern symmetrischen Begriffes in ihnen entdecken könnte!

(G l a u k o n): Natürlich wäre das lächerlich!

(S o k r a t e s - P l a t o n): Und meinst du nicht auch: wer in Wahrheit ein Sternenkundiger ist, wird genau so denken, wenn er auf die Bewegungen der Gestirne blickt? Zwar wird er glauben, der himmlische Schöpfer habe den Himmel und seine Gebilde so herrlich eingerichtet, wie es derartige Schöpfungen nur sein können; meinst du aber nicht, er wird den für töricht halten, der wähnte, das Verhältnis der Nacht zum Tag und beider Verhältnis zu den Monaten und das der Monate zum Jahre und

ἄστρων πρός τε ταῦτα καὶ πρὸς ἄλληλα, οὐκ ἄτοπον, οἴει, ἡγήσεται τὸν νομίζοντα γίγνεσθαί τε ταῦτα ἀεὶ ὡσαύτως καὶ οὐδαμῇ οὐδὲν παραλλάττειν, σῶμά τε ἔχοντα καὶ ὁρώμενα, καὶ ζητεῖν παντὶ τρόπῳ τὴν ἀλήθειαν αὐτῶν λαβεῖν;

Ἐμοὶ γοῦν δοκεῖ, ἔφη, σοῦ νῦν ἀκούοντι.

Προβλήμασιν ἄρα, ἦν δ' ἐγώ, χρώμενοι ὥσπερ γεωμετρίαν οὕτω καὶ ἀστρονομίαν μέτιμεν· τὰ δ' ἐν τῷ οὐρανῷ ἐάσομεν, εἰ μέλλομεν ὄντως ἀστρονομίας μεταλαμβάνοντες χρήσιμον τὸ φύσει φρόνιμον ἐν τῇ ψυχῇ ἐξ ἀχρήστου ποιήσειν.

Ἦ πολλαπλάσιον, ἔφη, τὸ ἔργον ἢ ὡς νῦν ἀστρονομεῖται προστάττεις.

Οἶμαι δέ γε, εἶπον, καὶ τἆλλα κατὰ τὸν αὐτὸν τρόπον προστάξειν ἡμᾶς, ἐάν τι ἡμῶν ὡς νομοθετῶν ὄφελος ᾖ.

Respublica VII pg. 527—530

2.

Καὶ πρῶτος τῶν Ἑλλήνων Εὔδοξος ὁ Κνίδιος, ὡς Εὔδημός τε ἐν τῷ δευτέρῳ τῆς Ἀστρολογικῆς Ἱστορίας ἀπεμνημόνευσε καὶ Σωσιγένης παρὰ Εὐδήμου τοῦτο λαβών, ἅψασθαι λέγεται τῶν τοιούτων ὑποθέσεων, Πλάτωνος, ὥς φησι Σωσιγένης, πρόβλημα τοῦτο ποιησαμένου τοῖς περὶ ταῦτα ἐσπουδακόσι, τίνων ὑποτεθεισῶν ὁμαλῶν καὶ τεταγμένων κινήσεων διασωθῇ τὰ περὶ τὰς κινήσεις τῶν πλανωμένων φαινόμενα.

Simplikios, commentarium in Aristotelis de caelo pg. 498a 46—498b3

3.

Ἐπειδὴ δὲ τοῖς ἐν τῷ λειμῶνι ἑκάστοις ἑπτὰ ἡμέραι γένοιντο, ἀναστάντας ἐντεῦθεν δεῖν τῇ ὀγδόῃ πορεύεσθαι, καὶ ἀφικνεῖσθαι τεταρταίους ὅθεν καθορᾶν ἄνωθεν διὰ παντὸς τοῦ οὐρανοῦ καὶ γῆς τεταμένον φῶς εὐθύ, οἷον κίονα, μάλιστα τῇ ἴριδι προσφερῆ, λαμπρότερον δὲ καὶ καθαρώτερον.

ebenso das der Gestirne zu allem dem und zu sich selbst sei immerfort das gleiche, und es gäbe gar keine Verschiebung in dieser Welt, die ja körperlich und sichtbar ist, — für töricht jenen auch, der durchaus die *Wahrheit* in ihr zu erfassen suchte?

(G l a u k o n): Ich wenigstens glaub' es schon, wenn ich dich jetzt so höre!

(S o k r a t e s - P l a t o n): So laß uns die Astronomie, wie schon die Geometrie heranziehen, um Probleme für den Verstand zu erhalten; doch die Gebilde am Himmel werden wir auf sich beruhen lassen, wenn wir durch das *wahre* Studium der Astronomie den Teil in unserer Seele, der von Natur vernünftig ist, seiner Unbrauchbarkeit entreißen und nutzbar machen wollen!

(G l a u k o n): Aber damit stellst du ja ein Vielfaches der Arbeit, die man jetzt der Astronomie widmet, auf!

(S o k r a t e s - P l a t o n): Und ich glaube: auch alles andere werden wir nach diesem Vorgange aufzustellen haben, wenn wir unserer Pflicht als Gesetzgeber mit einigem Nutzen genügen wollen!

K. Preisendanz

2.

Und wie Eudem im zweiten Buch seiner Geschichte der Astronomie berichtet, ebenso Sosigenes, der dabei dem Eudem folgt, war Eudoxos von Knidos der erste Grieche, der sich mit derartigen Hypothesen abgab, nachdem Platon, wie Sosigenes sagt, es als Problem für alle, die diese Dinge ernsthaft studieren, aufgestellt hatte, herauszufinden, welches die gleichförmigen und geordneten Bewegungen sind, durch deren Annahme die Erscheinungen bei den Bewegungen der Planeten gerettet werden können.

H. Balss

3.

Sieben Tage durfte, wer auf der Wiese sich befand, allhier verweilen: am achten mußten sich die Seelen von dannen heben und weiterziehen, bis sie nach 4 Tagen einen Ort erreichten, von dem aus sie ein Licht erblickten, das sich aus der Höhe durch den ganzen Himmel und die Erde in gerader Linie ergoß, wie eine Säule und sehr wohl vergleichbar dem Regenbogen, nur leuchtender denn er und reiner noch.

εἰς δ ἀφικέσθαι προελθόντας ἡμερησίαν ὁδόν, καὶ ἰδεῖν αὐτόθι κατὰ μέσον τὸ φῶς ἐκ τοῦ οὐρανοῦ τὰ ἄκρα αὐτοῦ τῶν δεσμῶν τεταμένα· εἶναι γὰρ τοῦτο τὸ φῶς ξύνδεσμον τοῦ οὐρανοῦ, οἷον τὰ ὑποζώματα τῶν τριήρων, οὕτω πᾶσαν ξυνέχον τὴν περιφοράν· ἐκ δὲ τῶν ἄκρων τεταμένον Ἀνάγκης ἄτρακτον, δι' οὗ πάσας ἐπιστρέφεσθαι τὰς περιφοράς.

οὗ τὴν μὲν ἠλακάτην τε καὶ τὸ ἄγκιστρον εἶναι ἐξ ἀδάμαντος, τὸν δὲ σφόνδυλον μικτὸν ἔκ τε τούτου καὶ ἄλλων γενῶν. τὴν δὲ τοῦ σφονδύλου φύσιν εἶναι τοιάνδε· τὸ μὲν σχῆμα οἵαπερ ἡ τοῦ ἐνθάδε· νοῆσαι δὲ δεῖ ἐξ ὧν ἔλεγε τοιόνδε αὐτὸν εἶναι, ὥσπερ ἂν εἰ ἐν ἑνὶ μεγάλῳ σφονδύλῳ κοίλῳ καὶ ἐξεγλυμμένῳ διαμπερὲς ἄλλος τοιοῦτος ἐλάττων ἐγκέοιτο ἁρμόττων, καθάπερ οἱ κάδοι οἱ εἰς ἀλλήλους ἁρμόττοντες· καὶ οὕτω δὴ τρίτον ἄλλον καὶ τέταρτον καὶ ἄλλους τέτταρας. ὀκτὼ γὰρ εἶναι τοὺς ξύμπαντας σφονδύλους, ἐν ἀλλήλοις ἐγκειμένους, κύκλους ἄνωθεν τὰ χείλη φαίνοντας, νῶτον συνεχὲς ἑνὸς σφονδύλου ἀπεργαζομένους περὶ τὴν ἠλακάτην· ἐκείνην δὲ διὰ μέσου τοῦ ὀγδόου διαμπερὲς ἐληλάσθαι. τὸν μὲν οὖν πρῶτόν τε καὶ ἐξωτάτω σφόνδυλον πλατύτατον τὸν τοῦ χείλους κύκλον ἔχειν, τὸν δὲ τοῦ ἕκτου δεύτερον, τρίτον δὲ τὸν τοῦ τετάρτου, τέταρτον δὲ τὸν τοῦ ὀγδόου, πέμπτον δὲ τὸν τοῦ ἑβδόμου, ἕκτον δὲ τὸν τοῦ πέμπτου, ἕβδομον δὲ τὸν τοῦ τρίτου, ὄγδοον δὲ τὸν τοῦ δευτέρου.

καὶ τὸν μὲν τοῦ μεγίστου ποικίλον, τὸν δὲ τοῦ ἑβδόμου λαμπρότατον, τὸν δὲ τοῦ ὀγδόου τὸ χρῶμα ἀπὸ τοῦ ἑβδόμου ἔχειν προσλάμποντος, τὸν δὲ τοῦ δευτέρου καὶ πέμπτου παραπλήσια ἀλλήλοις, ξανθότερα ἐκείνων, τρίτον δὲ λευκότατον χρῶμα ἔχειν, τέταρτον δὲ ὑπέρυθρον, δεύτερον δὲ λευκότητι τὸν ἕκτον.

κυκλεῖσθαι δὲ δὴ στρεφόμενον τὸν ἄτρακτον ὅλον μὲν τὴν αὐτὴν φοράν, ἐν δὲ τῷ ὅλῳ περιφερομένῳ τοὺς μὲν ἐντὸς ἑπτὰ κύκλους τὴν ἐναντίαν τῷ ὅλῳ ἠρέμα περιφέρεσθαι, αὐτῶν δὲ τούτων τάχιστα μὲν ἰέναι τὸν ὄγδοον, δευτέ-

Und als sie dieses Licht erreicht, zogen sie noch eines Tages Reise weiter; da sahen sie in des Lichtes Mitte, daß die Enden seiner Bänder am Himmel befestigt waren. Denn es war dies Licht das Band des Himmels und hielt den ganzen Weltumfang zusammen, wie der Plankengürtel die Triëre. An seinen Enden aber hängt die Spindel der Notwendigkeit, durch welche alle Umdrehung ermöglicht wird.

Ihre Spille [Schaft] und ihre Haken sind aus Stahl, indes der Wirtelring aus Stahl und anderem Metall gemischt ist. So sah der Wirtel aus: äußerlich gleicht er ganz den Wirteln, wie wir sie gewöhnlich hierzulande sehen. Doch muß man ihn nach Er's Beschreibung sich so vorstellen: man denke sich *einen* großen Wirtelring, der hohl und auspoliert, einen zweiten ähnlichen, doch kleineren hineingelegt, genau ihm angepaßt (den Bechern zu vergleichen, die sich ineinanderfügen lassen!), und in diesen wieder einen dritten, vierten und vier weitere dazu. Acht Wirtelringe sind es insgesamt, die solchermaßen ineinanderliegen; ihre Ränder, von oben her gesehen, erscheinen als Kreise und bilden so den oberen Teil zu einem großen Wirtelkörper, der sich um die Spindel schließt. Diese aber ist mitten durch den achten Wirtel [die Erdachse] durchgezogen. Der erste Wirtelring — und zugleich der äußerste [der Fixsternhimmel] besitzt den umfangreichsten Rand, der sechste den nächstbreiten, den dritten der vierte, den vierten der achte, den fünften der siebente, den sechsten der fünfte, den siebenten der dritte, den achten der zweite.

Dabei ist der Kreis des größten Ringes bunt geziert, der siebente erstrahlt im hellsten Glanze [Sonne], indem der achte seinen Glanz vom Widerschein des siebenten erhält ([Mond], der zweite [Saturn] und der fünfte [Merkur], einander ähnlich, sind dunkler gelb als jene; der dritte hat die weißeste Farbe [Juppiter], der vierte ist rötlich [Mars], der sechste [Venus] aber hat, nächst dem dritten, das hellste Weiß.

Im Kreise dreht sich die ganze Spindel nach *einer* Richtung, doch innerhalb der Gesamtbewegung drehen die sieben Innenwirtel langsam und gleichmäßig ihre eigenen Kreise in entgegengesetzter Richtung. Am schnellsten unter allen eilt der achte

ρους δὲ καὶ ἅμα ἀλλήλοις τόν τε ἕβδομον καὶ ἕκτον καὶ πέμπτον· τὸν τρίτον δὲ φορᾷ ἰέναι, ὡς σφίσι φαίνεσθαι, ἐπανακυκλούμενον τὸν τέταρτον· τέταρτον δὲ τὸν τρίτον καὶ πέμπτον τὸν δεύτερον. στρέφεσθαι δὲ αὐτὸν ἐν τοῖς τῆς Ἀνάγκης γόνασιν. ἐπὶ δὲ τῶν κύκλων αὐτοῦ ἄνωθεν ἐφ' ἑκάστου βεβηκέναι Σειρῆνα συμπεριφερομένην, φωνὴν μίαν ἱεῖσαν ἕνα τόνον· ἐκ πασῶν δὲ ὀκτὼ οὐσῶν μίαν ἁρμονίαν ξυμφωνεῖν.

ἄλλας δὲ καθημένας πέριξ δι' ἴσου τρεῖς, ἐν θρόνῳ ἑκάστην, θυγατέρας τῆς Ἀνάγκης Μοίρας λευχειμονούσας, στέμματα ἐπὶ τῶν κεφαλῶν ἐχούσας, Λάχεσίν τε καὶ Κλωθὼ καὶ Ἄτροπον, ὑμνεῖν πρὸς τὴν τῶν Σειρήνων ἁρμονίαν, Λάχεσιν μὲν τὰ γεγονότα, Κλωθὼ δὲ τὰ ὄντα, Ἄτροπον δὲ τὰ μέλλοντα. καὶ τὴν μὲν Κλωθὼ τῇ δεξιᾷ χειρὶ ἐφαπτομένην συνεπιστρέφειν τοῦ ἀτράκτου τὴν ἔξω περιφοράν, διαλείπουσαν χρόνον, τὴν δὲ Ἄτροπον τῇ ἀριστερᾷ τὰς ἐντὸς αὖ ὡσαύτως· τὴν δὲ Λάχεσιν ἐν μέρει ἑκατέρας ἑκατέρᾳ τῇ χειρὶ ἐφάπτεσθαι.

Respublica X p. 616—617

4.

Χρόνος δ' οὖν μετ' οὐρανοῦ γέγονεν,, ἵνα ἅμα γεννηθέντες ἅμα καὶ λυθῶσιν, ἄν ποτε λύσις τις αὐτῶν γίγνηται, καὶ κατὰ τὸ παράδειγμα τῆς διαιωνίας φύσεως, ἵν' ὡς ὁμοιότατος αὐτῷ κατὰ δύναμιν ᾖ· τὸ μὲν γὰρ δὴ παράδειγμα πάντα αἰῶνά ἐστιν ὄν, ὁ δ' αὖ διὰ τέλους τὸν ἅπαντα χρόνον γεγονώς τε καὶ ὢν καὶ ἐσόμενος. ἐξ οὖν λόγου καὶ διανοίας θεοῦ τοιαύτης πρὸς χρόνου γένεσιν, ἵνα γεννηθῇ χρόνος, ἥλιος καὶ σελήνη καὶ πέντε ἄλλα ἄστρα, ἐπίκλην ἔχοντα πλανητά, εἰς διορισμὸν καὶ φυλακὴν ἀριθμῶν χρόνου γέγονε· σώματα δὲ αὐτῶν ἑκάστων ποιήσας ὁ θεὸς ἔθηκεν εἰς τὰς περιφοράς, ἃς ἡ θατέρου περίοδος ᾔειν, ἑπτὰ

Kreis ([Mond]; ihm stehen mit gleicher regelmäßiger Geschwindigkeit der siebente, der sechste und fünfte [Sonne, Venus, Merkur] nach; an Schnelligkeit des Umschwungs der dritte, so schien den Seelen, ist der vierte [Mars]; die vierte Stelle kommt dem dritten [Juppiter], die fünfte endlich dem zweiten [Saturn] zu. Die ganze Spindel aber dreht sich im Schoße der Notwendigkeit. Und oben auf ihren Wirtelringen, auf dem Rande eines jeden einzelnen Kreises, steht, mit ihnen herumgeschleudert, eine Sirene, die stets nur *einen* Ton erschallen läßt, von solcher Stimmung, daß die Töne aller 8 Sirenen in *einer* Harmonie zusammenklingen.

Drei andere weibliche Gestalten sitzen in gleichem Abstand ringsherum, eine jegliche auf ihrem Throne; die Töchter der Notwendigkeit, die Moiren [Parzen], in weißen Kleidern und mit Binden um die Häupter: Lachesis, Klotho und Atropos. Sie begleiten der Sirenen Harmonie mit ihrem Liede; und zwar singt Lachesis von Vergangenem, Klotho von der Gegenwart, und Atropos von Kommendem. Auch greift mitunter Klotho mit der Rechten zu und fördert so der Spindel äußeren Umschwung, während Atropos mit ihrer Linken die Innendrehungen beschleunigt; doch Lachesis greift wechselweise mit beiden Händen in *beide* Umdrehungen ein.

K. Preisendanz

4.

Die Zeit entstand also zugleich mit der Welt, damit beide, zugleich geworden, auch zugleich wieder aufgelöst würden, wenn je einmal ihre Auflösung eintreten sollte, und sie entstand nach dem Vorbild der ewigen Natur, damit die Welt ihm so ähnlich als möglich werde. Denn das Vorbild ist ein durch alle Ewigkeit Seiendes, sie aber fortwährend durch alle Zeit geworden, seiend und sein werdend. Infolge solcher vernünftigen Überlegung Gottes über das Werden der Zeit sind Sonne, Mond und die 5 anderen Sterne, die man Wandelsterne (Planeten) nennt, zur Unterscheidung und Bewahrung der Zeitmaße entstanden. Nachdem der Gott den Körper eines jeden von ihnen gestaltet hatte, setzte er ihrer 7 in die 7 Kreise hinein, die der Umlauf des

οὔσας ὄντα ἑπτά, σελήνην μὲν εἰς τὸν περὶ γῆν πρῶτον, ἥλιον δ' εἰς τὸν δεύτερον ὑπὲρ γῆς, ἑωσφόρον δὲ καὶ τὸν ἱερὸν Ἑρμοῦ λεγόμενον εἰς τὸν τάχει μὲν ἰσόδρομον ἡλίῳ κύκλον ἰόντας, τὴν δ' ἐναντίαν εἰληχότας αὐτῷ δύναμιν· ὅθεν καταλαμβάνουσί τε καὶ καταλαμβάνονται κατὰ ταὐτὰ ὑπ' ἀλλήλων ἥλιός τε καὶ ὁ τοῦ Ἑρμοῦ καὶ ἑωσφόρος· τὰ δ' ἄλλα οἷ δὴ καὶ δι' ἃς αἰτίας ἱδρύσατο, εἴ τις ἐπεξίοι πάσας, ὁ λόγος πάρεργος ὢν πλέον ἂν ἔργον ὧν ἕνεκα λέγεται παράσχοι. ταῦτα μὲν οὖν ἴσως τάχ' ἂν κατὰ σχολὴν ὕστερον τῆς ἀξίας τύχοι διηγήσεως.

ἐπειδὴ δὲ οὖν εἰς τὴν ἑαυτῷ πρέπουσαν ἕκαστον ἀφίκετο φορὰν τῶν ὅσα ἔδει ξυναπεργάζεσθαι χρόνον, δεσμοῖς τε ἐμψύχοις σώματα δεθέντα ζῶα ἐγεννήθη τό τε προσταχθὲν ἔμαθε, κατὰ δὴ τὴν θατέρου φορὰν πλαγίαν οὖσαν, διὰ τῆς ταὐτοῦ φορᾶς ἰούσης τε καὶ κρατουμένης, τὸ μὲν μείζονα αὐτῶν, τὸ δ' ἐλάττω κύκλον ἰόν, θᾶττον μὲν τὰ τὸν ἐλάττω, τὰ δὲ τὸν μείζω βραδύτερον περιῄειν. τῇ δὴ ταὐτοῦ φορᾷ τὰ τάχιστα περιιόντα ὑπὸ τῶν βραδύτερον ἰόντων ἐφαίνετο καταλαμβάνοντα καταλαμβάνεσθαι· πάντας γὰρ τοὺς κύκλους αὐτῶν στρέφουσα ἕλικα διὰ τὸ διχῇ κατὰ τὰ ἐναντία ἅμα προϊέναι τὸ βραδύτατα ἀπιὸν ἀφ' αὐτῆς οὔσης ταχίστης ἐγγύτατα ἀπέφαινεν. ἵνα δ' εἴη μέτρον ἐναργές τι πρὸς ἄλληλα βραδυτῆτι καὶ τάχει ὡς τὰ περὶ τὰς ὀκτὼ φορὰς πορεύοιτο, φῶς ὁ θεὸς ἀνῆψεν ἐν τῇ πρὸς γῆν δευτέρᾳ τῶν περιόδων, ὃ δὴ νῦν κεκλήκαμεν ἥλιον,

Anderen beschrieb: den Mond in den, der zunächst die Erde umkreist, die Sonne in den zweiten über der Erde, den Morgenstern aber und den, der dem Hermes heilig ist und nach ihm benannt ist [Merkur], in die 2 nächsten Kreise, die dieselbe Geschwindigkeit haben wie die Sonne, gab ihnen aber eine der Sonne entgegengesetzte Bewegung; deshalb holen die Sonne, der Hermes und der Morgenstern einander auf gleiche Weise ein und werden auf gleiche Weise von einander eingeholt. Wollte man von allen übrigen anführen, wohin und aus welchen Gründen er sie dahin versetzte, so wäre diese Erörterung, auch wenn sie nur beiläufig wäre, mit mehr Umständen verknüpft als die, die uns darauf gebracht hat. Daher wird denn diese Sache vielleicht später einmal bei größerer Muße eine Behandlung finden, wie sie sie verdient.

Als nun alle Gestirne, die zusammen die Zeit erzeugen sollten, in den für ein jedes geeigneten Umschwung gekommen und durch beseelte Bänder, die ihre Körper zusammenhielten, als Lebewesen hervorgebracht worden waren und ihre Aufgabe erfahren hatten, gingen sie in dem Umschwung des Anderen, der schräg ist, indem er den Umschwung des Selbigen schneidet und von ihm beherrscht wird, herum, indem sie teils einen größeren, teils einen kleineren Kreis beschrieben, und zwar die, welche den kleineren Kreis beschrieben, schneller und die, welche den größeren beschrieben, langsamer. Durch den Umschwung des Selbigen schienen nun die, welche am schnellsten herumgingen, von denen, welche sich langsamer bewegten, eingeholt zu werden, obgleich doch vielmehr diese jene einholten; denn da die Umkreisung des Selbigen alle Kreise dieser Gestirne zwang, sich schraubenförmig zu drehen, da diese Kreise durch ihre Einwirkung zweifach in entgegengesetzter Richtung fortrücken, so bewirkte sie den Schein, als ob die, die sich von ihr, dem Schnellsten, am langsamsten entfernen, ihrer Schnelligkeit am nächsten kämen. Damit aber ein klares Maß für das gegenseitige Verhältnis von Langsamkeit und Schnelligkeit vorhanden wäre, mit der die 8 Umläufe sich bewegten, fügte der Gott in dem zweiten der Kreise von der Erde ab ein Licht ein, das wir jetzt Sonne nennen, damit es möglichst

ἵνα ὅ τι μάλιστα εἰς ἅπαντα φαίνοι τὸν οὐρανὸν μετάσχοι τε ἀριθμοῦ τὰ ζῶα, ὅσοις ἦν προσῆκον, μαθόντα παρὰ τῆς ταὐτοῦ καὶ ὁμοίου περιφορᾶς. νὺξ μὲν οὖν ἡμέρα τε γέγονεν οὕτως καὶ διὰ ταῦτα, ἡ τῆς μιᾶς καὶ φρονιμωτάτης κυκλήσεως περίοδος· μεὶς δὲ ἐπειδὰν σελήνη περιελθοῦσα τὸν ἑαυτῆς κύκλον ἥλιον ἐπικαταλάβῃ, ἐνιαυτὸς δὲ ὁπόταν ἥλιος τὸν ἑαυτοῦ περιέλθῃ κύκλον· τῶν δ' ἄλλων τὰς περιόδους οὐκ ἐννενοηκότες ἄνθρωποι, πλὴν ὀλίγοι τῶν πολλῶν, οὔτε ὀνομάζουσιν οὔτε πρὸς ἄλληλα ξυμμετροῦνται σκοποῦντες ἀριθμοῖς, ὥστε ὡς ἔπος εἰπεῖν οὐκ ἴσασι χρόνον ὄντα τὰς τούτων πλάνας, πλήθει μὲν ἀμηχάνῳ χρωμένας, πεποικιλμένας δὲ θαυμαστῶς. ἔστι δ' ὅμως οὐδὲν ἧττον κατανοῆσαι δυνατόν, ὡς ὅ γε τέλεος ἀριθμὸς χρόνου τὸν τέλεον ἐνιαυτὸν πληροῖ τότε, ὅταν ἁπασῶν τῶν ὀκτὼ περιόδων τὰ πρὸς ἄλληλα ξυμπερανθέντα τάχη σχῇ κεφαλὴν τῷ τοῦ ταὐτοῦ καὶ ὁμοίως ἰόντος ἀναμετρηθέντα κύκλῳ. κατὰ ταῦτα δὴ καὶ τούτων ἕνεκα ἐγεννήθη τῶν ἄστρων ὅσα δι' οὐρανοῦ πορευόμενα ἔσχε τροπάς, ἵνα τόδ' ὡς ὁμοιότατον ᾖ τῷ τελέῳ καὶ νοητῷ ζώῳ πρὸς τὴν τῆς διαιωνίας μίμησιν φύσεως.

Timaios pg. 38—39

5.

Τοῦ μὲν οὖν θείου τὴν πλείστην ἰδέαν ἐκ πυρὸς ἀπειργάζετο. ὅπως ὅ τι λαμπρότατον ἰδεῖν τε κάλλιστον εἴη, τῷ δὲ παντὶ προσεικάζων εὔκυκλον ἐποίει, τίθησί τε εἰς τὴν τοῦ κρατίστου φρόνησιν ἐκείνῳ ξυνεπόμενον, νείμας περὶ πάντα κύκλῳ τὸν οὐρανόν, κόσμον ἀληθινὸν αὐτῷ πεποικιλμένον εἶναι καθ' ὅλον. κινήσεις δὲ δύο προσῆψεν ἑκάστῳ, τὴν μὲν ἐν ταὐτῷ κατὰ ταὐτὰ περὶ τῶν αὐτῶν ἀεὶ τὰ αὐτὰ ἑαυτῷ διανοουμένῳ, τὴν δὲ εἰς τὸ πρόσθεν ὑπὸ τῆς ταὐτοῦ καὶ ὁμοίου περιφορᾶς κρατουμένῳ· τὰς δὲ πέντε κινήσεις ἀκίνητον καὶ

in das ganze Weltall scheine und alle Lebewesen, denen es zukam, der Zahl teilhaftig würden, die sie durch die Umdrehung des Selbigen und Gleichartigen kennen gelernt hatten. Tag und Nacht sind so und hierdurch entstanden, als der Umlauf der einen und vernünftigsten Kreisbewegung; der Monat aber, wenn der Mond seinen Kreislauf beschrieben und die Sonne eingeholt hat; das Jahr endlich, wenn die Sonne ihren Kreis beschrieben hat. Die Umläufe der übrigen haben die Menschen mit Ausnahme von nur wenigen nicht beachtet; sie geben ihnen daher keine besonderen Namen, auch messen sie sie nicht auf Grund von zahlenmäßiger Berechnung gegeneinander ab; sie wissen daher nicht einmal, daß auch ihre Bahnen, deren Menge verwirrt und deren Mannigfaltigkeit wunderbar ist, eine Zeit bezeichnen. Es ist aber trotzdem möglich zu beobachten, daß die vollständige Zeitenzahl das „große Jahr" zur Vollendung bringt, dann, wenn die gegenseitigen Geschwindigkeiten aller acht Umläufe, zugleich beendet, zu ihrem Ausgangspunkt zurückkehren, sofern sie nach dem Kreis des Selbigen und sich gleichartig Bewegenden gemessen werden. Auf diese Weise also und zu diesem Zweck wurden alle Sterne hervorgebracht, die durch den Weltenraum ziehen in gewundener Linie, damit diese Welt den vollendeten und geistig Lebendigen möglichst ähnlich werde in Nachahmung seiner ewigen Natur.

O. Kiefer

5

Die Gestalt des Göttlichen bildete er [der weltbildende Gott, der Demiurg] größtenteils aus Feuer, damit es so glänzend und schön als möglich anzusehen wäre, gestaltete es in Nachbildung des Ganzen wohlgerundet und setzte es in das vernünftige Denken des Mächtigsten als dessen Begleiter, indem er es im Kreis rings um das ganze Weltall verteilte, damit es ihm ein wahrhafter Schmuck und eine bunte Zierde nach dessen ganzem Umfang sei. Bewegungen fügte er zwei einem jeden aus diesem Kreise an, die eine in demselben Raum und in gleichmäßiger Weise als einem solchen, das über dasselbe stets dasselbe bei sich selbst denkt, die andere nach vorn als einem solchen, das von dem Umschwung des Selbigen und Gleichartigen beherrscht wird; hinsichtlich der 5 anderen Bewegungen aber ließ er es unbewegt und stillstehend,

ἑστός, ἵν' ὅ τι μάλιστα αὐτῶν ἕκαστον γένοιτο ὡς ἄριστον. ἐξ ἧς δὴ τῆς αἰτίας γέγονεν ὅσ' ἀπλανῆ τῶν ἄστρων ζῶα θεῖα ὄντα καὶ ἀΐδια καὶ κατὰ ταὐτὰ ἐν ταὐτῷ στρεφόμενα ἀεὶ μένει· τὰ δὲ τρεπόμενα καὶ πλάνην τοιαύτην ἴσχοντα, καθάπερ ἐν τοῖς πρόσθεν ἐρρήθη, κατ' ἐκεῖνα γέγονε.

Timaios pg. 40 A-B

6.

Γῆν δὲ τροφὸν μὲν ἡμετέραν, εἱλλομένην δὲ περὶ τὸν διὰ παντὸς πόλον τεταμένον, φύλακα καὶ δημιουργὸν νυκτός τε καὶ ἡμέρας ἐμηχανήσατο, πρώτην καὶ πρεσβυτάτην θεῶν ὅσοι ἐντὸς οὐρανοῦ γεγόνασι.

Timaios pg. 40 B-C

7.

Πότερον οὕτως ἐκίνει τὴν γῆν, ὥσπερ ἥλιον καὶ σελήνην καὶ τοὺς πέντε πλάνητας, οὓς ὄργανα χρόνου διὰ τὰς τροπὰς προσηγόρευε καὶ ἔδει τὴν γῆν „ἰλλομένην περὶ τὸν διὰ πάντων πόλον τεταμένον" μὴ μεμηχανῆσθαι συνεχομένην καὶ μένουσαν, ἀλλὰ στρεφομένην καὶ ἀνειλουμένην νοεῖν, ὡς ὕστερον Ἀρίσταρχος καὶ Σέλευκος ἀπεδείκνυσαν, ὁ μὲν ὑποθέμενος μόνον ὁ δὲ Σέλευκος καὶ ἀποφαινόμενος; Θεόφραστος δὲ καὶ προσιστορεῖ τῷ Πλάτωνι πρεσβυτέρῳ γενομένῳ μεταμέλειν, ὡς οὐ προσήκουσαν ἀποδόντι τῇ γῇ τὴν μέσην χώραν τοῦ παντός.

Plutarchos, Quaestiones Platonicae, VIII 1

8.

ΑΘ. Ἄστρων δὴ τὸ μετὰ ταῦτα ὅρα τὴν μάθησιν τοῖς νέοις, ἂν ἡμᾶς ἀρέσκῃ λεχθεῖσα ἢ καὶ τοὐναντίον.

ΚΛ. Λέγε μόνον.

ΑΘ. Καὶ μὴν θαῦμά γε περὶ αὐτά ἐστι μέγα καὶ οὐδαμῶς οὐδαμῇ ἀνεκτόν.

ΚΛ. Τὸ ποῖον δή;

damit ein jedes dieser Wesen so vollkommen als möglich werde. Aus dieser Ursache sind also alle die Sterne entstanden, die wandellos als lebendige Wesen göttlich und unsterblich und gleichmäßig in demselben Raum sich drehend ewig verharren; aber die, die ihre Stellung verändern und somit dem Wandel unterworfen sind, die entstanden aus den bereits oben angegebenen Ursachen.

O. Kiefer

6.

Die Erde, unsere Ernährerin, welche um die durch das Weltall gezogene Achse herumgeballt ist, gestaltete er zur Wächterin der Nacht und des Tages als die erste und ehrwürdigste von den Gottheiten, die innerhalb des Weltalls erzeugt sind.

O. Kiefer

7.

Hat [Platon] der Erde eine Bewegung zugeschrieben, wie er sie der Sonne, dem Mond und den 5 Planeten zuschrieb, die er die Instrumente der Zeit nannte, wegen ihrer Wendungen, und war es nötig, den Passus, daß „die Erde um die Weltachse herumgeballt ist" nicht als zusammengehalten und in Ruhe, sondern als Drehung um sich selbst, zu verstehen, so wie Aristarch und Seleukos es später taten, wobei der erstere es nur als Hypothese, der letztere als bewiesene Tatsache behauptet? Aber Theophrast fügt seinem Bericht die kurze Bemerkung zu, daß Platon in seinen späteren Jahren es bedauert habe, daß er der Erde den Platz in der Mitte des Universums gegeben habe, der ihr nicht zukomme.

H. Balss

8.

Der Athener: Nun kommts an die Sternkunde: Sieh einmal bei diesem Lehrfach für die Jugend, ob uns das recht ist, was man davon sagt, oder gerade das Gegenteil!

Kleinias: Rede nur weiter.

Athener: Ja, dabei gibt's viel Stoff zur Verwunderung, und es ist fast rein nicht auszuhalten.

Kleinias: Was denn?

ΑΘ. Τὸν μέγιστον θεὸν καὶ ὅλον τὸν κόσμον φαμὲν οὔτε ζητεῖν δεῖν οὔτε πολυπραγμονεῖν τὰς αἰτίας ἐρευνῶντας· οὐ γὰρ οὐδ' ὅσιον εἶναι· τὸ δὲ ἔοικε πᾶν τούτου τοὐναντίον γιγνόμενον ὀρθῶς ἂν γίγνεσθαι.

ΚΛ. Πῶς εἶπες;

ΑΘ. Παράδοξον μὲν τὸ λεγόμενον, καὶ οὐκ ἂν πρεσβύταις τις οἰηθείη πρέπειν τόδε· ἐπεὶ δ' ἄν τίς τι καλόν τε οἰηθῇ καὶ ἀληθὲς μάθημα εἶναι καὶ πόλει ξυμφέρον καὶ τῷ θεῷ παντάπασι φίλον, οὐδενὶ δὴ τρόπῳ δυνατόν ἐστιν ἔτι μὴ φράζειν.

ΚΛ. Εἰκότα λέγεις· ἀλλ' ἄστρων πέρι μάθημά τι τοιοῦτον ἀνευρήσομεν;

ΑΘ. Ὦ ἀγαθοί, καταψευδόμεθα νῦν ὡς ἔπος εἰπεῖν Ἕλληνες πάντες μεγάλων θεῶν, ἡλίου τε ἅμα καὶ σελήνης.

ΚΛ. Τὸ ποῖον δὴ ψεῦδος;

ΑΘ. Φαμὲν αὐτὰ οὐδέποτε τὴν αὐτὴν ὁδὸν ἰέναι, καὶ ἄλλ' ἄττα ἄστρα μετὰ τούτων, ἐπονομάζοντες πλανητὰ αὐτά.

ΚΛ. Νὴ τὸν Δία, ὦ ξένε, ἀληθὲς τοῦτο λέγεις· ἐν γὰρ δὴ τῷ βίῳ πολλάκις ἑώρακα καὶ αὐτὸς τόν τε ἑωσφόρον καὶ τὸν ἕσπερον καὶ ἄλλους τινὰς οὐδέποτε ἰόντας εἰς τὸν αὐτὸν δρόμον, ἀλλὰ πάντη πλανωμένους· τὸν δὲ ἥλιόν που καὶ σελήνην δρῶντας ταῦτα ἀεὶ πάντες ξυνεπιστάμεθα.

ΑΘ. Ταῦτ' ἔστι τοίνυν, ὦ Μέγιλλέ τε καὶ Κλεινία, νῦν ἅ δή φημι δεῖν περὶ θεῶν τῶν κατ' οὐρανὸν τούς γε ἡμετέρους πολίτας τε καὶ τοὺς νέους τὸ μέχρι τοσούτου μαθεῖν περὶ ἁπάντων τούτων, μέχρι τοῦ μὴ βλασφημεῖν περὶ αὐτά, εὐφημεῖν δὲ ἀεὶ θύοντάς τε καὶ ἐν εὐχαῖς εὐχομένους εὐσεβῶς.

ΚΛ. Τοῦτο μὲν ὀρθόν, εἴ γε πρῶτον μὲν δυνατόν ἐστιν ὃ λέγεις μαθεῖν· εἶτα, εἰ μὴ λέγομέν τι περὶ αὐτῶν ὀρθῶς νῦν, μαθόντες δὲ λέξομεν, συγχωρῶ κἀγὼ τό γε τοσοῦτον

Athener: Da sagt man bei uns: über den großen Gott und das Universum dürfe man nicht weiter fragen, dürfe nicht darüber grübeln und nach den Ursachen forschen: das sei eine Sünde! Aber wenn man das gerade Gegenteil davon tut, dann, meine ich, ist's eben recht getan.

Kleinias: Wie sagtest du?

Athener: Meine Behauptung klingt auffallend und ist vielleicht nicht ganz passend von einem alten Mann; indessen wenn einer meint, eine Wissenschaft sei schön und wahr, nütze dem Staate und sei inallweg Gott wohlgefällig, so ist's ja schlechterdings unmöglich, daß er nicht davon reden sollte.

Kleinias: Ganz recht; aber werden wir in der Astronomie wirklich ein solches Lehrfach finden?

Athener: Ach, ihr guten Leute, wir Griechen reden nachgerade lauter Lügen von den großen Göttern und zugleich von Sonne und Mond.

Kleinias: Was für Lügen?

Athener: Wir sagen, sie gehen niemals den gleichen Weg, und eine Menge anderer Sterne laufe auch so mit ihnen; wir heißen sie ja Planeten und Irrsterne.

Kleinias: Ja wahrhaftig, lieber Freund, das ist richtig, was du da sagst. Ich hab's in meinem Leben auch selber oftmals gesehen, wie der Morgenstern, der Abendstern und noch manche andere niemals die gleiche Bahn gehen, sondern allwärts herumirren; daß aber Sonne und Mond dies immerfort tun, das wissen wir ja alle miteinander.

Athener: Dies ist es also jetzt, lieber Megillos und Kleinias, was nach meiner Behauptung unsere Mitbürger und die jungen Leute über die Götter am Himmel lernen müssen, bis sie bei allen diesen Dingen so weit kommen, daß sie dabei nicht mehr lästern, sondern allezeit ehrfürchtig davon reden, opfern und mit frommen Gebeten sich ihnen nahen.

Kleinias: Das ist ganz richtig, wenn es nur vor allen Dingen auch möglich ist, das zu lernen, was du sagst. Sodann, wenn wir jetzt unrichtig davon reden und sich dieser Fehler durch das

καὶ τοιοῦτον ὂν μαθητέον εἶναι. ταῦτ' οὖν ὡς ἔχοντά ἐσθ' οὕτω, πειρῶ σὺ μὲν ἐξηγεῖσθαι πάντως, ἡμεῖς δὲ ξυνέπεσθαί σοι μανθάνοντες.

ΑΘ. 'Αλλ' ἔστι μὲν οὐ ῥᾴδιον ὃ λέγω μαθεῖν, οὐδ' αὖ παντάπασι χαλεπόν, οὐδέ γέ τινος χρόνου παμπόλλου. τεκμήριον δέ· ἐγὼ τούτων οὔτε νέος οὔτε πάλαι ἀκηκοὼς σφῷν ἂν νῦν οὐκ ἐν πολλῷ χρόνῳ δηλῶσαι δυναίμην· καί τοι χαλεπά γε ὄντα οὐκ ἄν ποτε οἷός τ' ἦν δηλοῦν τηλικούτοις οὖσι τηλικοῦτος.

ΚΛ. 'Αληθῆ λέγεις. ἀλλὰ τί καὶ φῂς τοῦτο τὸ μάθημα, ὃ θαυμαστὸν μὲν λέγεις, προσῆκον δ' αὖ μαθεῖν τοῖς νέοις, οὐ γιγνώσκειν δὲ ἡμᾶς; πειρῶ περὶ αὐτοῦ τό γε τοσοῦτον φράζειν ὡς σαφέστατα.

ΑΘ. Πειρατέον. οὐ γάρ ἐστι τοῦτο, ὦ ἄριστοι, τὸ δόγμα ὀρθὸν περὶ σελήνης τε καὶ ἡλίου καὶ τῶν ἄλλων ἄστρων, ὡς ἄρα πλανᾶταί ποτε, πᾶν δὲ τοὐναντίον ἔχει τούτου· τὴν αὐτὴν γὰρ αὐτῶν ὁδὸν ἕκαστον καὶ οὐ πολλὰς ἀλλὰ μίαν ἀεὶ κύκλῳ διεξέρχεται, φαίνεται δὲ πολλὰς φερόμενον· τὸ δὲ τάχιστον αὐτῶν ὂν βραδύτατον οὐκ ὀρθῶς αὖ δοξάζεται, τὸ δ' ἐναντίον ἐναντίως. ταῦτ' οὖν εἰ πέφυκε μὲν οὕτως, ἡμεῖς δὲ μὴ ταύτῃ δόξομεν.

Leges, VII pg. 820—822

9.

ΑΘ. Ὧι δὴ ψυχὴ τοὔνομα, τίς τούτου λόγος; ἔχομεν ἄλλον πλὴν τὸν νῦν δὴ ῥηθέντα, τὴν δυναμένην αὐτὴν αὑτὴν κινεῖν κίνησιν;

Lernen beheben wird, so gebe auch ich gerne zu, daß man eine Wissenschaft von solcher Größe und Bedeutung lernen muß. Versuch's nun einmal, uns gründlich auseinanderzusetzen, daß dem so ist: dann wollen wir gerne als Schüler deiner Leitung folgen.

Athener: Nun, was ich meinte, ist nicht gerade so leicht zu erlernen, aber auch nicht übermäßig schwer und braucht auch keine gar so große Zeit. Der Beweis liegt in der Tatsache, daß ich selbst, ohne jung zu sein, ohne schon vor langer Zeit davon gehört zu haben, doch euch beiden wohl binnen kurzem die Sachen klar machen könnte. Eigentlich Schweres wär' ich doch nie imstande, euch alten Leuten so beizubringen, und bin selber ein alter Mann!

Kleinias: Ganz richtig. Aber was sagst du denn nun von dieser Wissenschaft, die du so hoch erhebst, und von der du behauptest, die jungen Leute *müssen* sie lernen, und wir verstünden sie nicht? Versuch's einmal, uns davon wenigstens ein bißchen mitzuteilen, aber nur recht deutlich!

Athener: Es soll geschehen. Das ist nämlich, liebe Leute, keine richtige Ansicht von Sonne, Mond und den anderen Sternen, daß sie in der Irre herumziehen; gerade das Gegenteil ist der Fall. Jeder von ihnen wandelt seinen stets gleichen Weg — nicht viele Wege, sondern nur einen einzigen, im Kreislauf; daß er viele Bahnen hat, ist nur äußerlicher Schein. Daß man nun den Schnellsten von ihnen für den Langsamsten hält und ebenso in umgekehrtem Fall, das ist gleichfalls eine unrichtige Meinung. So steht's damit in der wirklichen Natur; die andere Ansicht liegt nur in uns.

E. Eyth

9.

Athener: Worin besteht nun die Erklärung von dem, was mit seinem Namen *Seele* heißt? Können wir eine andere geben, als die bereits ausgesprochene: es sei *die* Bewegung, die sich selbst in Bewegung setzt?

ΚΛ. Τὸ αὑτὴν κινεῖν φῂς λόγον ἔχειν τὴν αὐτὴν οὐσίαν, ἥνπερ τοὔνομα [ὃ] δὴ πάντες ψυχὴν προσαγορεύομεν;

ΑΘ. Φημί γε· εἰ δ' ἔστι τοῦτο οὕτως ἔχον, ἆρα ἔτι ποθοῦμεν μὴ ἱκανῶς δεδεῖχθαι ψυχὴν ταὐτὸν ὂν καὶ τὴν πρώτην γένεσιν καὶ κίνησιν τῶν τε ὄντων καὶ γεγονότων καὶ ἐσομένων καὶ πάντων αὖ τῶν ἐναντίων τούτοις. ἐπειδή γε ἀνεφάνη μεταβολῆς τε καὶ κινήσεως ἁπάσης αἰτία ἅπασιν;

ΚΛ. Οὔκ, ἀλλὰ ἱκανώτατα δέδεικται ψυχὴ τῶν πάντων πρεσβυτάτη, φανεῖσά γε ἀρχὴ κινήσεως.

ΑΘ. Ἆρ' οὖν οὐχ ἡ δι' ἕτερον ἐν ἄλλῳ γιγνομένη κίνησις, αὐτὸ δὲ ἐν αὑτῷ μηδέποτε παρέχουσα κινεῖσθαι μηδέν, δευτέρα τε καὶ ὁπόσων ἀριθμῶν βούλοιτο ἄν τις ἀριθμεῖν αὐτὴν πολλοστὴν τοσούτων, σώματος οὖσα ὄντως ἀψύχου μεταβολή;

ΚΛ. Ὀρθῶς.

ΑΘ. Ὀρθῶς ἄρα καὶ κυρίως ἀληθέστατά τε καὶ τελεώτατα εἰρηκότες ἂν εἶμεν ψυχὴν μὲν προτέραν γεγονέναι σώματος ἡμῖν, σῶμα δὲ δεύτερόν τε καὶ ὕστερον ψυχῆς ἀρχούσης, ἀρχόμενον κατὰ φύσιν.

ΚΛ. Ἀληθέστατα μὲν οὖν.

ΑΘ. Μεμνήμεθά γε μὴν ὁμολογήσαντες ἐν τοῖς πρόσθεν, ὡς εἰ ψυχὴ φανείη πρεσβυτέρα σώματος οὖσα, καὶ τὰ ψυχῆς τῶν τοῦ σώματος ἔσοιτο πρεσβύτερα.

ΚΛ. Πάνυ μὲν οὖν.

ΑΘ. Τρόποι δὲ καὶ ἤθη καὶ βουλήσεις καὶ λογισμοὶ καὶ δόξαι ἀληθεῖς ἐπιμέλειαί τε καὶ μνῆμαι πρότερα μήκους

K l e i n i a s : Das nämliche Wesen, sagst du, habe als „Erklärung“ die Eigenschaft, sich selbst zu bewegen, während wir es allgemein mit seinem „Namen“ als Seele bezeichnen?

A t h e n e r : Ja. Ist aber dieser Satz richtig, können wir dann noch etwas an dem Beweise als ungenügend vermissen, daß Seele das nämliche sei mit dem ersten Werden, der ersten Bewegung alles dessen, was ist und war und sein wird, und zugleich aller Gegensätze dieser Dinge? Denn es ist ja klar geworden, daß sie für alles die Ursache ist von jeglicher Veränderung und Bewegung.

K l e i n i a s : Nein, ich vermisse nichts; die Seele ist aufs vollständigste erwiesen als erstes, ältestes aller Dinge, da sie als Anfang jeder Bewegung erscheint.

A t h e n e r : Wie verhält sich's nun mit einer durch ein anderes Ding in einem Ding hervorgerufenen Bewegung, wobei jede Möglichkeit der Selbstbewegung durch die eigene Kraft ausgeschlossen ist? Ist das nicht eine Bewegung in zweiter Linie oder so hoch man nur irgend eine Zahl greifen mag? Denn es ist eben eine Veränderung in einem wirklich seelenlosen Körper.

K l e i n i a s : Richtig!

A t h e n e r : Somit ist es richtig, vollständig gültig und unfehlbar, wenn wir behauptet haben, daß unsere Seele früher gewesen ist, als der Leib, — daß der Leib erst ein Zweites, n a c h der Seele Gewordenes ist, die Seele die Herrscherin und der Leib naturgemäß der Untertan ist.

K l e i n i a s : Durchaus wahr!

A t h e n e r : Nun erinnern wir uns daran, — wir waren früher darüber einig, daß, wenn die Seele nachweisbar älter sei als der Leib, auch alle seelischen Dinge älter sein müssen als die Dinge des Leibes.

K l e i n i a s : Allerdings!

A t h e n e r : Demnach sind die Gemütsarten, Charaktere, Willensakte und Denktätigkeiten, wahre Vorstellungen, Bestre-

σωμάτων καὶ πλάτους καὶ βάθους καὶ ῥώμης εἴη γεγονότα ἄν, εἴπερ καὶ ψυχὴ σώματος.

ΚΛ. Ἀνάγκη.

ΑΘ. Ἆρ' οὖν τὸ μετὰ τοῦτο ὁμολογεῖν ἀναγκαῖον, τῶν τε ἀγαθῶν αἰτίαν εἶναι ψυχὴν καὶ τῶν κακῶν καὶ καλῶν καὶ αἰσχρῶν δικαίων τε καὶ ἀδίκων καὶ πάντων τῶν ἐναντίων, εἴπερ τῶν πάντων γε αὐτὴν θήσομεν αἰτίαν;

ΚΛ. Πῶς γὰρ οὔ;

ΑΘ. Ψυχὴν δὴ διοικοῦσαν καὶ ἐνοικοῦσαν ἐν ἅπασι τοῖς πάντῃ κινουμένοις μῶν οὐ καὶ τὸν οὐρανὸν ἀνάγκη διοικεῖν φάναι;

ΚΛ. Τί μήν;

ΑΘ. Μίαν ἢ πλείους; πλείους· ἐγὼ ὑπὲρ σφῷν ἀποκρινοῦμαι. δυοῖν μέν γέ που ἔλαττον μηδὲν τιθῶμεν, τῆς τε εὐεργέτιδος καὶ τῆς τἀναντία δυναμένης ἐξεργάζεσθαι.

ΚΛ. Σφόδρα ὀρθῶς εἴρηκας.

ΑΘ. Εἶεν. ἄγει μὲν δὴ ψυχὴ πάντα τὰ κατ' οὐρανὸν καὶ γῆν καὶ θάλατταν ταῖς αὑτῆς κινήσεσιν, αἷς ὀνόματα ἐστι βούλεσθαι, σκοπεῖσθαι, ἐπιμελεῖσθαι, βουλεύεσθαι, δοξάζειν ὀρθῶς, ἐψευσμένως, χαίρουσαν, λυπουμένην, θαρροῦσαν, φοβουμένην, μισοῦσαν, στέργουσαν, . . . νοῦν μὲν προσλαβοῦσα αἰεὶ θεῖον ὀρθῶς θέουσα, ὀρθὰ καὶ εὐδαίμονα παιδαγωγεῖ πάντα, ἀνοίᾳ δὲ ξυγγενομένη πάντα αὖ τἀναντία τούτοις ἀπεργάζεται. τιθῶμεν ταῦτα οὕτως ἔχειν, ἢ ἔτι διστάζομεν εἰ ἑτέρως πως ἔχει;

ΚΛ. Οὐδαμῶς.

ΑΘ. Πότερον οὖν δὴ ψυχῆς γένος ἐγκρατὲς οὐρανοῦ καὶ γῆς καὶ πάσης τῆς περιόδου γεγονέναι φῶμεν, τὸ φρόνιμον

bungen, Erinnerungen und dergleichen früher dagewesen als im Leiblichen Länge, Breite, Tiefe und Stärke, — weil ja die Seele selbst älter ist als der Leib.

Kleinias: Notwendig!

Athener: So werden wir also auch in dem weiteren notwendig übereinstimmen, daß die Seele die Ursache ist von allem Guten und Bösen, Schönen und Häßlichen, Gerechten und Ungerechten, wie von allen ähnlichen Gegensätzen, sofern wir ja überhaupt in ihr die Ursache von allen Dingen annehmen?

Kleinias: Natürlich!

Athener: Wenn also eine Seele allen Dingen, die allwärts in Bewegung stehen, als waltendes Prinzip innewohnt, müssen wir dann nicht auch sagen, daß sie das leitende Prinzip des Himmels [und des ganzen Weltalls] ist?

Kleinias: Freilich!

Athener: *Eine* Seele oder mehrere? — Mehrere! antworte ich in eurem Namen. Jedenfalls aber wollen wir nicht weniger als zwei annehmen, eine, die das Gute schafft, und eine andere, die das Gegenteil hiervon hervorzubringen vermag.

Kleinias: Ganz richtig bemerkt!

Athener: Gut also! Eine Seele lenkt somit alles im Himmel, auf Erden, im Meere durch ihre eigenen Bewegungen, deren Namen vielerlei sind: Wollen, Betrachten, Sorgen, Beraten, richtig oder unrichtig Meinen, in Freude oder Traurigkeit, in Kühnheit oder Furcht, in Haß oder Liebe... Wenn dabei die Seele die Vernunft hinzunimmt, die stets ein göttliches Wesen ist, so läuft sie auf richtiger Bahn und lenkt alles zum Rechten und zum Glück; verbindet sie sich dagegen mit der Unvernunft, so schafft sie in allem hiervon nur das gerade Gegenteil. Wollen wir diese Sätze als ausgemachte Wahrheit annehmen, oder hegen wir noch irgendwie Zweifel, ob es sich nicht irgendwie anders verhält?

Kleinias: Keineswegs!

Athener: Welcher Gattung von Seele wollen wir nun die Macht über Himmel und Erde und das ganze Weltenrund zu-

καὶ ἀρετῆς πλῆρες ἢ τὸ μηδέτερα κεκτημένον; βούλεσθε οὖν πρὸς ταῦτα ὧδε ἀποκρινώμεθα;

ΚΛ. Πῶς;

ΑΘ. Εἰ μέν, ὦ θαυμάσιε, φῶμεν, ἡ ξύμπασα οὐρανοῦ ὁδὸς ἅμα καὶ φορὰ καὶ τῶν ἐν αὐτῷ ὄντων ἁπάντων νοῦ κινήσει καὶ περιφορᾷ καὶ λογισμοῖς ὁμοίαν φύσιν ἔχει καὶ ξυγγενῶς ἔρχεται, δῆλον ὡς τὴν ἀρίστην ψυχὴν φατέον ἐπιμελεῖσθαι τοῦ κόσμου παντὸς καὶ ἄγειν αὐτὸν τὴν τοιαύτην ὁδὸν ἐκείνην.

ΚΛ. Ὀρθῶς.

ΑΘ. Εἰ δὲ μανικῶς τε καὶ ἀτάκτως ἔρχεται, τὴν κακήν.

ΚΛ. Καὶ ταῦτα ὀρθῶς.

ΑΘ. Τίνα οὖν δὴ νοῦ κίνησις φύσιν ἔχει; τοῦτο ἤδη χαλεπόν, ὦ φίλοι, ἐρώτημα ἀποκρινόμενον εἰπεῖν ἐμφρόνως· διὸ δὴ καὶ ἐμὲ τῆς ἀποκρίσεως ὑμῖν δίκαιον τὰ νῦν προσλαμβάνειν.

ΚΛ. Εὖ λέγεις.

ΑΘ. Μὴ τοίνυν ἐξ ἐναντίας οἷον εἰς ἥλιον ἀποβλέποντες, νύκτα ἐν μεσημβρίᾳ ἐπαγόμενοι, ποιησώμεθα τὴν ἀπόκρισιν, ὡς νοῦν ποτὲ θνητοῖς ὄμμασιν ὀψόμενοί τε καὶ γνωσόμενοι ἱκανῶς· πρὸς δὲ εἰκόνα τοῦ ἐρωτωμένου βλέποντας ἀσφαλέστερον ὁρᾶν.

ΚΛ. Πῶς λέγεις;

ΑΘ. Ἧι προσέοικε κινήσει νοῦς τῶν δέκα ἐκείνων κινήσεων, τὴν εἰκόνα λάβωμεν· ἣν συναναμνησθεὶς ὑμῖν ἐγὼ κοινῇ τὴν ἀπόκρισιν ποιήσομαι.

schreiben? Einer solchen, die mit Verstand begabt und voll aller Tugend ist, oder einer solchen, die keines von beiden besitzt? Ist's euch recht, wenn wir auf die Fragen folgende Antwort geben?

Kleinias: Welche?

Athener: Wenn die ganze Bahn des Himmels (wollen wir sagen, mein Teuerster!), wenn der ganze gewaltige Lauf des Himmels und aller Himmelskörper mit der Bewegung, dem Umschwung, den Berechnungen eines vernünftigen Geistes eine ähnliche Natur hat, und einen verwandten Gang geht, so ist es klar, daß man behaupten muß, die *beste* Seele regiere die gesamte Welt und führe sie einen solchen Weg, wie wir angedeutet.

Kleinias: Richtig!

Athener: Ist dagegen ihr Gang unsinnig und ungeordnet, so muß es die böse Seele sein.

Kleinias: Auch dies ist richtig.

Athener: Welche Natur hat denn nun die Bewegung des vernünftigen Geistes? Auf diese Frage, meine Freunde, eine verständige Antwort zu geben, hat seine Schwierigkeit. Deswegen ist es auch billig, daß ich euch wiederum bei der Beantwortung behilflich bin.

Kleinias: Du hast recht.

Athener: Wir wollen's jedoch bei dieser Antwort nicht machen wie Leute, die geradezu in die Sonne hineinsehen und dadurch sich am hellen Mittag die Nacht herbeiziehen. Wir wollen uns nicht einbilden, als könnten wir den Geist jemals mit sterblichen Augen schauen und gründlich erkennen. Es wird sicherer sein, wenn wir nur auf ein Abbild des fraglichen Gegenstandes hinblicken, um zu sehen.

Kleinias: Wie meinst du?

Athener: Unter den oben berührten zehn Arten von Bewegungen ist eine, die mit der Bewegung des Geistes Ähnlichkeit hat. Diese wollen wir als Abbild annehmen. An sie will ich mich mit euch wieder erinnern, und dann will ich für alle die Antwort herausbringen.

ΚΛ. Κάλλιστα ἂν λέγοις.

ΑΘ. Μεμνήμεθα τοίνυν [γε τοσοῦτον] τῶν τότε ἔτι τοῦτό γε, ὅτι τῶν πάντων τὰ μὲν κινεῖσθαι, τὰ δὲ μένειν ἔθεμεν.

ΚΛ. Ναί.

ΑΘ. Τῶν δ' αὖ κινουμένων τὰ μὲν ἐν ἑνὶ τόπῳ κινεῖσθαι, τὰ δ' ἐν πλείοσι φερόμενα.

ΚΛ. Ἔστι ταῦτα.

ΑΘ. Τούτοιν δὴ τοῖν κινήσεοιν τὴν ἐν ἑνὶ φερομένην ἀεὶ περί γέ τι μέσον ἀνάγκη κινεῖσθαι, τῶν ἐντόρνων οὖσαν μίμημά τι κύκλων, εἶναί τε αὐτὴν τῇ τοῦ νοῦ περιόδῳ πάντως ὡς δυνατὸν οἰκειοτάτην τε καὶ ὁμοίαν.

ΚΛ. Πῶς λέγεις;

ΑΘ. Τὸ κατὰ ταὐτὰ δή που καὶ ὡσαύτως καὶ ἐν τῷ αὐτῷ καὶ περὶ τὰ αὐτὰ καὶ πρὸς τὰ αὐτὰ καὶ ἕνα λόγον καὶ τάξιν μίαν ἄμφω κινεῖσθαι λέγοντες νοῦν τήν τε ἐν ἑνὶ φερομένην κίνησιν, σφαίρας ἐντόρνου ἀπεικασμένα φοραῖς, οὐκ ἄν ποτε φανεῖμεν φαῦλοι δημιουργοὶ λόγῳ καλῶν εἰκόνων.

ΚΛ. Ὀρθότατα λέγεις.

ΑΘ. Οὐκοῦν αὖ ἥ γε μηδέποτε ὡσαύτως μηδὲ κατὰ τὰ αὐτὰ μηδὲ ἐν ταὐτῷ μηδὲ περὶ ταὐτὰ μηδὲ πρὸς ταὐτὰ μηδ' ἐν ἑνὶ φερομένη μηδ' ἐν κόσμῳ μηδ' ἐν τάξει μηδὲ ἔν τινι λόγῳ κίνησις ἀνοίας ἂν ἁπάσης εἴη ξυγγενής;

ΚΛ. Εἴη γὰρ ἂν ἀληθέστατα.

ΑΘ. Νῦν δὴ χαλεπὸν οὐδὲν ἔτι διαρρήδην εἰπεῖν, ὡς, ἐπειδὴ ψυχὴ μέν ἐστιν ἡ περιάγουσα ἡμῖν πάντα, τὴν δὲ οὐρανοῦ

Kleinias: Sehr gut!

Athener: Unter den früheren Sätzen denken wir auch daran wieder, daß wir annahmen, in der Welt sei ein Teil der Dinge in Bewegung, ein anderer in Ruhe.

Kleinias: Ja!

Athener: Und daß ferner unter den sich bewegenden Dingen ein Teil sich auf der gleichen Stelle bewegt, der andere an mehreren in seinem raschen Gang.

Kleinias: Das ist so.

Athener: Von diesen beiden Bewegungen muß notwendig die auf *einem* Platze vor sich gehende immer um eine gewisse Mitte herum stattfinden, ähnlich wie bei der Drechslerscheibe. Auch sie ist dann mit dem Umschwung des vernünftigen Geistes in allen Stücken möglichst nahe verwandt und demselben gleich.

Kleinias: Wie meinst du?

Athener: Wenn wir behaupten, daß der vernünftige Geist und die an *einem* Platze stattfindende Bewegung beiderseits sich nach dem Muster einer Drechslerscheibe bewegen, und zwar stets auf gleiche Art und Weise, an der gleichen Stelle, um die gleiche Mitte, in der gleichen Richtung, in *einem* Verhältnis und nach *einer* feststehenden Regel, — so wird niemand von uns vernünftigerweise sagen können, daß wir bei schönen Vergleichungen als Pfuscher dastehen.

Kleinias: Vollkommen richtig!

Athener: Und — nicht wahr? — umgekehrt wird eine Bewegung, die niemals in gleicher Art und Weise, noch um den gleichen Mittelpunkt, noch in der gleichen Richtung, noch auf derselben Stelle, noch in guter Ordnung und bestimmter Regelmäßigkeit, noch in irgend einem Verhältnis vor sich geht, — diese wird an den höchsten Unsinn angrenzen?

Kleinias: Das mag sehr wahr sein.

Athener: Nun hat es also keine Schwierigkeit mehr, ausdrücklich auszusprechen, daß — sofern es eine Seele ist, was nach unserem Dafürhalten alle Dinge in seinem Umlauf leitet — des-

περιφορὰν ἐξ ἀνάγκης περιάγειν φατέον ἐπιμελουμένην καὶ κοσμοῦσαν ἤτοι τὴν ἀρίστην ψυχὴν ἢ τὴν ἐναντίαν.

ΚΛ. Ὦ ξένε, ἀλλὰ ἔκ γε τῶν νῦν εἰρημένων οὐδ' ὅσιον ἄλλως λέγειν, ἢ πᾶσαν ἀρετὴν ἔχουσαν ψυχὴν μίαν ἢ πλείους περιάγειν αὐτά.

ΑΘ. Κάλλιστα, ὦ Κλεινία, ὑπήκουσας τοῖς λόγοις· τόδε δὲ προσάκουσον ἔτι.

ΚΛ. Τὸ ποῖον;

ΑΘ. Ἥλιον καὶ σελήνην καὶ τὰ ἄλλα ἄστρα, εἴπερ ψυχὴ περιάγει πάντα, ἆρ' οὐ καὶ ἓν ἕκαστον;

ΚΛ. Τί μήν;

ΑΘ. Περὶ ἑνὸς δὴ ποιησώμεθα λόγους, οἳ καὶ ἐπὶ πάντα ἡμῖν ἄστρα ἁρμόττοντες φανοῦνται.

ΚΛ. Τίνος;

ΑΘ. Ἡλίου πᾶς ἄνθρωπος σῶμα μὲν ὁρᾷ, ψυχὴν δὲ οὐδείς· οὐδὲ γὰρ ἄλλου σώματος οὐδενὸς οὔτε ζῶντος οὔτε ἀποθνήσκοντος τῶν ζώων, ἀλλὰ ἐλπὶς πολλὴ τὸ παράπαν τὸ γένος ἡμῖν τοῦτο ἀναίσθητον πάσαις ταῖς τοῦ σώματος αἰσθήσεσι περιπεφυκέναι, νοητὸν δ' εἶναι νῷ μόνῳ. μόνῳ δὴ καὶ διανοήματι λάβωμεν αὐτοῦ πέρι τὸ τοιόνδε.

ΚΛ. Ποῖον;

ΑΘ. Ἥλιον εἰ περιάγει ψυχή, τριῶν αὐτὴν ἓν λέγοντες δρᾶν σχεδὸν οὐκ ἀποτευξόμεθα.

ΚΛ. Τίνων;

ΑΘ. Ὡς ἢ ἐνοῦσα ἐντὸς τῷ περιφερεῖ τούτῳ φαινομένῳ σώματι πάντῃ διακομίζει τὸ τοιοῦτον, καθάπερ ἡμᾶς ἡ παρ' ἡμῖν ψυχὴ πάντῃ περιφέρει· ἤ ποθεν ἔξωθεν σῶμα αὐτῇ

halb notwendig behauptet werden muß, *die* Seele, die den Umlauf des Himmels ordnend und sorgend beherrscht, sei entweder die beste Seele oder die ihr entgegengesetzte.

Kleinias: Lieber Freund, nach dem Bisherigen wäre es ja eine wahre Sünde, etwas anderes zu sagen, als daß *eine*, mit der höchsten Vollkommenheit ausgestattete Seele, oder mehrere dergleichen, diesen Umlauf leiten.

Athener: Du hast unsere Erörterung sehr richtig aufgefaßt, mein Kleinias; laß dir nun auch folgendes noch sagen...

Kleinias: Was?

Athener: Wenn eine Seele Sonne, Mond und die anderen Gestirne — wenn sie also *alle* Himmelskörper in ihrem Umlauf leitet, tut sie es dann nicht auch bei jedem einzelnen?

Kleinias: Warum denn nicht?

Athener: So wollen wir jetzt über *einen* weiter reden und es wird sich zeigen, daß unsere Worte denn auch auf *alle* Gestirne passen.

Kleinias: Über welchen?

Athener: Über die Sonne. Jedermann sieht ihren Körper; ihre Seele sieht niemand. Man sieht sie ja auch bei keinem anderen Köper an irgend einem Geschöpf weder im Leben noch im Tode. Es ist vielmehr mit größter Sicherheit anzunehmen, daß diese ganze Klasse von Wesen naturgemäß für sämtliche leibliche Sinneswahrnehmungen nicht wahrnehmbar ist und nur geistig mit dem Geiste aufgefaßt werden kann. Wir wollen also auch mit der bloßen Denkkraft über sie folgendes festhalten.

Kleinias: Was?

Athener: Wenn eine Seele den Umlauf der Sonne leitet, so werden wir wahrscheinlich nicht fehlen, indem wir behaupten, daß sie hierbei eines von diesen drei Stücken tut.

Kleinias: Von welchen?

Athener: Erstens, daß die innerlich in ihrem uns rund erscheinenden Körper befindliche Seele ihn überall in Gang setzt, wie dies die in unserem Innern wohnende Seele bei uns gleich-

ποϱισαμένη πυϱὸς ἤ τινος ἀέϱος, ὥς λόγος ἐστί τινων, ὠθεῖ βίᾳ σώματι σῶμα· ἢ τϱίτον αὐτὴ ψιλὴ σώματος οὖσα, ἔχουσα δὲ δυνάμεις ἄλλας τινὰς ὑπεϱβαλλούσας θαύματι ποδηγεῖ.

ΚΛ. Ναί, τοῦτο μὲν ἀνάγκη, τούτων ἕν γέ τι δϱῶσαν ψυχὴν πάντα διάγειν.

ΑΘ. Αὐτοῦ δὴ ἄμεινον ταύτην τὴν ψυχήν, εἴτε ἐν ἅϱμασιν ἔχουσα ἡμῖν ἥλιον ἄγει φῶς τοῖς ἅπασιν εἴτ' ἔξωθεν εἴθ' ὅπως εἴθ' ὅπῃ, θεὸν ἡγεῖσθαι χϱεὼν πάντα ἄνδϱα. ἢ πῶς;

ΚΛ. Ναί, τόν γέ που μὴ ἐπὶ τὸ ἔσχατον ἀφιγμένον ἀνοίας.

ΑΘ. Ἄστϱων δὲ δὴ πέϱι πάντων καὶ σελήνης ἐνιαυτῶν τε καὶ μηνῶν καὶ πασῶν ὡϱῶν πέϱι τίνα ἄλλον λόγον ἐϱοῦμεν ἢ τὸν αὐτὸν τοῦτον, ὡς ἐπειδὴ ψυχὴ μὲν ἢ ψυχαὶ πάντων τούτων αἴτιαι ἐφάνησαν, ἀγαθαὶ δὲ πᾶσαν ἀϱετήν, θεοὺς αὐτὰς εἶναι φήσομεν, εἴτε ἐν σώμασιν ἐνοῦσαι, ζῷα ὄντα, κοσμοῦσι πάντα οὐϱανὸν εἴτε ὅπῃ τε καὶ ὅπως; ἔσθ' ὅστις ταῦτα ὁμολογῶν ὑπομενεῖ μὴ θεῶν εἶναι πλήϱη πάντα;

ΚΛ. Οὐκ ἔστιν οὕτως, ὦ ξένε, παϱαφϱονῶν οὐδείς.

ΑΘ. Τῷ μὲν τοίνυν μὴ νομίζοντι θεοὺς ἐν τῷ πϱόσθεν χϱόνῳ, ὦ Μέγιλλέ τε καὶ Κλεινία, εἰπόντες ὅϱους ἀπαλλαττώμεθα.

ΚΛ. Τίνας;

ΑΘ. Ἢ διδάσκειν ἡμᾶς, ὡς οὐκ ὀϱθῶς λέγομεν τιθέμενοι ψυχὴν γένεσιν ἁπάντων εἶναι πϱώτην καὶ τἆλλα ὁπόσα τούτῳ ξυνεπόμενα εἴπομεν, ἢ μὴ δυνάμενον βέλτιον λέγειν ἡμῶν

falls tut, — oder zweitens hat sie sich irgendwoher von außen einen Körper verschafft aus Feuer oder einer Luftart, wie da und dort behauptet wird, und nun treibt sie gewaltsam Körper mit Körper — oder drittens: sie selbst ist in keinen Körper eingehüllt, sie besitzt aber einige andere, überaus wunderbare Kräfte, wodurch sie den Gang der Sonne leitet.

Kleinias: Ja, das ist notwendig: eines von diesen dreien muß sie tun, um dies alles durchzuführen.

Athener: Diese Seele steht also höher als die Sonne selbst. Ob sie nun letztere auf einem Wagen hat und so für alle Wesen das Licht heranführt oder dies von außen her tut oder auf irgend eine Art, so oder so, — für einen Gott muß sie doch jedermann mit voller Überzeugung ansehen. Oder wie?

Kleinias: Ja, — wenigstens müßte einer sonst an der äußersten Grenze des Unverstandes angekommen sein.

Athener: Werden wir nun in betreff sämtlicher Gestirne, des Mondes, der Jahre, Monate und aller Jahreszeiten irgend eine andere Behauptung aussprechen als eben die gleiche: Weil eine Seele oder mehrere Seelen sich als die Ursache aller dieser Dinge herausgestellt haben und diese reich sind an aller Vollkommenheit, so werden wir sie Götter nennen, mögen sie nun bei der Ordnung und Leitung des ganzen Himmels in einem Körper stecken als lebendige Wesen oder irgend so oder anders es machen? Kann jemand diese Sätze einräumen und doch dabei bleiben, daß nicht das Universum voll sei von Göttern?

Kleinias: Einen so verrückten Menschen gibt es nirgends, lieber Freund.

Athener: Wenn also jemand in der früheren Zeit an keine Götter glaubte, lieber Megillos und Kleinias, so wollen wir ihm jetzt unser letztes Wort sagen und dann uns verabschieden.

Kleinias: Welches Wort?

Athener: Entweder soll er uns belehren, daß wir unrecht haben, wenn wir annehmen, die Seele sei die erste Daseinsquelle für alle Dinge, und was sich in unseren Erörterungen daran an-

ἡμῖν πείθεσθαι καὶ ζῆν θεοὺς ἡγούμενον εἰς τὸν ἐπίλοιπον βίον. ὁρῶμεν οὖν, εἴτε ἱκανῶς ἤδη τοῖς οὐχ ἡγουμένοις θεοὺς εἰρήκαμεν, ὡς εἰσὶ θεοί, εἴτε ἐπιδεῶς.

ΚΛ. Ἥκιστά γε, ὦ ξένε, πάντων ἐπιδεῶς.

Leges X pg. 896—899

ΦΙΛΙΠΠΟΣ Ὁ ὈΠΟΥΝΤΙΟΣ

1.

Τοῖς δὲ ἀνθρώποις ἐχρῆν τεκμήριον εἶναι τοῦ νοῦν ἔχειν ἄστρα τε καὶ ξύμπασαν ταύτην τὴν διαπορείαν, ὅτι τὰ αὐτὰ ἀεὶ πράττει διὰ τὸ βεβουλευμένα πάλαι πράττειν θαυμαστόν τινα χρόνον.ὅσον, ἀλλ' οὐ μεταβουλευόμενον ἄνω καὶ κάτω, τοτὲ μὲν ἕτερα, ἄλλοτε δὲ ἄλλα πρᾶττον πλανᾶσθαί τε καὶ μετακυκλεῖσθαι. τοῦθ' ἡμῶν τοῖς πολλοῖς αὐτὸ τοὐναντίον ἔδοξεν, ὅτι τὰ αὐτὰ καὶ ὡσαύτως πράττει, ψυχὴν οὐκ ἔχειν· οὕτω τοῖς ἄφροσι ξυνεφέσπετο τὸ πλῆθος, ὡς τὸ μὲν ἀνθρώπινον ἔμφρον καὶ ζῶν ὡς κινούμενον ὑπολαβεῖν, τὸ δὲ θεῖον ἄφρον ὡς μένον ἐν ταῖς αὐταῖς φοραῖς· ἐξῆν δὲ ἀνθρώπῳ γε ἐπὶ τὰ καλλιω καὶ βελτίω καὶ φίλα τιθεμένῳ λαμβάνειν, ὡς διὰ τοῦτο αὐτὸ ἔμφρον δεῖ νομίζειν τὸ κατὰ ταὐτὰ καὶ ὡσαύτως καὶ διὰ ταὐτὰ πρᾶττον ἀεί· τοῦτο δ' εἶναι τὴν τῶν ἄστρων φύσιν, ἰδεῖν μὲν καλλίστην, πορείαν δὲ καὶ χορείαν πάντων χορῶν καλλίστην καὶ μεγαλοπρεπεστάτην χορεύοντα πᾶσι τοῖς ζῶσι τὸ δέον ἀποτελεῖν. καὶ μὴν ὅτι γε δικαίως ἔμψυχα αὐτὰ λέγομεν, πρῶτον τὸ μέγεθος αὐτῶν διανοηθῶμεν. οὐ γάρ, ὡς σμικρὰ φαντάζεται, τηλικαῦτα ὄντως ἐστίν,

schloß, — oder wenn er nicht imstande ist, etwas Besseres zu sagen, soll er uns glauben und in seinem ferneren Leben fortan von dem Dasein der Götter sich überzeugt halten. Laßt uns also sehen, ob wir für solche, die an keine Götter glauben, schon hinreichend bewiesen haben, daß es Götter gibt, oder ob dem Beweis noch etwas fehlt!

Kleinias: Nicht das geringste fehlt mehr dazu, mein Freund.

E. Eyth

PHILIPP VON OPUS

1.

Den Menschen sollte daher als Beweis dafür, daß dieser ganze Zug der Gestirne Vernunft besitze, der Umstand dienen, daß ja ihr Umlauf stets unverrückbar derselbe bleibt, und daß sie also bereits unermeßliche Zeiten hindurch unaufhörlich das ausführen, was sie von Anbeginn an beschlossen haben, und nicht in ihren Beschlüssen hin- und herwanken, und daher bald dieses bald jenes ausführen, noch in ihrem Laufe schwanken und ihre Bahn verlassen. Und doch zogen die meisten von uns Menschen gerade daraus, daß die Sterne immer dasselbe und auf dieselbe Weise tun, den entgegengesetzten Schluß, daß sie unbeseelt sein müßten; und von den Unverständigen, die zuerst so urteilten, ließ sich auch die große Menge zu der Meinung verleiten, daß das Menschengeschlecht belebt und vernünftig sei, weil es (willkürliche) Bewegung besitze, jene Götter aber nicht, weil sie stets in denselben Bahnen verharrten, während doch jeder Mensch, wenn er richtiger und besser und mit liebevollem Sinne urteilen will, einsehen muß, daß ein Wesen, welches beständig in allen seinen Handlungen derselben Regel und Ordnung und denselben Gründen folgt, doch gerade deshalb für weise zu gelten habe, und daß dies eben die Natur der Gestirne sei, welche nicht bloß den herrlichsten Anblick gewähren, sondern auch den herrlichsten und erhabensten aller Märsche und Reigentänze ausführen und durch ihn den lebenden Wesen alles Nötige gewähren. Und ferner mit welchem Rechte wir sie als beseelt ansehen, wird auch erhellen, wenn wir ihre Größe in Erwägung ziehen: denn so klein, wie sie dem Auge erscheinen,

ἀλλ' ἀμήχανον ἕκαστον αὐτῶν τὸν ὄγκον, πιστεῦσαι δ' ἄξιον. ἀποδείξεσι γὰρ ἱκαναῖς λαμβάνεται. τὸν γὰρ ἥλιον ὅλον τῆς γῆς ὅλης μείζω διανοηθῆναι δυνατὸν ὀρθῶς, καὶ πάντα δὴ τὰ φερόμενα ἄστρα θαυμαστόν τι μέγεθος ἔχει. λάβωμεν δή, τίς τρόπος ἂν εἴη τοσοῦτον περιφέρειν ὄγκον τινὰ φύσιν τὸν αὐτὸν ἀεὶ χρόνον, ὅσον καὶ νῦν περιφέρεται. θεὸν δή φημι τὸν αἴτιον ἔσεσθαι, καὶ οὔποθ' ἑτέρως εἶναι δυνατόν· ἔμψυχον μὲν γὰρ οὔποτε γένοιτ' ἂν ἑτέρως πλὴν διὰ θεόν, ὡς ἡμεῖς ἀπεφηνάμεθα· ὅτε δὲ τοῦτο οἷός τέ ἐστι θεός, ἅπασα αὐτῷ ῥᾳστώνη γέγονε τοῦ πρῶτον μὲν ζῷον γεγονέναι πᾶν σῶμα καὶ ὄγκον ξύμπαντα, ἔπειτα, ᾗπερ ἂν διανοηθῇ βέλτιστα, ταύτῃ φέρειν. νῦν δὴ περὶ ἁπάντων τούτων ἕνα λόγον λέγοιμεν ἀληθῆ· οὐκ ἔστι γῆν τε καὶ οὐρανὸν ἅπαντάς τε ἀστέρας ὄγκους τε ἐκ τούτων ξύμπαντας μὴ ψυχῆς πρὸς ἑκάστῳ γενομένης ἢ καὶ ἐν ἑκάστοις εἶτα εἰς ἀκρίβειαν κατ' ἐνιαυτὸν οὕτω πορεύεσθαι κατὰ μῆνάς τε καὶ ἡμέρας, καὶ ξύμπαντα τὰ γιγνόμενα ξύμπασιν ἡμῖν ἀγαθὰ γίγνεσθαι·

Epinomis pg. 982—983

2.

Ἴστε ὀκτὼ δυνάμεις τῶν περὶ ὅλον οὔρανον γεγονυίας ἀδελφὰς ἀλλήλων, ὧν καθεώρακα ἐγώ· καὶ οὐδὲν μέγα διαπέπραγμαι· ῥᾴδιον γὰρ καὶ ἑτέρῳ· τούτων δ' εἰσὶ τρεῖς αὗται. μία μὲν ἡλίου, μία δὲ σελήνης, μία δὲ τῶν ἀπλανῶν ἄστρων, ὧν ἐμνήσθημεν ὀλίγον ἔμπροσθεν· πέντε δὲ ἕτεραι. . . . . λέγω γὰρ πάλιν ὀκτὼ μὲν εἶναι, τῶν δὲ ὀκτὼ τρεῖς μὲν εἰρῆσθαι, πέντε δ' ἔτι λοιπάς. ἡ τετάρτη δὲ φορὰ καὶ διέξοδος ἅμα καὶ πέμπτη τάχει μὲν ἡλίῳ σχεδὸν ἴση, καὶ οὔτε βραδυτέρα οὔτε θάττων· τό γ' ἐπίπαν ἀεὶ

sind sie in Wirklichkeit nicht, sondern jedes von ihnen hat vielmehr einen erstaunlichen Umfang; daran ist kein Zweifel, sondern es lassen sich dafür hinlängliche Beweise führen, sodaß wir, wenn wir das Richtige denken wollen, annehmen müssen, daß die Sonne größer als die Erde ist und daß überhaupt die Größe aller jener am Himmel daherwandernden Sterne unsere Vorstellung weit übersteigt. Und fragen wir nun, auf welche Weise wohl irgend eine Naturkraft eine so große Masse immer in der gleichen Zeit, wie sie ja noch heutzutage so bewegt werden, im Kreise herumbewegen kann, so behaupte ich, daß nur ein Gott dies vermöge, und daß es auf keine andere Weise je möglich sei. Denn kein anderer Körper kann auf andere Weise beseelt werden als durch einen Gott, wie wir bereits dargetan haben; kann ein Gott aber überhaupt einen Körper beseelen, so muß es für ihn auch etwas durchaus Leichtes gewesen sein, einen jeden Körper von noch so großer Masse zu einem belebten Wesen zu machen und sodann dasselbe in *der* Weise sich bewegen zu lassen, wie er sie sich als die beste ausgedacht. Und so mögen wir denn nun über alle diese Weltkörper einen untrüglichen Satz aufstellen: es ist unmöglich, daß Himmel und Erde, daß die Sterne und ihre Massen alle insgesamt ihren Umlauf so genau nach Jahren, Monaten und Tagen zurücklegen und daß alles, was die Folge davon ist, für uns alle ohne Ausnahme so sehr zum Guten sich gestalten könnte, wenn nicht bei jedem dieser Körper oder auch in ihm eine Seele wäre.

F. Susemihl

2.

Wisset, daß es im ganzen Weltenraum acht miteinander verschwisterte Sphären der Bewegung gibt, wie ich beobachtet habe. Und ich habe damit nichts Besonderes getan; denn leicht können dies auch andere sehen. Von diesen sind 3 die der Sonne, des Mondes und der wandellosen Sterne, deren ich kurz vorher gedachte; zu diesen kommen dann noch 5 weitere... Ich wiederhole also, daß es ihrer 8 sind; 3 von diesen habe ich bereits genannt, es bleiben mir daher noch 5 zu nennen übrig. Der Marsch und der Umlauf des vierten und fünften ist an Schnelligkeit dem der Sonne ungefähr gleich und weder lang-

τούτων τριῶν ὄντων τὸν νοῦν ἱκανὸν ἔχοντα ἡγεῖσθαι. λέγωμεν δὴ ταύτας ἡλίου τ' εἶναι καὶ ἑωσφόρου, καὶ τρίτον ὡς μὲν ὀνόματι φράζειν οὐκ ἔστι διὰ τὸ μὴ γιγνώσκεσθαι, τούτου δ' αἴτιος ὁ πρῶτος ταῦτα κατιδὼν βάρβαρος ὤν· παλαιὸς γὰρ δὴ τόπος ἔθρεψε τοὺς πρώτους ταῦτα ἐννοήσαντας διὰ τὸ κάλλος τῆς θερινῆς ὥρας, ἣν Αἴγυπτός τε καὶ Συρία ἱκανῶς κέκτηται, φανεροὺς μὲν ὡς ἔπος εἰπεῖν ἀστέρας ἀεὶ ξύμπαντας καθορῶντας, ἅτε νεφῶν καὶ ὑδάτων ἀπόπροσθεν ἀεὶ τοῦ κόσμου κατῳκισμένους· . . . ὅτι δὲ οὐκ ὀνόματα ἔσχηκε, τήν γε αἰτίαν χρὴ λέγεσθαι ταύτην, ἀλλὰ γὰρ ἐπωνυμίαν εἰλήφασι θεῶν· ὁ μὲν γὰρ ἑωσφόρος ἕσπερός τε ὢν αὐτὸς Ἀφροδίτης εἶναι σχεδὸν ἔχει λόγον καὶ μάλα Συρίῳ νομοθέτῃ πρέπον, ὁ δ' ὁμόδρομος ἡλίῳ τε ἅμα καὶ τούτῳ σχεδὸν Ἑρμοῦ· τρεῖς δ' ἔτι. φορὰς λέγωμεν ἐπὶ δεξιὰ πορευομένων μετὰ σελήνης τε καὶ ἡλίου. ἕνα δὲ τὸν ὄγδοον χρὴ λέγειν, ὃν μάλιστ' ἄν τις ἄνω κόσμον προσαγορεύοι, ὃς ἐναντίος ἐκείνοις ξύμπασι πορεύεται, ἄγων τοὺς ἄλλους, ὥς γε ἀνθρώποις φαίνοιτ' ἂν ὀλίγα τούτων εἰδόσιν. . . . λοιποὶ δὴ τρεῖς ἀστέρες, ὧν εἷς μὲν βραδυτῆτι διαφέρων αὐτῶν ἐστί, Κρόνου δ' αὐτόν τινες ἐπωνυμίαν φθέγγονται· τὸν δὲ μετὰ τοῦτον βραδυτῆτι λέγειν χρὴ Διός· Ἄρεως δὲ ὁ μετὰ τοῦτον· πάντων δὲ οὗτος ἐρυθρώτατον ἔχει χρῶμα.

Epinomis pg. 986-98?

ΠΥΘΑΓΟΡΕΙΟΙ

1.

Λοιπὸν δὲ περὶ τῆς γῆς εἰπεῖν, οὗ τε τυγχάνει κειμένη, καὶ πότερον τῶν ἠρεμούντων ἐστὶν ἢ τῶν κινουμένων, καὶ περὶ τοῦ σχήματος αὐτῆς. περὶ μὲν οὖν τῆς θέσεως οὐ τὴν

samer noch geschwinder, sodaß die vernünftigen Kräfte, welche alle diese Gestirne leiten, ganz gleichartig sich verhalten. Diese 3 sind die Sonne, der Morgenstern und ein dritter Planet, dessen Name sich nicht angeben läßt, weil man einen solchen für ihn nicht hat, wovon das die Ursache ist, daß derjenige, der ihn zuerst beobachtete, kein Grieche war. Denn alte Gegenden, in denen man wegen der schönen Klarheit der Sommerzeit und an einem wolken- und regenlosen Himmel alle Gestirne stets sozusagen unverschleiert erblickte, Gegenden, wie Syrien und Ägypten, nährten diejenigen Menschen, welche zuerst den Himmel beobachteten... Daß die Sterne meist keine eigenen Namen erhielten, erklärt sich aus dem angeführten Grunde; dafür haben sie Bezeichnungen erhalten; durch welche sie gewissen Göttern als deren Eigentum beigelegt werden. Denn der Morgenstern, welcher derselbe wie der Abendstern ist, heißt der Stern der Aphrodite [= Venus] und diese Bezeichnung hat ihren guten Grund und war auch des syrischen Gesetzgebers würdig. Derjenige Stern ferner, welcher mit ihm wie mit der Sonne die gleich Umlaufszeit hat, heißt gewöhnlich der des Hermes [= Merkur]. Außer ihnen gibt es noch 3, welche gleich dem Monde und der Sonne nach der Rechten zu ihre Bahn durchwandern. Dazu kommt dann noch die achte Sphäre als eine ganz besondere, die man füglich das Oben der Welt nennen könnte, welche in entgegengesetzter Richtung als jene alle 7 ihre Bahn durchläuft, aber alle anderen beherrscht und mit sich fortzieht, wie es wenigstens uns Menschen scheinen muß, die wir nur wenig von diesen Dingen verstehen... Es bleiben jetzt nur noch jene 3 Planeten anzuführen, von denen einer der bei weitem langsamste ist und gemeiniglich als Stern des Kronos [= Saturn] bezeichnet wird; den zunächst langsamsten hat man als den des Zeus [= Jupiter] und den dritten als den des Ares [= Mars] zu nennen, und dieser letzte hat die rötlichste Farbe von allen...

F. Susemihl

JÜNGERE PYTHAGOREER

1.

... Zuletzt müssen wir noch von der Erde sprechen, von ihrer Lage, von der Frage, ob sie zu den Körpern gehört, die sich in Ruhe befinden, oder zu denen, die sich bewegen, und von ihrer

αὐτὴν ἅπαντες ἔχουσιν δόξαν, ἀλλὰ τῶν πλείστων ἐπὶ τοῦ μέσου κεῖσθαι λεγόντων, ὅσοι τὸν ὅλον οὐρανὸν πεπερασμένον εἶναί φασιν, ἐναντίως οἱ περὶ τὴν Ἰταλίαν, καλούμενοι δὲ Πυθαγόρειοι λέγουσιν· ἐπὶ μὲν γὰρ τοῦ μέσου πῦρ εἶναί φασι, τὴν δὲ γῆν ἓν τῶν ἄστρων οὖσαν, κύκλῳ φερομένην περὶ τὸ μέσον νύκτα τε καὶ ἡμέραν ποιεῖν. ἔτι δ' ἐναντίαν ἄλλην ταύτῃ κατασκευάζουσι γῆν, ἣν ἀντίχθονα ὄνομα καλοῦσιν, οὐ πρὸς τὰ φαινόμενα τοὺς λόγους καὶ τὰς αἰτίας ζητοῦντες, ἀλλὰ πρός τινας λόγους καὶ δόξας αὐτῶν τὰ φαινόμενα προσέλκοντες καὶ πειρώμενοι συγκοσμεῖν. πολλοῖς δ' ἂν καὶ ἑτέροις συνδόξειε μὴ δεῖν τῇ γῇ τὴν τοῦ μέσου χώραν ἀποδιδόναι, τὸ πιστὸν οὐκ ἐκ τῶν φαινομένων ἀθροῦσιν ἀλλὰ μᾶλλον ἐκ τῶν λόγων. τῷ γὰρ τιμιωτάτῳ οἴονται προσήκειν τὴν τιμιωτάτην ὑπάρχειν χώραν, εἶναι δὲ πῦρ μὲν γῆς τιμιώτερον, τὸ δὲ πέρας τῶν μεταξύ, τὸ δ' ἔσχατον καὶ τὸ μέσον πέρας· ὥστ' ἐκ τούτων ἀναλογιζόμενοι οὐκ οἴονται ἐπὶ τοῦ μέσου κεῖσθαι τῆς σφαίρας αὐτήν, ἀλλὰ μᾶλλον τὸ πῦρ .... ὁμοίως δὲ καὶ περὶ μονῆς καὶ κινήσεως· οὐ γὰρ τὸν αὐτὸν τρόπον ἅπαντες ὑπολαμβάνουσιν, ἀλλ' ὅσοι μὲν μηδ' ἐπὶ τοῦ μέσου κεῖσθαί φασιν αὐτήν, κινεῖσθαι κύκλῳ περὶ τὸ μέσον, οὐ μόνον δὲ ταύτην, ἀλλὰ καὶ τὴν ἀντίχθονα, καθάπερ εἴπομεν πρότερον. ἐνίοις δὲ δοκεῖ καὶ πλείω σώματα τοιαῦτα ἐνδέχεσθαι φέρεσθαι περὶ τὸ μέσον, ἡμῖν δὲ ἄδηλα διὰ τὴν ἐπιπρόσθησιν τῆς γῆς. διὸ καὶ τὰς τῆς σελήνης ἐκλείψεις πλείους ἢ τὰς τοῦ ἡλίου γίγνεσθαί φασιν· τῶν γὰρ φερομένων ἕκαστον ἀντιφράττειν αὐτήν, ἀλλ' οὐ μόνον τὴν γῆν.

Aristoteles, de caelo, II, 13, pg. 293a, b.-DKr 58 B 37

Form. Was nun ihre Lage betrifft, so sind die Meinungen hierüber geteilt. Während die meisten von denen, die den ganzen Himmel für begrenzt ansehen, sagen, daß die Erde im Mittelpunkt liege, sind die italienischen Philosophen, die sogenannten *Pythagoreer*, entgegengesetzter Ansicht. Sie behaupten nämlich, daß in der Mitte sich Feuer befinde und daß die Erde einer der Sterne sei, sich im Kreise um die Mitte bewege und dadurch Tag und Nacht verursache. Sie nehmen auch eine andere Erde an, die sie „Gegenerde" benennen, wofür sie ihre Erklärungen und Gründe nicht in Hinsicht auf beobachtete Erscheinungen suchen, sondern vielmehr die Phänomene in Rücksicht auf gewisse eigene Theorien und Lehrmeinungen an den Haaren herbeizerren und es versuchen, die Erscheinungen mit ihren Theorien gewaltsam in Übereinstimmung zu bringen. Auch viele andere mögen mit ihnen darin übereinstimmen, daß der Platz in der Mitte nicht der Erde zuerteilt werden solle, wenn sie zur Bestätigung nicht auf die beobachteten Erscheinungen, sondern auf theoretische Gründe blicken. Sie meinen nämlich, daß das Wertvollste den wertvollsten Platz einnehmen sollte; es sei aber das Feuer wertvoller als die Erde, ebenso die Grenze höher zu werten als der Zwischenraum; der äußerste Umfang aber und die Mitte seien Grenzen. Aus solchen Betrachtungen heraus denken sie, daß es nicht die Erde ist, die im Mittelpunkt der Himmelskugel liegt, sondern Feuer ... Ebensowenig herrscht Übereinstimmung in der Frage, ob die Erde sich in Ruhe befinde oder sich bewege. Diejenigen, welche behaupten, daß die Erde nicht im Mittelpunkt der Welt liege, lassen sie sich in einem Kreise um den Mittelpunkt bewegen, und zwar nicht nur die Erde sondern auch die Gegenerde, wie wir vorhin sagten. Einige glauben sogar, daß mehrere Körper sich um den Mittelpunkt bewegen, welche aber für uns unsichtbar seien, weil die Erde dazwischen liege. Deswegen, behaupten sie, entstünden mehr Mond- als Sonnenfinsternisse, denn ein jeder jener umkreisenden Körper, und nicht nur die Erde, könne zwischentreten und den Mond verdunkeln.

W. Capelle

2.

'Εν μὲν τῷ μέσῳ τοῦ παντὸς πῦρ εἶναί φασι, περὶ δὲ τὸ μέσον τὴν ἀντίχθονα φέρεσθαί φασι γῆν οὖσαν καὶ αὐτήν ἀντίχθονα δὲ καλουμένην διὰ τὸ ἐξ ἐναντίας τῇδε τῇ γῇ εἶναι, μετὰ δὲ τὴν ἀντίχθονα ἡ γῆ ἥδε φερομένη καὶ αὐτὴ περὶ τὸ μέσον, μετὰ δὲ τὴν γῆν ἡ σελήνη· οὕτω γὰρ αὐτὸς ἐν τῷ Περὶ τῶν Πυθαγορικῶν ἱστορεῖ· τὴν δὲ γῆν ὡς ἓν τῶν ἄστρων οὖσαν κινουμένην περὶ τὸ μέσον κατὰ τὴν πρὸς τὸν ἥλιον σχέσιν νύκτα καὶ ἡμέραν ποιεῖν. ἡ δὲ ἀντίχθων κινουμένη περὶ τὸ μέσον καὶ ἑπομένη τῇ γῇ ταύτῃ οὐχ ὁρᾶται ὑφ' ἡμῶν διὰ τὸ ἐπιπροσθεῖν ἡμῖν ἀεὶ τὸ τῆς γῆς σῶμα ... ἄστρον δὲ τὴν γῆν ἔλεγον ὡς ὄργανον καὶ αὐτὴν χρόνου· ἡμερῶν γάρ ἐστιν αὕτη καὶ νυκτῶν αἰτία· ἡμέραν μὲν γὰρ ποιεῖ τὸ πρὸς τῷ ἡλίῳ μέρος καταλαμπομένη, νύκτα δὲ κατὰ τὸν κῶνον τῆς γινομένης ἀπ' αὐτῆς σκιᾶς.

Simplikios, commentarium in (Aristotelis) de caelo
pg. 511, 26. - DKr 58 B 37

3.

Οἱ καλούμενοι Πυθαγόρειοι ... ἔτι δὲ τῶν ἁρμονιῶν ἐν ἀριθμοῖς ὁρῶντες τὰ πάθη καὶ τοὺς λόγους, ἐπειδὴ τὰ μὲν ἄλλα τοῖς ἀριθμοῖς ἐφαίνετο τὴν φύσιν ἀφωμοιῶσθαι πᾶσαν, οἱ δ' ἀριθμοὶ πάσης τῆς φύσεως πρῶτοι, τὰ τῶν ἀριθμῶν στοιχεῖα τῶν ὄντων στοιχεῖα πάντων ὑπέλαβον εἶναι, καὶ τὸν ὅλον οὐρανὸν ἁρμονίαν εἶναι καὶ ἀριθμόν· καὶ ὅσα εἶχον ὁμολογούμενα δεικνύναι ἔν τε τοῖς ἀριθμοῖς καὶ ταῖς ἁρμονίαις πρὸς τὰ τοῦ οὐρανοῦ πάθη καὶ μέρη καὶ πρὸς τὴν ὅλην διακόσμησιν, ταῦτα συνάγοντες ἐφήρμοττον. κἂν εἴ τί που διέλειπε, προσεγλίχοντο τοῦ συνειρομένην πᾶσαν αὐτοῖς εἶναι τὴν πραγματείαν. λέγω δ' οἷον, ἐπειδὴ τέλειον ἡ δεκὰς εἶναι δοκεῖ καὶ πᾶσαν περιειληφέναι τὴν τῶν ἀριθμῶν

2.

[Die Pythagoreer] behaupten, daß in der Mitte des Weltalls Feuer sei, daß sich um diese Mitte die Gegenerde bewege, die zwar ebenfalls erdiger Natur sei, aber Gegenerde genannt werde, weil sie unserer Erde gegenüberliege. Nach der Gegenerde aber komme unsere Erde, die ebenfalls die Mitte umkreise; nach der Erde aber der Mond. So nämlich berichtet er selber [Aristoteles] in seiner Schrift von den pythagoreischen Lehren. Die Erde aber sei einer der Sterne, bewege sich um die Mitte und verursache so entsprechend ihrer jeweiligen Lage zur Sonne Tag und Nacht. Die Gegenerde aber, die die Mitte umkreise und unserer Erde folge, werde von uns aus nicht gesehen, weil uns der Erdkörper den Blick versperre... Einen Stern aber nannten sie die Erde in der Erkenntnis, daß auch sie ein Werkzeug der Zeit sei. Ist sie doch die Ursache von Tag und Nacht. Den Tag nämlich bewirkt der Teil von ihr, der der Sonne zu liegt und von dieser beschienen wird, Nacht dagegen der Teil von ihr, der im Kegel des von ihr verursachten Schattens liegt.

W. Capelle

3.

Da die Pythagoreer nun auch darauf aufmerksam wurden, daß die Verhältnisse und Gesetze der musikalischen Harmonie sich in Zahlen darstellen lassen, und da auch alle anderen Erscheinungen eine natürliche Verwandtschaft mit den Zahlen zeigten, die Zahlen aber das erste in der gesamten Natur sind, so kamen sie zu der Vorstellung, die Elemente der Zahlen seien die Elemente alles Seienden und das gesamte Weltall sei eine Harmonie und Zahl. Was sich nur irgendwie an Übereinstimmungen zwischen den Zahlen und Harmonien einerseits und den Prozessen und Teilen des Himmelsgewölbes und dem gesamten Weltenbau andererseits auftreiben ließ, das sammelten sie und suchten einen Zusammenhang herzustellen; wo ihnen aber die Möglichkeit dazu entging, da scheuten sie sich auch nicht vor künstlichen Annahmen, um nur ihr systematisches Verfahren als streng einheitlich durchgeführt erscheinen zu lassen. Ich führe nur ein Beispiel an. Da sie die Zehn für die vollkommene Zahl halten und der Meinung sind, sie befasse die gesamte Natur der Zahlen in sich,

φύσιν, καὶ τὰ φερόμενα κατὰ τὸν οὐρανὸν δέκα μὲν εἶναί φασιν, ὄντων δὲ ἐννέα μόνον τῶν φανερῶν διὰ τοῦτο δεκάτην τὴν ἀντίχθονα ποιοῦσιν.

Aristoteles, Metaphysik I,5 pg. 985 b. - DKr 58 B 4

4.

Φανερὸν δ' ἐκ τούτων, ὅτι καὶ τὸ φάναι γίνεσθαι φερομένων < τῶν ἄστρων > ἁρμονίαν, ὡς συμφώνων γινομένων τῶν ψόφων, κομψῶς μὲν εἴρηται καὶ περιττῶς ὑπὸ τῶν εἰπόντων, οὐ μὴν οὕτως ἔχει τἀληθές. δοκεῖ γάρ τισιν ἀναγκαῖον εἶναι, τηλικούτων φερομένων σωμάτων γίγνεσθαι ψόφον, ἐπεὶ καὶ τῶν παρ' ἡμῖν οὔτε τοὺς ὄγκους ἐχόντων ἴσους οὔτε τοιούτῳ τάχει φερομένων· ἡλίου δὲ καὶ σελήνης, ἔτι τε τοσούτων τὸ πλῆθος ἄστρων καὶ τὸ μέγεθος φερομένων τῷ τάχει τοιαύτην φοράν, ἀδύνατον μὴ γίγνεσθαι ψόφον ἀμήχανόν τινα τὸ μέγεθος. ὑποθέμενοι δὲ ταῦτα καὶ τὰς ταχυτῆτας ἐκ τῶν ἀποστάσεων ἔχειν τοὺς τῶν συμφωνιῶν λόγους, ἐναρμόνιόν φασι γίγνεσθαι τὴν φωνὴν φερομένων κύκλῳ τῶν ἄστρων· ἐπεὶ δ' ἄλογον ἐδόκει τὸ μὴ συνακούειν ἡμᾶς τῆς φωνῆς ταύτης, αἴτιον τούτου φασὶν εἶναι τὸ γιγνομένοις εὐθὺς ὑπάρχειν τὸν ψόφον, ὥστε μὴ διάδηλον εἶναι πρὸς τὴν ἐναντίαν σιγήν· πρὸς ἄλληλα γὰρ φωνῆς καὶ σιγῆς εἶναι τὴν διάγνωσιν, ὥστε καθάπερ τοῖς χαλκοτύποις διὰ συνήθειαν οὐδὲν δοκεῖ διαφέρειν, καὶ τοῖς ἀνθρώποις ταὐτὸ συμβαίνειν.

Aristoteles, de caelo, II,9 pg. 290b, 12 - DKr 58 B 35

so stellen sie die Behauptung auf, auch die Körper, die sich am Himmel umdrehen, seien 10 an der Zahl, und da uns nur 9 aus wirklicher Erfahrung bekannt sind, so erfinden sie sich einen zehnten in Gestalt der Gegenerde.

A. Lasson

4.

Hieraus ergibt sich, daß auch die Behauptung, es würde durch die Bewegung der Gestirne eine musikalische Harmonie verursacht, da die hierdurch entstehenden Töne einen Zusammenklang ergäben, hübsch und scharfsinnig von ihren Urhebern aufgestellt ist; aber das Richtige trifft sie durchaus nicht. Es scheint nämlich einigen Denkern eine notwendige Folge zu sein, daß infolge der Bewegungen so gewaltiger Körper ein Geräusch entsteht. Denn das ist ja schon bei Körpern hier auf Erden der Fall, die doch weder das gleiche Volumen haben noch sich mit solcher Geschwindigkeit bewegen. Wo sich aber Sonne und Mond, ferner eine solche Menge so gewaltiger Gestirne mit solch rasender Geschwindigkeit bewegten, da müßte unbedingt ein Geräusch von einer über alle Begriffe gehenden Stärke verursacht werden. Das nehmen sie an und ebenso, daß die Schnelligkeiten infolge der [verschiedenen] Entfernungen [der Gestirne vom Mittelpunkt des Kosmos] den Zahlenverhältnissen der musikalischen Harmonie entsprechen. Daher behaupten sie, daß durch den Kreislauf der Gestirne eine musikalische Harmonie von Tönen verursacht wird. Da es aber unbegreiflich erschien, daß wir diesen Klang nicht hören, so erklären sie, das komme daher, daß wir gleich von Geburt an diesen Klang hörten, sodaß er uns gar nicht zum Bewußtsein käme durch den Unterschied von der ihm entgegengesetzten Stille. Denn die Unterscheidung von Geräusch und Stille sei durch den Unterschied beider von einander bedingt, so daß gerade so wie die Kupferschmiede infolge der ständigen Gewöhnung den Unterschied gar nicht mehr hören, auch den Menschen [gegenüber den kosmischen Geräuschen] dasselbe widerfährt.

W. Capelle

5.

Τῶν γὰρ σωμάτων τῶν περὶ τὸ μέσον φερομένων ἐν ἀναλογίᾳ τὰς ἀποστάσεις ἐχόντων, καὶ τῶν μὲν θᾶττον φερομένων τῶν δὲ βραδύτερον, ποιούντων δὲ καὶ ψόφον ἐν τῷ κινεῖσθαι τῶν μὲν βραδυτέρων βαρὺν τῶν δὲ ταχυτέρων ὀξύν, τοὺς ψόφους τούτους κατὰ τὴν τῶν ἀποστάσεων ἀναλογίαν γινομένους ἐναρμόνιον τὸν ἐξ αὐτῶν ἦχον ποιεῖν .... ἐν διπλασίῳ μὲν γὰρ λόγῳ φέρε εἰπεῖν τὸ διάστημα τὸ τοῦ ἡλίου ἀπὸ τῆς γῆς εἶναι ἢ τὸ τῆς σελήνης, ἐν τριπλασίῳ δὲ τὸ τῆς Ἀφροδίτης, ἐν τετραπλασίῳ δὲ τὸ τοῦ Ἑρμοῦ, καὶ ἐπὶ τῶν ἄλλων ἑκάστου εἶναί τινα λόγον ἀριθμητικὸν ἡγοῦντο, καὶ ἐναρμόνιον τὴν κίνησιν εἶναι τοῦ οὐρανοῦ· κινεῖσθαι δὲ τάχιστα μὲν τὰ τὸ μέγιστον διάστημα κινούμενα, βραδύτατα δὲ τὰ τὸ ἐλάχιστον, τὰ δὲ μεταξὺ κατὰ τὴν ἀναλογίαν τοῦ μεγέθους τῆς περιφορᾶς.

Alexandros v. Aphrodisias, commentarium in Metaphysica Aristotelis, I 5. pg. 985b 26

ΦΙΛΟΛΑΟΣ

1.

Φιλόλαος πῦρ ἐν μέσῳ περὶ τὸ κέντρον ὅπερ ἑστίαν τοῦ παντὸς καλεῖ καὶ Διὸς οἶκον καὶ μητέρα θεῶν βωμόν τε καὶ συνοχὴν καὶ μέτρον φύσεως. καὶ πάλιν πῦρ ἕτερον ἀνωτάτω τὸ περιέχον. πρῶτον δ' εἶναι φύσει τὸ μέσον, περὶ δὲ τοῦτο δέκα σώματα θεῖα χορεύειν, [οὐρανόν] <μετὰ τὴν τῶν ἀπλανῶν σφαῖραν> τοὺς ε̄ πλανήτας, μεθ' οὓς ἥλιον, ὑφ' ᾧ σελήνην, ὑφ' ᾗ τὴν γῆν, ὑφ' ᾗ τὴν ἀντίχθονα, μεθ' ἃ σύμπαντα τὸ πῦρ ἑστίας περὶ τὰ κέντρα τάξιν ἐπέχον. τὸ μὲν οὖν ἀνωτάτω μέρος τοῦ περιέχοντος, ἐν ᾧ τὴν εἰλικρίνειαν εἶναι τῶν στοιχείων, ὄλυμπον καλεῖ, τὰ δέ ὑπὸ τὴν τοῦ ὀλύμπου φοράν, ἐν ᾧ τοὺς πέντε πλανήτας μεθ' ἡλίου καὶ

5.

[Die Pythagoreer] sagten, daß die Körper, die sich um das Zentrum drehten, in ihren Abständen proportioniert sind und daß sich einige schneller, andere langsamer bewegen, und daß der Ton, den sie bei ihrer Bewegung hervorbringen, bei den langsamen tief ist, bei den schnellen aber hoch. Diese Töne also, die von dem Verhältnis der Abstände abhängen, sind solche, daß die kombinierte Wirkung eine Harmonie ist . . . Indem der Abstand der Sonne, z. B. von der Erde, sagen wir, doppelt so groß ist, als der Abstand des Mondes, der der Venus dreifach und der des Merkur vierfach, so nehmen sie an, daß ebenso ein gewisses arithmetisches Verhältnis auch bei den anderen Planeten vorhanden sei und daß die Bewegungen der Himmelskörper harmonische seien. Sie sagten, daß die Körper sich am schnellsten bewegten, die sich im größten Abstand fortbewegen, und daß *die* Körper sich am langsamsten bewegten, die sich in der geringsten Entfernung fortbewegen, und daß die Körper in den dazwischen liegenden Abständen sich mit Schnelligkeiten bewegen, die den Größen ihrer Kreise entsprechen.

H. Balss nach W. Capelle

PHILOLAOS

1.

Philolaos behauptet, daß das Feuer in der Mitte um den Mittelpunkt [der Welt] herum liege; er nennt es „Herd des Weltganzen" und „Haus des Zeus" und „Mutter und Altar der Götter" und „Zusammenhalt und Maß der Natur". Außerdem nimmt er ein zweites Feuer an, das zuoberst [die Welt] umgibt [= den Fixsternhimmel]. Von Natur zuerst aber sei die Mitte; um diese kreisten 10 göttliche Körper: [nach der Fixsternsphäre] die 5 Planeten, danach die Sonne, unter dieser der Mond, unter ihm die Erde, unter ihr die Gegenerde und nach allen diesen komme das Feuer, das die Stelle des Herdes im Mittelpunkt [der Welt] einnähme. Den obersten Teil des Umgebenden nun, in welchem die Reinheit der Elemente sei, nennt er *Olympos;* das Reich unterhalb der Bahn des Olympos aber, in dem die fünf Planeten mit Sonne und Mond ihren Platz erhalten hätten,

σελήνης τετάχθαι, κόσμον, τὸ δ' ὑπὸ τούτοις ὑποσέληνόν τε καὶ περίγειον μέρος, ἐν ᾧ τὰ τῆς φιλομεταβόλου γενέσεως, οὐρανόν. καὶ περὶ μὲν τὰ τεταγμένα τῶν μετεώρων γίνεσθαι τὴν σοφίαν, περὶ δὲ τῶν γινομένων τὴν ἀταξίαν τὴν ἀρετήν, τελείαν μὲν ἐκείνην ἀτελῆ δὲ ταύτην.

Aëtios II 7,7 - DKr 44 A 16

2.
Φιλόλαος ὁ Πυθαγόρειος τὸ μὲν πῦρ μέσον (τοῦτο γὰρ εἶναι τοῦ παντὸς ἑστίαν), δευτέραν δὲ τὴν ἀντίχθονα, τρίτην δὲ τὴν οἰκουμένην γῆν ἐξ ἐναντίας κειμένην τε καὶ συμπεριφερομένην τῇ ἀντίχθονι· παρ' ὃ καὶ μὴ ὁρᾶσθαι ὑπὸ τῶν ἐν τῇδε τοὺς ἐν ἐκείνῃ.

Aëtios III 11,3 - DKr 44 A 17

3.
Φιλόλαος ὁ Πυθαγόρειος ὑαλοειδῆ τὸν ἥλιον, δεχόμενον μὲν τοῦ ἐν τῷ κόσμῳ πυρὸς τὴν ἀνταύγειαν, διηθοῦντα δὲ πρὸς ἡμᾶς τό τε φῶς καὶ τὴν ἀλέαν, ὥστε τρόπον τινὰ διττοὺς ἡλίους γίνεσθαι, τό τε ἐν τῷ οὐρανῷ πυρῶδες καὶ τὸ ἀπ' αὐτοῦ πυροειδὲς κατὰ τὸ ἐσοπτροειδές, εἰ μή τις καὶ τρίτον λέξει τὴν ἀπὸ τοῦ ἐνόπτρου κατ' ἀνάκλασιν διασπειρομένην πρὸς ἡμᾶς αὐγήν· καὶ γὰρ ταύτην προσονομάζομεν ἥλιον οἱονεὶ εἴδωλον εἰδώλου.

Aëtios II, 20,11 - DKr 44 A 19

4.
Τῶν Πυθαγορείων τινὲς μέν, ὧν ἐστι Φιλόλαος, γεώδη φαίνεσθαι τὴν σελήνην διὰ τὸ περιοικεῖσθαι αὐτὴν καθάπερ τὴν παρ' ἡμῖν γῆν ζῴοις καὶ φυτοῖς μείζοσι καὶ καλλίοσιν· εἶναι γὰρ πεντεκαιδεκαπλάσια τὰ ἐπ' αὐτῆς ζῷα τῇ δυνάμει μηδὲν περιττωματικὸν ἀποκρίνοντα, καὶ τὴν ἡμέραν τοσαύτην τῷ μήκει.

Aëtios II,30,1 - DKr 44 A 20

Kosmos; die Region unter diesen aber, unterhalb des Mondes und in der Umgebung der Erde, in der das Reich des den Wechsel liebenden Werdens sei, *Uranos* (Himmel). Und von den Dingen in der Höhe, die dem Bereiche der Ordnung angehörten, entwickelte sich die „Weisheit", dagegen von der Unordnung in der Sphäre des Werdens die „Tugend"; jene sei vollkommen, diese unvollkommen.

W. Capelle

2.

Der Pythagoreer Philolaos setzt das Feuer in der Mitte an, denn dies sei der Herd des Weltganzen; zu zweit die Gegenerde, zu dritt die [von uns] bewohnte Erde, die [jener] gegenüberliege und sich zugleich mit der Gegenerde herumbewege. Infolgedessen würden auch die [Wesen] auf jener von den [Menschen] auf dieser nicht gesehen.

W. Capelle

3.

Der Pythagoreer Philolaos erklärte die Sonne für einen glasartigen [Körper]), der den Widerschein des Feuers im Kosmos aufnehme, uns aber das Licht und die Wärme übermittele, sodaß es in gewissem Sinne zwei Sonnen gebe, die feuerige [Substanz] am Himmel und das von dieser herrührende, durch eine Art von Spiegelung erzeugte feuerartige [Scheingebilde], falls man nicht etwa noch als dritte die von dem Spiegel ausgehende Strahlung rechnen will, die sich vermittelst einer Reflexion zu uns verbreitet. Denn auch diese nennen wir Sonne, gleichsam das Bild eines Bildes.

W. Capelle

4.

Einige Pythagoreer, zu denen auch Philolaos gehört, behaupten, der Mond scheine erdartig zu sein, weil er, wie unsere Erde, ringsum bewohnt sei, jedoch von größeren und schöneren Tieren und Pflanzen. Denn die Tiere auf ihm seien fünfzehnmal so groß [wie bei uns]; sie sonderten keinerlei Ausscheidungen von sich ab, und der Tag [dort] sei ebenfalls fünfzehnmal so lang, [wie bei uns].

W. Capelle

1.

Genituram vero temporis necessario esse dicit institutam, ut tam eadem tempora sub dimensionem venirent quam dierum mensiumque et annorum dinumerari spatio possent. proptereaque solis lunaeque inlustrationes et occasus necessarios fuisse ceterasque erraticas stellas superinpositas esse gyris circulorum jussasque agere motum septemplicem diversis et dissimilibus maeandris in ea regione, quae sub zodiaci orbis circumflexum jacet: lunae quidem juxta terram in prima circumactione, solis vero in secunda diametro a luna distantis; tum Luciferi et Mercurii conlocat ignes, inquit, in eo motu, qui concurrit quidem solstitiali circuitioni, contraria tamen ab eo circumfertur agitatíone. Quare fit, ut conprehendant se invicem et a se rursum conprehendantur hae stellae. Cur has stellas pari esse dicat velocitate, manifestat ipse, cum adserit anni vertentis spatio cursus ab omnibus peragi, sed ita, ut modo tardius, modo incitatius euntes conprehendant subinde solem et subinde a sole conprehendantur (109). Ait tamen hos ignes contrariam quoque habere vim. quam rem alii aliter accipiunt: quidam enim contrarietatem hanc nasci putant ex eo, quod sol quidem, cum naturaliter ab eois ad occidua semper feratur, perinde ut omnis mundus movetur, epicyclum tamen suum peragat anni spatio, cuius epicycli contraria est conversio, Lucifer vero et Mercurius contrarios semper motus exserant mundi circumactioni. quidam vero putant contrariam vim esse in his stellis, propterea quod conprehendant solis incessum Mercurius et Lucifer et interdum remorantes eos sol conprehendat, cum ortus et item occasus, effulsionesque et obumbrationes interdum mane, interdum vesperascente patiantur praecedentes modo, modo relicti.

1.

Das Werden der Zeit sei notwendiger Weise, wie er [Platon] sagt, eingesetzt worden, damit sowohl gleiche Zeiten gemessen als auch die Zeiten der Tage, Monate und Jahre an Ausdehnung geschätzt werden könnten. Deswegen seien auch die Erleuchtungen und Untergänge der Sonne und des Mondes nötig gewesen und die übrigen Planeten seien in ihre Kreise eingesetzt worden und es sei ihnen befohlen worden, sich in sieben verschiedenen und unähnlichen Windungen zu bewegen in der Region, die unterhalb des Tierkreises liegt. Der Mond nämlich neben der Erde im ersten Kreise, die Sonne in dem zweiten, der einen Durchmesser vom Monde absteht; drittens stellt er die Lichter des Lucifer [= Venus] und des Merkur in die Bewegung ein, die mit dem Umlauf der Sonne an Schnelligkeit übereinstimmt, aber mit einer diesem entgegengesetzten Kraft herumgeführt wird. Dadurch kommt es, daß diese Sterne sich gegenseitig überholen und wieder von einander überholt werden. Warum diese Sterne die gleiche Geschwindigkeit, wie er sagt, haben, sucht er dadurch klarzulegen, daß der Raum eines kreisenden Jahres von allen durchlaufen wird, aber so, daß sie bald langsam bald schneller laufend, die Sonne bald überholen, bald von dieser überholt werden. Doch sagt er, daß diese Lichter auch entgegengesetzte Kraft haben. Dies fassen die Erklärer auf verschiedene Art auf. Die einen glauben nämlich, daß diese Gegensätzlichkeit dadurch entstehe, daß die Sonne, die sich natürlicher Weise von Osten nach Westen bewegt, sich also genau so wie auch das ganze Weltall dreht, außerdem noch im Laufe eines Jahres einen eigenen Epicykel ausführe, dessen Drehung aber entgegengesetzt sei, Lucifer aber und Merkur immer der Drehung der Welt entgegengesetzte Bewegungen ausführen [d. h. von Westen nach Osten]. Andere aber glauben, daß in diesen Gestirnen eine gegensätzliche Kraft vorhanden sei; deswegen, weil Merkur und Lucifer das Fortschreiten der Sonne überholen, bisweilen aber, wenn sie still stehen, selbst von der Sonne überholt werden, indem ihr Auf- und Untergang, ihr Aufleuchten und ihre Verdunkelung bisweilen am Morgen, bisweilen am Abend stattfinden, wobei sie bald

sic enim fere semper iuxta solem comitari videntur. Quod iis usu accidit ex eo, quod una medietas atque unum punctum est tam solstitialis circuli quam cuiuslibet alterius stellarum harum. (110). Denique Heraclides Ponticus, cum circulum Luciferi describeret, item Solis, et unum punctum atque unam medietatem duobus daret circulis, demonstravit ut interdum Lucifer superior, interdum inferior Sole fiat. Ait enim et Solem et Lunam et Luciferum et omnes planetas ubi eorum quisque sit, una linea a puncto terrae per punctum stellae exeunte demonstrari. Erit igitur una linea directa ex terrae medietate Solem demonstrans, duae vero aliae dextra laevaque nihilo minus directae lineae a Sole quidem distantes quinquaginta momentis, a se autem invicem centum, quarum altera linea orienti proxima demonstrat Luciferum, cum Lucifer plurimum a Sole distabit factus vicinus orientalibus plagis, proptereaque idem Hesperi nomen accipiens, quod in eois vespere postque occasum Solis adpareat.

Chalcidius, in Timaeum, cap. 108-110

2.

Ἡρακλείδης ὁ Ποντικὸς καὶ Ἔκφαντος ὁ Πυθαγόρειος κινοῦσι μὲν τὴν γῆν, οὐ μήν τε μεταβατικῶς, ἀλλὰ τρεπτικῶς τροχοῦ δίκην ἐνηξονισμένην, ἀπὸ δυσμῶν ἐπ' ἀνατολὰς περὶ τὸ ἴδιον αὐτῆς κέντρον.

Aëtios III, 13, 3. - DKr 51, 5

ΙΚΗΤΗΣ

Hicetas Syracusius, ut ait Theophrastus, caelum solem lunam stellas, supera denique omnia stare censet neque praeter terram rem ullam in mundo moveri: quae cum circum axem se summa celeritate convertat et torqueat, eadem effici omnia quae si stante terra caelum moveretur.

Cicero, Academica priora II 39. - DKr 50, 1

vorschreiten, bald zurückbleiben. So erscheinen sie nämlich fast immer als Begleiter neben der Sonne. Dies hat nach ihnen seine Ursache darin, daß der Kreis der Sonne [deren Epicykel?] und der eines jeden dieser beiden Sterne einen einzigen Mittelpunkt haben. Endlich zeigte Herakleides Pontikos bei der Beschreibung der Kreisbahnen von Lucifer [= Venus] sowie der Sonne, wobei er den Bahnen dieser beiden *ein* Zentrum und *eine* Mitte gibt, daß Lucifer [= Venus] gelegentlich über, gelegentlich unter der Sonne steht. Denn er sagt, daß die Stellung von Sonne, Mond, Lucifer und der Planeten, wo immer sie stehen, definiert ist durch eine Linie, die vom Zentrum der Erde zu den betreffenden Himmelskörpern geht. Es gibt also eine gerade Linie vom Erdzentrum aus, die die Stellung der Sonne angibt, und ebenso zwei andere gerade Linien, zur Rechten und Linken von ihr, die 50° von ihr entfernt sind und unter sich 100° abstehen, wobei die dem Osten nächste Linie die Stellung Lucifers oder des Morgensterns angibt, wenn er am weitesten von der Sonne entfernt ist und dem Osten nahe kommt, eine Stellung, deretwegen er Abendstern genannt wird, weil er am Abend nach dem Untergang der Sonne im Osten erscheint.

H. Balss

2.

Herakleides Pontikos und der Pythagoreer Ekphantos behaupten, daß die Erde sich bewege, freilich nicht von ihrem Standort aus durch den Weltenraum, sondern daß sie sich wie ein Rad um ihre Achse drehe, von West nach Ost um ihren eigenen Mittelpunkt.

W. Capelle

HIKETAS VON SYRAKUS

1.

Hiketas aus Syrakus nimmt an, wie Theophrast berichtet, daß der Himmel, Sonne, Mond, Sterne und überhaupt die ganze Welt in der Höhe stillsteht und sich außer der Erde nichts im Weltall bewegt. Da diese sich um ihre Achse mit sehr großer Schnelligkeit drehe, so würden dadurch genau dieselben Erscheinungen [am Himmel] eintreten, wie es der Fall sein würde, wenn die Erde

ΕΚΦΑΝΤΟΣ

Ἔκφαντός τις Συρακούσιος ἔφη μὴ εἶναι ἀληθινὴν τῶν ὄντων λαβεῖν γνῶσιν, ὁρίζειν δὲ ὡς νομίζειν ..... κινεῖσθαι δὲ τὰ σώματα μήτε ὑπὸ βάρους μήτε πληγῆς, ἀλλ' ὑπὸ θείας δυνάμεως, ἣν νοῦν καὶ ψυχὴν προσαγορεύει. τούτου μὲν οὖν τὸν κόσμον εἶναι ἰδέαν, δι' ὃ καὶ σφαιροειδῆ ὑπὸ θείας δυνάμεως γεγονέναι. τὴν δὲ γῆν μέσον κόσμου κινεῖσθαι περὶ τὸ αὑτῆς κέντρον ὡς πρὸς ἀνατολήν.

Hippolytos, refutationes I,15.-DKr 51,1

ΑΡΙΣΤΟΤΕΛΗΣ

1.

Φανερὸν τοίνυν ἐκ τῶν εἰρημένων ὅτι οὔτ' ἔστιν ἔξω οὔτ' ἐγχωρεῖ γενέσθαι σώματος ὄγκον οὐθενός· ἐξ ἁπάσης ἄρ' ἐστι τῆς οἰκείας ὕλης ὁ πᾶς κόσμος· ὕλη γὰρ ἦν αὐτῷ τὸ φυσικὸν σῶμα καὶ αἰσθητόν. ὥστ' οὔτε νῦν εἰσὶ πλείους οὐρανοὶ οὔτ' ἐγένοντο, οὔτ' ἐνδέχεται γενέσθαι πλείους· ἀλλ' εἷς καὶ μόνος καὶ τέλειος οὗτος οὐρανός ἐστιν. ἅμα δὲ δῆλον ὅτι οὐδὲ τόπος οὐδὲ κενὸν οὐδὲ χρόνος ἐστὶν ἔξω τοῦ οὐρανοῦ· ἐν ἅπαντι γὰρ τόπῳ δυνατὸν ὑπάρξαι σῶμα· κενὸν δ' εἶναί φασιν ἐν ᾧ μὴ ἐνυπάρχει σῶμα, δυνατὸν δ' ἐστὶ γενέσθαι· χρόνος δὲ ἀριθμὸς κινήσεως· κίνησις δ' ἄνευ φυσικοῦ σώματος οὐκ ἔστιν· ἔξω δὲ τοῦ οὐρανοῦ δέδεικται ὅτι οὔτ' ἔστιν οὔτ' ἐνδέχεται γενέσθαι σῶμα. φανερὸν ἄρα ὅτι οὔτε

stillstände und sich der Himmel bewegte. [Cicero fügt hinzu: Einige glauben, daß auch Platon im Timaios dieses sagt, wenn auch ein wenig dunkler].

W. Capelle

EKPHANTOS VON SYRAKUS

Ein gewisser Ekphantos aus Syrakus behauptete, es sei unmöglich eine wahre Erkenntnis von den Dingen zu gewinnen, wohl aber sie abzugrenzen... Es bewegten sich aber die Körper [Atome] weder infolge von Schwere, noch von [äußerem] Anstoß, sondern infolge göttlicher Kraft, die er Vernunft und Seele nennt. Das Abbild dieser nennt er die Welt; daher sei sie infolge der göttlichen Kraft kugelförmig geworden. Die Erde aber, die Mitte der Welt, bewege sich um ihr eigenes Zentrum, [von Westen] nach Osten.

Vergl. auch unter Herakleides Pontikos (2)

W. Capelle

ARISTOTELES

Aus dem Gesagten ist demnach klar, daß es weder eine Masse irgend eines Körpers außerhalb [unseres Weltgebäudes] gibt, noch daß eine solche entstehen kann; also besteht das Weltall aus sämtlichen ihm eigentümlichen Stoffen. Stoff nämlich für es war der in der Natur vorkommende und sinnlich wahrnehmbare Körper. Folglich gibt es weder jetzt mehrere Himmelsgebäude, noch sind je mehrere entstanden, noch ist es statthaft, daß je mehrere entstehen, sondern einzig und alleinig und vollkommen ist dieses unser Himmelsgebäude. Zugleich aber ist klar, daß es weder Ort noch Leeres noch Zeit außerhalb des Himmelsgebäudes gibt. Denn in jedem Orte kann ein Körper vorhanden sein, ein Leeres aber soll, wie man behauptet, dasjenige sein, in welchem zwar ein Körper nicht vorhanden ist, wohl aber sich einfinden könne; die Zeit hingegen ist die Zahl der Bewegung; Bewegung aber ohne einen in der Natur vorhandenen Körper gibt es nicht. Daß es aber außerhalb des Himmelsgebäudes weder einen Körper gibt, noch es möglich ist, daß einer entstehe, haben wir gezeigt.

τόπος οὔτε κενὸν οὔτε χρόνος ἐστὶν ἔξωθεν· διόπερ οὔτ' ἐν τόπῳ τἀκεῖ πέφυκεν, οὔτε χρόνος αὐτὰ ποιεῖ γηράσκειν, οὐδ' ἐστὶν οὐδενὸς οὐδεμία μεταβολὴ τῶν ὑπὲρ τὴν ἐξωτάτω τεταγμένων φοράν, ἀλλ' ἀναλλοίωτα καὶ ἀπαθῆ τὴν ἀρίστην ἔχοντα ζωὴν καὶ τὴν αὐταρκεστάτην διατελεῖ τὸν ἅπαντα αἰῶνα.

de caelo I/9 pg. 279a

2.

Εὔδοξος μὲν οὖν ἡλίου καὶ σελήνης ἑκατέρου τὴν φορὰν ἐν τρισὶν ἐτίθετ' εἶναι σφαίραις, ὧν τὴν μὲν πρώτην τὴν τῶν ἀπλανῶν ἄστρων εἶναι, τὴν δὲ δευτέραν κατὰ τὸν διὰ μέσων τῶν ζῳδίων, τὴν δὲ τρίτην κατὰ τὸν λελοξωμένον ἐν τῷ πλάτει τῶν ζῳδίων· ἐν μείζονι δὲ πλάτει λελοξῶσθαι καθ' ὃν ἡ σελήνη φέρεται ἢ καθ' ὃν ὁ ἥλιος. τῶν δὲ πλανωμένων ἄστρων ἐν τέτταρσιν ἑκάστου σφαίραις, καὶ τούτων δὲ τὴν μὲν πρώτην καὶ δευτέραν τὴν αὐτὴν εἶναι ἐκείναις (τήν τε γὰρ τῶν ἀπλανῶν τὴν ἁπάσας φέρουσαν εἶναι, καὶ τὴν ὑπὸ ταύτῃ τεταγμένην καὶ κατὰ τὸν διὰ μέσων τῶν ζῳδίων τὴν φορὰν ἔχουσαν κοινὴν ἁπασῶν εἶναι), τῆς δὲ τρίτης ἁπάντων τοὺς πόλους ἐν τῷ διὰ μέσων τῶν ζῳδίων εἶναι, τῆς δὲ τετάρτης τὴν φορὰν κατὰ τὸν λελοξωμένον πρὸς τὸν μέσον ταύτης· εἶναι δὲ τῆς τρίτης σφαίρας τοὺς πόλους τῶν μὲν ἄλλων ἰδίους, τοὺς δὲ τῆς Ἀφροδίτης καὶ τοῦ Ἑρμοῦ τοὺς αὐτούς.

Κάλλιππος δὲ τὴν μὲν θέσιν τῶν σφαιρῶν τὴν αὐτὴν ἐτίθετο Εὐδόξῳ, τοῦτ' ἔστι τῶν ἀποστημάτων τὴν τάξιν, τὸ δὲ πλῆθος τῷ μὲν τοῦ Διὸς καὶ τῷ τοῦ Κρόνου τὸ αὐτὸ ἐκείνῳ ἀπεδίδου, τῷ δ' ἡλίῳ καὶ τῇ σελήνῃ δύο ᾤετο ἔτι προσθετέας εἶναι σφαίρας, τὰ φαινόμενα εἰ μέλλει τις ἀποδώσειν, τοῖς δὲ λοιποῖς τῶν πλανήτων ἑκάστῳ μίαν.

ἀναγκαῖον δέ, εἰ μέλλουσι συντεθεῖσαι πᾶσαι τὰ φαινόμενα ἀποδώσειν, καθ' ἕκαστον τῶν πλανωμένων ἑτέρας σφαίρας μιᾷ ἐλάττονας εἶναι τὰς ἀνελιττούσας καὶ εἰς τὸ αὐτὸ ἀπο-

Es ist also klar, daß es weder Ort noch Leeres noch Zeit außerhalb des Himmels gibt. Deshalb ist das, was dort im Jenseits ist, seiner Natur nach an keinem Ort noch läßt Zeit es altern, und nichts von dem, was der Ordnung jenseits des äußersten Umschwungs angehört, kennt irgend eine Veränderung, sondern unveränderbar und leidenlos führt jenes Reich das vollkommenste und in sich selbst befriedigte Dasein immerfort den ganzen Äon.

C. Prantl u. W. Jäger

2.

Eudoxos nahm für Sonne und Mond je drei Sphären an, in denen sich ihr Umlauf vollziehe; die erste sei die, welche sich wie die der Fixsterne bewege, die zweite gehe mitten durch den Tierkreis, die dritte durchschneide den Tierkreis schräg seiner Breite nach. Dabei sollte die Breite des Durchschnitts bei dem Monde größer sein, als bei der Sonne. Die Planeten dagegen ließ er ihren Umlauf in je 4 Sphären vollziehen, von denen die erste und zweite mit den entsprechenden vorigen identisch wären. (Denn die erste, die Sphäre der Fixsterne, trage die jeweiligen Sphären alle, und auch diejenige, die ihren Platz unter ihr habe und deren Umlauf durch die Mitte des Tierkreises gehe, habe ein jeder Planet.) Bei der dritten dagegen lägen für jeden Planeten die Pole in dem Durchschnitt mitten durch den Tierkreis; die vierte aber richte ihren Umschwung schräg durch die Mitte jenes dritten Kreises. Die Pole der dritten Sphäre seien bei allen Planeten verschieden, außer bei Venus und Merkur, deren Pole die gleichen seien.

Die gleiche Anordnung der Sphären wie Eudoxos, d. h. die gleiche Ordnung der Abstände, nahm Kallippos an; auch die Anzahl der Sphären für Jupiter und Saturn nahm er als die gleiche wie jener an. Doch war er der Meinung, man müsse, wenn man den Erscheinungen gerecht werden wolle, zu den Sphären für Sonne und Mond noch zwei weitere Sphären hinzufügen und noch je eine weitere zu denen der übrigen Planeten.

Indessen, wenn es doch die Aufgabe ist, durch alle Sphären in ihrer Gesamtheit eine befriedigende Erklärung für die Erscheinungen zu erreichen, so bedarf es der Annahme noch weiterer

καθιστάσας τῇ θέσει τὴν πρώτην σφαῖραν αἰεὶ τοῦ ὑποκάτω τεταγμένου ἄστρου· οὕτω γὰρ μόνως ἐνδέχεται τὴν τῶν πλανητῶν φορὰν ἅπαντα ποιεῖσθαι. ἐπεὶ οὖν ἐν αἷς μὲν αὐτὰ φέρεται σφαίραις αἱ μὲν ὀκτὼ αἱ δὲ πέντε καὶ εἴκοσίν εἰσιν, τούτων δὲ μόνας οὐ δεῖ ἀνελιχθῆναι ἐν αἷς τὸ κατωτάτω τεταγμένον φέρεται, αἱ μὲν τὰς τῶν πρώτων δύο ἀνελίττουσαι ἓξ ἔσονται, αἱ δὲ τὰς τῶν ὑστέρων τεττάρων ἑκκαίδεκα, ὁ δὲ ἁπασῶν ἀριθμὸς τῶν τε φερουσῶν καὶ τῶν ἀνελιττουσῶν ταύτας πεντήκοντά τε καὶ πέντε. εἰ δὲ τῇ σελήνῃ τε καὶ τῷ ἡλίῳ μὴ προστιθείη τις ἃς εἴπομεν κινήσεις, αἱ πᾶσαι σφαῖραι ἔσονται ἑπτά τε καὶ τετταράκοντα. τὸ μὲν οὖν πλῆθος τῶν σφαιρῶν ἔστω τοσοῦτον, ὥστε καὶ τὰς οὐσίας καὶ τὰς ἀρχὰς τὰς ἀκινήτους καὶ τὰς αἰσθητὰς τοσαύτας εὔλογον ὑπολαβεῖν· τὸ γὰρ ἀναγκαῖον ἀφείσθω τοῖς ἰσχυροτέροις λέγειν.

Metaphysica XII 8 pg. 1073b|18 — 1074a|17.

3.

Εὐδόξῳ τοίνυν καὶ τοῖς πρὸ αὐτοῦ τρεῖς ὁ ἥλιος ἐδόκει κινεῖσθαι κινήσεις, τῇ τε τῶν ἀπλανῶν σφαίρᾳ ἀπὸ ἀνατολῶν ἐπὶ δυσμὰς συμπεριαγόμενος, καὶ αὐτὸς τὴν ἐναντίαν διὰ τῶν δώδεκα ζῳδίων φερόμενος, καὶ τρίτον ἐπὶ τοῦ διὰ μέσων τῶν ζῳδίων εἰς τὰ πλάγια παρεκτρεπόμενος· καὶ γὰρ καὶ τοῦτο κατείληπτο ἐκ τοῦ μὴ κατὰ τὸν αὐτὸν ἀεὶ τόπον ἐν ταῖς τροπαῖς ταῖς θεριναῖς καὶ ταῖς χειμεριναῖς ἀνατέλλειν. διὰ

Sphären für einen jeden Planeten und zwar muß ihre Zahl um je eine kleiner sein [als die Sphären, die Eudoxos und Kallippos annahmen]. Diese weiteren Sphären sind die zurückrollenden oder reagierenden und sie haben die Bestimmung, auf die anderen Sphären so zu wirken, [als wenn die Sphären, die dem jeweiligen Planeten darüber zugeschrieben werden, nicht existierten und] daß die erste Sphäre des nächsten unteren Planeten wieder in die alte Lage kommt. So allein wird es möglich, [durch die Gesamtheit der Sphären] den Lauf der Planeten verständlich zu machen. Da nur die Anzahl der Sphären, in denen sie sich umschwingen, zuerst zusammen 8 [Jupiter und Saturn] und für die anderen zusammen 25 beträgt [Sonne, Mond und die 3 anderen Planeten] und von diesen nur der letzte Satz [von 5], der den untersten Planeten [den Mond] trägt, keine zurückwindenden Sphären benötigt, so würde sich die Zahl von 6 Sphären ergeben, die die Bestimmung haben, die beiden obersten zurückzuwinden, und für die nächsten 4 würde diese Anzahl sich auf 16 belaufen und die Gesamtzahl aller derjenigen Sphären, die die Planeten tragen [d. h. der umdrehenden] und derjenigen, die die Rückwindung besorgen, würde 55 sein. Wenn wir es aber vorziehen, der Sonne und dem Mond nicht die erwähnten [weiteren tragenden] Bewegungen zuzuschreiben [d. h. die von Kallippos zugefügten], so ergäben sich im Ganzen 47 Sphären. Das mag denn als die Anzahl der Sphären gelten, und damit darf denn auch die Annahme ebensovieler Substanzen und unbewegter Prinzipien wie sinnlich wahrnehmbarer Wesen als wahrscheinlich angesehen werden. Darüber mit voller Autorität zu sprechen, muß den Leuten vom Fach überlassen bleiben.

A. Lasson, verbessert nach Th. Heath.

3.

Dem Eudoxos und seinen Vorgängern schien die Sonne 3 Bewegungen zu haben, nämlich 1. die mit dem Fixsternhimmel gemeinsame Umdrehung von Osten nach Westen, 2. die in entgegengesetzter Richtung mit der Ordnung der 12 Zeichen vor sich gehende Bewegung und 3. eine zum mittleren Kreis des Zodiakus seitliche Bewegung; die letztere wurde daraus erschlossen, daß die Sonne an den Sommer- und Wintersolstitien nicht immer an dem-

τοῦτο οὖν ἐν τρισὶν αὐτὸν φέρεσθαι ἔλεγον σφαίραις, ἃς ὁ Θεόφραστος ἀνάστρους ἐκάλει ὡς μηδὲν ἐχούσας ἄστρον καὶ ἀνταναφερούσας μὲν πρὸς τὰς κατωτέρω, ἀνελιττούσας δὲ πρὸς τὰς ἀνωτέρω. τριῶν γὰρ οὐσῶν περὶ αὐτὸν κινήσεων ἀδύνατον ἦν τὰς ἐναντίας ὑπὸ τοῦ αὐτοῦ κινεῖσθαι, εἴγε μὴ καθ' ἑαυτὸν μήτε ὁ ἥλιος μήτε ἡ σελήνη μήτε ἄλλο τι τῶν ἄστρων κινεῖται, πάντα δὲ ἐνδεδεμένα φέρεται τῷ κυκλικῷ σώματι. εἰ μὲν δὴ τήν τε κατὰ μῆκος περίοδον καὶ τὴν εἰς πλάτος παραχώρησιν ἐν ἑνὶ καὶ τῷ αὐτῷ χρόνῳ ἐποιεῖτο, αὐτάρκεις ἂν ἦσαν δύο σφαῖραι, μία μὲν ἡ τῶν ἀπλανῶν ἐπὶ δυσμὰς περιιοῦσα, ἑτέρα δὲ πρὸς ἕω περὶ ἄξονα στρεφομένη, ἐνδεδεμένον μὲν τῇ προτέρᾳ, πρὸς ὀρθὰς δὲ ὄντα τῷ λοξῷ κύκλῳ, καθ' οὗ τὴν πορείαν ἔδοξεν ἂν ποιεῖσθαι ὁ ἥλιος. ἐπεὶ δὲ οὐχ οὕτως ἔχει, ἀλλὰ τὸν μὲν κύκλον ἐν ἄλλῳ χρόνῳ περίεισι, τὴν δὲ κατὰ πλάτος παραχώρησιν ἐν ἄλλῳ τῳ ποιεῖται, ἀνάγκη καὶ τρίτην προσλαβεῖν σφαῖραν, ὅπως ἑκάστη κίνησις ἑκάστην τῶν φαινομένων περὶ αὐτὸν ἀποδιδῷ. ταύτῃ τοίνυν τριῶν οὐσῶν τῶν σφαιρῶν καὶ πασῶν ὁμοκέντρων ἀλλήλαις τε καὶ τῷ παντὶ τὴν μὲν τὰς δύο περιέχουσαν περὶ τοὺς τοῦ κόσμου πόλους ὑπετίθετο στρέφεσθαι ἐπὶ ταὐτὰ τῇ τῶν ἀπλανῶν καὶ ἰσοχρονίως ταύτῃ ἀποκαθισταμένην, τὴν δὲ ταύτης μὲν ἐλάττω μείζω δὲ τῆς λοιπῆς, ἐπιστρέφεσθαι περὶ ἄξονα, καθάπερ εἴρηται, πρὸς ὀρθὰς ὄντα τῷ τοῦ διὰ μέσων τῶν ζῳδίων ἐπιπέδῳ ἀπὸ δυσμῶν ἐπ' ἀνατολάς, τὴν δὲ ἐλαχίστην καὶ αὐτὴν μὲν ἐπιστρέφεσθαι ἐπὶ ταὐτὰ τῇ δευτέρᾳ, περὶ ἄξονα μέντοι ἕτερον, ὃς νοοῖτο ἂν ὀρθὸς πρός τινος κύκλου ἐπίπεδον μεγίστου καὶ λοξοῦ, ὃν ὁ ἥλιος τῷ ἑαυτοῦ κέντρῳ γράφειν δοκεῖ φερόμενος ὑπὸ τῆς ἐλαχίστης σφαίρας, ἐν ᾗ καὶ ἐνδέδεται. τὴν δ' οὖν ὑπόλειψιν τῆς σφαίρας ταύτης βραδυτέραν πολλῷ τίθεται ἢ τὴν τῆς περιεχούσης αὐτήν, μέσης δὲ οὔσης τῷ τε μεγέθει καὶ τῇ

selben Orte aufgeht. Deshalb nahm [des Eudoxos Schule] an, sie werde von 3 Sphären getragen, welche Theophrast ungestirnte nennt, weil jede, ohne einen Stern zu tragen, mit den unteren verbunden ist und von den oberen im Kreis herum bewegt wird. Da die Sonne 3 Bewegungen hat, so war es unmöglich, sie nach entgegengesetzten Richtungen durch eine einzige Sphäre zu bewegen, da weder die Sonne noch der Mond, noch die anderen Planeten sich selbst frei bewegen können, sondern alle, auf einem kreisförmigen Körper befestigt, in Umschwung versetzt werden. Wenn wirklich der Umlauf nach der Länge in derselben Zeit vor sich ginge wie die größte Abweichung nach der Breite, so wären 2 Sphären hinreichend, eine für die Bewegung im Sinne der Umdrehung des Fixsternhimmels von Osten nach Westen, und eine zweite nach Osten, welche sich um eine Achse dreht, die in der ersten Sphäre senkrecht zum schiefen Kreis, welchen die Sonne zu beschreiben schiene, befestigt ist. Da aber die Sache sich nicht so verhält und dieser Kreis in einer Zeit beschrieben wird, verschieden von der, welche zur Rückkehr bis zu derselben Breite notwendig ist, so muß man noch eine dritte Sphäre zu Hilfe nehmen, damit jede der beobachteten Erscheinungen eine entsprechende Bewegung habe. Eudoxos nahm nun an, daß von diesen 3 unter sich und zum Universum konzentrischen Sphären die äußerste sich um die Pole der Welt in demselben Sinne wie der Fixsternhimmel dreht und diese Umdrehung in derselben Zeit vollführt, daß die zweite, welche kleiner als die erste und größer als die dritte ist, sich von Westen nach Osten um eine Achse dreht, die, wie wir schon anführten, senkrecht zu dem durch die Mitte des Zodiakus gelegten Kreis steht; und daß die dritte, die kleinste von allen, ebenfalls sich in demselben Sinne wie die zweite dreht, aber um eine andere Achse, die man sich senkrecht zur Ebene eines gewissen größten, schiefen Kreises zu denken hat, welchen die Sonne mit ihrem eigenen Zentrum beschreibt, getragen von der kleinsten aller dieser Sphären, in welcher sie befestigt ist. Und die durch diese Sphäre hervorgerufene Verzögerung nimmt Eudoxos bei weitem langsamer an als die, welche durch diejenige Sphäre hervorgerufen wird, die die dritte Sphäre umschließt und die nach

θέσει, ὥς ἐστι δῆλον ἐκ τοῦ περὶ Ταχῶν αὐτῷ γεγραμμένου συγγράματος. ἡ μὲν οὖν μεγίστη τῶν σφαιρῶν ἐπὶ ταὐτὰ τοῖς ἀπλανέσιν ἄμφω τὰς λοιπὰς ἐπιστρέφει διὰ τὸ τῆς μὲν φέρειν ἐν ἑαυτῇ ὄντας τοὺς πόλους, ἐκείνην δὲ τοὺς τῆς τρίτης τῆς φερούσης τὸν ἥλιον, ὁμοίως δὲ ἔχουσαν ἐν ἑαυτῇ τοὺς πόλους μεθ' ἑαυτῆς, ἐφ' ἃ περιάγεται, συνεπιστρέφειν καὶ ταύτην καὶ ἅμα ταύτῃ τὸν ἥλιον, οὕτω τε φαίνεσθαι αὐτὸν ἀπ' ἀνατολῶν ἐπὶ δυσμὰς φερόμενον συμβαίνει. καὶ εἰ μέν γε ἀκίνητοι ἦσαν καθ' ἑαυτὰς αἱ δύο σφαῖραι, ἥ τε μέση καὶ ἡ ἐλαχίστη, ἰσοχρόνιος κόσμου στροφῇ γίνοιτο ἂν ἡ τοῦ ἡλίου περιαγωγή· νῦν δὲ ἐπεὶ πρὸς τοὐναντίον αὗται ἀποστρέφονται, ὑστερεῖ τοῦ εἰρημένου χρόνου ἡ ἀπ' ἀνατολῆς ἐπὶ τὴν ἑξῆς ἀνατολὴν τοῦ ἡλίου ἀπονόστησις.

καὶ ταῦτα μὲν περὶ τὸν ἥλιον, περὶ δὲ τὴν σελήνην τὰ μὲν κατὰ ταὐτὰ τὰ δὲ οὐ κατὰ ταὐτὰ διετάξατο· τρεῖς μὲν γὰρ σφαίρας καὶ ταύτην εἶναι τὰς φερούσας, διότι καὶ τρεῖς αὐτῆς ἐφαίνοντο εἶναι κινήσεις· τούτων δὲ μίαν μὲν τὴν ὁμοίως κινουμένην τῇ τῶν ἀπλανῶν, ἑτέραν δὲ ἐναντίως μὲν ταύτῃ, περὶ ἄξονα δὲ στρεφομένην πρὸς ὀρθὰς ὄντα τῷ ἐπιπέδῳ τοῦ διὰ μέσου τῶν ζῳδίων, καθάπερ καὶ ἐφ' ἡλίου· τρίτην δὲ οὐκέτι, καθάπερ ἐφ' ἡλίου, ὅτι κατὰ μὲν τὴν θέσιν ὁμοίως, κατὰ δέ γε τὴν κίνησιν οὐχ ὁμοίως, ἀλλ' ἐναντίως μὲν τῇ δευτέρᾳ, τῇ δὲ πρώτῃ φερομένην ἐπὶ ταὐτά, βραδεῖαν μὲν κίνησιν κινουμένην, περὶ ἄξονα δὲ οὖν στρεφομένην ὀρθὸν πρὸς τὸ ἐπίπεδον τοῦ κύκλου, ὃς ἐπινοηθείη ἂν ὑπὸ τοῦ κέντρου τῆς σελήνης γραφόμενος ἐγκεκλιμένος πρὸς τὸν διὰ μέσων τῶν ζῳδίων τοσοῦτον, ὅσον ἡ πλείστη κατὰ πλάτος τῇ σελήνῃ παραχώρησις γίνεται. φανερὸν δέ ὅτι οἱ τῆς τρίτης σφαίρας πόλοι ἀπὸ τῶν τῆς δευτέρας διεστῶτες ἂν εἶεν περιφερείαν ἐπὶ τοῦ δι' ἀμφοῖν νοουμένου μεγίστου κύκλου, ἡλίκη ἐστὶν ἡ ἡμίσεια τοῦ πλάτους, ὃ κινεῖται ἡ σελήνη. τὴν μὲν οὖν πρώτην ὑπέθετο σφαῖραν διὰ τὴν ἀπ' ἀνατολῶν

Stellung und Größe die mittlere ist, was aus der von ihm über die Geschwindigkeiten geschriebenen Abhandlung hervorgeht. Nun aber bewegt die größere der 3 Sphären, bei ihrer die Fixsterne begleitenden Umdrehung, auch die anderen beiden, weil sich auf ihr die Pole der zweiten befinden, und weil die zweite Sphäre die Pole der dritten trägt, auf der die Sonne befestigt ist. Da ähnlicher Weise die zweite die Pole der dritten Sphäre in sich hat, so wird sie diese mit eigener Bewegung zur Umdrehung veranlassen und damit auch die Sonne; deshalb scheint sich dieselbe von Ost nach West zu drehen. Wenn die mittlere und die kleinste Sphäre für sich selbst unbeweglich wären, so würde die Bewegung der Sonne genau auf dieselbe Weise und in derselben Zeit wie die tägliche Bewegung des Universums vor sich gehen. Da sich aber jene 2 Sphären in entgegengesetzter Richtung drehen, so verspätet sich die Rückkehr der Sonne von einem Aufgang bis zum nächstfolgenden um die oben angegebene Zeit.

Soweit von der Sonne. Hinsichtlich des Mondes waren die Dinge teils in ähnlicher, teils in verschiedener Weise geordnet. Auch er ist von 3 Sphären getragen, weil auch bei ihm 3 Bewegungen beobachtet wurden. Von diesen geht eine wie die Bewègung des Fixsternhimmels vor sich; die zweite dreht sich im entgegengesetzten Sinne mit der vorigen um eine auf der Ebene der Ekliptik (des Kreises, welcher durch die Mitte des Tierkreises geht) senkrechte Achse gerade so wie bei der Sonne. Die dritte ist nicht ganz so wie die dritte Sphäre der Sonne, da sie ihr zwar bezüglich der Stellung, aber nicht bezüglich der Bewegung ähnlich ist, welche im entgegengesetzten Sinne mit der Bewegung der zweiten Sphäre vor sich geht, und zwar in einer der ersten Sphäre ähnlichen Bewegung, als langsame Umdrehung um eine zur Ebene des vom Mondmittelpunkt scheinbar beschriebenen Kreises senkrecht stehende Achse; die Neigung dieser Ebene zur Ebene der Ekliptik ist gleich der größten Digression des Mondes nach Breite. Die Entfernung der Pole der dritten Sphäre von denen der zweiten, gezählt auf der Peripherie des größten Kreises, der diese beiden Pole verbindet, ist offenbar gleich der Hälfte der ganzen Breitenbewegung des Mondes. Die erste Sphäre nahm er [Eudoxos] an

αὐτῆς ἐπὶ δυσμὰς περίοδον, τὴν δὲ δευτέραν διὰ τὴν ὑπὸ τὰ ζῴδια φαινομένην αὐτῆς ὑπόλειψιν, τὴν τρίτην δὲ διὰ τὸ μὴ ἐν τοῖς αὐτοῖς τοῦ ζῳδιακοῦ σημείοις βορειοτάτην τε καὶ νοτιωτάτην φαίνεσθαι γινομένην, ἀλλὰ μεταπίπτειν τὰ τοιαῦτα σημεῖα τῶν ζῳδίων ἀεὶ ἐπὶ τὰ προηγούμενα. διὸ δὴ καὶ τὴν σφαῖραν ταύτην ἐπὶ ταὐτὰ τῇ τῶν ἀπλανῶν κινεῖσθαι, τῷ δὲ τὴν μετάπτωσιν παντάπασιν ὀλίγην γίνεσθαι καθ' ἕκαστον μῆνα τῶν εἰρημένων σημείων βραδεῖαν αὐτῆς τὴν ἐπὶ δυσμῶν κίνησιν ὑπεστήσατο. τοσαῦτα μὲν δὴ καὶ περὶ σελήνης.

περὶ δὲ τῶν πέντε πλανήτων τὴν δόξαν ἐκτιθέμενος αὐτοῦ ὁ Ἀριστοτέλης διὰ τεσσάρων σφαιρῶν τούτους κινεῖσθαί φησιν, ὧν ἥ πρώτη τε καὶ ἡ δευτέρα αἱ αὐταὶ καὶ τὴν αὐτὴν ἔχουσαι θέσιν ταῖς ἐπί τε ἡλίου καὶ σελήνης πρώταις δύο· ἥ τε γὰρ ἁπάσας περιέχουσα καθ' ἕκαστον αὐτῶν ἐστι σφαῖρα περὶ τὸν ἄξονα τοῦ κόσμου στρεφομένη ἐπὶ δυσμὰς ἀπ' ἀνατολῶν ἰσοχρονίως τῇ τῶν ἀπλανῶν, καὶ ἡ δευτέρα τοὺς πόλους ἐν τῇ πρώτῃ ἔχουσα περὶ ἄξονα καὶ πόλους τοῦ διὰ μέσων τῶν ζῳδίων ἔμπαλιν τὴν στροφὴν ποιεῖται ἀπὸ δυσμῶν ἐπ' ἀνατολάς, ἐν ᾧ χρόνῳ ἕκαστος αὐτῶν δοκεῖ τὸν ζῳδιακὸν κύκλον διεξιέναι. διὸ ἐπὶ μὲν τοῦ τε Ἑρμοῦ ἀστέρος καὶ τοῦ Ἑωσφόρου ἐνιαυτῷ φησι τὴν τῆς δευτέρας σφαίρας συντελεῖσθαι, ἐπὶ δὲ τοῦ Ἄρεος ἔτεσι δυσίν, ἐπὶ δὲ τοῦ Διὸς δώδεκα ἔτεσι, ἐπὶ δὲ τοῦ Κρόνου τριάκοντα, ὃν Ἡλίου ἀστέρα οἱ παλαιοὶ προσηγόρευον.

αἱ δὲ λοιπαὶ δύο ὧδέ πως ἔχουσιν· ἡ μὲν τρίτη καθ' ἕκαστον τοὺς πόλους ἔχουσα ἐπὶ τοῦ διὰ μέσων τῶν ζῳδίων τοῦ ἐν τῇ καθ' ἕκαστον δευτέρᾳ σφαίρᾳ νοουμένου ἀπὸ μεσημβρίας ἐπὶ τὰς ἄρκτους ἐπιστρέφεται, ἐν ᾧ ἕκαστος χρόνῳ ἀπὸ φάσεως ἐπὶ τὴν ἐφεξῆς φάσιν παραγίνεται, τὰς πρὸς ἥλιον ἁπάσας σχέσεις διεξιών, ὃν

zur Erklärung der täglichen Bewegung des Mondes von Osten nach Westen, die zweite wegen der Verzögerung, welche beim Mond längs des Tierkreises beobachtet wird [direkte Bewegung nach der Länge], die dritte, weil der Mond seine nördlichste und südlichste Position nicht immer in denselben Punkten des Tierkreises zu erreichen scheint, sondern weil sich diese Punkte immer der Ordnung der Zeichen entgegengesetzt verschieben, weshalb die Bewegung dieser Sphäre ebenso wie die der Fixsterne vor sich geht. Und wegen der kleinen Größe der rückläufigen Bewegung, welche besagte Punkte während eines jeden Monats zurücklegen, gab er [Eudoxos] der dritten Sphäre eine sehr langsame Bewegung gegen Westen. Soviel über den Mond.

Bezüglich der 5 Planeten sagt Aristoteles bei seiner Auseinandersetzung der Ansicht des Eudoxos, daß sie mittels vier Sphären bewegt würden, von denen die erste und zweite dieselben sind und dieselbe Stellung haben wie die beiden ersten Sphären der Sonne und des Mondes. Bei jedem Planeten dreht sich die Sphäre, welche alle anderen umschließt, um die Weltachse von Osten nach Westen in derselben Zeit wie die Sphäre der Fixsterne, die zweite, deren Pole auf der ersten sind, macht ihre Umdrehung im entgegengesetzten Sinne von Westen nach Osten um die Achse und die Pole der Ekliptik in einer Zeit, welche derjenigen gleich ist, die der Planet zu gebrauchen scheint, um einen Umlauf im ganzen Tierkreis zurückzulegen. Er [Eudoxos] sagt alsdann, daß für die Sterne Hermes [Merkur] und Eosphoros [Venus] die Umdrehung der zweiten Sphäre während eines Jahres vor sich geht, für den Ares [Mars] in 2 Jahren, für Jupiter in 12 und für den Kronos [Saturn], welchen die Alten das Gestirn der Sonne nannten, in 30 Jahren.

Die beiden anderen Sphären [der Planeten] verhalten sich alsdann wie folgt: die dritte Sphäre eines jeden hat ihre Pole auf der Ekliptik, welche man sich auf der zweiten Sphäre desselben Planeten beschrieben denken kann, und dreht sich von Süden nach Norden [und umgekehrt] in einer Zeitdauer, die jeder Planet von seinem Erscheinen bis zum nächsten Wiedererscheinen notwendig hat, während welcher Dauer er bezüglich der Sonne alle seine Stel-

καὶ διεξόδου χρόνον οἱ ἀπὸ τῶν μαθημάτων καλοῦσιν· ἔστι δὲ οὗτος ἄλλῳ ἄλλος. διὸ καὶ οὐκ ἰσοχρόνιος ἅπασιν ἡ τῆς τρίτης σφαίρας στροφή, ἀλλὰ καθάπερ Εὔδοξος ᾤετο, τῷ μὲν Ἀφροδίτης ἀστέρι ἐν μησὶν ἐννεακαίδεκα, τῷ δὲ τοῦ Ἑρμοῦ ἐν ἡμέραις δέκα καὶ ἑκατόν, τῷ δὲ τοῦ Ἄρεος ἐν μησὶν ὀκτὼ καὶ ἡμέραις εἴκοσιν, τῷ δὲ τοῦ Διὸς καὶ τῷ τοῦ Κρόνου ἑκατέρῳ ἔγγιστα ἐν μησὶ τρισκαίδεκα. ἡ μὲν οὖν τρίτη σφαῖρα οὕτω καὶ ἐν τοσούτῳ χρόνῳ κινεῖται, ἡ δὲ τετάρτη σφαῖρα, ἥτις καὶ τὸν ἄστρον φέρει, περὶ λοξοῦ τινος κύκλου στρέφεται πόλους ἰδίους καθ' ἕκαστον, ἐν ἴσῳ μέντοι χρόνῳ τὴν στροφὴν τῇ τρίτῃ ποιεῖται, ἐναντίως ἐκείνῃ κινουμένη ἀπ' ἀνατολῶν ἐπὶ δυσμάς. ὁ δὲ λοξὸς οὗτος κύκλος ἐγκεκλίσθαι πρὸς τὸν μέγιστον τῶν ἐν τῇ τρίτῃ σφαίρᾳ παραλλήλων λέγεται ὑπ' αὐτοῦ οὐκ ἴσον οὐδὲ ταὐτὸν ἐφ' ἁπάντων.

φανερὸν οὖν ὅτι ἡ μὲν ὁμοίως τῇ τῶν ἀπλανῶν στρεφομένη πάσας τὰς λοιπὰς ἅτε ἐν ἀλλήλαις τοὺς πόλους ἐχούσας ἐπιστρέφει ἐπὶ ταὐτά, ὥστε καὶ τὴν τὸν ἄστρον φέρουσαν καὶ αὐτὸ τὸ ἄστρον, καὶ διὰ ταύτην δὴ τὴν αἰτίαν ἀνατέλλειν τε καὶ δύνειν ὑπάρξει ἑκάστῳ αὐτῶν. ἡ δὲ δευτέρα σφαῖρα τὴν ὑπὸ τὰ δώδεκα ζῴδια πάροδον αὐτῷ παρέξεται· στρέφεται γὰρ περὶ τοὺς τοῦ διὰ μέσων τῶν ζῳδίων πόλους, καὶ συνεπιστρέφει τάς τε λοιπὰς δύο σφαίρας καὶ τὸν ἀστέρα ἐπὶ τὰ ἑπόμενα τῶν ζῳδίων, ἐν ᾧ χρόνῳ ἕκαστος δοκεῖ τὸν ζῳδιακὸν διανύειν κύκλον. ἡ δὲ τρίτη σφαῖρα τοὺς πόλους ἔχουσα ἐπὶ τοῦ ἐν τῇ δευτέρᾳ διὰ μέσων τῶν ζῳδίων ἀπὸ μεσημβρίας τε πρὸς ἄρκτον στρεφομένη καὶ ἀπ' ἄρκτου πρὸς μεσημβρίαν, συνεπιστρέψει τὴν τετάρτην καὶ ἐν αὐτῇ τὸν ἀστέρα ἔχουσαν, καὶ δὴ τῆς κατὰ πλάτος κινήσεως ἕξει τὴν αἰτίαν. οὐ μὴν αὕτη μόνη· ὅσον γὰρ ἐπὶ ταύτῃ, καὶ πρὸς τοὺς πόλους τοὺς διὰ μέσων τῶν ζῳδίων ἧκεν ἂν ὁ ἀστήρ, καὶ πλησίον τῶν τοῦ κόσμου πόλων ἐγίνετο. νυνὶ δὲ ἡ τετάρτη σφαῖρα περὶ τοὺς τοῦ ἀστέρος λοξοῦ κύκλου στρεφομένη

lungen einnimmt. Diese Zeit nennen die Mathematiker synodische Umlaufszeit. Diese ist verschieden für die verschiedenen Planeten, und deshalb ist die Umlaufszeit der dritten Sphäre für alle (Planeten) nicht gleich, sondern beträgt nach Eudoxos für den Stern der Aphrodite [Venus] 19 Monate, für den des Hermes 3²/₃ Monate, für den des Ares 8 Monate und 20 Tage, für den Stern des Jupiter und des Kronos annäherungsweise 13 Monate. Das ist also die Bewegung und die Umlaufszeit für die dritte Sphäre. Die vierte Sphäre, welche den Stern trägt, dreht sich nach einem schiefen Kreis um Pole, die einem jeden Planeten eigen sind (und von denen eines anderen verschieden), in einer Zeit, welche der Umdrehungszeit der dritten Sphäre gleich ist, aber in entgegengesetztem Sinn von Osten nach Westen. Dieser schiefe Kreis ist, wie er sagt, gegen den größten Parallelkreis auf der dritten Sphäre weder auf gleiche Weise noch um dieselbe Größe bei allen (Planeten) geneigt.

Offenbar veranlaßt jene Sphäre, welche sich wie die Fixsternsphäre bewegt, die anderen, von denen jede die Pole der folgenden trägt, und also auch die das Gestirn tragende, und somit auch das Gestirn, auf gleiche Weise sich mit ihr zu drehen; und dadurch bewirkt sie den Aufgang und Untergang eines jeden Gestirns. Die zweite Sphäre veranlaßt das Gestirn, die 12 Zeichen zu durchlaufen, da sie sich um die Pole der Ekliptik dreht und die beiden anderen Sphären mit dem Gestirn durch die aufeinanderfolgenden Teile des Tierkreises führt [von Westen nach Osten] in einer Zeit, während welcher jeder Planet diesen Kreis zu durchlaufen scheint. Die dritte Sphäre, deren Pole in der zweiten, auf der Ekliptik sich befinden und welche sich von Süden nach Norden und von Norden nach Süden dreht, führt die vierte, das Gestirn tragende Sphäre mit sich und verursacht die Bewegung desselben nach der Breite. Jedoch ist sie es nicht allein, welche diese Bewegung bewirkt. Denn so oft das Gestirn, der dritten Sphäre folgend, sich gegen die Pole der Ekliptik hinbewegt und sich den Weltpolen genähert hat, so verhindert die vierte Sphäre (deren Umlauf um die Pole des schiefen Kreises, worauf das Gestirn sich befindet, im entgegengesetzten Sinne mit

πόλους ἐπὶ τἀναντία τῇ τρίτῃ ἀπ' ἀνατολῶν ἐπὶ δυσμάς, καὶ ἐν ἴσῳ χρόνῳ τὴν στροφὴν αὐτῶν ποιουμένη, τό τε ἐπὶ πλέον ὑπερβάλλειν τὸν διὰ μέσων τῶν ζῳδίων παραιτήσεται, καὶ τὴν λεγομένην ὑπὸ Εὐδόξου ἱπποπέδην περὶ τὸν αὐτὸν τουτονὶ κύκλον τῷ ἀστέρι γράφειν παρέξεται, ὥστε ὁπόσον τὸ τῆς γραμμῆς ταύτης πλάτος, τοσοῦτον καὶ ὁ ἀστὴρ εἰς πλάτος δόξει παραχωρεῖν· ὅπερ ἐγκαλοῦσι τῷ Εὐδόξῳ. αὕτη μὲν ἡ κατὰ Εὔδοξον σφαιροποιία, εἴκοσι καὶ ἓξ τὰς πάσας ἐπὶ τῶν ἑπτὰ παραλαμβάνουσα, ἓξ μὲν ἐπὶ ἡλίου καὶ σελήνης, εἴκοσι δὲ ἐπὶ τῶν πέντε.

Simplikios, commentarium in (Aristotelis) de caelo pg. 493,11 — 497,8

4.
(Παραπλησίως) δὲ καὶ περὶ τοῦ σχήματος [τῆς γῆς] ἀμφισβητεῖται· τοῖς μὲν γὰρ δοκεῖ εἶναι σφαιροειδής, τοῖς δὲ πλατεῖα καὶ τὸ σχῆμα τυμπανοειδής· ποιοῦνται δὲ τεκμήριον ὅτι δύνων καὶ ἀνατέλλων ὁ ἥλιος εὐθεῖαν καὶ οὐ περιφερῆ τὴν ἀπόκρυψιν φαίνεται ποιούμενος ὑπὸ τῆς γῆς, ὡς δέον, εἴπερ ἦν σφαιροειδής, περιφερῆ γίνεσθαι τὴν ἀποτομήν, οὐ προσλογιζόμενοι τό τε ἀπόστημα τοῦ ἡλίου πρὸς τὴν γῆν καὶ τὸ τῆς περιφερείας μέγεθος, ὡς ἐν τοῖς φαινομένοις μικροῖς κύκλοις εὐθεῖα φαίνεται πόρρωθεν.

de caelo II/13 pg. 293b-294a.

5.
σχῆμα δ' ἔχειν σφαιροειδὲς ἀναγκαῖον αὐτήν... οὔτε γὰρ ἂν αἱ τῆς σελήνης ἐκλείψεις τοιαύτας ἂν εἶχον τὰς ἀποτομάς· νῦν γὰρ ἐν μὲν τοῖς κατὰ μῆνα σχηματισμοῖς πάσας λαμβάνει τὰς διαιρέσεις — καὶ γὰρ εὐθεῖα γίνεται καὶ ἀμφίκυρτος καὶ κοίλη —, περὶ δὲ τὰς ἐκλείψεις ἀεὶ κυρτὴν ἔχει τὴν ὁρίζουσαν γραμμήν, ὥστ' ἐπείπερ ἐκλείπει διὰ τὴν τῆς γῆς ἐπιπρόσθησιν, ἡ τῆς γῆς ἂν εἴη περιφέρεια τοῦ σχήματος αἰτία σφαιροειδὴς οὖσα. ἔτι δὲ διὰ τῆς τῶν ἄστρων φαντασίας οὐ μόνον φανερὸν ὅτι περιφερής, ἀλλὰ καὶ τὸ μέγεθος οὐκ οὖσα μεγάλη· μικρᾶς

der dritten [— also von Osten nach Westen —] aber in derselben Zeit wie der Umlauf dieser vor sich geht), ein beträchtliches Abweichen [des Planeten] vom Tierkreis und veranlaßt es dadurch, die Ekliptik zu durchschneiden und zu beiden Seiten derselben die von Eudoxos Hippopede genannte Kurve zu beschreiben. Die Breite derselben ist genau der Breitenbewegung des Gestirnes gleich; dieses gab Veranlassung, Einwürfe gegen Eudoxos vorzubringen. Das ist nach Eudoxos das System der Sphären, deren Anzahl 26 beträgt, verteilt auf 7 Gestirne, nämlich 6 für die Sonne und den Mond und 20 für die anderen 5 [Planeten].

W. Horn

4.

Die Form der Erde ist strittig: die einen nämlich halten sie für kugelförmig, die anderen aber für platt und von der Form einer Pauke. Die letzteren machen zum Beweis den Umstand geltend, daß die Sonne beim Untergang und beim Aufgehen augenscheinlich einen geradlinigen und nicht einen gebogenen Rand hat, soweit sie hinter der Erde versteckt ist, gerade als müßte, sofern letztere kugelförmig wäre, der Rand gebogen sein. Hierbei berücksichtigen sie aber 2 Umstände nicht: einmal den Abstand der Sonne von der Erde, sodann die Größe der Kreislinie; eine so große Kreislinie wird an den Kreisen, welche klein erscheinen, bei weitem Abstand immer geradlinig aussehen.

C. Prantl

5.

Was die Gestalt der Erde betrifft, so muß sie eine Kugel sein... Denn wenn die Erde keine Kugel wäre, so würden die Mondfinsternisse keine Ausschnitte von dieser Form an diesem Gestirne zeigen; denn die Schattengrenze des Mondes nimmt während des Laufes eines Monats verschiedene Gestalten an, nämlich die einer geraden Linie. die einer konvexen und dann wieder einer konkaven Kreislinie: aber zur Zeit der Finsternis ist die Grenze immer konvex. Da nun eine Mondfinsternis durch den Erdschatten entsteht, so muß die Erde selbst die Gestalt einer Kugel haben. Auch folgt aus dem Erscheinen der Sterne über dem Horizont, daß diese Gestalt kugelförmig, und zugleich, daß diese Kugel

γὰρ γιγνομένης μεταστάσεως ἡμῖν πρὸς μεσημβρίαν καὶ ἄρκτον ἐπιδήλως ἕτερος γίγνεται ὁ ὁρίζων κύκλος, ὥστε τὰ ὑπὲρ κεφαλῆς ἄστρα μεγάλην ἔχειν τὴν μεταβολήν, καὶ μὴ ταὐτὰ φαίνεσθαι πρὸς ἄρκτον τε καὶ μεσημβρίαν μεταβαίνουσιν· ἔνιοι γὰρ ἐν Αἰγύπτῳ μὲν ἀστέρες ὁρῶνται καὶ περὶ Κύπρον, ἐν τοῖς πρὸς ἄρκτον δὲ χωρίοις οὐχ ὁρῶνται, καὶ τὰ διὰ παντὸς ἐν τοῖς πρὸς ἄρκτον φαινόμενα τῶν ἄστρων ἐν ἐκείνοις τοῖς τόποις ποιεῖται δύσιν... καὶ τῶν μαθηματικῶν ὅσοι τὸ μέγεθος ἀναλογίζεσθαι πειρῶνται τῆς περιφερείας, εἰς τετταράκοντα λέγουσιν εἶναι μυριάδας σταδίων· ἐξ ὧν τεκμαιρομένοις οὐ μόνον σφαιροειδῆ τὸν ὄγκον ἀναγκαῖον εἶναι τῆς γῆς, ἀλλὰ καὶ μὴ μέγαν πρὸς τὸ τῶν ἄλλων ἄστρων μέγεθος.

de caelo II/14 pg. 297b-298a

6.

Ἀγένητον καὶ ἄφθαρτον ἔφη τὸν κόσμον εἶναι, δεινὴν δὲ ἀθεότητα κατεγίνωσκε τῶν τὰ ἐναντία διεξιόντων, οἳ τῶν χειροκμήτων οὐδὲν ᾠήθησαν διαφέρειν τοσοῦτον ὁρατὸν θεὸν ἥλιον καὶ σελήνην καὶ τὸ ἄλλο τῶν πλανήτων καὶ ἀπλανῶν ὡς ἀληθῶς περιέχοντα πάνθειον.

Philon, de aeternitate mundi, 3, 10 (Aristotelis Fragmenta Nr. 18, ed. V. Rose)

7.

Cum igitur aliorum animantium ortus in terra sit aliorum in aqua in aere aliorum, absurdum esse Aristoteli videtur in ea parte, quae sit ad gignenda animantia aptissima, animal gigni nullum putare. sidera autem aetherium locum optinent; qui quoniam tenuissimus est et semper agitatur et viget, necesse est, quod animal in eo gignatur, id et sensu acerrumo et mobilitate celerrima esse. quare cum in aethere astra gignantur, consentaneum est in iis sensum inesse et

selbst nicht sehr groß sein kann. Denn wenn man auch nur wenig gegen Süden oder gegen Norden fortgeht, so ändert sich der Horizontkreis sogleich auffallend, sodaß die in unserem Scheitel stehenden Sterne sich sofort von demselben entfernen und bei einer Veränderung des Standpunkts nach Norden oder Süden nicht gleich erscheinen. Ebenso werden mehrere [südliche] Sterne in Ägypten und Cypern noch gesehen, die in den nördlicher liegenden Ländern unsichtbar bleiben; und wieder andere Sterne, die gegen Norden liegen, bleiben in den nördlichen Gegenden der Erde während ihres ganzen täglichen Laufes über dem Horizont, während sie in den südlichen Gegenden gleich allen anderen auf- und untergehen ... Die Mathematiker, die den Umfang der Erde durch Schlüsse bestimmen wollen, geben ihn zu 400 000 Stadien an, woraus wir denn folgern, daß die Gestalt der Erde nicht nur kugelförmig, sondern daß auch ihr Volumen nur gering ist, wenn man sie mit anderen Sternen vergleicht.

C. Prantl

6.

Die Welt ist, wie Aristoteles sagt, ungeworden und unvergänglich. Wer dies bestreitet und meint, eine so gewaltige sichtbare Gottheit wie Sonne und Mond und der ganze Himmel mit den Planeten und Fixsternen, der in der Tat ein Pantheon umfaßt, unterscheide sich nicht von Dingen, die mit Händen gemacht sind, macht sich furchtbarer Gottlosigkeit schuldig.

W. Nestle

7.

Da sich die einen Lebewesen in der Erde, andere im Wasser und wieder andere in der Luft bilden, so wäre es nach Aristoteles unnatürlich, anzunehmen, daß in dem Teil der Welt, der zur Erzeugung lebender Wesen am geeignetsten erscheint, keine lebenden Wesen entstehen. Nun nehmen aber die Gestirne den Raum des Äthers ein. Da aber der Äther das feinste Element, immer in Bewegung und frisch ist, so muß ein Wesen, das in ihm sich bildet, mit schärfsten Sinnen und schnellster Bewegung ausgestattet sein. Da nun im Äther die Gestirne sich bilden,

intellegentiam. ex quo efficitur in deorum numero astra esse ducenda.

Cicero, de natura deorum, lib. II cap. 15 (§ 42). (=Aristotelis fragmenta ed. V. Rose Nr. 23).

8.

Nec vero Aristoteles non laudandus in eo, quod omnia quae moventur aut natura moveri censuit aut vi aut voluntate; moveri autem solem et lunam et sidera omnia; quae autem natura moverentur, haec aut pondere deorsum aut levitate in sublime ferri, quorum neutrum astris contingeret, propterea quod eorum motus in orbem circumque ferretur. nec vero dici potest vi quadam maiore fieri, ut contra naturam astra moveantur (quae enim potest maior esse?); restat igitur ut motus astrorum sit voluntarius. Quae qui videat, non indocte solum verum etiam impie faciat, si deos esse neget.

Cicero, de natura deorum lib. II cap. 16 (44). (=Aristotelis fragmenta ed. V. Rose Nr. 24).

9.

Ὅτι μὲν οὖν ἔστιν οὐσία τις ἀΐδιος καὶ ἀκίνητος καὶ κεχωρισμένη τῶν αἰσθητῶν, φανερὸν ἐκ τῶν εἰρημένων. δέδεικται δὲ καὶ ὅτι μέγεθος οὐδὲν ἔχειν ἐνδέχεται ταύτην τὴν οὐσίαν, ἀλλ' ἀμερὴς καὶ ἀδιαίρετός ἐστιν . . .

πότερον δὲ μίαν θετέον τὴν τοιαύτην οὐσίαν ἢ πλείους, καὶ πόσας, δεῖ μὴ λανθάνειν . . . ἡ μὲν γὰρ ἀρχὴ καὶ τὸ πρῶτον τῶν ὄντων ἀκίνητον καὶ καθ' αὑτὸ καὶ κατὰ συμβεβηκός, κινοῦν δὲ τὴν πρώτην ἀΐδιον καὶ μίαν κίνησιν. ἐπεὶ δὲ τὸ κινούμενον ἀνάγκη ὑπὸ τινος κινεῖσθαι, καὶ τὸ πρῶτον κινοῦν ἀκίνητον εἶναι καθ' αὑτό, καὶ τὴν ἀΐδιον κίνησιν ὑπὸ ἀϊδίου κινεῖσθαι καὶ τὴν μίαν ὑφ'

so ist es natürlich, daß sie Empfindung und Verstand besitzen. Daraus folgt, daß die Gestirne unter die Zahl der Götter zu rechnen sind.

W. Nestle

8.

Auch verdient Aristoteles in folgender Ansicht Beifall: Alles, was sich bewegt, bewegt sich entweder von Natur oder durch eine äußere Kraft oder vermöge seines freien Willens. Nun bewegen sich die Sonne, der Mond und alle Gestirne. Was sich aber von Natur bewegt, wird entweder durch seine Schwere nach unten oder durch seine Leichtigkeit nach oben gezogen. Keines von beiden trifft auf die Gestirne zu, da ihre Bewegung sich im Kreise ringsum vollzieht. Man kann aber auch nicht sagen, irgend eine größere Kraft bewirke es, daß sich die Gestirne im Widerspruch zu ihrer Natur bewegen. Denn welche größere Kraft könnte es denn geben? Es bleibt also nur der Schluß übrig, daß die Bewegung der Gestirne aus ihrem freien Willen entspringt. Wer das einsieht, handelt nicht nur unwissenschaftlich, sondern auch unfromm, wenn er bestreitet, daß sie Götter seien.

W. Nestle

9.

Durch das, was wir ausgeführt haben, ist der Beweis geliefert, daß es ein ewiges, unbewegtes Wesen gibt, das von aller Sinnlichkeit frei ist. Zugleich aber geht daraus hervor, daß diesem Wesen Ausdehnung in keinem Sinne zukommen kann, daß es vielmehr ungeteilt und unteilbar ist...

Nun dürfen wir aber weiter auch die Frage nicht unerörtert lassen, ob man das so gekennzeichnete Wesen als eines oder als mehrere, und in letzterem Falle, wie viele man setzen muß... Das Prinzip, der Ursprung dessen was ist, sahen wir, ist unbewegt erstens an sich und zweitens seinen Bestimmungen nach; aber es bewegt anderes und setzt die ursprüngliche, die ewige und einheitliche Bewegung. Wird etwas bewegt, so muß es notwendig eine Ursache seiner Bewegung haben; diese erste Ursache der Bewegung muß an sich unbewegt, die Ursache der ewigen Bewegung muß selbst ewig, und die Ursache der einheitlichen Bewegung muß selbst einheitlich sein. Nun sehen wir aber, daß

ἑνός, ὁρῶμεν δὲ παρὰ τὴν τοῦ παντὸς τὴν ἁπλῆν φοράν, ἣν κινεῖν φαμὲν τὴν πρώτην οὐσίαν καὶ ἀκίνητον, ἄλλας φορὰς οὔσας τὰς τῶν πλανήτων ἀϊδίους (ἀΐδιον γὰρ καὶ ἄστατον τὸ κύκλῳ σῶμα· δέδεικται δ' ἐν τοῖς φυσικοῖς περὶ τούτων), ἀνάγκη καὶ τούτων ἑκάστην τῶν φορῶν ὑπ' ἀκινήτου τε κινεῖσθαι καθ' αὑτὴν καὶ ἀϊδίου οὐσίας. ἥ τε γὰρ τῶν ἄστρων φύσις ἀΐδιος οὐσία τις οὖσα, καὶ τὸ κινοῦν ἀΐδιον καὶ πρότερον τοῦ κινουμένου, καὶ τὸ πρότερον οὐσίας οὐσίαν ἀναγκαῖον εἶναι. φανερὸν τοίνυν ὅτι τοσαύτας τ' οὐσίας ἀναγκαῖον εἶναι τήν τε φύσιν ἀϊδίους καὶ ἀκινήτους καθ' αὑτὰς καὶ ἄνευ μεγέθους, διὰ τὴν εἰρημένην αἰτίαν πρότερον.

Aristoteles, Metaphysik, XII, 8 pg. 1073a, 3-7, 14-15, 23-39.

'ΕΥΔΗΜΟΣ 'Ο 'ΡΟΔΙΟΣ

1. (XCIV)

a) Δοκεῖ δὲ κατά τινας πρῶτος (scil. ὁ Θαλῆς) ἀστρολογῆσαι καὶ ἡλιακὰς ἐκλείψεις καὶ τροπὰς προειπεῖν, ὥς φησιν Εὔδημος ἐν τῇ περὶ τῶν ἀστρολογουμένων ἱστορίᾳ.

Diogen. Laërt. I 23 - DKr 11 A 1

b) Θαλῆν δὲ Εὔδημος ἐν ταῖς ἀστρολογικαῖς ἱστορίαις τὴν γενομένην ἔκλειψιν τοῦ ἡλίου προειπεῖν φησι, καθ' οὓς χρόνους συνῆψαν μάχην πρὸς ἀλλήλους Μῆδοί τε καὶ Λυδοὶ βασιλεύοντος Κυαξάρους μὲν τοῦ 'Αστυάγους πατρὸς Μήδων, 'Αλυάττου δὲ τοῦ Κροίσου Λυδῶν.

Clemens Alex., Stromateis I 14 (I 65 p. 354 P) - DKr 11 A 5

2. (XCIV)

Τίς τί εὗρεν ἐν μαθηματικῇ, Εὔδημος ἱστορεῖ ἐν ταῖς ἀστρολογίαις, ὅτι Οἰνοπίδης εὗρε πρῶτος τὴν τοῦ ζωδιακοῦ διάζωσιν καὶ τὴν τοῦ μεγάλου ἐνιαυτοῦ περίστασιν, Θαλῆς δὲ ἡλίου ἔκλειψιν καὶ τὴν κατὰ τὰς τροπὰς αὐτοῦ περίοδον, ὡς οὐκ ἴση ἀεὶ συμβαίνει, 'Αναξίμανδρος δὲ ὅτι ἐστὶν ἡ γῆ μετέωρος καὶ κινεῖται περὶ τὸ τοῦ κόσμου μέσον, 'Ανα-

es neben der einfachen räumlichen Bewegung des Alls, als deren Ursache wir das erste, das unbewegliche Wesen bezeichnen, noch andere räumliche Bewegungen gibt, die gleichfalls ewigen Bewegungen der Planeten. (Denn ewig und rastlos bewegt ist der Körper, der sich im Kreise dreht, wie wir in unseren Schriften zur Naturphilosophie nachgewiesen haben.) Es muß also auch eine jede dieser Bewegungen eine an sich unbewegte, ewige Wesenheit zur Ursache haben. Denn die Natur der Gestirne ist eine ewige Wesenheit; also ist die Ursache ihrer Bewegung gleichfalls ewig und geht dem, was bewegt wird, voraus. Was aber der selbständigen Wesenheit vorausgeht, muß gleichfalls selbständige Wesenheit sein. Es muß also offenbar ebensoviele Wesen geben, die von Natur ewig, selber unbewegt und ohne Ausdehnung sind, wie es Bewegungen gibt, aus dem oben angegebenen Grunde.

A. Lasson

EUDEMOS VON RHODOS

Fragmente aus der Geschichte der Sternkunde

1. *[Über Thales]:* a) Nach einigen Gewährsmännern soll er als erster sich mit Sternkunde befaßt haben und Sonnenfinsternisse und [Sonnen]wenden vorausgesagt haben. So Eudemos in seiner Geschichte der Astronomie.

b) Thales hat nach Eudemos' Bericht in der Geschichte der Sternkunde eine kommende Sonnenfinsternis vorausgesagt für die Zeit, in der Meder und Lyder miteinander eine Schlacht schlugen. Dies geschah unter der Regierung des Mederkönigs Kyaxares, des Vaters des Astyages, und des Lyderkönigs Alyattes, des Vaters des Kroisos.

2. Was irgendwer im Bereiche der Mathematik entdeckte, beschreibt Eudemos in der Geschichte der Sternkunde, also etwa, daß *Oinopides* als erster den Tierkreisgürtel gefunden habe und die Einrichtung des großen Jahres, *Thales* die Sonnenfinsternis und deren [d. h. der Sonne] Kreisbewegung durch die Wenden, daß diese nämlich nicht immer von gleicher Dauer ist, *Anaximander*, daß die Erde schwebt und in der Mitte des Welt-

ξιμένης δὲ ὅτι ἡ σελήνη ἐκ τοῦ ἡλίου ἔχει τὸ φῶς καὶ τίνα ἐκλείπει τρόπον. οἱ δὲ λοιποὶ ἐπὶ ἐξευρημένοις τούτοις ἐπεξεῦρον ἕτερα, ὅτι οἱ ἀπλανεῖς κινοῦνται περὶ τὸν διὰ τῶν πόλων ἄξονα μένοντα, οἱ δὲ πλανώμενοι περὶ τὸν τοῦ ζῳδιακοῦ πρὸς ὀρθὰς ὄντα αὐτῷ ἄξονα, ἀπέχουσι δὲ ἀλλήλων ὅ τε τῶν ἀπλανῶν καὶ τῶν πλανωμένων ἄξων πεντεκαιδεκαγώνων πλευρὰν ὅ ἐστι μοῖραι κδ'.

Theon. Smyrnaeus, de astron. p. 199 Hiller. DKr 41,7, 11 A 17; 12 A 26, 13 A 1n

3. (XCV).

καὶ γὰρ ἐκεῖ περὶ τῆς τάξεως τῶν πλανωμένων καὶ περὶ μεγεθῶν καὶ ἀποστημάτων ἀποδέδεικται, Ἀναξιμάνδρου πρώτου τὸν περὶ μεγεθῶν καὶ ἀποστημάτων λόγον εὑρηκότος, ὡς Εὔδημος ἱστορεῖ τὴν τῆς θέσεως τάξιν εἰς τοὺς Πυθαγορείους πρώτους ἀναφέρων· τὰ δὲ μεγέθη καὶ τὰ ἀποστήματα ἡλίου καὶ σελήνης μέχρι νῦν ἔγνωσται ἀπὸ τῶν ἐκλείψεων τὴν ἀφορμὴν τῆς καταλήψεως λαβόντα.

Simplicius in Arist. de caelo p. 471,1 - DKr 12 A 19

4. (XCVI)

οὕτω μὲν οὖν τὴν λύσιν ὁ Ἀριστοτέλης τῆς ἀπορίας ἀποδέδωκεν ... ὁ δέ γε ἀληθὴς λόγος ... ἁπλᾶς καὶ ἐγκυκλίους καὶ ὁμαλεῖς καὶ τεταγμένας τὰς οὐρανίας κινήσεις ἀπὸ τῆς οὐσίας αὐτῶν τεκμαιρόμενος ἀποδείκνυσι. μὴ δυνάμενοι δὲ δι' ἀκριβείας ἑλεῖν, πῶς αὐτῶν διακειμένων φαντασία μόνον ἐστὶ καὶ οὐκ ἀλήθεια τὰ συμβαίνοντα, ἠγάπησαν εὑρεῖν, τίνων ὑποτεθέντων δι' ὁμαλῶν καὶ τεταγμένων καὶ ἐγκυκλίων κινήσεων δυνήσεται διασωθῆναι τὰ περὶ τὰς κινήσεις τῶν πλανᾶσθαι λεγομένων φαινόμενα.

Simplicius, in Arist. de caelo p. 488,2

5. (XCVII)

Περὶ δὲ Καλλίππου τάδε γέγραφεν ὁ Ἀριστοτέλης ἐν τῷ λ' τῆς Μετὰ τὰ φυσικά· „Κάλλιππος δὲ τὴν μὲν θέσιν τῶν σφαιρῶν τὴν αὐτὴν ἐτίθετο Εὐδόξῳ, τουτέστι τῶν ἀποστη-

alls sich bewegt, *Anaximenes*, daß der Mond sein Licht von der Sonne habe und die Art und Weise seiner Umfinsterung. Die *übrigen* entdeckten zu diesen bereits entdeckten Vorgängen weitere Vorgänge, so daß die Fixsterne um die [Welt]achse kreisen, die feststehend durch die Pole hindurchgeht, während die Planeten die Ekliptikachse umlaufen, die zu jener [andern Achse] in einem [rechten] Winkel steht, und daß die beiden Achsen, die Achse der Fixsterne und die der Planeten, um die Länge der Seite eines Fünfzehnecks voneinander entfernt sind, d. h. um 24°.

3. *[Anaximander]:* .... Denn dort wird eine Darstellung von der Ordnung [Stellung] der Irrsterne, ihren Größen und Abständen gegeben. Anaximander war der erste, der einen Logos [System] von den Größen und Abständen [der Gestirne] erfand, wie Eudemos berichtet, der die Ordnung der Stellung auf die Pythagoreer als Urheber zurückführt, wobei die Größen und Abstände von Sonne und Mond, wie man bis zum heutigen Tage weiß, auf Grund der Beobachtungen bei den Finsternissen erkannt wurden, die die Grundlage zu ihrer Erfassung boten.

4. Diese Lösung also der Schwierigkeit hat Aristoteles gegeben. ... Der wirkliche Sachverhalt legt indes dar, indem er den Beweis vom Wesen der himmlischen Bewegungen hernimmt, daß die Bewegungen einfach und kreisförmig und gleichmäßig und geordnet seien. Indem sie [d. h. die älteren Astronomen] aber dies irgendwie nicht exakt erfassen konnten, gibt es also nur eine Vorstellung von ihrer Annahme und die Vorkommnisse sind nicht [im eigentlichen Sinne] Wahrheit; und so waren sie zufrieden, ausfindig zu machen, durch welche angenommenen gleichförmigen, geordneten und kreisförmigen Bewegungen die Erscheinungen in den Bewegungen der sogenannten Wandelsterne gerettet werden können [folgt Platon 2, S. 40].

5. Über *Kallippos* hat Aristoteles im 12. Buch seiner Metaphysik gehandelt: „Es setzte Kallippos die Sphären ebenso an wie Eudoxos, d. h. die Ordnung der Abstände. Die Anzahl der Sphären ist nach ihm für Jupiter und Saturn die gleiche wie

μάτων τὴν τάξιν, τὸ δὲ πλῆθος τῷ μὲν τοῦ Διὸς καὶ τῷ τοῦ Κρόνου τὸ αὐτὸ ἐκείνῳ ἀπεδίδου, τῷ δὲ ἡλίῳ καὶ τῇ σελήνῃ δύο ᾤετο προσθετέας εἶναι σφαίρας, τὰ φαινόμενα εἰ μέλλοι τις ἀποδώσειν, τοῖς δὲ λοιποῖς τῶν πλανήτων ἑκάστῳ ἀνὰ μίαν", ὡς εἶναι κατὰ Κάλλιππον τὰς πάσας πεντάκις πέντε καὶ δὶς τέσσαρας, τουτέστι τρίακοντα καὶ τρεῖς σφαίρας. οὔτε δὲ Καλλίππου φέρεται σύγγραμμα τὴν αἰτίαν τῶν προσθετέων τούτων σφαιρῶν λέγον, οὔτε Ἀριστοτέλης αὐτὴν προσέθηκεν. Εὔδημος δὲ συντόμως ἱστόρησε τίνων φαινομένων ἕνεκα ταύτας προσθετέας εἶναι τὰς σφαίρας ᾤετο λέγειν γὰρ αὐτόν φησιν ὡς, εἴπερ οἱ μεταξὺ τροπῶν τε καὶ ἰσημεριῶν χρόνοι τοσοῦτον διαφέρουσιν, ὅσον Εὐκτήμονι καὶ Μέτωνι ἐδόκει, οὐχ ἱκανὰς εἶναι τὰς τρεῖς σφαίρας ἑκατέρῳ πρὸς τὸ σώζειν τὰ φαινόμενα, διὰ τὴν ἐπιφαινομένην δηλονότι ταῖς κινήσεσιν αὐτῶν ἀνωμαλίαν. τὴν δὲ μίαν, ἣν ἐν ἑκάστῳ τῶν τριῶν πλανήτων Ἄρεος καὶ Ἀφροδίτης καὶ Ἑρμοῦ προσετίθει φοράν, τίνος ἕνεκεν προσετίθει, συντόμως καὶ σαφῶς ὁ Εὔδημος ἱστόρησεν.

Simplicius, in Arist. de caelo p. 497,8

6. *(XCVIII)*

Ὁ δ' οὖν Πλάτων ... τὴν εἰς τὸν κόσμον πρόοδον αὐτῶν ὡς συνημμένην παραδέδωκε. καὶ οὐδὲ ταύτης ἦρξεν αὐτὸς τῆς ὑποθέσεως, ἀλλ' Ἀναξαγόρας τοῦτο πρῶτος ὑπέλαβεν, ὡς ἱστόρησεν Εὔδημος.

Proclus in Tim. p. 258 (Tim. 38 D) - DKr 59 A 75

bei jenem [Eudoxos]). Bei Sonne und Mond, so glaubte er, müßten je zwei Sphären mehr angesetzt werden, wenn einer die Erscheinungen wiedergeben will, bei dem Rest der Planeten für einen jeden je eine.“ Es gibt somit nach Kallippos im ganzen 25 + 2 × 4 Sphären, zusammen also 33 Sphären.

Aber von Kallippos ist kein Werk überliefert, das den Grund für diese hinzuzunehmenden [zu setzenden] Sphären erklärt; auch Aristoteles hat von einem Grunde nichts zusätzlich verlauten lassen. Indessen erzählt Eudemos knapp zusammenfassend, welche Erscheinungen seiner [d. h. Kallippos'] Meinung nach die Hinzunahme dieser Sphären bedingen würden [erforderlich machen würden]. Er erzählt, jener habe erklärt, wenn die Zeiten zwischen den Wenden und den Gleichen so große Unterschiede aufwiesen wie Euktemon und Meton sie annahmen, so genügten für jeden Planeten jene 3 Sphären nicht, um die Erscheinungen zu retten, da offenbar bei den Bewegungen der Planeten diese Ungleichförmigkeit mit in die Erscheinung trete. Weshalb weiter [Kallippos] bei den drei Planeten Mars, Venus und Merkur *eine* Laufbahn hinzugesetzt hat, hat Eudemos knapp und klar dargestellt.

6. *[Anaxagoras]: Platon* ... hat über die vorauslaufenden Bahnen von ihnen [Sonne und Mond] am Himmel mitgeteilt, daß sie miteinander verknüpft seien. Indes war er nicht der erste, der solche Vermutung aufstellte, sondern diese Hypothese wagte als erster *Anaxagoras*, wie Eudemos berichtet.

V. Stegemann

ZEITALTER DES HELLENISMUS

ΖΗΝΩΝ

1.

Ἐκλείπειν δὲ τὸν ἥλιον ἐπιπροσθούσης αὐτῷ σελήνης, κατὰ τὸ πρὸς ἡμᾶς μέρος, ὡς Ζήνων ἀναγράφει ἐν τῷ περὶ ὅλου.

Diogenes Laërtios VII/145 (=Arnim Nr. 119)

2.

Τὸ γὰρ νοερὸν τοῦ μὴ νοεροῦ καὶ τὸ ἔμψυχον τοῦ μὴ ἐμψύχου κρεῖττόν ἐστιν· οὐδὲν δέ γε κόσμου κρεῖττον· νοερὸς ἄρα καὶ ἔμψυχός ἐστιν ὁ κόσμος.

Sextus Empiricus, adversus mathematicos IX/104 (=Arnim Nr. 111)

3.

Ζήνων τὸν ἥλιόν φησι καὶ τὴν σελήνην καὶ τῶν ἄλλων ἄστρων ἕκαστον εἶναι νοερὸν καὶ φρόνιμον, πύρινον <δὲ> πυρὸς τεχνικοῦ.

Johannes Stobaeus, Ecl. I/25 (=Arnim Nr. 120)

ΚΛΕΑΝΘΗΣ

„Cum sol igneus sit Oceanique alatur umoribus (quia nullus ignis sine pastu aliquo possit permanere) necesse est aut ei similis sit igni, quem adhibemus ad usum atque victum, aut ei, qui corporibus animantium continetur. atqui hic noster ignis, quem usus vitae requirit, confector est et consumptor omnium idemque, quocumque invasit, cuncta disturbat ac dissipat; contra ille corporeus vitalis et salutaris omnia conservat alit auget sustinet sensuque adficit." negat ergo esse

ZEITALTER DES HELLENISMUS

ZENON VON KITION

1.

Eine Sonnenfinsternis tritt ein, wenn der Mond auf der uns zugekehrten Seite vor die Sonne tritt, wie Zenon in der Schrift über das Weltall schreibt.

W. Nestle

2.

Das denkende ist ein höheres Wesen als das nichtdenkende und das beseelte ein höheres als das seelenlose. Nun gibt es kein höheres Wesen als das Weltall; also ist das Weltall ein denkendes und beseeltes Wesen.

W. Nestle

3.

Sonne, Mond und die übrigen Gestirne sind sämtlich denkende und vernünftige Wesen und, sofern sie feurig sind, bestehen sie aus gestaltendem Feuer.

W. Nestle

KLEANTHES VON ASSOS

1.

„Da die Sonne aus Feuer besteht und sich von den Dünsten des Meeres nährt, so muß sie, da kein Feuer ohne Nahrung bestehen kann, entweder dem Feuer ähnlich sein, das wir für unsere Zwecke und zum Lebensunterhalt gebrauchen, oder dem, das in den Körpern der lebenden Wesen enthalten ist. Jenes unser Feuer, das wir für die Bedürfnisse des Lebens brauchen, vernichtet und verzehrt alles, und was es erreichen kann, das zersetzt und zerstört es. Dagegen jene heilsame Lebensflamme in den Körpern erhält, ernährt, mehrt und trägt alles und begabt

dubium, horum ignium sol utri similis sit, cum is quoque efficiat, ut omnia floreant et in suo quaeque genere pubescant. quare cum solis ignis similis eorum ignium sit, qui sunt in corporibus animantium, solem quoque animantem esse oportet, et quidem reliqua astra, quae oriantur in ardore caelesti, qui aether vel caelum nominatur.

Cicero, de natura deorum, lib. II, cap. 15 (§ 40/41)

2.

Quid enim, non eisdem vobis placet omnen ignem pastus indigere nec permanere ullo modo posse, nisi alatur, ali autem solem lunam reliqua astra aquis alia dulcibus alia marinis? eamque causam Cleanthes adfert, cur se sol referat nec longius progrediatur solstitiali orbe itemque brumali, ne longius discedat a cibo.

Cicero, de natura deorum, lib. III, cap. 14 (§ 37)

ʼΕΠΙΚΟΥΡΟΣ

1.

...Τὸ πᾶν ἄπειρον εἶναι καὶ ἀγένητον καὶ ἄφθαρτον καὶ μήτ' αὐξάμενον μήτε μειούμενον...

Plutarchos, adversus Coloten, 13

2.

ʼΕπίκουρος ἄνισον εἶναι τὸ μεταξὺ τῶν κόσμων διάστημα.

Aëtios, II/1, 8

3.

(Λεύκιππος καὶ Δημόκριτος καὶ ʼΕπίκουρος...) φύσει δέ τινι ἀλόγῳ, ἐκ τῶν ἀτόμων συνεστῶτα <τὸν κόσμον>.

Aëtios II 3, 2

4.

ʼΕπίκουρος γήινον πύκνωμα τὸν ἥλιόν φησιν εἶναι κισηροειδὲς καὶ σπογγοειδὲς ταῖς κατατρήσεσιν ὑπὸ πυρὸς ἀνημμένον.

Aëtios II/20, 14

es mit Empfindung." Er (Kleanthes) erklärt also, es sei nicht zweifelhaft, welchem von diesen beiden Feuern die Sonne ähnlich sei, da sie gleichfalls bewirkt, daß alles blüht und jedes in seiner Art zur Reife gedeiht. Da nun das Sonnenfeuer demjenigen Feuer ähnlich ist, das sich in den Körpern der lebenden Geschöpfe befindet, so muß auch die Sonne ein belebtes Wesen sein, und ebenso auch die übrigen Gestirne, die in der Feuerregion der oberen Luft entstehen, welche der Äther oder der Himmel heißt.

W. Nestle — G. H. von Moser

2.

„Behauptet ihr [Stoiker] nicht, alles Feuer bedürfe der Nahrung, und könne auf keine Weise bestehen, wenn es nicht genährt werde: genährt aber werde die Sonne, der Mond und die übrigen Gestirne durch Wasser, die einen durch süßes, die anderen durch Meerwasser? Gibt doch Kleanthes das als die Ursache an, warum die Sonne sich immer innerhalb des Kreises der Sommer- und Wintersonnenwende bewege und nie darüber hinausgehe: nämlich, um sich nicht zu weit von ihrer Nahrung zu entfernen."

G. H. von Moser

EPIKUR

1.

Das Weltall ist grenzenlos, ungeworden und unvergänglich und nimmt in seinem Bestand weder zu noch ab.

W. Nestle

2.

Der Abstand zwischen den Weltkörpern ist nach Epikur ungleich.

W. Nestle

3.

Das Weltall, das aus Atomen besteht, ist das Werk einer vernunftlosen Natur. (Nach Leukipp, Demokrit und Epikur.)

W. Nestle

4.

Die Sonne ist nach Epikur ein dichtes, erdähnliches Gebilde, bimssteinartig und schwammartig, in dessen Höhlungen Feuer brennt.

W. Nestle

5.
Δῆλον οὖν... τὴν γῆν τῷ ἀέρι ἐποχεῖσθαι.

Scholion zu Diogenes Laërtios X, 74

6.
Ἀλλὰ μὴν καὶ τὸ πᾶν ἄπειρόν ἐστι. τὸ γὰρ πεπερασμένον ἄκρον ἔχει· τὸ δὲ ἄκρον παρ' ἕτερόν τι θεωρεῖται. ὥστε οὐκ ἔχον ἄκρον πέρας οὐκ ἔχει· πέρας δὲ οὐκ ἔχον ἄπειρον ἂν εἴη καὶ οὐ πεπερασμένον...

ἀλλὰ μὴν καὶ κόσμοι ἄπειροι εἰσὶν οἵ θ' ὅμοιοι τούτῳ καὶ οἱ ἀνόμοιοι, αἵ τε γὰρ ἄτομοι ἄπειροι οὖσαι, ὡς ἄρτι ἀπεδείχθη, φέρονται καὶ πορρωτάτω. οὐ γὰρ κατανήλωνται αἱ τοιαῦται ἄτομοι, ἐξ ὧν ἂν γένοιτο κόσμος ἢ ὑφ' ὧν ἂν ποιηθείη, οὔτ' εἰς ἕνα οὔτ εἰς πεπερασμένους, οὔθ' ὅσοι τοιοῦτοι οὔθ' ὅσοι διάφοροι τούτοις. ὥστε οὐδὲν τὸ ἐμποδοστατῆσόν ἐστι πρὸς τὴν ἀπειρίαν τῶν κόσμων . . .

καὶ μὴν <καὶ τὴν> ἐν τοῖς μετεώροις φορὰν καὶ τροπὴν καὶ ἔκλειψιν καὶ ἀνατολὴν καὶ δύσιν καὶ τὰ σύστοιχα τούτοις μήτε λειτουργοῦντος τινὸς νομίζειν δεῖ γενέσθαι καὶ διατάττοντος ἢ διατάξοντος καὶ ἅμα τὴν πᾶσαν μακαριότητα ἔχοντος μετὰ ἀφθαρσίας . . . μήτε αὖ πυρὸς ἀνάμματα συνεστραμένου τὴν μακαριότητα κεκτημένα κατὰ βούλησιν τὰς κινήσεις ταύτας λαμβάνειν· ἀλλὰ πᾶν τὸ σέμνωμα τηρεῖν κατὰ πάντα ὀνόματα φερόμενα ἐπὶ τὰς τοιαύτας ἐννοίας, ἵνα μηδ' ὑπεναντίαι ἐξ αὐτῶν <γένωνται> τῷ σεμνώματι δόξαι . . . ὅθεν δὴ κατὰ τὰς ἐξ ἀρχῆς ἐναπολήψεις τῶν συστροφῶν τούτων ἐν τῇ τοῦ κόσμου γενέσει δεῖ δοξάζειν καὶ τὴν ἀνάγκην ταύτην καὶ περίοδον συντελεῖσθαι.

Brief an Herodotos bei Diogenes Laërtios X, 41, 45, 76 f.

5.

Die Erde schwebt offenbar in der Luft.

W. Nestle

6.

Das All ist grenzenlos. Denn was begrenzt ist, hat ein Äußerstes; daß aber etwas ein Äußerstes hat, kann nur im Vergleich mit einem anderen gesehen werden [das All aber kann nicht im Vergleich mit einem anderen gesehen werden]. Da es also kein Äußerstes hat, hat es auch keine Grenze; was aber keine Grenze hat, ist grenzenlos und unbegrenzt ...

Es gibt gewiß auch unzählige Welten, die der unserigen teils ähnlich, teils unähnlich sind. Denn die Atome, deren es, wie eben bewiesen wurde, unendlich viele gibt, fliegen auch sehr weit. Die Atome dieser Art, aus denen eine Welt entstehen oder durch die sich eine solche bilden kann, sind nicht für eine oder für eine begrenzte Zahl von Welten aufgebraucht, weder für alle, die der unseren gleichen, noch für alle, die von der unserigen verschieden sind. Daher steht der Annahme einer unendlichen Zahl von Welten nichts im Wege ...

Ferner darf man bei den Himmelserscheinungen, dem Umschwung und der Drehung, der Verfinsterung, dem Auf- und Untergang [der Gestirne] und allem, was damit zusammenhängt, nicht annehmen, daß es ein Wesen gebe, das diese Vorgänge im Dienst der Allgemeinheit ordne oder geordnet habe und das zugleich im Besitz vollkommener Seligkeit und Unvergänglichkeit sei ... Ebenso verkehrt ist die Meinung, daß Wesen, die aus zusammengeballtem Feuer bestehen, die Seligkeit besitzen und diese Bewegungen gemäß ihrem eigenen Willen ausführen. Vielmehr muß man in allen Bezeichnungen, die an solche Vorstellungen herangebracht werden, die volle Erhabenheit [des Göttlichen] wahren, damit sich daraus nicht unvermerkt Meinungen bilden, die jener Erhabenheit widerstreiten ... Deshalb muß man vermuten, daß schon im Anfang bei der Entstehung der Welt die Stoffanhäufungen solche Bestandteile in sich aufnahmen, auf denen diese Gesetzmäßigkeit des regelmäßigen Umlaufes beruht.

W. Nestle

ΑΡΙΣΤΑΡΧΟΣ

1.

(Ὑποθέσεις)

Περὶ μεγεθῶν καὶ ἀποστημάτων ἡλίου καὶ σελήνης.

α'. Τὴν σελήνην παρὰ τοῦ ἡλίου τὸ φῶς λαμβάνειν.

β'. Τὴν γῆν σημείου τε καὶ κέντρου λόγον ἔχειν πρὸς τὴν τῆς σελήνης σφαῖραν.

γ'. Ὅταν ἡ σελήνη διχότομος ἡμῖν φαίνηται, νεύειν εἰς τὴν ἡμετέραν ὄψιν τὸν διορίζοντα τό τε σκιερὸν καὶ τὸ λαμπρὸν τῆς σελήνης μέγιστον κύκλον.

δ'. Ὅταν ἡ σελήνη διχότομος ἡμῖν φαίνηται, τότε αὐτὴν ἀπέχειν τοῦ ἡλίου ἔλασσον τεταρτημορίου τῷ τοῦ τεταρτημορίου τριακοστῷ.

ε'. Τὸ τῆς σκιᾶς πλάτος σεληνῶν εἶναι δύο.

ς'. Τὴν σελήνην ὑποτείνειν ὑπὸ πεντεκαιδέκατον μέρος ζῳδίου.

Ἐπιλογίζεται οὖν τὸ τοῦ ἡλίου ἀπόστημα ἀπὸ τῆς γῆς τοῦ τῆς σελήνης ἀποστήματος μεῖζον μὲν ἢ ὀκτωκαιδεκαπλάσιον, ἔλασσον δὲ ἢ εἰκοσαπλάσιον, διὰ τῆς περὶ τὴν διχοτομίαν ὑποθέσεως· τὸν αὐτὸν δὲ λόγον ἔχειν τὴν τοῦ ἡλίου διάμετρον πρὸς τὴν τῆς σελήνης διάμετρον· τὴν δὲ τοῦ ἡλίου διάμετρον πρὸς τὴν τῆς γῆς διάμετρον μείζονα μὲν λόγον ἔχειν ἢ ὃν τὰ ιθ' πρὸς γ' ἐλάσσονα δὲ ἢ ὃν μγ' πρὸς ς' διὰ τοῦ εὑρεθέντος περὶ τὰ ἀποστήματα λόγου, τῆς (τε) περὶ τὴν σκιὰν ὑποθέσεως, καὶ τοῦ τὴν σελήνην ὑπὸ πεντεκαιδέκατον μέρος ζῳδίου ὑποτείνειν.

Aristarch ed. Th. Heath, pg. 353.

2.

Κατέχεις δέ, διότι καλεῖται κόσμος ὑπὸ μὲν τῶν πλείστων ἀστρολόγων ἁ σφαῖρα, ἇς ἐστι κέντρον μὲν τὸ τᾶς γᾶς κέντρον, ἁ δὲ ἐκ τοῦ κέντρου ἴσα τᾷ εὐθείᾳ τᾷ μεταξὺ τοῦ

1.

Über die Größe und Entfernung von Sonne und Mond. Thesen.

1. Der Mond erhält sein Licht von der Sonne.
2. Die Erde ist nur ein Punkt und ein Zentrum im Verhältnis zu der Sphäre, in der sich der Mond bewegt.
3. Wenn der Mond uns als Halbmond erscheint, so liegt der große Kreis, der seine dunkle und die beleuchtete Hälfte scheidet, in der geraden Richtung zu unserem Auge.
4. Wenn der Mond uns als Halbmond erscheint, dann ist sein [Winkel-]Abstand von der Sonne ein Quadrant [90°] minus einem Dreißigstel des Quadranten [3°, also 90—3° = 87° — in Wirklichkeit 89° 50'].
5. Die Breite des Erdschattens beträgt 2 Mondbreiten.
6. Der Mond erstreckt sich über 1/15 eines Tierkreiszeichens [= 2°].

(Diese Hypothesen vorausgesetzt) wird bewiesen, daß

1. Die Entfernung der Sonne von der Erde mehr als 18 mal, aber weniger als 20 mal der Entfernung des Mondes von der Erde beträgt. Dies folgt aus der These über den Halbmond.
2. Der [scheinbare] Durchmesser der Sonne zum Durchmesser des Mondes dasselbe genannte Verhältnis hat.
3. Der Durchmesser der Sonne zum Durchmesser der Erde ein Verhältnis hat, das größer als 19 : 3, aber weniger als 43 : 6 beträgt; dies folgt aus dem festgesetzten Verhältnis der Entfernungen, der These von dem Erdschatten und der Annahme, daß der Mond die Breite des fünfzehnten Teiles eines Tierkreiszeichens hat.

H. Balss

2.

Wie du weißt, bezeichnen die meisten Astronomen die Welt als eine Kugel, die ihren Mittelpunkt im Zentrum der Erde besitzt und einen Halbmesser von der Größe des Sonnenabstandes hat.

κέντρου τοῦ ἁλίου καὶ τοῦ κέντρου τᾶς γᾶς· ταῦτα γὰρ ἐν ταῖς γραφομέναις παρὰ τῶν ἀστρολόγων δείξεσι διάκουσας. Ἀρίσταρχος δὲ ὁ Σάμιος ὑποθεσίων τινῶν ἐξέδωκεν γραφάς, ἐν αἷς ἐκ τῶν ὑποκειμένων συμβαίνει τὸν κόσμον πολλαπλάσιον εἶμεν τοῦ νῦν εἰρημένου. ὑποτίθεται γὰρ τὰ μὲν ἀπλανέα τῶν ἄστρων καὶ τὸν ἅλιον μένειν ἀκίνητον, τὰν δὲ γᾶν περιφέρεσθαι περὶ τὸν ἅλιον κατὰ κύκλου περιφέρειαν, ὅς ἐστιν ἐν μέσῳ τῷ δρόμῳ κείμενος, τὰν δὲ τῶν ἀπλανέων ἄστρων σφαῖραν περὶ τὸ αὐτὸ κέντρον τῷ ἁλίῳ κειμέναν τῷ μεγέθει ταλικαύταν εἶμεν, ὥστε τὸν κύκλον, καθ' ὃν τὰν γᾶν ὑποτίθεται περιφέρεσθαι, τοιαύταν ἔχειν ἀναλογίαν, ποτὶ τὰν τῶν ἀπλανέων ἀποστασίαν, οἵαν ἔχει τὸ κέντρον τᾶς σφαίρας ποτὶ τὰν ἐπιφάνειαν.

Archimedes, Arenarius, I/4

3.

Μόνον ὦ τάν, κρίσιν ἡμῖν ἀσεβείας ἐπαγγείλῃς, ὥσπερ Ἀρίσταρχον ᾤετο δεῖν Κλεάνθης τὸν Σάμιον ἀσεβείας προσκαλεῖσθαι τοὺς Ἕλληνας, ὡς κινοῦντα τοῦ κόσμου τὴν ἑστίαν, ὅτι τὰ φαινόμενα σῴζειν ἀνὴρ ἐπειρᾶτο, μένειν τὸν οὐρανὸν ὑποτιθέμενος, ἐξελίττεσθαι δὲ κατὰ λοξοῦ κύκλου τὴν γῆν, ἅμα καὶ περὶ τὸν αὑτῆς ἄξονα δινουμένην.

Plutarchos, de facie in orbe lunae, cap. 6. pg. 923A.

ΕΡΑΤΟΣΘΕΝΗΣ

1.

Περὶ δὲ τοῦ μεγέθους τῆς γῆς πλείους μὲν γεγόνασι δόξαι παρὰ τοῖς φυσικοῖς, βελτίους δὲ τῶν ἄλλων εἰσὶν ἥ τε Ποσειδωνίου καὶ ἡ Ἐρατοσθένους, αὕτη μὲν διὰ γεωμετρικῆς ἐφόδου δεικνύουσα τὸ μέγεθος αὐτῆς· ἡ δὲ τοῦ Ποσειδωνίου ἐστὶν ἁπλουστέρα. Ἑκάτερος δὲ αὐτῶν ὑποθέσεις τινὰς λαμβάνων διὰ τῶν ἀκολούθων ταῖς ὑποθέσεσιν ἐπὶ τὰς ἀποδείξεις παραγίνεται . . .

ἡ δὲ τοῦ Ἐρατοσθένους γεωμετρικῆς ἐφόδου ἐχομένη, καὶ δοκοῦσά τι ἀσαφέστερον ἔχειν· Ποιήσει δὲ σαφῆ τὰ λεγόμενα ὑπ' αὐτοῦ τάδε προϋποτιθεμένων ἡμῶν. Ὑποκείσθω ἡμῖν

Dies ist die gewöhnliche Lehre, wie du von den Astronomen weißt. Aristarch von Samos aber hat eine andere Lehre aufgestellt, aus deren Voraussetzungen er schließt, die Welt müsse viel größer sein, als eben behauptet wurde. Nach seiner Annahme bleiben Sonne und Fixsterne unbeweglich stehen; die Erde läuft auf einer Kreisbahn um die im Mittelpunkt befindliche Sonne herum; die Fixsternsphäre, die denselben Mittelpunkt hat, ist so groß, daß die Erdbahn zum Fixsternabstand dasselbe Verhältnis aufweist, wie der Mittelpunkt einer Kugel zu deren Oberfläche.

A. Kistner

3.

„Verwickle uns nur nicht in eine Anklage wegen Unglaubens, Verehrtester, wie es einst Kleanthes wollte, als er ganz Griechenland zur Anklage gegen Aristarch von Samos wegen Verachtung der Religion aufforderte: er verschiebe den heiligen Mittelpunkt der Welt, er lasse ferner den Fixsternhimmel feststehen und die Erde auf einem geneigten Kreise [der Ekliptik] sich fortwälzen und sich gleichzeitig um ihre eigene Achse drehen, und das alles, um die Himmelserscheinungen richtig darstellen zu können."

A. Kistner

ERATOSTHENES

1.

Über die Größe der Erde haben die Physiker oder Naturphilosophen verschiedene Meinungen, aber die des Poseidonios und Eratosthenes sind den übrigen vorzuziehen. Letzterer zeigt die Größe der Erde durch eine geometrische Methode; die Methode des Poseidonios ist einfacher. Beide setzten gewisse Hypothesen voraus und kommen durch aus diesen folgende Schlüsse zu ihren Demonstrationen ...

Die Methode des Eratosthenes beruht auf geometrischen Beweisen und macht den Eindruck, daß man ihr etwas schwerer folgen könne. Aber seine Darstellung wird klar werden, wenn

πρῶτον μὲν κἀνταῦθα, ὑπὸ τῷ αὐτῷ μεσημβρινῷ κεῖσθαι Συήνην καὶ Ἀλεξάνδρειαν, καὶ δεύτερον τὸ διάστημα τὸ μεταξὺ τῶν πόλεων πεντακισχιλίων σταδίων εἶναι καὶ τρίτον τὰς καταπεμπομένας ἀκτῖνας ἀπὸ διαφόρων μερῶν τοῦ ἡλίου ἐπὶ διάφορα τῆς γῆς μέρη παραλλήλους εἶναι· οὕτως γὰρ ἔχειν αὐτὰς οἱ γεωμέτραι ὑποτίθενται. Τέταρτον ἐκεῖνο ὑποκείσθω, δεικνύμενον παρὰ τοῖς γεωμέτραις, τὰς εἰς παραλλήλους ἐμπιπτούσας εὐθείας τὰς ἐναλλὰξ γωνίας ἴσας ποιεῖν, πέμπτον τὰς ἐπὶ ἴσων γωνιῶν βεβηκυίας περιφερείας ὁμοίας εἶναι, τουτέστι τὴν αὐτὴν ἀναλογίαν καὶ τὸν αὐτὸν λόγον ἔχειν πρὸς τοὺς οἰκείους κύκλους, δεικνυμένου καὶ τούτου παρὰ τοῖς γεωμέτραις. Ὁπόταν γὰρ περιφέρειαι ἐπὶ ἴσων γωνιῶν ὦσι βεβηκυῖαι, ἂν μία ἡτισοῦν αὐτῶν δέκατον ᾖ μέρος τοῦ οἰκείου κύκλου, καὶ αἱ λοιπαὶ πᾶσαι δέκατα μέρη γενήσονται τῶν οἰκείων κύκλων.

Τούτων ὁ κατακρατήσας οὐκ ἂν χαλεπῶς τὴν ἔφοδον τοῦ Ἐρατοσθένους καταμάθοι ἔχουσαν οὕτως. Ὑπὸ τῷ αὐτῷ κεῖσθαι μεσημβρινῷ φησι Συήνην καὶ Ἀλεξάνδρειαν. Ἐπεὶ οὖν μέγιστοι τῶν ἐν τῷ κόσμῳ οἱ μεσημβρινοί, δεῖ καὶ τοὺς ὑποκειμένους τούτοις τῆς γῆς κύκλους μεγίστους εἶναι ἀναγκαίως. Ὥστε ἡλίκον ἂν τὸν διὰ Συήνης καὶ Ἀλεξανδρείας ἥκοντα κύκλον τῆς γῆς ἡ ἔφοδος ἀποδείξει αὕτη, τηλικοῦτος καὶ ὁ μέγιστος ἔσται τῆς γῆς κύκλος. Φησὶ τοίνυν, καὶ ἔχει οὕτως, τὴν Συήνην ὑπὸ τῷ θερινῷ τροπικῷ κεῖσθαι κύκλῳ. ὁπόταν οὖν ἐν καρκίνῳ γενόμενος ὁ ἥλιος καὶ θερινὰς ποιῶν τροπὰς ἀκριβῶς μεσουρανήσῃ, ἄσκιοι γίνονται οἱ τῶν ὡρολογίων γνώμονες ἀναγκαίως, κατὰ κάθετον ἀκριβῆ τοῦ ἡλίου ὑπερκειμένου· καὶ τοῦτο γίνεσθαι λόγος ἐπὶ σταδίους τριακοσίους τὴν διάμετρον. Ἐν Ἀλεξανδρείᾳ δὲ τῇ αὐτῇ ὥρᾳ ἀποβάλλουσιν οἱ τῶν ὡρολογίων γνώμονες σκιάν, ἅτε πρὸς ἄρκτῳ μᾶλλον τῆς Συήνης ταύτης τῆς πόλεως κειμένης. Ὑπὸ τῷ αὐτῷ μεσημβρινῷ τοίνυν καὶ μεγίστῳ κύκλῳ τῶν πόλεων κειμένων, ἂν περιαγάγωμεν περιφέρειαν ἀπὸ τοῦ ἄκρου τῆς τοῦ γνώ-

wir folgendes vorausschicken: Wir nehmen an: 1. daß Syene [= Assuan] und Alexandria auf demselben Meridiane liegen; 2. daß die Entfernung dieser beiden Städte 5000 Stadien beträgt; 3. daß die Strahlen, die von verschiedenen Teilen der Sonne nach den verschiedenen Teilen der Erde herabgesandt werden, einander parallel sind; denn dies ist die Hypothese, auf der die Geometer weiter bauen. Sodann müssen wir 4. annehmen, daß, wie es die Geometer beweisen, parallele Gerade von einer sie schneidenden Geraden unter gleichen Wechselwinkeln geschnitten werden, und 5. daß die Bögen, die gleichen Zentriwinkeln entsprechen, ähnlich sind, das heißt dasselbe Verhältnis zu ihren eigenen Kreisumfängen besitzen, wie desgleichen die Geometer beweisen. Wenn immer also Kreisbögen gleichen Zentriwinkeln entsprechen, z. B. der eine $^1/_{10}$ seines eigenen Kreisumfanges hat [= 36°], so werden auch die anderen Bögen $^1/_{10}$ ihrer Kreisperipherie betragen.

Jeder, der diese Dinge verstanden hat, wird keine Schwierigkeit haben, die Methode des Eratosthenes zu verstehen, die die folgende ist: Syene und Alexandria liegen, wie gesagt, unter demselben Meridiane. Da Himmelsmeridiane größte Kreise des Himmels sind, so sind die Erdkreise, die unter ihnen liegen, notwendigerweise auch größte Kreise. Also, welche Größe auch immer der Erdmeridian, der durch Syene und Alexandria geht, haben mag nach dieser Berechnung, so groß ist auch der Erdumfang. Nun nimmt Eratosthenes an (und dies ist richtig), daß Syene unter dem Wendekreis des Sommers [des Krebses] liegt. Wenn also die Sonne im Zeichen des Krebses zur Zeit der Sommersonnenwende genau in der Mitte des Himmels steht [kulminiert], so wird die Spitze des Weisers [Gnomons] der Sonnenuhr keinen Schatten werfen, da die Sonne genau senkrecht über ihm steht. Es wird berichtet, daß dies für einen Durchmesser von 300 Stadien zutreffe. Zu derselben Zeit aber wirft in Alexandria die Spitze des Gnomons einen Schatten, weil Alexandria nördlich von Syene liegt. Die beiden Städte liegen unter demselben Meridian. Wenn man also einen Bogen von

μονος σκιᾶς ἐπὶ τὴν βάσιν αὐτὴν τοῦ γνώμονος τοῦ ἐν Ἀλεξανδρείᾳ ὡρολογίου, αὕτη ἡ περιφέρεια τμῆμα γενήσεται τοῦ μεγίστου τῶν ἐν τῇ σκάφῃ κύκλων, ἐπεὶ μεγίστῳ κύκλῳ ὑπόκειται ἡ τοῦ ὡρολογίου σκάφη. Εἰ οὖν ἑξῆς νοήσαιμεν εὐθείας διὰ τῆς γῆς ἐκβαλλομένας ἀφ' ἑκατέρου τῶν γνωμόνων, πρὸς τῷ κέντρῳ τῆς γῆς συμπεσοῦνται. Ἐπεὶ οὖν τὸ ἐν Συήνῃ ὡρολόγιον κατὰ κάθετον ὑπόκειται τῷ ἡλίῳ, ἂν ἐπινοήσωμεν εὐθεῖαν ἀπὸ τοῦ ἡλίου ἥκουσαν ἐπ' ἄκρον τὸν τοῦ ὡρολογίου γνώμονα, μία γενήσεται εὐθεῖα ἡ ἀπὸ τοῦ ἡλίου μέχρι τοῦ κέντρου τῆς γῆς ἥκουσα. Ἐὰν οὖν ἑτέραν εὐθεῖαν νοήσωμεν ἀπὸ τοῦ ἄκρου τῆς σκιᾶς τοῦ γνώμονος δι' ἄκρου τοῦ γνώμονος ἐπὶ τὸν ἥλιον ἀναγομένην ἀπὸ τῆς ἐν Ἀλεξανδρείᾳ σκάφης, αὕτη καὶ ἡ προειρημένη εὐθεῖα παράλληλοι γενήσονται ἀπὸ διαφόρων γε τοῦ ἡλίου μερῶν ἐπὶ διάφορα μέρη τῆς γῆς διήκουσαι. Εἰς ταύτας τοίνυν παραλλήλους οὔσας ἐμπίπτει εὐθεῖα ἡ ἀπὸ τοῦ κέντρου τῆς γῆς ἐπὶ τὸν ἐν Ἀλεξανδρείᾳ γνώμονα ἥκουσα, ὥστε τὰς ἐναλλὰξ γωνίας ἴσας ποιεῖν· ὧν ἡ μέν ἐστι πρὸς τῷ κέντρῳ τῆς γῆς κατὰ σύμπτωσιν τῶν εὐθειῶν, αἳ ἀπὸ τῶν ὡρολογίων ἤχθησαν ἐπὶ τὸ κέντρον τῆς γῆς, γινομένη, ἡ δὲ κατὰ σύμπτωσιν ἄκρου τοῦ ἐν Ἀλεξανδρείᾳ γνώμονος καὶ τῆς ἀπ' ἄκρου τῆς σκιᾶς αὐτοῦ ἐπὶ τὸν ἥλιον διὰ τῆς πρὸς αὐτὸν ψαύσεως ἀναχθείσης γεγενημένη. καὶ ἐπὶ μὲν ταύτης βέβηκε περιφέρεια ἡ ἀπ' ἄκρου τῆς σκιᾶς τοῦ γνώμονος ἐπὶ τὴν βάσιν αὐτοῦ περιαχθεῖσα, ἐπὶ δὲ τῆς πρὸς τῷ κέντρῳ τῆς γῆς ἡ ἀπὸ Συήνης διήκουσα εἰς Ἀλεξάνδρειαν. Ὅμοιαι τοίνυν αἱ περιφέρειαί εἰσιν ἀλλήλαις ἐπ' ἴσων γε γωνιῶν βεβηκυῖαι. Ὃν ἄρα λόγον ἔχει ἡ ἐν τῇ σκάφῃ πρὸς τὸν οἰκεῖον κύκλον, τοῦτον ἔχει τὸν λόγον καὶ ἡ ἀπὸ Συήνης εἰς Ἀλεξάνδρειαν ἥκουσα. Ἡ δέ γε ἐν τῇ σκάφῃ πεντηκοστὸν μέρος εὑρίσκεται τοῦ οἰκείου κύκλου. Δεῖ οὖν ἀναγκαίως καὶ τὸ ἀπὸ Συήνης εἰς Ἀλεξάνδρειαν διάστημα πεντηκοστὸν εἶναι μέρος τοῦ μεγίστου τῆς

der Spitze des Schattens nach der Basis des Gnomons in Alexandria zieht, so wird dieser Bogen ein Segment des größten Kreises in der Halbkugel der Sonnenuhr sein, da die Kugel der Uhr unter dem größten Kreis-Meridian liegt. Wenn wir nun gerade Linien annehmen, die von jeder der Spitzen durch die Erde gehen, so werden sie sich im Erdmittelpunkt treffen. Da nun die Sonnenuhr in Syene senkrecht unter der Sonne steht, so wird, wenn man eine Gerade annimmt, die von der Sonne zur Spitze des Gnomons geht, diese Linie von der Sonne bis zum Erdmittelpunkt mit dem Erdradius zusammenfallen. Wenn wir [andererseits in Alexandria] eine andere gerade Linie annehmen, die von dem Ende des Schattens [der Spitze des Gnomons] durch die Spitze selbst nach der Sonne geht, so werden diese und die vorhergenannte gerade Linie parallel sein, da sie Gerade sind, die von verschiedenen Teilen der Sonne nach verschiedenen Punkten der Erde gehen. An diese geraden Linien, die parallel sind, trifft die Gerade, die vom Erdmittelpunkt zur Spitze des Gnomons in Alexandria gezogen wird, so, daß die Wechselwinkel, die sie bildet, gleich sind. Einer dieser Winkel liegt am Erdmittelpunkt und zwar zwischen den Geraden, die von den Sonnenuhren nach dem Erdmittelpunkt gehen. Der andere Winkel in Alexandria liegt am Punkte des Schnittes der Spitze und der Geraden, die man von dem Ende ihres Schattens nach der Sonne durch die Spitze selbst zieht. Nun, über letzterem liegt der Bogen, der von dem Endpunkt des Schattens bis zur Basis des Gnomons geht, während über dem Winkel am Erdmittelpunkt der Bogen von Alexandria nach Syene liegt. Beide Bögen sind ähnlich, da sie gleichen Zentriwinkeln gegenüber stehen. Welches Verhältnis also der Bogen in der Kugel der Sonnenuhr zu seinem [ganzen] Kreise hat, dasselbe Verhältnis zeigt der Bogen von Alexandria nach Syene zu seinem eigenen Kreise, dem Umfang der Erde. Der Bogen in der Halbkugel der Sonnenuhr wurde als $^1/_{50}$ seines Kreises gefunden. Also muß der Abstand von Syene nach Alexandria notwendiger Weise $^1/_{50}$ des größten Kreises des Erdumfanges betragen. Diese

γῆς κύκλου· καὶ ἔστι τοῦτο σταδίων πεντακισχιλίων. Ὁ ἄρα σύμπας κύκλος γίνεται μυριάδων εἴκοσι πέντε. Καὶ ἡ μὲν Ἐρατοσθένους ἔφοδος τοιαύτη.

Kleomedes, de motu circulari corporum coelestium, I, 10,50

ἽΠΠΑΡΧΟΣ

1.

Πρῶτον μὲν δὴ πάντων τοῦτο προληπτέον, ὅτι κατὰ τὴν προσηγορίαν ἕνεκεν μὲν τοῦ τοὺς ἀστέρας αὐτοὺς τά τε σχήματα ὅμοια καὶ τὰ διαστήματα ἴσα πρὸς ἀλλήλους συντηροῦντας ἀεὶ φαίνεσθαι καλῶς ἂν αὐτοὺς καλοῖμεν ἀπλανεῖς, ἕνεκεν δὲ τοῦ τὴν σφαῖραν αὐτῶν ὅλην, ἐφ' ἧς ὥσπερ προσπεφυκότες περιφέρονται, καὶ αὐτὴν φαίνεσθαι ποιουμένην εἰς τὰ ἑπόμενα καὶ πρὸς ἀνατολὰς τῆς πρώτης φορᾶς μετάβασιν ἰδίαν καὶ τεταγμένην οὐκέτ' ἂν ἁρμόζοι καὶ ταύτην ἀπλανῆ καλεῖν· ἑκάτερον γὰρ τούτων οὕτως ἔχον εὑρίσκομεν, ἐξ ὧν γε ὁ τοσοῦτος χρόνος ὑποβάλλει, καὶ τοῦ Ἱππάρχου μὲν ἔτι πρότερον, ἀφ' ὧν εἶχε φαινομένων, ἐν ὑπονοίᾳ τούτων ἀμφοτέρων γεγονότος, ὥστε μέντοι περὶ τοῦ πλείονος χρόνου στοχάσασθαι μᾶλλον ἢ διαβεβαιώσασθαι διὰ τὸ πάνυ ὀλίγαις πρὸ ἑαυτοῦ περιτετυχηκέναι τῶν ἀπλανῶν τηρήσεσι σχεδόν τε μόναις ταῖς ὑπὸ Ἀριστύλλου καὶ Τιμοχάριδος ἀναγεγραμμέναις καὶ ταύταις οὔτε ἀδιστάκτοις οὔτ' ἐπεξειργασμέναις, καὶ ἡμῶν δ' ἐκ τῆς τῶν νῦν θεωρουμένων πρὸς τὰ τότε συγκρίσεως τὴν αὐτὴν κατάληψιν εὑρισκόντων, ἤδη μέντοι βεβαιοτέραν τῷ καὶ ἀπὸ πλείονος χρόνου τὴν ἐξέτασιν γεγενῆσθαι καὶ τὰς τοῦ Ἱππάρχου περὶ τῶν ἀπλανῶν ἀναγραφάς, πρὸς ἃς μάλιστα πεποιήμεθα τὰς συγκρίσεις, μετὰ πάσης ἐξεργασίας ἡμῖν παραδεδόσθαι . . .

Τὸ δὲ καὶ τὴν τούτων σφαῖραν ποιεῖσθαί τινα κίνησιν ἰδίαν εἰς τὰ ἐναντία τῇ τῶν ὅλων φορᾷ, τουτέστιν εἰς τὰ ἑπόμενα τοῦ δι' ἀμφοτέρων τῶν πόλων τῶν τε τοῦ ἰσημερινοῦ καὶ τοῦ διὰ

genannte Entfernung beträgt 5000 Stadien; also mißt der ganze größte Kreis 250 000 Stadien. — Dies ist die Methode des Eratosthenes.

H. Balss

HIPPARCH

1.

Vor allem müssen wir, was den Namen [Fixsterne] betrifft, vorausschicken, daß, da die Sterne anscheinend selbst immer dieselben Bilder und dieselben Entfernungen beibehalten, wir sie mit gutem Recht „Fixsterne" nennen können; da wir aber andererseits sehen, daß die ganze Kugel, auf der sie, als ob sie auf ihr festgewachsen seien, herumgeführt werden, anscheinend eine eigene geordnete Bewegung in der Richtung der Zeichen, d. h. nach Osten zu gegen den ersten Umschwung hat, so wäre es nicht richtig, die Kugel selbst als „fixiert" zu bezeichnen. Wir finden diese beiden Tatsachen bestätigt durch Beobachtungen, die, in einer relativ kurzen Periode, so gut als möglich gemacht wurden. Schon zu einer früheren Zeit wurde Hipparch infolge von Beobachtungen, die er aufgezeichnet hatte, vermutungsweise mit diesen Tatsachen bekannt, aber was die Effecte für längere Zeiten betrifft, so war das, was er gab, mehr nur Annahme als sichere Tatsache, da er nur über wenige Beobachtungen an Fixsternen aus früheren Zeiten verfügte; in der Tat waren fast die einzigen Beobachtungen, die er verzeichnet fand, die von Aristyllos und Timocharis, und auch diese waren weder zweifelsfrei noch genügend durchgearbeitet. Wir unsererseits haben dieselben Resultate dadurch gefunden, daß wir Beobachtungen von heute mit denen früherer Zeiten verglichen; und das Ergebnis ist nunmehr gesichert dadurch, daß die Untersuchung sich über eine längere Periode erstreckt und daß die von Hipparch angegebenen Data über die Fixsterne, mit denen unsere Vergleiche angestellt worden sind, uns voll durchgearbeitet überliefert sind ...

Daß die Kugel der Fixsterne ihre eigene Bewegung hat, und zwar im entgegengesetzten Sinne zur Drehung des ganzen Universums, d. h. in der Richtung, die östlich von dem großen Kreise liegt,

μέσων τῶν ζῳδίων γραφομένου μεγίστου κύκλου, φανερὸν ἡμῖν γίνεται μάλιστα διὰ τὸ τοὺς αὐτοὺς ἀστέρας μὴ τὰς αὐτὰς διαστάσεις πάλαι τε καὶ καθ' ἡμᾶς πρὸς τὰ τροπικὰ καὶ ἰσημερινὰ σημεῖα συντηρεῖν, ἀλλ' αἰεὶ κατὰ τοὺς ὑστέρους χρόνους πλείονα τῆς προτέρας διάστασιν εἰς τὰ ἑπόμενα τῶν αὐτῶν σημείων ἀπέχοντας εὑρίσκεσθαι.

Ὅ τε γὰρ Ἵππαρχος ἐν τῷ Περὶ τῆς μεταπτώσεως τῶν τροπικῶν καὶ ἰσημερινῶν σημείων παρατιθέμενος ἐκλείψεις σεληνιακὰς ἔκ τε τῶν καθ' ἑαυτὸν τετηρημένων ἀκριβῶς καὶ ἐκ τῶν ἔτι πρότερον ὑπὸ Τιμοχάριδος ἐπιλογίζεται τὸν Στάχυν ἀπέχοντα τοῦ μετοπωρινοῦ σημείου εἰς τὰ προηγούμενα ἐν μὲν τοῖς καθ' ἑαυτὸν χρόνοις μοίρας ς̄, ἐν δὲ τοῖς κατὰ Τιμόχαριν η̄ ἔγγιστα μοίρας· φησὶν γὰρ ἐπὶ πᾶσιν οὕτως· „Εἰ τοίνυν λόγου χάριν ὁ Στάχυς προηγεῖτο τοῦ φθινοπωρινοῦ σημείου κατὰ τὸ μῆκος τῶν ζῳδίων πρότερον μοίρας η̄, νῦν δὲ προηγεῖται μοίρας ς̄", καὶ ὅσα δὴ τούτοις ἐπιλέγει· σχεδὸν δὲ καὶ ἐπὶ τῶν ἄλλων ἀπλανῶν, ὧν πεποίηται τὴν σύγκρισιν, τὴν τοσαύτην εἰς τὰ ἑπόμενα παραχώρησιν ἀποδείκνυσι γεγενημένην . . .

Καὶ ὁ Ἵππαρχος ὑπονενοηκὼς φαίνεται, δι' ὧν φησιν ἐν τῷ Περὶ τοῦ ἐνιαυσίου μεγέθους οὕτως· „Εἰ γὰρ παρὰ ταύτην τὴν αἰτίαν αἵ τε τροπαὶ καὶ ἰσημερίαι μετέβαινον εἰς τὰ προηγούμενα τῶν ζῳδίων ἐν τῷ ἐνιαυτῷ μὴ ἔλασσον ἢ ἑκατοστὸν μιᾶς μοίρας, ἔδει ἐν τοῖς τριακοσίοις ἔτεσιν μὴ ἔλασσον ἢ γ̄ μοίρας αὐτὰ μεταβεβηκέναι."

Ptolemaeus, Syntaxis mathematica, VII, 1,2; 2,2 f.

der durch die Pole des Äquators und des Tierkreises beschrieben wird, ist für uns klar geworden besonders durch die Tatsache, daß dieselben Fixsterne nicht mehr die gleichen Abstände von den Wenden und Äquinoctialpunkten, die sie in früheren Zeiten hatten, heute festgehalten haben, sondern daß sie im Laufe der Zeit ihre Abstände kontinuierlich vergrößerten, und zwar nach Osten zu, von denselben Punkten aus gemessen, die sie früher hatten.

Denn Hipparch schließt in seinem Werk „Über die Verschiebung der Sonnenwende und Äquinoctialpunkte" durch Vergleiche der Mondfinsternisse, die auf genauen Beobachtungen seiner Zeit mit den früher von Timocharis gemachten beruhen, daß der Abstand der Spica (Ähre) vom Herbstäquinoktialpunkt (in der umgekehrten Richtung der Zeichen gemessen) zu seiner Zeit 6° war, aber zu des Timocharis Zeit fast 8°. Seine Schlußworte sind: „Wenn daher zum Beweise Spica früher in Länge 8° westlich von dem Herbstaequinoctialpunkt lag, jetzt aber nur 6° liegt" usw. Und in Bezug auf alle anderen Fixsterne, deren Stellung er in ähnlicher Weise verglichen hat, zeigt er, daß hier die Progression in der Richtung der Zeichen den gleichen Betrag aufweist.

[Ptolemäus gibt sodann das Ergebnis von gewissen eigenen Beobachtungen über den Stern „im Herzen des Löwen" [Regulus] an und zeigt, daß in der Zeit zwischen den Beobachtungen des Hipparch und seiner selbst der besagte Stern sich 2° 40′ in der direkten Richtung der Zeichen bewegt hat. Da er die Periode von 265 Jahren angibt, so berechnet er, daß die Bewegung jedenfalls ungefähr 1° in 100 Jahren betragen hat. Er fährt fort:] Dies scheint auch der Gedanke des Hipparch gewesen zu sein nach dem zu urteilen, was er in seinem Buch „Über die Länge des Jahres" sagt: „Wenn aus diesem Grund die Sonnenwenden und die Äquinoctien ihre Stellung entgegengesetzt zur Richtung der Tierkreis-Zeichen in einem Jahre nicht weniger als $^1/_{100}$ Grad geändert haben, dann würde ihre Veränderung in 300 Jahren nicht weniger als 3 Grad betragen."

H. Balss nach Heath

2.

Idem Hipparchus numquam satis laudatus, ut quo nemo magis adprobaverit cognationem cum homine siderum animasque nostras partem esse caeli, novam stellam in aevo suo genitam deprehendit, eiusque motu, qua die fulsit, ad dubitationem est adductus, anne hoc saepius fieret moverenturque et eae, quas putamus adfixas, ideoque ausus rem etiam deo inprobam, adnumerare posteris stellas ac sidera ad nomen expungere organis excogitatis, per quae singularum loca atque magnitudines signaret, ut facile discerni posset ex eo, non modo an obirent ac nascerentur, sed an omnino aliquae transirent moverenturque, item an crescerent minuerenturque, caelo in hereditate cunctis relicto, si quisquam, qui cretionem eam caperet, inventus esset.

Plinius, Naturalis historia II, 95.

ΠΟΣΕΙΔΩΝΙΟΣ

1.

Nulla igitur in caelo nec fortuna nec temeritas nec erratio nec vanitas inest contraque omnis ordo veritas ratio constantia quaeque his vacant ementita et falsa plenaque erroris, ea circum terras infra lunam, quae omnium ultima est, in terrisque versantur.

Cicero, de natura deorum, lib. II cap. 21 (§ 56).

2.

(πρῶτον μὲν ἐχρῆν ἐνθυμηθῆναι) διότι πάντα τὸν κόσμον φωτίζει σχεδὸν ἀπειρομεγέθη ὄντα, ἔπειτα, ὅτι οὕτω διαδιακαίει τὴν γῆν, ὡς ἔνια μέρη αὐτῆς ὑπὸ φλογμοῦ ἀοίκητα εἶναι, καὶ ὑπὸ πολλῆς τῆς δυνάμεως αὐτὸς ἔμπνουν παρέχεται τὴν γῆν, ὡς καὶ καρποφορεῖν αὐτὴν καὶ ζῳογονεῖν. καὶ ὅτι αὐτός ἐστιν αἴτιος τοῦ καὶ τὰ ζῷα ὑφεστάναι καὶ τοὺς καρ-

2.

Jener nie genug zu rühmende Hipparch, welcher besser als irgend ein anderer bewies, daß die Sterne mit den Menschen verwandt und unsere Seelen ein Ausfluß des Himmels seien, entdeckte auch einen neuen, zu seiner Zeit [im Jahre 134 v. Chr.] entstandenen Stern und wurde durch dessen Bewegung an dem Tage selbst, an dem er zum Leuchten kam, zu dem Zweifel veranlaßt, ob dies nicht öfters geschehe und ob nicht auch diejenigen Sterne sich bewegen, die wir uns als feststehend vorstellen. Er wagte sogar etwas, was selbst für einen Gott zu schwer sein dürfte, nämlich für die Nachkommen die Sterne zu zählen und sie mit Namen zu verzeichnen. Er hatte nämlich Instrumente erfunden, mittels derer er den Standort und die Größe der einzelnen Sterne bestimmte, sodaß man also nicht nur leicht unterscheiden konnte, ob Sterne verschwinden und andere entstehen; sondern auch, ob sie überhaupt ihre Stelle am Himmel wechseln, das heißt sich bewegen, und ob sie im Zunehmen oder im Abnehmen sich befinden. Er hinterließ auf diese Weise allen den Himmel als Erbschaft, falls nur einer Lust hätte, von dem Vermächtnis Besitz zu ergreifen.

Ph. H. Külb

POSEIDONIOS

1.

Am Himmel gibt es keinen Zufall, keine Willkür, keinen Irrtum und keine Täuschung, sondern hier herrscht durchaus Ordnung, Wahrheit, Vernunft, Beständigkeit. Was diese Eigenschaften nicht besitzt und daher voll von Unwahrheit, Falschheit und Irrtum ist, das bewegt sich unterhalb des Mondes, des letzten aller Gestirne, um die Erde und auf der Erde.

W. Nestle

2.

Die Sonne erleuchtet das ganze fast unendliche Weltall und sie brennt so stark auf die Erde nieder, daß einige von deren Teilen infolge der Hitze unbewohnbar sind. Durch die Fülle ihrer Kraft haucht sie der Erde Lebenskraft ein, sodaß sie Früchte trägt und lebende Wesen erzeugt. Und sie ist Ursache den Lebewesen, daß sie ihr Leben erhalten, und den Pflanzen, daß sie sich

πούς τρέφεσθαι καὶ αὔξεσθαι καὶ τελεσφορεῖσθαι· καὶ διότι μὴ μόνον τὰς ἡμέρας καὶ νύκτας, ἀλλὰ καὶ θέρος καὶ χειμῶνα καὶ τὰς ἄλλας ὥρας αὐτός ἐστιν ὁ ποιῶν. καὶ μὴν καὶ τοῦ μέλανας εἶναι καὶ λευκοὺς ἀνθρώπους καὶ ξανθοὺς καὶ κατὰ τὰς ἄλλας ἰδέας διαφέροντας, αὐτὸς αἴτιος γίνεται παρὰ τὸ πῶς ἀποπέμπειν τὰς ἀκτῖνας ἐπὶ τὰ κλίματα τῆς γῆς· καὶ ὅτι οὐκ ἄλλη τις εἰ μὴ ἡ τοῦ ἡλίου δύναμις τοὺς μὲν καθύγρους καὶ πληθύνοντας ποταμοῖς παρέχεται τῶν ἐπὶ γῆς τόπων, τοὺς δε ξηροὺς καὶ ἀνύδρους, καὶ τοὺς μὲν ἀκάρπους, τοὺς δὲ καρποφορεῖν ἱκανούς, καὶ τοὺς μὲν δριμεῖς καὶ δυσώδεις, ὡς τοὺς τῶν Ἰχθυοφάγων, τοὺς δὲ εὐώδεις καὶ ἀρωματοφόρους, ὡς τοὺς περὶ τὴν Ἀραβίαν, καὶ τοὺς μὲν τοιούσδε καρπούς, τοὺς δὲ τοιούσδε ἐκφέρειν δυναμένους. Καὶ καθόλου σχεδὸν ἁπάσης τῆς περὶ τὰ ἐπίγεια διαφορᾶς αὐτός ἐστιν αἴτιος πολλὴν τὴν παραλλαγὴν κατ' ἔνια τῶν κλιμάτων τῆς γῆς ἐχούσης. Πάρεστι γοῦν καταμανθάνειν τὴν διαφορὰν τῶν περὶ τὴν Λιβύην ἱστορουμένων καὶ τὴν Σκυθικὴν χώραν καὶ τὴν Μαιῶτιν λίμνην, καὶ ζῴων καὶ καρπῶν καὶ πάντων ἁπλῶς πάμπολυ ἐξηλλαγμένων καὶ τῶν κατὰ τὸν ἀέρα κρασέων καὶ διαφορῶν· καὶ λοιπὸν τὰς ἐν πάσῃ τῇ Ἀσίᾳ καὶ Εὐρώπῃ θεωρουμένας διαφορὰς καὶ πηγῶν καὶ καρπῶν καὶ ζῴων καὶ μετάλλων καὶ ὑδάτων θερμῶν καὶ ἀέρων παντοδαπῶν ἰδέας, ψυχροτάτων, φλογωδεστάτων, εὐκράτων, λεπτῶν, παχέων, ὑγρῶν, ξηρῶν· καὶ λοιπὸν ὅσαι ἕτεραι παρ' ἑκάστοις διαφοραὶ καὶ ἰδιότητες θεωροῦνται, τούτων πάντων ἡ τοῦ ἡλίου δύναμις αἰτία ἐστί.

Τοσαύτῃ δὲ πρὸς τοῖς εἰρημένοις κέχρηται περιουσίᾳ δυνάμεως, ὥστε καὶ ἡ σελήνη ἀπ' αὐτοῦ δεχομένη τὸ φῶς αὐτὸ τοῦτο πάσης τῆς περὶ αὐτὴν δυνάμεως αἴτιον ἔχει κατὰ τὰς τῶν σχημάτων διαφοράς· οὐ μόνον ἐν τῷ ἀέρι μεγάλας ἐργαζομένη τροπὰς καὶ κατακρατοῦσα αὐτοῦ καὶ μυρία ἐπιτήδεια ἐργαζομένη, ἀλλὰ καὶ τῶν περὶ τὸν ὠκεανὸν πλημμυρίδων καὶ ἀμπώτεων αὕτη ἐστὶν αἰτία.
Κἀκεῖνο δ' ἔτι πρόσεστιν ὁρᾶν αὐτοῦ τῇ δυνάμει. Ἀπὸ μὲν γὰρ τοῦ παρ' ἡμῖν πυρὸς οὐκ ἔνεστι κατὰ ἀνάκλασιν πῦρ λαβεῖν, ἀπὸ δὲ τῶν ἡλιακῶν ἀκτίνων ἐπιτεχνώμενοι λαμβά-

ernähren, wachsen und zur Reife gedeihen. Sie bewirkt den Wechsel von Tag und Nacht, Sommer und Winter und der anderen Jahreszeiten und sie ist die Ursache, daß es schwarze und weiße, gelbe und in ihrer sonstigen Erscheinung verschiedene Menschen gibt, je nach der Größe der Winkel, unter denen sie ihre Strahlen auf die Oberfläche der Erde sendet. Nichts anderes als die Kraft der Sonne macht die einen Länder feucht und reich an Flüssen, die anderen trocken und wasserarm, die einen unfruchtbar, die anderen reichlich Früchte bringend; sie erfüllt die einen mit stechenden und übelriechenden Dünsten, wie das der Ichthyophagen, die anderen mit Wohlgerüchen und aromatisch duftenden Gewächsen, wie Arabien und seine Umgebung, und sie allein gibt den einen die Fähigkeit, diese, den anderen jene Früchte zu tragen. Kurz, die Sonne ist die Ursache von fast allen Verschiedenheiten auf der Erde, die ja in ihren verschiedenen Breiten große Unterschiede aufweist. Da kann man den Unterschied bemerken zwischen dem, was von Libyen einerseits, von Skythien und dem Asow'schen Meere andererseits berichtet wird, wo die Tier- und Pflanzenwelt, kurz alles, entsprechend den klimatischen Unterschieden ganz andersartig ist. Welche Unterschiede beobachtet man ferner in Asien und Europa an Gewässern, Früchten, Tieren, Metallen, warmen Quellen, der Luft von mannigfachster Beschaffenheit, die bald kalt, heiß oder gemäßigt, bald dünn oder dicht, bald feucht oder trocken ist. Und was man sonst noch in den verschiedenen Gegenden für Unterschiede und Eigentümlichkeiten wahrnimmt, all dessen Ursache ist die Kraft der Sonne.

Und abgesehen von allem Angeführten besitzt sie einen solchen Überschuß an Kraft, daß auch der Mond von ihr sein Licht empfängt, das die Ursache aller seiner in seinen wechselnden Gestalten sich äußernden Kraft bildet. Denn er bringt nicht nur große Veränderungen in der Luft hervor, die er beherrscht und in der er unendlich viel Förderliches bewirkt, sondern er ist auch die Ursache der Ebbe und Flut im Ozean.

Auch folgende Beobachtung ist ein Beweis ihrer Kraft. Von unserem [irdischen] Feuer können wir nicht durch Brechung im Brennspiegel Feuer bekommen, aber von den Strahlen der Sonne

νομεν πῦρ κατὰ ἀνάκλασιν τοσαύτας μυριάδας ἀπὸ τῆς γῆς ἀφεστῶτος αὐτοῦ. καὶ μὴν διὰ τοῦ ζῳδιακοῦ ἰὼν καὶ τοιαύτην τὴν πορείαν ποιούμενος αὐτὸς ὅλον ἁρμόζεται τὸν κόσμον καὶ συμφωνοτάτην παρέχεται τὴν τῶν ὅλων διοίκησιν, αὐτὸς αἴτιος γινόμενος τῆς περὶ τὴν διάταξιν τῶν ὅλων διαμονῆς. καὶ τούτου μεταστάντος ἢ καὶ τὸν οἰκεῖον τόπον ἀπολιπόντος ἢ καὶ τέλεον ἀφανισθέντος οὔτε φύσεταί τι οὔτε αὐξήσεται, ἀλλ' οὐδὲ τὸ σύνολον ὑποστήσεται, ἀλλὰ καὶ πάντα τὰ ὄντα [τε] καὶ φαινόμενα συγχυθήσεται καὶ διαφθαρήσεται.

Kleomedes, de motu circulari corporum coelestium, II 1, 84.

3.

Τὰ δὲ κινεῖται μὲν καὶ τὴν σὺν τῷ κόσμῳ κίνησιν ἀναγκαίως, περιαγόμενά γε ὑπ' αὐτοῦ διὰ τὴν ἐμπεριοχήν, κινεῖται δὲ καὶ ἑτέραν προαιρετικήν, καθ'ἣν [καὶ] ἄλλοτε ἄλλα μέρη τοῦ οὐρανοῦ καταλαμβάνει . . . Τὰ μὲν οὖν ἀπλανῆ ἀπεικάσειεν ἄν τις ἐπιβάταις ἐπὶ νεὼς φερομένοις ἐν τόποις οἰκείοις κατὰ χώραν μένουσι, τὰ δὲ πλανώμενα τὴν ἐναντίαν τῇ νηὶ φερομένοις ὡς ἐπὶ τὴν πρύμναν ἀπὸ τῶν κατὰ τὴν πρώραν τόπων [ταύτης τῆς κινήσεως σχολαιοτέρας γινομένης]. Εἰκασθείη δ'ἂν καὶ μύρμηξιν ἐπὶ κεραμεικοῦ τροχοῦ τὴν ἐναντίαν τῷ τροχῷ προαιρετικῶς ἕρπουσιν.

Kleomedes, de motu circulari corporum coelestium I, 3, 16.

4.

Τῷ μὲν γὰρ ὄγκῳ βραχεῖά ἐστιν ἡ γῆ, τῇ δὲ δυνάμει μεγίστη, σχεδὸν αὐτὴ τὸ πλεῖστον τῆς οὐσίας ὑπάρχουσα. Εἰ γοῦν ἐπινοήσαιμεν αὐτὴν ἢ εἰς κάπνον ἢ εἰς ἀέρα πᾶσαν ἀναλυομένην, κατὰ πολὺ ἂν γένοιτο μείζων τῆς τοῦ κόσμου περιοχῆς, καὶ οὐ μόνον γε εἰ κάπνος ἢ ἀὴρ ἢ πῦρ γένοιτο, ἀλλὰ καὶ εἰς κονιορτὸν ἀναλυθεῖσα. πάρεστι γοῦν ὁρᾶν, ὅτι καὶ τὰ εἰς κάπνον ἀναλυόμενα τῶν ξύλων σχεδὸν ἐπ' ἄπειρον χεῖται, καὶ ὁ ἐκθυμιώμενος λιβανωτός, καὶ ὁπόσα ἕτερα τῶν στερεῶν σωμάτων εἰς ἀτμὸν ἀναλύεται. καὶ εἰ τὸν οὐρανὸν δὲ σὺν τῷ ἀέρι καὶ τοῖς ἄστροις ἐπινοήσαιμεν συναγόμενον εἰς τὸ τῆς γῆς πύκνωμα, εἰς ἐλάττονα ὄγκον αὐτῆς συσταλείη ἄν. Ὥστε τῷ μὲν ὄγκῳ ἡ γῆ στιγμιαία ὡς πρὸς

kann man durch künstliche Brechung Feuer erhalten, obwohl sie soviele tausend Meilen von der Erde entfernt ist. Und indem sie ihre Bahn durch den Tierkreis, diesen gewaltigen Weg, zurücklegt, regelt sie die ganze Weltordnung und bewirkt deren harmonische Durchwaltung: sie ist die Ursache der Gesetzmäßigkeit und des Bestandes der Welt. Schlüge sie eine andere Bahn ein und verließe sie ihre Stelle oder ginge sie gar ganz zugrunde, so würde nichts mehr erzeugt werden noch wachsen noch das Weltall fortbestehen, sondern alles, was ist, die ganze Ercheinungswelt, würde zusammenstürzen und untergehen.

W. Nestle

3.

[Die Planeten] bewegen sich erstens in dieser Bewegung mit dem Kosmos mit Notwendigkeit, da dieser als ihre Umgebung sie herumführt; zweitens in einer anderen, einer „willentlichen" Bewegung, wodurch sie bald hier, bald dort am Himmel zu stehen kommen ... Die Fixsterne lassen sich also mit Passagieren eines Schiffes vergleichen, die an ihrem Orte bleiben; die Planeten mit solchen, die entgegen der Fahrtrichtung vom Bug zum Hinterdeck sich fortbewegen, während diese Bewegung langamer ist [als die des Schiffes]. Man könnte sie auch Ameisen vergleichen, die auf einer Töpferscheibe willentlich in der der Drehung entgegengesetzten Richtung fortkriechen.

K. Reinhardt

4.

An Masse ist die Erde klein, an Kraft aber sehr groß, und sie bildet nahezu den größten Teil der Kraft des ganzen Universums. Denken wir, sie würde sich ganz in Rauch oder Luft auflösen, so würde sie viel größer werden als der Umfang des Weltalls ist, und das nicht nur, wenn sie zu Rauch oder Luft oder Feuer würde, sondern auch, wenn sie sich in Staub auflöste. Man kann ja beobachten, wie auch Holz, das sich in Rauch auflöst, sich unendlich weit ausbreitet und ebenso angezündeter Weihrauch und sonstige feste Körper, die sich in Dampf auflösen. Und denken wir, daß der Himmel mit der Luft und den Gestirnen sich zur Dichtigkeit der Erde zusammenzöge, so wäre ihrer aller Masse nicht so groß [wie die der Erde]. Daher ist die Erde, obwohl sie nur ein Pünktchen

τὸν κόσμον οὖσα, ἀφάτῳ δὲ τῇ δυνάμει κεχρημένη καὶ σχεδὸν ἐπ' ἄπειρον χεῖσθαι φύσιν ἔχουσα, οὐκ ἔστιν ἀδύνατος ἀναπέμπειν τροφὴν τῷ οὐρανῷ καὶ τοῖς ἐν αὐτῷ· οὐδ' ἂν ἐξαμβλωθείη τούτου ἕνεκα, ἐν μέρει καὶ αὐτὴ ἀντιλαμβάνουσά τινα ἔκ τε ἀέρος καὶ ἐξ οὐρανοῦ. ὁδὸς γὰρ ἄνω κάτω, φησὶν ὁ Ἡράκλειτος, δι' ὅλης <τῆς> οὐσίας τρέπεσθαι καὶ μεταβάλλειν πεφυκυίας, εἰς πᾶν τῷ δημιουργῷ ὑπεικούσης εἰς τὴν τῶν ὅλων διοίκησιν καὶ διαμονήν.

Kleomedes, de motu circulari corporum coelestium I, 11,61.

5.

Φησὶν ὑπὸ τῷ αὐτῷ μεσημβρινῷ κεῖσθαι Ῥόδον καὶ Ἀλεξάνδρειαν. Μεσημβρινοὶ δὲ κύκλοι εἰσὶν οἱ διά τε τῶν πόλων γραφόμενοι τοῦ κόσμου καὶ διὰ σημείου, ὃ ἑκάστου τῶν ἐπὶ γῆς βεβηκότων τῆς κορυφῆς ὑπέρκειται. Πόλοι μὲν οὖν οἱ αὐτοὶ πάντων, τὸ δὲ κατὰ κορυφὴν σημεῖον ἄλλο ἄλλων. Ὅθεν ἄπειροι δύνανται γράφεσθαι μεσημβρινοί. Ἡ οὖν Ῥόδος καὶ ἡ Ἀλεξάνδρεια ὑπὸ τῷ αὐτῷ κεῖνται μεσημβρινῷ, καὶ τὸ διάστημα τὸ μεταξὺ τῶν πόλεων πεντακισχιλίων σταδίων εἶναι δοκεῖ. Καὶ ὑποκείσθω οὕτως ἔχειν.

Εἰσὶ δὲ καὶ πάντες, οἱ μεσημβρινοὶ τῶν μεγίστων ἐν κόσμῳ κύκλων, εἰς δύο ἴσα τέμνοντες αὐτὸν καὶ διὰ τῶν πόλων αὐτοῦ γραφόμενοι. τούτων τοίνυν οὕτως ἔχειν ὑποκειμένων ἑξῆς ὁ Ποσειδώνιος ἴσον ὄντα τὸν ζῳδιακὸν τοῖς μεσημβρινοῖς, ἐπεὶ καὶ αὐτὸς εἰς δύο ἴσα τέμνει τὸν κόσμον, εἰς ὀκτὼ καὶ τεσσαράκοντα μέρη διαιρεῖ, ἕκαστον τῶν δωδεκατημορίων αὐτοῦ εἰς τέσσαρα τέμνων. Ἂν τοίνυν καὶ ὁ διὰ Ῥόδου καὶ Ἀλεξανδρείας μεσημβρινὸς εἰς τὰ αὐτὰ τῷ ζῳδιακῷ τεσσαράκοντα καὶ ὄκτω μέρη διαιρεθῇ, ἴσα γίνεται αὐτοῦ τὰ τμήματα τοῖς προειρημένοις τοῦ ζῳδιακοῦ τμήμασιν. ὅταν γὰρ ἴσα μεγέθη εἰς ἴσα διαιρεθῇ, ἀνάγκη καὶ τὰ μέρη τοῖς μέρεσι τῶν διαιρεθέντων ἴσα γίνεσθαι. Τούτων τοίνυν οὕτως ἐχόντων ἑξῆς φησιν ὁ Ποσειδώνιος, ὅτι ὁ Κάνωβος καλούμενος ἀστὴρ λαμπρότατός ἐστι πρὸς μεσημβρίαν ὡς ἐπὶ τῷ πηδαλίῳ τῆς Ἀργοῦς. Οὗτος ἐν Ἑλλάδι οὐδ' ὅλως ὁρᾶται· ὅθεν οὐδ' ὁ Ἄρατος ἐν τοῖς

im All ist, vermöge ihrer unaussprechlich großen Kraft und ihrer Fähigkeit, sich ins Unendliche zu verbreiten, doch imstande, dem Himmel und dem, was sich dort befindet, Nahrung empor zu senden. Und sie braucht deswegen nicht zu entschwinden, da sie auch ihresteils aus der Luft und dem Himmel Nahrung aufnimmt. Denn „es gibt einen Weg aufwärts und abwärts", sagt Heraklit, durch die ganze Materie hindurch, deren Wesen Wandlung und Veränderung ist und die so dem Weltbildner dient zur Verwaltung und Erhaltung des Alls.

W. Nestle

5.

[Poseidonios sagt], daß Rhodos und Alexandria auf demselben Meridian liegen. Meridiankreise sind Kreise, die durch die Pole des Universums und durch den Punkt über dem Scheitel einer Person, die auf der Erde steht, gezogen werden. Die Pole sind für alle diese Kreise dieselben, aber der senkrechte Punkt ist für die verschiedenen Personen verschieden. Daher können wir eine unendliche Zahl von Meridiankreisen ziehen. Rhodos und Alexandria liegen unter demselben Meridiankreis und man nimmt an, daß der Abstand beider Städte 5000 Stadien betrage. Nehmen wir dies als richtig an.

Alle Meridiankreise gehören zu den größten Kreisen, die das Himmelsgewölbe in zwei gleiche Teile teilen und durch die Pole gezogen werden. Mit diesen Hypothesen geht Poseidonios so vor, daß er den Tierkreis, der den Meridiankreisen gleich ist, weil er ebenfalls das Universum in 2 gleiche Teile teilt, in 48 gleiche Teile teilt, indem er also jeden von den 12 Teilen desselben [je ein Zeichen] in 4 gleiche Teile teilt. Wenn man also den Meridiankreis durch Rhodos und Alexandria in dieselbe Zahl von Teilen, also in 48, wie den Tierkreis teilt, so sind seine Segmente gleich den ebengenannten Segmenten des Tierkreises. Denn wenn gleiche Größen in [die gleiche Zahl von] gleichen Teilen geteilt werden, so werden die Teile der geteilten Größen einander beziehungsweise gleich sein. Poseidonios stellt des weiteren fest, daß der sehr helle Stern, den man Canopus nennt, im Süden praktisch am Steuer der Argo liegt. Dieser Stern wird in Griechenland überhaupt nicht gesehen; daher erwähnt ihn auch Aratos in seinen

Φαινομένοις μιμνήσκεται αὐτοῦ. Ἀπὸ δὲ τῶν ἀρκτικῶν ὡς πρὸς μεσημβρίαν ἰοῦσιν ἀρχὴν τοῦ ὁρᾶσθαι ἐν Ῥόδῳ λαμβάνει καὶ ὀφθεὶς ἐπὶ τοῦ ὁρίζοντος εὐθέως κατὰ τὴν στροφὴν τοῦ κόσμου καταδύεται. Ὁπόταν δὲ τοὺς ἀπὸ Ῥόδου πεντακισχιλίους σταδίους διαπλεύσαντες ἐν Ἀλεξανδρείᾳ γενώμεθα, εὑρίσκεται ὁ ἀστὴρ οὗτος ἐν Ἀλεξανδρείᾳ ὕψος ἀπέχων τοῦ ὁρίζοντος, ἐπειδὰν ἀκριβῶς μεσουρανήσῃ, τέταρτον ζῳδίου, ὅ ἐστι τεσσαρακοστὸν ὄγδοον τοῦ ζῳδιακοῦ. Ἀνάγκη τοίνυν καὶ τὸ ὑπερκείμενον τοῦ αὐτοῦ μεσημβρινοῦ τμῆμα τοῦ διαστήματος τοῦ μεταξὺ Ῥοδοῦ καὶ Ἀλεξανδρείας τεσσαρακοστὸν ὄγδοον μέρος αὐτοῦ εἶναι διὰ τὸ καὶ τὸν ὁρίζοντα τῶν Ῥοδίων τοῦ ὁρίζοντος τῶν Ἀλεξανδρέων ἀφίστασθαι τεσσαρακοστὸν ὄγδοον τοῦ ζῳδιακοῦ κύκλου. Ἐπεὶ οὖν τὸ τούτῳ τῷ τμήματι ὑποκείμενον μέρος τῆς γῆς πεντακισχιλίων σταδίων εἶναι δοκεῖ, καὶ τὰ τοῖς ἄλλοις τμήμασιν ὑποκείμενα πεντακισχιλίων σταδίων ἐστί· καὶ οὕτως ὁ μέγιστος τῆς γῆς κύκλος εὑρίσκεται μυριάδων τεσσάρων καὶ εἴκοσιν, ἐὰν ὦσιν οἱ ἀπὸ Ῥόδου εἰς Ἀλεξάνδρειαν πεντακισχίλιοι· εἰ δὲ μή, πρὸς λόγον τοῦ διαστήματος. καὶ ἡ μὲν τοῦ Ποσειδωνίου ἔφοδος περὶ τοῦ κατὰ τὴν γῆν μεγέθους τοιαύτη.

Kleomedes, de motu circulari corporum coelestium I, 10,50.

6.

Ὑπονοεῖ δὲ τὸ τῆς οἰκουμένης μῆκος ἑπτά που μυριάδων σταδίων ὑπάρχον ἥμισυ εἶναι τοῦ ὅλου κύκλου καθ' ὃν εἴληπται, ὥστε (φησίν) ἀπὸ τῆς δύσεως εὔρῳ πλέων ἐν τοσαύταις μυριάσιν ἔλθοι ἂν εἰς Ἰνδούς.

Strabon, Geographica, II/3, 6 pg. 102.

7.

Φησὶ δὲ τὴν τοῦ ὠκεανοῦ κίνησιν ὑπέχειν ἀστροειδῆ περίοδον, τὴν μὲν ἡμερήσιον ἀποδιδοῦσαν, τὴν δὲ μηνιαίαν, τὴν δ' ἐνιαυσιαίαν συμπαθῶς τῇ σελήνῃ· ὅταν γὰρ αὕτη ζῳδίου μέγεθος ὑπερέχῃ τοῦ ὁρίζοντος, ἄρχεσθαι διοιδεῖν τὴν θάλατταν καὶ ἐπιβαίνειν τῆς γῆς αἰσθητῶς μέχρι μεσουρανήσεως· ἐκκλίναντος δὲ τοῦ ἄστρου, πάλιν ἀναχωρεῖν τὸ πέλαγος κατ' ὀλίγον ἕως ἂν ζῴδιον ὑπερέχῃ τῆς δύσεως

„Phänomena“ nicht. Aber wenn man von Norden nach Süden geht, so wird er zuerst bei Rhodos sichtbar, wo er, wenn er am Horizont sichtbar wird, sofort wieder untergeht, wenn sich das Universum weiter dreht. Wenn wir aber die 5000 Stadien nach Alexandria gesegelt sind, so ist dieser Stern, wenn er genau in der Mitte des Himmels steht [durch den Meridian geht], ein Viertel eines Tierkreiszeichens über den Horizont erhoben, d. h. also den achtundvierzigsten Teil des Tierkreises. Es folgt daraus, daß das Segment desselben Meridiankreises, der über der Entfernungslinie von Rhodos und Alexandria liegt, $^1/_{48}$ des genannten Kreises beträgt, weil die Entfernung des Horizonts von Rhodos von dem von Alexandria gerade $^1/_{48}$ des Tierkreises beträgt. Da also die Erdstrecke unter diesem Segment auf 5000 Stadien geschätzt wird, so messen die Teile [der Erde] unter den anderen [gleichen] Segmenten [des Meridiankreises] ebenfalls je 5000 Stadien. Und so wird der größte Kreis der Erde auf 240 000 Stadien ermittelt [= 48 mal 5000 Stadien], wenn man annimmt, daß die Entfernung von Rhodos nach Alexandria 5000 Stadien beträgt; falls diese Zahl nicht genau ist, so bleiben doch die Verhältnisse dieselben. Dies also ist die Methode, mit der Poseidonios die Größe der Erde ermittelt.

H. Balss

6.

Die Länge des bewohnten Landes beträgt etwa 70 000 Stadien, was die Hälfte des ganzen Kreises ausmacht, auf dem sie gemessen worden ist. Wenn man daher von Westen aus mit Ostwind segelt, so könnte man auf diese Entfernung nach Indien gelangen.

W. Nestle

7.

Der Ozean hat eine periodische Bewegung wie die Gestirne, und zwar eine tägliche, eine monatliche und eine jährliche, im Einklang (in Sympathie) mit dem Monde. Wenn sich nämlich dieser um ein Tierkreiszeichen über den Horizont erhebt, so beginnt das Meer anzuschwellen und steigt merkbar landeinwärts bis zu seiner Kulmination. Neigt sich aber das Gestirn wieder abwärts, so weicht auch das Meer allmählich wieder zurück, bis der Mond

ἡ σελήνη, εἶτα μένειν τοσοῦτον ἐν τῇ αὐτῇ καταστάσει χρόνον ὅσον ἡ σελήνη συνάπτει πρὸς αὐτὴν τὴν δύσιν, καὶ ἔτι μᾶλλον τοσοῦτον ὅσον κινηθεῖσα ὑπὸ γῆς ζῴδιον ἀπόσχοι ἂν τοῦ ὁρίζοντος· εἶτ' ἐπιβαίνειν πάλιν ἕως τοῦ ὑπὸ γῆν μεσουρανήματος· εἶτ' ἀναχωρεῖν ἕως ἂν πρὸς τὰς ἀνατολὰς περιχωρήσασα ἡ σελήνη ζῴδιον τοῦ ὁρίζοντος ἀπόσχῃ, μένειν δὲ μέχρι ἂν ζῴδιον ὑπὲρ γῆς μετεωρισθῇ, καὶ πάλιν ἐπιβαίνειν. ταύτην μὲν εἶναι λέγει τὴν ἡμερήσιον περίοδον· τὴν δὲ μηνιαίαν ὅτι μέγισται μὲν αἱ παλίρροιαι γίνονται περὶ τὰς συνόδους, εἶτα μειοῦνται μέχρι διχοτόμου· πάλιν δ' αὔξονται μέχρι πανσελήνου, καὶ μειοῦνται πάλιν ἕως διχοτόμου φθινάδος· εἶθ' ἕως τῶν συνόδων αἱ αὐξήσεις. πλεονάζειν δὲ καὶ χρόνῳ καὶ τάχει τὰς αὐξήσεις. τὰς δ' ἐνιαυσιαίας παρὰ τῶν ἐν Γαδείροις πυθέσθαι φησί, λεγόντων ὡς κατὰ θερινὰς τροπὰς μάλιστα αὔξοιντο καὶ αἱ ἀναχωρήσεις καὶ αἱ ἐπιβάσεις. εἰκάζει δ' αὐτὸς ἀπὸ τῶν τροπῶν μειοῦσθαι μὲν ἕως ἰσημερίας, αὔξεσθαι δὲ ἕως χειμερινῶν τροπῶν· εἶτα μειοῦσθαι μέχρι ἐαρινῆς ἰσημερίας· εἶτ' αὔξεσθαι μέχρι θερινῶν τροπῶν.

Strabon, Geographica, III, 5, 8, pg. 173, 174.

ΓΕΜΙΝΟΣ

1.
Ὁ τῶν ζῳδίων κύκλος διαιρεῖται εἰς μέρη ιβ' καὶ καλεῖται κοινῶς μὲν ἕκαστον τῶν τμημάτων δωδεκατημόριον, ἰδίως δὲ ἀπὸ τῶν ἐμπεριεχομένων ἀστέρων, ὑφ' ὧν καὶ διατυποῦται ἕκαστον αὐτῶν, ζῴδιον. ἔστι δὲ [καὶ] τὰ ιβ' ζῴδια τάδε. Κριός, Ταῦρος, Δίδυμοι, Καρκίνος, Λέων, Παρθένος, Ζυγός, Σκορπίος, Τοξότης, Αἰγόκερως, Ὑδροχόος, Ἰχθύες.

nur noch um ein Tierkreiszeichen über dem Horizont steht; dieser Zustand dauert dann so lange, bis der Mond seinen Untergangspunkt erreicht und in seiner Bewegung unterhalb der Erde ebenso um ein Tierkreiszeichen vom Horizont entfernt ist. Hierauf tritt wieder ein Steigen [des Meeres] ein bis zur Kulmination [des Mondes] unterhalb der Erde, dann wieder ein Zurückweichen, bis der Mond, seinem Aufgangspunkte sich zubewegend, um ein Tierkreiszeichen unterhalb des Horizontes steht; hierauf Stillstand, bis der Mond sich um ein Tierkreiszeichen über den Horizont erhebt; dann wieder Steigen: das ist die tägliche Periode. Die monatliche Periode besteht in dem Wachsen der Flut bei Neumond, ihrer Abnahme bis zum ersten Viertel, ihrer Zunahme bis zum Vollmond und ihrer abermaligen Abnahme bis zum zweiten Viertel, sowie der darauf wieder folgenden Zunahme bis zum Neumond. Dabei verstärken sich die Zunahmen in ihrer Dauer und ihrer Geschwindigkeit. Die jährliche Periode ergibt sich aus der Angabe der Bewohner von Gades, daß Ebbe und Flut um die Sommersonnenwende am stärksten sei. Sie werden also nach seiner Annahme bis zur Herbsttagundnachtgleiche ab- und bis zur Wintersonnenwende zunehmen, dann wieder nachlassen bis zur Frühlingstagundnachtgleiche und bis zur Sommersonnenwende wieder wachsen.

W. Nestle

GEMINUS

Der Tierkreis wird in 12 Teile geteilt und jedes dieser Segmente hat gewöhnlich den Namen eines $^1/_{12}$ Teiles [= Zeichen]; doch hat es auch einen besonderen Namen, der von den Sternen, die in ihm stehen, abgeleitet ist, wodurch ihm eine bestimmte Gestalt gegeben wird, nämlich Zodion [ein kleines Tier, ein Zeichen, Tierkreisbild]. Diese 12 Zeichen sind die folgenden: Der Widder (aries), der Stier (taurus), die Zwillinge (gemini), der Krebs (cancer), der Löwe (leo), die Jungfrau (virgo), die Waage (libra), der Skorpion (scorpio), der Schütze (sagittarius), der Steinbock (capricornus), der Wassermann (aquarius), die Fische (pisces).

Διχῶς δὲ λέγεται ζῴδιον, καθ' ἕνα μὲν τρόπον τὸ δωδέκατον μέρος τοῦ ζῳδιακοῦ κύκλου, ὅ ἐστι διάστημά τι τόπου, ἢ ἄστροις ἢ σημείοις ἀφοριζόμενον, καθ' ἕτερον δὲ τὸ ἐκ τῶν ἀστέρων εἰδωλοπεποιημένον κατὰ τὴν ὁμοιότητα καὶ τὴν θέσιν τῶν ἀστέρων.

Τὰ μὲν οὖν δωδεκατημόρια ἴσα ἐστὶ κατὰ τὸ μέγεθος· διόπτρᾳ γὰρ διῄρηται ὁ τῶν ζῳδίων κύκλος εἰς ιβ' μέρη ἴσα. τὰ δὲ κατηστερισμένα ζῴδια οὔτε ἴσα ἐστὶ κατὰ τὸ μέγεθος οὔτε ἐξ ἴσων ἀστέρων συνέστηκεν οὔτε πάντα ἐκπληροῖ τοὺς ἰδίους τόπους τῶν δωδεκατημορίων. ἀλλ' ἃ μὲν ἐλλείπει, καθάπερ ὁ Καρκίνος· μικρὸν γὰρ τόπον ἐπέχει τοῦ ἰδίου τόπου· ἃ δὲ ὑπερεκπίπτει καὶ μέρη τινὰ τῶν προηγουμένων καὶ τῶν ἑπομένων ζῳδίων ἐπιλαμβάνει, καθάπερ ἡ Παρθένος. ἔτι δέ τινα τῶν ιβ' ζῳδίων οὐδὲ ὅλα κεῖται ἐν τῷ ζῳδιακῷ κύκλῳ, ἀλλ' ἃ μέν ἐστι βορειότερα αὐτοῦ, καθάπερ ὁ Λέων, ἃ δὲ νοτιώτερα, καθάπερ ὁ Σκορπίος.

Πάλιν δὲ ἕκαστον τῶν δωδεκατημορίων διαιρεῖται εἰς μέρη λ', καὶ καλεῖται τὸ ἓν τμῆμα μοῖρα, ὥστε τὸν ὅλον κύκλον τῶν ζῳδίων περιέχειν ζῴδια μὲν ιβ', μοίρας δὲ τξ'.

Ὁ δὲ ἥλιος ἐνιαυτῷ διαπορεύεται τὸν ζῳδιακὸν κύκλον. ἔστι γὰρ ἐνιαύσιος χρόνος, ἐν ᾧ ὁ ἥλιος περιπορεύεται τὸν ζῳδιακὸν κύκλον καὶ ἀπὸ τοῦ αὐτοῦ σημείου ἐπὶ τὸ αὐτὸ σημεῖον ἀποκαθίσταται. ὁ δὲ χρόνος οὗτός ἐστι < ν ἡμερῶν > τξε' δ^{ον}. ἐν τοσαύταις γὰρ ἡμέραις τὰς τξ' μοίρας παροδεύει ὁ ἥλιος, ὥστε παρὰ μικρὸν ἐν μιᾷ ἡμέρᾳ μοῖραν κινεῖσθαι τὸν ἥλιον. ἄλλο μέντοι γέ ἐστι μοῖρα καὶ ἄλλο ἡμέρα. μοῖρα μὲν γάρ ἐστι διάστημά τι τριακοστὸν μέρος ὑπάρχον τοῦ ζῳδίου, ἡμέρα δέ ἐστι χρόνος τριακοστὸν μέρος ὡς ἔγγιστα τοῦ μηνιαίου χρόνου ...

Διαιρεῖται δὲ ὁ ἐνιαύσιος χρόνος εἰς μέρη δ', ἔαρ, θέρος, φθινόπωρον [καὶ] χειμῶνα. ἐαρινὴ μὲν οὖν ἰσημερία γίνεται περὶ τὴν τῶν ἀνθέων ἀκμὴν ἐν Κριοῦ μιᾷ μοίρᾳ. τροπὴ δε θερινὴ γίνεται περὶ τὴν τῶν καυμάτων ἐπίτασιν

Das Wort „Tierkreiszeichen“ wird in zweierlei Bedeutungen gebraucht: 1. für den zwölften Teil des Tierkreises, was eine bestimmte räumliche Entfernung bedeutet, die durch Sterne oder Punkte bezeichnet wird; 2. für das durch die Sterne geformte Bild, welches gemäß der Ähnlichkeit und der Stellung der genannten Sterne gebildet wird.

Die Zwölftel-Teile sind gleich an Größe, denn der Tierkreis wird mit Hilfe der Dioptra in 12 gleiche Teile geteilt. Aber die durch die Fixsterne gebildeten Zeichen sind weder an Größe gleich noch werden sie von der gleichen Anzahl von Sternen gebildet; auch füllen nicht alle genau ihren eigenen Raum in den 12 Teilen aus. Einige sind vielmehr klein und nehmen nur einen geringen Teil ihres Raumes ein, wie z. B. der Krebs. Andere übersteigen gewisse Teile der vorhergehenden und folgenden Zeichen und greifen in sie über, wie z. B. die Jungfrau. Weiter liegen einige der 12 Zeichen nicht genau im Tierkreis, sondern entweder weiter nördlich, wie der Löwe, oder weiter südlich, wie der Skorpion.

Weiter wird jeder der 12 Teile [d. h. der 12 Zeichen] in 30 Teile geteilt und ein einzelner Abschnitt wird 1 Grad genannt, sodaß der ganze Tierkreis 12 Zeichen und 360 Grade enthält.

Die Sonne durchläuft den Tierkreis in einem Jahre. Denn eine Jahresperiode ist diejenige, in der die Sonne den ganzen Tierkreis ausläuft, indem sie von einem bestimmten Punkte ausgeht und wieder zu demselben Punkte zurückkehrt. Diese Periode besteht aus 365¼ Tagen; in dieser Zahl von Tagen durchläuft die Sonne 360 Grad, sodaß sie in einem Tage sich um ungefähr einen Grad fortbewegt. Aber ein Grad ist ein Ding, ein Tag ein anderes. Denn ein Grad ist eine räumliche Entfernung, die den dreißigsten Teil eines Zeichens beträgt, und ein Tag ist eine Periode, die sehr nahe dem dreißigsten Teil eines Monats gleich ist ...

Die Zeit eines Jahres wird in vier Teile geteilt: Frühling, Sommer, Herbst und Winter. Die Frühlings-Tag- und Nachtgleiche findet statt auf dem Höhepunkt des Blühens der Pflanzen im ersten Grad des Widders, die Sommersonnenwende in der Periode

ἐν Καρκίνου μιᾷ μοίρᾳ . . . . . τροπὴ δέ ἐστι θερινή, ὅταν ὁ ἥλιος ἔγγιστα τῆς οἰκήσεως ἡμῶν γενόμενος [τὸν] βορειότατον κύκλον γράψῃ καὶ μεγίστην πασῶν τῶν ἐν τῷ ἐνιαυτῷ ἡμέραν ἐπιτελέσῃ, ἐλαχίστην δὲ [τὴν] νύκτα· ἡ μέντοι γε μεγίστη ἡμέρα ἴση ἐστὶ τῇ μεγίστῃ νυκτί, καὶ ἡ ἐλαχίστη ἡμέρα ἴση ἐστὶ τῇ ἐλαχίστῃ νυκτί. ἔστι δὲ ἡ μεγίστη ἡμέρα κατὰ τὸ ἐν Ῥόδῳ κλίμα ὡρῶν ἰσημερινῶν ιδ′ς″· ἰσημερία δέ ἐστι φθινοπωρινή, ὅταν ὁ ἥλιος ἀπ' ἄρκτων πρὸς μεσημβρίαν παροδεύων πάλιν ἐπὶ τοῦ ἰσημερινοῦ γένηται κύκλου καὶ ἴσην τὴν ἡμέραν τῇ νυκτὶ ποιήσεται. τροπὴ δέ ἐστι χειμερινή, ὅταν ὁ ἥλιος πορρωτάτω ἡμῶν τῆς οἰκήσεως γένηται καὶ ταπεινότατος ὡς πρὸς τὸν ὁρίζοντα καὶ νοτιώτατον κύκλον γράψῃ καὶ μεγίστην πασῶν τῶν ἐν τῷ ἐνιαυτῷ νύκτα ποιήσηται, ἐλαχίστην δὲ ἡμέραν. ἔστι δε ἡ μεγίστη νὺξ κατὰ τὸ ἐν Ῥόδῳ κλίμα ὡρῶν ἰσημερινῶν ιδ′ς″.

Οἱ δὲ μεταξὺ τῶν τροπῶν καὶ τῶν ἰσημεριῶν χρόνοι τοῦτον διαιροῦνται τὸν τρόπον. ἀπὸ μὲν ἰσημερίας ἐαρινῆς μέχρι τροπῆς θερινῆς ἡμέραι εἰσὶν ϛ δ′ς″. ἐν γὰρ τοσαύταις ἡμέραις διαπορεύεται ὁ ἥλιος Κριόν, Ταῦρον, Διδύμους καὶ ἐπὶ τὴν πρώτην μοῖραν τοῦ Καρκίνου παραγενόμενος τὴν θερινὴν τροπὴν ποιεῖται. ἀπὸ δὲ τροπῆς θερινῆς μέχρις ἰσημερίας φθινοπωρινῆς ἡμέραι εἰσὶν ϛβ′ς″. ἐν γὰρ τοσαύταις ἡμέραις διαπορεύεται ὁ ἥλιος Καρκίνον, Λέοντα, Παρθένον καὶ ἐπὶ τὴν πρώτην μοῖραν τῶν Χηλῶν παραγενόμενος τὴν φθινοπωρινὴν ἰσημερίαν ποιεῖται. ἀπὸ δὲ ἰσημερίας φθινοπωρινῆς μέχρι τροπῆς χειμερινῆς ἡμέραι εἰσὶν πη′ η^{ον}. ἐν γὰρ τοσαύταις ἡμέραις διαπορεύεται ὁ ἥλιος Χηλάς, Σκορπίον, Τοξότην καὶ ἐπὶ τὴν πρώτην μοῖραν τοῦ Αἰγόκερω παραγενόμενος τὴν χειμερινὴν τροπὴν ποιεῖται. ἀπὸ δὲ τροπῆς χειμερινῆς μέχρις ἰσημερίας ἐαρινῆς ἡμέραι εἰσὶν ϛ′ η^{ον}. ἐν γὰρ τοσαύταις ἡμέραις διαπορεύεται ὁ ἥλιος τὰ ἀπολειπόμενα τρία ζῴδια, Αἰγόκερων, Ὑδροχόον, Ἰχθύας. αἱ πᾶσαι οὖν ἡμέραι τούτων τῶν τεσσάρων χρόνων συντιθέμεναι ποιοῦσι τξε′ δ^{ον}, ὅσαιπερ ἦσαν αἱ τοῦ ἐνιαυτοῦ.

Ἐπιζητεῖται δὲ ἐν τούτοις, πῶς ἴσων ὄντων τῶν τεταρτημο-

der ansteigenden Hitze im ersten Grad des Krebses . . . Die Sommersonnenwende findet statt, wenn die Sonne der Region, in der wir leben, am nächsten kommt, wobei sie ihren nördlichsten Kreis beschreibt und den längsten Tag des Jahres und die kürzeste Nacht hervorbringt. Der längste Tag ist gleich der längsten Nacht und der kürzeste Tag gleich der kürzesten Nacht. Der längste Tag hat in der Breite von Rhodos 14½ Äquinoctialstunden. Die Herbst-Tag- und Nachtgleiche findet statt, wenn die Sonne auf ihrer Wanderung von Norden nach Süden sich wieder auf dem Äquator befindet und der Tag ebenso lang wie die Nacht ist. Die Wintersonnenwende findet statt, wenn die Sonne am weitesten von der Stelle entfernt ist, auf der wir leben, und am tiefsten in bezug auf den Horizont steht, wobei sie ihren südlichsten Kreis beschreibt und die längste aller Nächte im Jahre und den kürzesten Tag bewirkt. Die längste Nacht hat auf der Breite von Rhodos 14½ Äquinoctialstunden.

Die Perioden zwischen den Wenden und den Tag- und Nachtgleichen werden folgendermaßen eingeteilt: Von der Frühlingsgleiche bis zur Sommersonnenwende sind 94½ Tage; denn in der Zeit durchläuft die Sonne den Widder, den Stier und die Zwillinge und bringt im ersten Grad des Krebses die Sommerwende hervor. Von der Sommersonnenwende bis zu dem der Herbst-Tag- und Nachtgleiche sind 92½ Tage; in dieser Zeit durchläuft sie den Krebs, den Löwen und die Jungfrau und bringt im ersten Grad der Skorpionsscheren [= Waage] das Herbstäquinocticum hervor. Von der Herbst-Tag- und Nachtgleiche bis zur Wintersonnenwende sind es $88^{1}/_{8}$ Tage; in dieser Zeit durchläuft die Sonne die Skorpionsscheren, den Skorpion und den Schützen und bringt im ersten Grad des Steinbocks die Wintersonnenwende hervor. Von dieser Winterwende bis zu der Fühlings-Tag- und Nachtgleiche sind es $90^{1}/_{8}$ Tage; in dieser Zeit durchläuft sie die übrigen Zeichen, nämlich den Steinbock, Wassermann und die Fische. Die Tage, die diese vier Perioden bilden, machen zusammen 365¼ Tage aus, was, wie wir sahen, die Gesamtzahl der Tage eines Jahres bildet.

Hier erhebt sich die Frage, warum die Sonne, obwohl die 4 Teile

ριων τοῦ ζῳδιακοῦ κύκλου ὁ ἥλιος ἰσοταχῶς κινούμενος διὰ παντὸς ἐν ἀνίσοις χρόνοις διαπορεύεται τὰς ἴσας περιφερείας. ὑπόκειται γὰρ πρὸς ὅλην τὴν ἀστρολογίαν ἥλιόν τε καὶ σελήνην καὶ τοὺς πέντε πλανήτας ἰσοταχῶς καὶ ἐγκυκλίως καὶ ὑπεναντίως τῷ κόσμῳ κινεῖσθαι· οἱ γὰρ Πυθαγόρειοι πρῶτοι προσελθόντες ταῖς τοιαύταις ἐπιζητήτεσιν ὑπέθεντο ἐγκυκλίους καὶ ὁμαλὰς ἡλίου καὶ σελήνης καὶ τῶν πέντε πλανητῶν ἀστέρων τὰς κινήσεις· τὴν γὰρ τοιαύτην ἀταξίαν οὐ προσεδέξαντο πρὸς τὰ θεῖα καὶ αἰώνια, ὡς ποτὲ μὲν τάχιον κινεῖσθαι, ποτὲ δὲ βράδιον, ποτὲ δὲ ἑστηκέναι· οὓς δὴ καὶ καλοῦσι στηριγμοὺς ἐπὶ τῶν πέντε πλανητῶν ἀστέρων. οὐδὲ γὰρ περὶ ἄνθρωπον κόσμιον καὶ τεταγμένον ἐν ταῖς πορείαις τὴν τοιαύτην ἀνωμαλίαν τῆς κινήσεως προσδέξαιτο ἄν τις. αἱ γὰρ τοῦ βίου χρεῖαι τοῖς ἀνθρώποις πολλάκις αἴτιαι γίνονται βραδυτῆτος καὶ ταχυτῆτος· περὶ δὲ τὴν ἄφθαρτον φύσιν τῶν ἀστέρων οὐδεμίαν δυνατὸν αἰτίαν προσαχθῆναι ταχυτῆτος καὶ βραδυτῆτος. δι' ἥντινα αἰτίαν προέτειναν οὕτω, πῶς ἂν δι' ἐγκυκλίων καὶ ὁμαλῶν κινήσεων ἀποδοθείη τὰ φαινόμενα.

Περὶ μὲν οὖν τῶν λοιπῶν ἀστέρων ἐν ἑτέροις ἀποδώσομεν τὴν αἰτίαν· νυνὶ δὲ περὶ ἡλίου ὑποδείξομεν, δι' ἣν αἰτίαν ἰσοταχῶς κινούμενος ἐν ἀνίσοις χρόνοις τὰς ἴσας περιφερείας διαπορεύεται.

Ἀνωτάτω γὰρ πάντων ἐστὶν ἡ λεγομένη τῶν ἀπλανῶν ἀστέρων σφαῖρα ἡ περιέχουσα τὴν εἰδωλοποιίαν πάντων τῶν κατηστερισμένων ζῳδίων. οὐ πάντας δὲ τοὺς ἀστέρας ὑποληπτέον ὑπὸ μίαν ἐπιφάνειαν κεῖσθαι, ἀλλ' οὓς μὲν μετεωροτέρους ὑπάρχειν, οὓς δὲ ταπεινοτέρους· διὰ δὲ τὸ τὴν ὅρασιν ἐπὶ ἴσον ἐξικνεῖσθαι μῆκος ἀνεπαίσθητος γίνεται ἡ τοῦ ὕψους διαφορά.

des Tierkreises gleich sind und sie selbst mit gleicher Geschwindigkeit läuft, doch die gleichen Bögen in ungleichen Zeiten durchläuft. Denn die Hypothese, auf der die ganze Astronomie aufgebaut ist, ist die, daß die Sonne, der Mond und die 5 Planeten sich mit gleichförmigen Geschwindigkeiten in Kreisen bewegen und zwar in entgegengesetzter Richtung wie das Universum [der Fixsternhimmel]. Die Pythagoreer waren die ersten, die solchen Fragen nachgingen; sie nahmen an, daß Sonne, Mond und die 5 Planeten sich in Kreisen gleichförmig bewegten. Denn sie konnten den Gedanken einer solchen Unordnung in göttlichen und ewigen Dingen nicht fassen, daß diese zu der einen Zeit schneller, zu einer anderen aber langsamer laufen sollten und wieder zu anderen Zeiten still ständen, welch letzterer Ausdruck sich auf die Stillstände bei den 5 Planeten bezieht. Niemand würde eine solche Unregelmäßigkeit einem gebildeten und ordentlichen Manne bei seinem Gange zutrauen. Zweifelsohne sind die Bedürfnisse des täglichen Lebens oft der Grund von Langsamkeit und Schnelligkeit bei der Bewegung der Menschen; aber wenn die Sterne mit ihrer Unzerstörbarkeit in Frage stehen, so kann kein Grund für eine schnellere oder langsamere Bewegung gefunden werden. Aus diesem Grunde stellten sie die Frage in dieser Form, wie sich wohl bei Annahme kreisförmiger Bahnen und gleichförmiger Bewegung die Himmelserscheinungen erklären ließen.

Was nun die anderen Himmelskörper betrifft, so werden wir den Grund ihrer Bewegung später angeben; hier wollen wir nur zeigen, warum die Sonne, obwohl sie sich mit gleichförmiger Geschwindigkeit bewegt, trotzdem gleiche Bogenstrecken in ungleichen Zeiten durchläuft.

Zu oberst steht [in der Himmelsregion] die sogenannte Fixsternsphäre, welche sämtliche Zeichen, die von den Fixsternen gebildet werden, umfaßt. Aber wir dürfen nicht annehmen, daß sämtliche Sterne auf ein und derselben Oberfläche liegen, vielmehr stehen die einen höher, [d. h. weiter von uns entfernt], die anderen tiefer [uns näher]. Nur weil unser Gesichtssinn nur bis zu einer gewissen gleichen Entfernung reicht, ist dieser Höhenunterschied für uns unmerkbar.

Ὑπὸ δὲ τὴν τῶν ἀπλανῶν ἀστέρων σφαῖραν κεῖται Φαίνων, ὁ τοῦ Κρόνου προσαγορευόμενος ἀστήρ. οὗτος τὸν μὲν ζῳδιακὸν κύκλον ἐν ἔτεσι λ' ὡς ἔγγιστα διαπορεύεται, τὸ δὲ ἓν ζῴδιον ἐν δυσὶν ἔτεσι καὶ ἓξ μησίν. ὑπὸ δὲ τὸν Φαίνοντα κατώτερον αὐτοῦ φέρεται Φαέθων, ὁ τοῦ Διὸς προσαγορευόμενος ἀστήρ. οὗτος δὲ τὸν μὲν ζῳδιακὸν κύκλον διαπορεύεται ἐν ιβ' ἔτεσι, τὸ δὲ ἓν ζῴδιον ἐν ἑνὶ ἐνιαυτῷ. ὑπὸ δὲ τοῦτον τέτακται Πυρόεις ὁ τοῦ Ἄρεως. οὗτος δὲ τὸν μὲν ζῳδιακὸν κύκλον διέρχεται ἐν δυσὶν ἔτεσι καὶ ἑξαμήνῳ, τὸ δὲ ζῴδιον ἐν δυσὶ μησὶ καὶ ἡμίσει. τὴν δὲ ἐχομένην χώραν κατέχει ὁ ἥλιος, ἐνιαυτῷ διαπορευόμενος τὸν ζῳδιακὸν κύκλον, τὸ δὲ ζῴδιον ὡς ἔγγιστα ἑνὶ μηνί. κατώτερος δὲ τούτου κεῖται Φωσφόρος, ὁ τῆς Ἀφροδίτης ἀστήρ. οὗτος δὲ ὡς ἔγγιστα ἰσοταχῶς κινεῖται τῷ ἡλίῳ. ὑπὸ τοῦτον δὲ <Στίλβων>, ὁ τοῦ Ἑρμοῦ ἀστὴρ κεῖται, καὶ αὐτὸς δὲ ἰσοταχῶς τῷ ἡλίῳ κινεῖται. κατωτέρω δὲ πάντων φέρεται ἡ σελήνη, ἐν ἡμέραις κζ' καὶ γ^ο διαπορευομένη τὸν ζῳδιακὸν κύκλον, τὸ δὲ ζῴδιον ἐν ἡμέραις δυσὶ καὶ τετάρτῳ μέρει τῆς μιᾶς ἡμέρας ὡς ἔγγιστα.

Εἰ μὲν οὖν ὁ ἥλιος ἐκινεῖτο ἐπὶ τῶν κατηστερισμένων ζῳδίων, πάντως ἂν ἐγίνοντο οἱ μεταξὺ τῶν τροπῶν καὶ τῶν ἰσημεριῶν χρόνοι ἴσοι ἀλλήλοις. τὰς γὰρ ἴσας περιφερείας ἰσοταχῶς κινούμενος ὤφειλεν ἐν ἴσοις διανύειν χρόνοις. ὁμοίως δὲ εἰ καὶ κατώτερον τοῦ ζῳδιακοῦ κύκλου φερόμενος ὁ ἥλιος περὶ τὸ αὐτὸ κέντρον ἐκινεῖτο τῷ ζῳδιακῷ κύκλῳ, καὶ οὕτως ἂν ἐγίνοντο οἱ μεταξὺ τῶν τροπῶν καὶ τῶν ἰσημεριῶν χρόνοι ἴσοι. πάντες γὰρ οἱ περὶ τὸ αὐτὸ κέντρον γραφόμενοι κύκλοι ὁμοίως ὑπὸ τῶν διαμέτρων διαιροῦνται. ὥστε ἐπεὶ ὁ ζῳδιακὸς κύκλος εἰς τέσσαρα μέρη ἴσα τέμνεται ὑπὸ τῶν διαμέτρων τῶν τὰ τροπικὰ καὶ ἰσημερινὰ σημεῖα ἐπιζευγνυουσῶν, ἀνάγκη καὶ τὸν ἡλιακὸν κύκλον εἰς τέσσαρα μέρη διαιρεῖσθαι ἴσα ὑπὸ τῶν αὐτῶν διαμέτρων. ἰσοταχῶς οὖν κινούμενος ὁ ἥλιος ἐπὶ τῆς ἰδίας σφαίρας ἴσους ἂν ἀπετέλει τοὺς τῶν τεταρτημορίων χρόνους.

Zunächst unter der Fixsternsphäre liegt der glänzende Stern [„Phainon"], der als Kronos [= Saturn] bezeichnet wird. Dieser durchläuft den Tierkreis in nahezu 30 Jahren, ein einzelnes Zeichen in 2 Jahren und 6 Monaten. Unter diesem scheinenden Stern und tiefer verläuft der leuchtende Stern [„Phaeton"], der sogenannte Stern des Zeus [= Jupiter], der den Tierkreis in 12 Jahren durchläuft, ein Zeichen in einem Jahr. Unter diesem kreist der Feuerstern [„Pyroeis"], der Stern des Ares [= Mars]. Dieser durchwandert den Tierkreis in 2 Jahren und 6 Monaten und ein Zeichen in 2½ Monaten. Der nächste Platz wird von der Sonne eingenommen, die den Tierkreis in einem Jahr durchläuft und ein Zeichen in ungefähr einem Monat. Am nächsten unter ihr liegt der Lichtbringer [Phosphorus, Lucifer], der Stern der Aphrodite [= Venus], der ungefähr mit derselben Geschwindigkeit wie die Sonne läuft. Unter dieser liegt der funkelnde Stern [„Stilbon"], der Stern des Hermes [= Merkur], und dieser läuft ebenfalls mit der gleichen Geschwindigkeit wie die Sonne. Noch tiefer kreist der Mond, der den Tierkreis in ungefähr 27⅓ Tagen durchläuft [ein siderischer Monat], ein Zeichen aber in ungefähr 2¼ Tagen.

Wenn also die Sonne sich im Kreis der Fixsterne bewegte, so müßten die Zeiten zwischen den Wenden und den Tag- und Nachtgleichen genau gleich sein. Denn, mit gleichförmiger Geschwindigkeit sich bewegend, müßte sie in diesem Falle gleiche Bögen in gleichen Zeiten beschreiben. Ebenso müßten, wenn die Sonne sich in einem Kreis unterhalb des Tierkreises, aber mit demselben Mittelpunkte bewegte, die Perioden zwischen den Wenden und den Äquinoctien gleich sein. Denn alle Kreise, die um denselben Mittelpunkt beschrieben werden, werden in gleichem Verhältnis von ihren Durchmessern geteilt; da also der Tierkreis durch die Durchmesser, die die Wenden und die Äquinoctialpunkte verbinden, in vier gleiche Teile geteilt wird, so würde daraus folgen, daß auch der Kreis der Sonne durch dieselben Durchmesser in 4 gleiche Teile geteilt würde. Daher würde die Sonne, die in ihrem eigenen Kreise mit gleichförmiger Geschwindigkeit läuft, die Zeiten, die den 4 Teilen entsprechen,

νυνὶ δὲ κατώτερον φέρεται ὁ ἥλιος καὶ ἐπὶ ἐκκέντρου κύκλου κινεῖται, καθάπερ ὑπογέγραπται. οὐ γὰρ τὸ αὐτὸ κέντρον ἐστὶ τοῦ ἡλιακοῦ κύκλου καὶ τοῦ ζῳδιακοῦ, ἀλλ' ἐφ' ἓν μέρος παρῆκται ἡ τοῦ ἡλίου σφαῖρα. διὰ δὲ τὴν τοιαύτην θέσιν εἰς τέσσαρα μέρη ἄνισα διαιρεῖται ὁ ἡλιακὸς δρόμος. καὶ γίνεται μεγίστη μὲν περιφέρεια ἡ ὑποπεπτωκυῖα ὑπὸ τὸ τοῦ ζῳδιακοῦ κύκλου τεταρτημόριον τὸ ἀπὸ Κριοῦ πρώτης μοίρας μέχρι Διδύμων <μοίρας> τριακοστῆς, ἐλαχίστη δὲ περιφέρεια ἡ κειμένη ὑπὸ τὸ τεταρτημόριον τὸ ἀπὸ Ζυγοῦ πρώτης μοίρας μέχρι Τοξότου μοίρας τριακοστῆς . . . Ὁ μὲν οὖν ἥλιος διὰ παντὸς ἰσοταχῶς κινεῖται, διὰ δὲ τὴν ἐκκεντρότητα τῆς ἡλιακῆς σφαίρας ἐν ἀνίσοις χρόνοις διαπορεύεται τὰ τοῦ ζῳδιακοῦ τεταρτημόρια.

Geminos, Elementa astronomiae I, 1-35. 39.

ΣΤΡΑΒΩΝ

1.

ὅτι ἡ γῆ σφαιροειδής, ἐκ μὲν τῆς ἐπὶ τὸ μέσον φορᾶς πόρρωθεν ἡ ὑπόμνησις καὶ τοῦ ἕκαστον σῶμα ἐπὶ τὸ αὑτοῦ ἄρτημα νεύειν, ἐκ δὲ τῶν κατὰ πελάγη καὶ τὸν οὐρανὸν φαινομένων ἔγγυθεν.

καὶ γὰρ ἡ αἴσθησις ἐπιμαρτυρεῖν δύναται καὶ ἡ κοινὴ ἔννοια. φανερῶς γὰρ ἐπιπροσθεῖ τοῖς πλέουσιν ἡ κυρτότης τῆς θαλάττης, ὥστε μὴ προσβάλλειν τοῖς πόρρω φέγγεσι τοῖς ἐπ' ἴσον ἐξηρμένοις τῇ ὄψει. ἐξαρθέντα γοῦν πλέον τῆς ὄψεως ἐφάνη, καίτοι πλέον ἀποσχόντα αὐτῆς. ὁμοίως δὲ καὶ αὐτὴ μετεωρισθεῖσα εἶδε τὰ κεκρυμμένα πρότερον... καὶ τοῖς προσπλέουσι δὲ ἀεὶ καὶ μᾶλλον ἀπογυμνοῦται τὰ πρόσγεια μέρη καὶ τὰ φανέντα ἐν ἀρχαῖς ταπεινὰ ἐξαίρεται μᾶλλον.

Strabon, Geographica, I. 1, 20, (C 12).

CATULLUS

Omnia qui magni dispexit lumina mundi,
    qui stellarum ortus comperit atque obitus,
flammeus ut rapidi solis nitor obscuretur,
    ut cedant certis sidera temporibus,

gleich gemacht haben. Aber in Wirklichkeit läuft die Sonne in einer tiefer liegenden Bahn als der der Tierkreiszeichen und bewegt sich in einem exzentrischen Kreise, wie unten gezeigt wird. Denn der Kreis der Sonne und der des Tierkreises haben nicht denselben Mittelpunkt, der Kreis der Sonne ist nach der einen Seite hin verschoben und infolgedessen wird der Sonnenlauf in 4 ungleiche Teile geteilt. Der größte dieser Bögen liegt unter dem Quadranten des Tierkreises, der sich vom ersten Grad des Widders bis zum dreißigsten Grad der Zwillinge erstreckt, und der kleinste Bogen liegt unter dem Quadranten vom ersten Grad der Waage bis zum dreißigsten Grade des Schützen... Die Sonne bewegt sich also mit gleichförmiger Geschwindigkeit, durchläuft aber infolge der Exzentrizität ihres Kreises die Quadranten des Tierkreises in ungleichen Zeiten.

H. Balss

STRABO

1.

Daß die Erde kugelförmig ist, erkennt man mittelbar aus dem Streben der Körper nach dem Mittelpunkte hin und daraus, daß sich jeder Körper nach seinem Schwerpunkt neigt, unmmittelbar aber aus den Erscheinungen auf dem Meer und dem Himmel. Denn sowohl die sinnliche Wahrnehmung als der gemeine Menschenverstand kann dies bezeugen. Offenbar nämlich verhindert die Krümmung des Meeres die Schiffer, entfernte und mit ihren Augen in gleicher Höhe erhobene Lichter zu erblicken; höher aber als ihre Augen erhoben, werden sie sichtbar, wenn sie auch weiter von diesen entfernt sind. Gleicherweise sieht auch das Auge, wenn selbst höher erhoben, das, was ihm früher verborgen geblieben war ... Auch den Heranschiffenden enthüllen sich die Teile des Landes immer mehr, und das, was im Anfang niedrig erschienen war, erhebt sich immer höher.

A. Forbiger

CATULL

Der die unzähligen Lichter des Weltraums alle erforscht hat
Und von jedem Gestirn Aufgang und Untergang weiß,
Wie sich der feurige Glanz der enteilenden Sonne verdunkelt
Und zur bestimmten Zeit jedes Gestirn sich entfernt,

ut Triviam furtim sub Latmia saxa relegans
dulcis amor gyro devocet aerio,
idem me ille Conon caelesti in lumine vidit
e Bereniceo vertice caesariem
fulgentem clare, quam cunctis illa deorum
levia protendens bracchia pollicita est,
qua rex tempestate novo auctus hymenaeo
vastatum finis iverat Assyrios,
dulcia nocturnae portans vestigia rixae

quam de virgineis gesserat exuviis.
. . . .
abjunctae paulo ante comae mea fata sorores

lugebant, cum se Memnonis Aethiopis
unigena impellens nutantibus aera pennis
obtulit Arsinoes Locridos ales equus,
isque per aetherias me tollens avolat umbras
et Veneris casto collocat in gremio.
ipsa suum Zephyritis eo famulum legarat,
Graia Canopiis incola litoribus,
hic liquidi vario ne solum in lumine caeli
ex Ariadneis aurea temporibus
fixa corona foret, sed nos quoque fulgeremus,
devotae flavi verticis exuviae,
uvidulam e fletu cedentem ad templa deum me
sidus in antiquis diva novum posuit.
virginis et saevi contingens namque Leonis
lumina, Callisto iuncta Lycaoniae,
vertor in occasum, tardum dux ante Booten,
qui vix sero alto mergitur Oceano.

Catulli carmina 66, 1—14; 51—68

Wie vom Himmel hinweg sich hinter die Latmische Felswand
Trivia stiehlt, um dort sich mit dem Buhlen zu freun,
Eben der Konon sah am leuchtenden Himmel erglänzen
Mich, das lockige Haar von Berenikes Stirn,
Das sie, die Lilienarme zum Himmel erhebend, an jenem
Tage zum Weihegeschenk sämtlichen Göttern versprach,
Als soeben beglückt durch Hymens Fackel, der König
In der Assyrer Reich trug den verheerenden Krieg,
Noch mit der Wunde gezeichnet, der süßen, vom nächtlichen [Kampfe,
Als er der Jungfernschaft Beute sich siegend erstritt.

. . . .

Frisch noch beklagten die Schwestern das Schicksal, daß ich vom [Scheitel
Wäre getrennt, als die Luft rasch mit der Fittiche Schwung
Trennend der Zwillingsbruder des äthiopischen Memnon,
Jenes geflügelte Roß naht, das Arsinoë trug;
Schwebte mit mir empor durch den nächtlichen Äther und legte
Nieder mich dann bei dir, Venus, im züchtigen Schoß.
Denn sie selbst, Zephyritis, entsandte dorthin ihren Boten,
Sie, einst Griechin und nun Gast des Kanopischen Lands,
Daß in dem bunten Gemisch der schimmernden Lichter des Himmels
Nicht Ariadne nur strahl' in jenem goldenen Kranz,
Welcher die Stirn ihr einst geziert, daß neben ihr leuchte
Ich, ihres blonden Haupts Schmuck, der den Göttern geweiht.
Noch von den Tränen benetzt, die mich zum Tempel geleitet,
Ward ich als jüngstes Gestirn unter die alten versetzt,
Wo ich, der Jungfrau Licht und des grimmigen Löwen berührend,
Mit des Lykaon Kind, mit der Kallisto, vereint,
Mich gen Abend bewege, als Führer des trägen Bootes,
Welcher in säumendem Lauf nieder zum Ozean taucht ...

Pressel-Hertzberg

DIE KAISERZEIT

PLINIUS MAIOR

1.

Mundum et hoc quodcumque nomine alio caelum appellare libuit, cuius circumflexu degunt cuncta, numen esse credi par est, aeternum, immensum, neque genitum neque interiturum umquam. Huius extera indagare nec interest hominum, nec capit humanae coniectura mentis. Sacer est, aeternus, immensus, totus in toto, immo vero ipse totum, infinitus ac finito similis, omnium rerum certus et similis incerto, extra intra cuncta conplexus in se, idemque rerum naturae opus et rerum ipsa natura.

Furor est mensuram eius animo quosdam agitasse atque prodere ausos, alios rursus occasione hinc sumpta aut his data innumerabiles tradidisse mundos, ut totidem rerum naturas credi oporteret, aut, si una omnes incubarent, totidem tamen soles totidemque lunas et cetera etiam in uno et immensa et innumerabilia sidera, quasi non eadem quaestione semper in termino cogitationis occursura desiderio finis alicuius aut, si haec infinitas naturae omnium artifici possit adsignari, non idem illud in uno facilius sit intellegi, tanto praesertim opere. furor est, profecto furor, egredi ex eo et, tamquam interna eius cuncta plane iam nota sint, ita scrutari extera, quasi

DIE KAISERZEIT

PLINIUS DER ÄLTERE

1.

Die Welt und das, was man den Himmel nennt, in dessen Umwölbung alles lebt, muß man für eine Gottheit halten, unermeßlich und ewig, d. h. weder erzeugt noch je dem Untergang unterworfen. Dem nachzuforschen, was jenseits ihrer Grenzen liegt, hat für uns Menschen keinen Wert noch reicht die Urteilskraft des menschlichen Verstandes dazu aus. Die Welt ist heilig, ewig, unermeßlich, ein Ganzes im All oder vielmehr selbst das All, unendlich und doch dem Endlichen ähnlich, in allen Teilen gesetzmäßig und doch scheinbar ungesetzmäßig, sie faßt Alles in sich, das zu Tage Liegende und das inwendig Verborgene, sie ist ein Erzeugnis des Urwesens der Dinge und zugleich die Natur der Dinge selbst.

Wahnsinn ist es, daß einige sich mit dem Gedanken der Ausmessung der Welt beschäftigen oder sie aussprachen, und daß andere, entweder durch diesen Irrtum veranlaßt oder ihn selbst veranlassend, das Dasein unzählbarer Welten lehrten, so daß man ebensoviele Naturen der Dinge, oder wenn auch *eine* Natur alle Welten in sich schlösse, doch ebensoviele Sonnen, ebensoviele Monde und ebensoviele andere unermeßliche und unzählbare Gestirne wie in dieser Welt anzunehmen gezwungen sein würde. Und erhebt sich am Ende des Nachdenkens nicht immer wieder die Frage nach einer Grenze? Und wäre diese Unendlichkeit, wenn man sie der Natur, der Schöpferin aller Dinge, überhaupt beilegen könnte, nicht viel leichter in dieser *einen* Welt, die doch ein so ungeheures Werk ist, zu begreifen? Wahnsinn ist es, ja barer Wahnsinn, sich über die Welt hinauszuwagen, und als wäre schon Alles, was in ihr ist, hinlänglich bekannt, das außer

vero mensuram ullius rei possit agere qui sui nesciat, aut mens hominis videre quae mundus ipse non capiat.

Formam eius in speciem orbis absoluti globatam esse nomen in primis et consensus in eo mortalium orbem appellantium, sed et argumenta rerum docent, non solum quia talis figura omnibus sui partibus vergit in sese ac sibi ipsa toleranda est seque includit et continet nullarum egens compagium nec finem aut initium ullis sui partibus sentiens, nec quia ad motum, quo subinde verti mox adparebit, talis aptissima est, sed oculorum quoque probatione, quod convexus mediusque quacumque cernatur, cum id accidere in alia non possit figura.

Hanc ergo formam eius aeterno et inrequieto ambitu, inenarrabili celeritate, viginti quattuor horarum spatio circumagi solis exortus et occasus haut dubium reliquere. An sit immensus et ideo sensum aurium excedens tantae molis rotatae vertigine adsidua sonitus non equidem facile dixerim, non, Hercule, magis quam circumactorum simul tinnitus siderum suosque volventium orbes an dulcis quidam et incredibili suavitate concentus. nobis, qui intus agimus iuxta diebus noctibusque tacitus labitur mundus. Esse innumeras ei effigies animalium rerumque cunctarum inpressas nec, ut in volucrum notamus ovis, levitate continua lubricum corpus, quod clarissimi auctores dixere, rerum argumentis indicatur, quoniam inde deciduis rerum omnium seminibus innumerae, in mari praecipue, ac plerumque confusis monstrificae gignantur effigies, praeterea visus probatione, alibi

ihr Liegende ergründen zu wollen; als wenn Jemand, der sein eigenes Maß nicht kennt, das Maß irgend einer anderen Sache bestimmen oder als wenn der Geist des Menschen das wahrnehmen könnte, was die Welt selbst nicht umfaßt.

Daß die Welt eine vollkommene Kugel ist, ersieht man nicht nur aus dem allgemeinen Sprachgebrauch, der sie mit dem Worte orbis bezeichnet, sondern es sprechen auch innere Gründe für diese Annahme. Und zwar geht dies nicht allein daraus hervor, daß eine solche Gestalt sich in allen ihren Teilen gegen sich selbst neigt, sich selbst trägt, sich selbst umschließt und sich selbst zusammenhält, ohne anderer Bindemittel zu bedürfen, oder weil an keinem ihrer Teile ein Ende oder ein Anfang zu bemerken ist, oder weil sie sich bei dieser Beschaffenheit am besten zu der Bewegung, der sie, wie wir bald sehen werden, bei ihrer Umdrehung folgen muß, eignet: sondern auch der Augenschein spricht für die Kugelgestalt, indem man ja die Welt an jedem Orte als die Hälfte eines kugelförmigen Gewölbes wahrnimmt, was bei einer jeden anderen Gestalt nicht der Fall sein könnte.

Der Auf- und Untergang der Sonne läßt uns erkennen, daß die Weltkugel in einem ewigen, rastlosen Umschwung begriffen ist und sich mit unermeßlicher Geschwindigkeit in einem Zeitraume von vierundzwanzig Stunden dreht. Daß der durch den dauernden Umschwung dieser Masse erzeugte Schall unermeßlich groß und gerade deshalb nicht vernehmbar ist, möchte ich nicht behaupten. Auch läßt sich ebensowenig entscheiden, ob das gleichzeitige Tönen der kreisenden Gestirne einen wohltuenden Einklang von unglaublicher Schönheit ergibt. Für uns, die wir innerhalb der bewegten Kugel leben, gleitet vielmehr die Welt bei Tag und Nacht schweigend dahin. Daß ihr unzählbare Gestalten von Tieren und allen anderen Dingen eingedrückt seien und daß sie nicht eine gleich einem Vogelei allenthalben glatte, schlüpfrige Masse sei, wie die berühmtesten Schriftsteller behauptet haben, geht aus natürlichen Gründen hervor; denn aus den von dort herabfallenden, meist vermischten Samenteilen aller Dinge entstehen, besonders im Meere, unzählige abenteuerliche Gebilde. Außerdem beweist es der Augenschein; denn wir sehen hier die Gestalt

ursi, tauri alibi, alibi litterae figura, candidiore medio per verticem circulo.

Equidem et consensu gentium moveor. nam quem κόσμον Graeci nomine ornamenti appellavere eum et nos a perfecta absolutaque elegantia mundum. caelum quidem haut dubie caelati argumento diximus, ut interpretatur M. Varro. Adjuvat rerum ordo discripto circulo qui signifer vocatur in duodecim animalium effigies et per illas solis cursus congruens tot saeculis ratio.

Nec de elementis video dubitari quattuor esse ea, ignium summum, inde tot stellarum illos conlucentium oculos, proxumum spiritus, quem Graeci nostrique eodem vocabulo aera appellant, vitalem hunc et per cuncta rerum meabilem totoque consertum, huius vi suspensam cum quarto aquarum elemento librari medio spatii tellurem ... Inter hanc caelumque eodem spiritu pendent certis discreta spatiis septem sidera quae ab incessu vocamus errantia, cum errent nulla minus illis. Eorum medius sol fertur amplissima magnitudine ac potestate, nec temporum modo terrarumque sed siderum etiam ipsorum caelique rector. Hunc esse mundi totius animum ac planius mentem, hunc principale naturae regimen ac numen credere decet opera eius aestimantes. Hic lucem rebus ministrat aufertque tenebras, hic reliqua sidera occultat inlustrat, hic vices temporum annumque semper renascentem ex usu naturae temperat, hic caeli tristitiam discutit atque etiam humani nubila animi serenat, hic suum lumen

[eines Wagens, dort die] eines Bären, anderwärts die eines Stieres und wieder an einer anderen Stelle die eines Buchstabens, während sich mitten durch den Scheitelpunkt ein heller schimmernder Kreis zieht.

Auch die Übereinstimmung aller Völker bewegt mich wenigstens zu dieser Annahme. Denn die Griechen nannten die Welt „Kosmos", was soviel heißt als Zierde: wir [Römer] gaben ihr wegen ihrer tadellosen, vollkommenen Schönheit den Namen Mundus [Schmuck]. Den Himmel nannten wir „Caelum", ohne Zweifel wegen seiner Ähnlichkeit mit getriebener Arbeit (caelatum), wie es M. Varro erklärt. Die natürliche Ordnung der Dinge unterstützt ebenfalls meine Meinung, nämlich die Einteilung des sogenannten Tierkreises in zwölf Tierbilder und der seit so vielen Jahrhunderten unveränderlich gebliebene Lauf der Sonne durch dieselben.

Hinsichtlich der Existenz der vier Elemente besteht kein Zweifel. Das höchste, so sagen alle, ist das Feuer. Aus diesem besteht die wie Augen leuchtende Schar der Sterne. Dem Feuer zunächst befindet sich die Luft, welche die Griechen und wir mit demselben Wort „aer" nennen. Sie ist belebend und durchdringt, von dem All umspannt, alle Räume. Von der Luft getragen, schwebt in Verbindung mit dem vierten Element, dem Wasser, im Mittelpunkte der Welt die Erde ... Zwischen ihr und dem Himmelsgewölbe schweben, getragen von der Luft und in bestimmten Entfernungen von der Erde, sieben Gestirne, die wir wohl, veranlaßt durch ihre Bewegung, die Irrsterne (Planeten) nennen, obgleich keine weniger irren als gerade sie. In ihrer Mitte läuft die Sonne, hochherrlich an Größe und Macht, nicht nur der Jahreszeiten und Klimate, sondern auch selbst der Gestirne und des Himmels Lenkerin. Daß sie das Leben oder vielmehr die Seele der ganzen Welt, daß sie die höchste Beherrscherin der Natur und eine Gottheit sei, muß jeder glauben, der über ihre Wirkungen nachdenkt. Sie spendet allen Dingen Licht und verbannt die Finsternis; die übrigen Gestirne verbirgt und erleuchtet sie; sie bewirkt den regelmäßigen Wechsel der Jahreszeiten und das nach dem Laufe der Natur sich stets verjüngende Jahr; sie unterbricht die traurige Einförmigkeit des Himmels und verscheucht die Wolken des

ceteris quoque sideribus fenerat, praeclarus, eximius, omnia intuens, omnia etiam exaudiens, ut principi litterarum Homero placuisse in uno eo video.

Quapropter effigiem dei formamque quaerere inbecillitatis humanae reor. Quisquis est deus, si modo est alius, et quacumque in parte, totus est sensus, totus visus, totus auditus, totus animae, totus animi, totus sui. Innumeros quidem credere atque etiam ex vitiis hominum, ut Pudicitiam, Concordiam, Mentem, Spem, Honorem, Clementiam, Fidem, aut (ut Democrito placuit) duos omnino, Poenam et Beneficium, maiorem ad socordiam accedit... Invenit tamen inter has utrasque sententias medium sibi ipsa mortalitas numen, quo minus etiam plana de deo coniectatio esset. toto quippe mundo et omnibus locis omnibusque horis omnium vocibus Fortuna sola invocatur ac nominatur, una accusatur, una agitur rea, una cogitatur, sola laudatur, sola arguitur et cum conviciis colitur, volubilis a plerisque vero et caeca existimata, vaga, inconstans, incerta, varia, indignorumque fautrix. huic omnia expensa, huic omnia feruntur accepta, et in tota ratione mortalium sola utramque paginam facit, adeoque obnoxiae sumus sortis, ut sors ipsa pro deo sit, qua deus probatur incertus.

Pars alia et hanc pellit astroque suo eventus adsignat nascendi legibus, semelque in omnes futuros umquam deo decretum, in reliquom vero otium datur. Sedere coepit sententia haec, pariterque et eruditum vulgus et rude in eam cursu vadit. Ecce fulgurum monitus, oraculorum praescita, haruspicum

menschlichen Geistes; sie leiht ihr Licht den übrigen Gestirnen, ist herrlich, hehr, allschauend und allhörend, was wie ich sehe, der Vater der Gelehrsamkeit, Homer, nur ihr allein nachrühmt.

Ich halte es für menschliche Beschränktheit, wenn man sich Gott bildlich vorzustellen sucht. Wer auch die Gottheit ist, wenn es überhaupt eine andere gibt [als die Sonne] und wo sie auch sein mag, so ist sie ganz Gefühl, ganz Gesicht, ganz Gehör, ganz Seele, ganz Geist, ganz Ich. An unzählige Götter zu glauben und gar aus [Tugenden und] Lastern der Menschen solche zu machen, wie die Schamhaftigkeit, die Eintracht, den Geist, die Hoffnung, die Ehre, die Güte, die Treue oder auch — wie es Demokrit beliebte — nur überhaupt zwei anzunehmen, Strafe und Belohnung, grenzt an noch größeren Unverstand ... Doch die Menschheit hat sich selbst zwischen beiden Ansichten ein Mittelding, eine eigene Gottheit erdacht, damit die Frage über diesen Gegenstand ja immer noch verwickelter werde. In der ganzen Welt, an allen Orten, zu allen Stunden und von allen Zungen wird das Glück allein verehrt; es allein wird genannt, es allein angeklagt, ihm allein wird die Schuld von allem aufgebürdet; an es allein wird gedacht, es allein wird gelobt, es allein getadelt und nicht selten mit Schmähungen angerufen; und doch schildert man es fast allgemein als blind, flüchtig, veränderlich, unstet, unbeständig, unzuverlässig, launisch und als Gönnerin Unwürdiger. Ihm wird aller Verlust, ihm aller Gewinn zugeschrieben, und in dem ganzen Rechenbuch der Sterblichen füllt es allein beide Seiten [Soll und Haben]. Ja, wir sind so sehr dem Zufall unterworfen, daß uns der Zufall selbst als ein Gott gilt, wodurch der Beweis von dem Dasein einer Gottheit immer noch unzuverlässiger wird.

Eine andere Partei will auch von dieser Gottheit [dem Zufall] nichts wissen und schreibt die Schicksale eines jeden dem bei seiner Geburt obwaltenden Gestirne zu. Gott habe, sagen sie, ein für allemal das Los aller Menschen vorausbestimmt und trete fürder nicht mehr aus seiner untätigen Ruhe. Diese Ansicht hat angefangen, festen Fuß zu fassen, und das gelehrte wie das ungelehrte Volk fällt ihr hastig zu. Hier haben wir die Anzeigen der Blitze, die Voraussagen der Orakel, die Prophezeiungen der

praedicta atque etiam parva dictu in auguriis sternumenta et offensiones pedum. divos Augustus prodidit laevom sibi calceum praepostere inductum, quo die seditione militari prope adflictus est. Quae singula inprovidam mortalitatem involvont, solum ut inter ista vel certum sit nihil esse certi nec quicquam miserius homine aut superbius. Ceteris quippe animantium sola victus cura est, in quo sponte naturae benignitas sufficit, uno quidem vel praeferendo cunctis bonis, quod de gloria, de pecunia, ambitione, superque de morte non cogitant . . . Sidera, quae adfixa diximus mundo, non illa, ut existimat volgus, singulis attributa nobis, et clara divitibus, minora pauperibus, obscura defectis, ac pro sorte cuiusque lucentia adnumerata mortalibus, nec cum suo quaeque homine orta moriuntur nec aliquem exstingui decidua significant. Non tanta caelo societas nobiscum est ut nostro fato mortalis sit ibi quoque siderum fulgor.

Naturalis historia, II/1-8.

2.

Et rationem quidem defectus utriusque primus Romani generis in vulgum extulit *Sulpicius Gallus*, qui consul cum M. Marcello fuit, sed tum tribunus militum, sollicitudine exercitu liberato pridie quam Perses rex superatus a Paulo est, in concionem ab imperatore productus ad praedicendam eclipsim, mox et composito volumine.

Apud Graecos autem investigavit primus omnium *Thales Milesius* Olympiadis XLVIII anno quarto praedicto solis defectu, qui Alyatte rege factus est urbis conditae anno CLXX.

Wahrsager und, was man seiner Geringfügigkeit wegen gar nicht berühren sollte, das Niesen bei den Augurien und das Straucheln der Füße. Der göttliche Augustus erzählte, daß ihm an dem Tage, der ihm durch einen Soldatenaufruhr beinahe den Untergang gebracht hätte, der linke Schuh statt des rechten zuerst angezogen worden sei. Alles dies zusammengenommen verwirrt die kurzsichtige Menschheit, und nur das eine ist gewiß, daß nichts gewiß ist, und daß es kein erbäumlicheres und doch zugleich stolzeres Wesen gibt als den Menschen. Denn die übrigen Geschöpfe kümmern sich bloß um ihre Nahrung, die ihnen die gütige Natur aus freien Stücken und zur Genüge gewährt, und haben überdies noch eines voraus, das aber allen anderen Gütern vorzuziehen ist, daß sie nämlich weder an Ruhm, Geld und Ehrgeiz, noch an den Tod denken ... Die Sterne, die am Himmelsgewölbe haften, sind nicht etwa, wie der große Haufe glaubt, jedem einzelnen von uns zugeteilt, die hellen den Reichen und die kleinen den Armen, die dunklen den Kranken, noch leuchten überhaupt alle den Sterblichen, jedem nach dem ihm bestimmten Schicksal; auch sterben sie weder mit dem Menschen, bei dessen Geburt sie aufgegangen sind, noch zeigen die herabfallenden an, daß ein Menschenleben erlösche. Der Himmel hat keine derartige Gemeinschaft mit uns, daß mit unserem Geschicke auch der Glanz der Gestirne endige.

Nach H. Külb und F. Dannemann

2.

Mit dem Vorgang der beiden Arten von Finsternissen machte unter den Römern als erster *Sulpicius Gallus*, der Mitkonsul des M. Marcellus, bekannt; er war gerade Militärtribun. Dies geschah damals, als er das Heer beschwichtigt hatte: am Tage vor dem Sieg des Paulus über Perseus wurde Sulpicius vom Oberfeldherrn in die Militärversammlung geführt mit dem Befehl, die Finsternis zu erklären. Hernach legte er seine Auffassung in einem Buche nieder.

Bei den Griechen untersuchte als erster von allen *Thales aus Milet* diese Himmelserscheinung. Er sagte für das 4. Jahr der 48. Olympiade eine Sonnenfinsternis voraus, die in die Regie-

Post eos utriusque sideris cursum in sexcentos annos praececinit *Hipparchus*, menses gentium diesque et horas ac situs locorum et visus populorum complexus, aevo teste haut alio modo quam consiliorum naturae particeps. Viri ingentes supraque mortalia, tantorum numinum lege deprehensa et misera hominum mente iam soluta, in defectibus scelera aut mortem aliquam siderum pavente — quo in metu fuisse Stesichori et Pindari vatum sublimia ora palam est deliquio solis — aut in luna veneficia arguente mortalitate et ob id crepitu dissono auxiliante — quo pavore ignarus causae Nicias Atheniensium imperator veritus classem portu educere opes eorum adflixit —: macte ingenio este, caeli interpretes rerumque naturae capaces, argumenti repertores, quo deos hominesque vicistis! Quis enim haec cernens et statos siderum, quoniam ita appellare placuit, labores non suae necessitati mortales genitos ignoscat?

Plinius, Nat. histor. II 53—54

SENECA

1.

haec tamen non adnotamus, quamdiu ordo servatur; si quid turbatum est aut praeter consuetudinem emicuit, spectamus interrogamus ostendimus: adeo naturale est magis nova quam magna mirari. Idem in cometis fit: si rarus et insolitae figurae

rungszeit des Königs Alyattes fiel, in das Jahr 170 seit der Gründung Roms.

Nach dieser Zeit kündete *Hipparch* den Lauf beider Gestirne auf 600 Jahre im voraus, denn er umfaßte in seinem Geist die Zeitrechnung der Völker nach Monaten, Tagen und Stunden, ferner die Lage der Gegenden und die Schwinkel (?) der Völker: wie der Zeitverlauf beweist, vermochte er dies nur, weil er an den Plänen der Natur teilhatte. Es waren bedeutende Männer, weit über den Verhältnissen der Sterblichen stehend: sie hatten das Gesetz so erhabener Gottheiten begriffen und den armseligen Geist der Menschen frei gemacht, während die sterbliche Menschheit bei Finsternissen Verbrechen oder irgend eines [Mannes] Tod bebend erwartet — es ist ganz bekannt, daß anläßlich einer Sonnenfinsternis der erhabene [Dichter]-mund des Stesichoros unr Pindar voller Furcht war — oder am Mond die Wirkung eines Giftes beklagte und darum [ihm] mit dem Hervorbringen mißtönenden Geräusches zu Hilfe kam —; in Unkenntnis der wahren Ursachen der Erscheinung voller Furcht, hat sich der athenische Feldherr Nikias gescheut, die Flotte aus dem Hafen auslaufen zu lassen und damit die Macht der Athener vernichtet: Heil sei eurem Geiste, ihr Erforscher des Himmels, die ihr die Natur begreift, den Beweis findet, mit dem ihr Götter und Menschen besiegt [überwunden] habt! Denn wer möchte, wenn er dieses sieht und die festgelegten [periodisch sich wiederholenden] Mühen der Gestirne — denn so gefällt es ihm, sie zu nennen —, es nicht [der Natur] verzeihen, daß [auch] die Sterblichen von Geburt an ihrem notwendigen Schicksal unterworfen sind?

V. Stegemann

SENECA

1.

Solange die Weltordnung bewahrt wird, fällt es uns nicht auf. Ist aber etwas durcheinandergeraten und leuchtete wider die Gewohnheit ein Licht auf, dann schauen wir, fragen wir, zeigen wir nach ihm: So sehr liegt es in unserer Art, mehr das Neue als das Große zu bewundern. So verhalten wir uns auch gegen-

ignis apparuit, nemo non scire quid sit cupit et oblitus aliorum de adventicio quaerit ignarus, utrum debeat mirari an timere. non enim desunt qui terreant, qui significationes eius graves praedicent. sciscitantur itaque et cognoscere volunt, prodigium sit an sidus. at mehercules non aliud quis aut magnificentius quaesierit aut didicerit utilius quam de stellarum siderumque natura, utrum flamma contracta, quod et visus noster affirmat et ipsum ab illis fluens lumen et calor inde descendens, an non sint flammei orbes, sed solida quaedam terrenaque corpora, quae per igneos tractus labentia inde splendorem trahant caloremque, non de suo clara. in qua opinione magni fuere viri, qui sidera crediderunt ex duro concreta et ignem alienum pascentia. ‚nam per se', inquiunt, ‚flamma diffugeret, nisi aliquid haberet quod teneret et a quo teneretur, conglobatamque nec stabili inditam corpori profecto iam mundus turbine suo dissipasset.'

Ad haec investiganda proderit quaerere, num cometae condicionis sint, cuius superiora. videntur enim cum illis quaedam habere communia: ortus et occasus, ipsam quoque, quamvis spargatur et longius exeat, faciem (aeque enim ignei splendidique sunt)... illo quoque pertinebit haec excussisse, ut sciamus utrum mundus terra stante circumeat an mundo stante terra vertatur. fuerunt enim, qui dicerent nos esse, quos rerum natura nescientes ferat, nec caeli motu fieri ortus et occasus, <sed nos> ipsos oriri et occidere: digna

über den Kometen. Wenn eine seltene und ungewöhnlich gestaltete Feuererscheinung sich zeigt, verlangt es einen jeden zu wissen, worum es sich dabei handelt und, alles andere vergessend, fragt man nur nach dem Neuankömmling, im Zweifel, ob man ihn anstaunen oder gar fürchten soll. Dann treten Schreckenspropheten auf, die ihn als unheilschwangeres Vorzeichen überall verkünden. Daher denn der Forschungsdrang und der Wille zu ermitteln, ob es sich um ein Schicksalszeichen oder um ein bloßes Gestirn handelt. Aber, mein Gott, gibt es denn eine andere und herrlichere Forschung und nützlichere Lehre, als über die Natur der Sterne und Sternbilder? Handelt es sich um ein verdichtetes Feuer — dafür spricht unser äußerer Eindruck und das von ihnen ausgehende Licht und die Wärmestrahlung — oder sind es nicht Flammenkugeln, sondern feste irdische Körper, die infolge ihres Gleitens auf feuriger Bahn Leuchtkraft und Wärme erhalten, ohne von sich aus zu leuchten? Das war die Theorie bedeutender Forscher, daß die Gestirne aus festen Bestandteilen verdichtete Körper seien, die ihr Feuer aus fremder Quelle empfingen. „Denn", so argumentieren sie, „die Flamme für sich genommen, würde sich zerstreuen; sie muß also einen Körper haben, den sie zusammenhält und von dem sie zusammengehalten wird. Ein nur zusammengeballtes, aber nicht einem dauerhaften Körper eingepflanztes Feuer hätte längst der Umschwung des Weltalls überallhin zerstreut."

Zur Lösung dieses Problems wird sich die Frage nützlich erweisen, ob die Kometen von einer den oberen Sternen verwandten Beschaffenheit sind. Haben sie doch offenbar mit ihnen gemeinsame Eigenschaften: den Auf- und Untergang und auch das Aussehen selbst, wenn es auch aufgelöster und langgestreckter erscheint, sind sie doch gleichfalls feuriger, glänzender Natur ... Auch die Untersuchung gehört hierher, ob das Weltall bei Stillstand der Erde sich dreht oder die Erde im stillstehenden All sich bewegt. Nach einigen Theorien nämlich seien wir es, die der Welt Lauf unmerklich für uns in Bewegung hält, und Auf- und Untergang seien nicht auf die Bewegung des Himmels zurückzuführen, sondern wir selbst gingen auf und unter, eine der

res contemplatione, ut sciamus, in quo rerum statu simus, pigerrimam sortiti an velocissimam sedem, circa nos deus omnia an nos agat.

Nat. quaest. VII 1,4—2,3

2.

Necessarium est autem veteres ortus cometarum habere collectos. deprehendi enim propter raritatem eorum cursus adhuc non potest nec explorari, an vices servent et illos ad suum diem certus ordo producat. nova haec caelestium observatio est et nuper in Graeciam invecta. D e m o c r i t u s quoque, subtilissimus antiquorum omnium, suspicari se ait plures stellas esse, quae currant, sed nec numerum illarum posuit nec nomina, nondum comprehensis quinque siderum cursibus. E u d o x u s primus ab Aegypto hos motus in Graeciam transtulit, hic tamen de cometis nihil dicit: ex quo apparet ne apud Aegyptios quidem, quibus maior caeli cura fuit, hanc partem elaboratam. C o n o n postea, diligens et ipse inquisitor, defectiones quidem solis <ob>servatas ab Aegyptiis collegit, nullam autem mentionem fecit cometarum, non praetermissurus, si quid explorati apud illos comperisset.

Duo certe, qui apud Chaldaeos studuisse se dicunt, E p i g e n e s e t A p o l l o n i u s M y n d i u s, peritissimus inspiciendorum natalium, inter se dissident. hic enim ait cometas in numero stellarum errantium poni a Chaldaeis tenerique cursus eorum. E p i g e n e s contra ait se a Chaldaeis nihil de cometis habere comprensi, sed videri illos accendi turbine quodam aeris concitati et intorti...

Nat. quaest. VII 3,1—4

Betrachtung würdige Frage, um unsern Platz im All festzulegen: hat uns das Schicksal einen feststehenden oder rasend schnellen Sitz angewiesen, wirbelt der Gott alles um uns oder uns selbst?

2.

Dazu ist aber notwendig, ein Verzeichnis der Kometenerscheinungen aus älterer Zeit zu besitzen. Es ist nämlich wegen ihrer Seltenheit bisher nicht möglich, ihre Bahn zu erfassen, auch nicht zu ermitteln, ob sie Perioden einhalten und eine feste Ordnung sie an einem bestimmten Tag in Erscheinung treten läßt. Solch eine Beobachtung der Himmelskörper ist neu und vor nicht langer Zeit in Griechenland von außen eingeführt. Demokrit, einer der sorgfältigsten aller älteren Forscher, sagt, es gäbe nach seiner Vermutung noch mehr sich bewegende Sterne, aber er legte weder Namen noch Zahl fest, nachdem man auch die Bahnen der fünf Planeten noch nicht wirklich kannte. Eudoxos hat zuerst die Kenntnis ihrer Bewegungen aus Ägypten nach Griechenland vermittelt; aber auch er spricht nicht von den Kometen, woraus hervorgeht, daß nicht einmal bei den Ägyptern, die sich doch der Astronomie so besonders annahmen, dieser Teil eine Bearbeitung gefunden hatte. Später hat Konon, ebenfalls ein sorgfältiger Forscher, zwar die Beobachtungen der Ägypter über die Sonnenfinsternisse gesammelt, ohne wiederum die Kometen zu erwähnen, von denen er sicher gesprochen hätte, wenn ihm irgendwelche Kenntnisse der Ägypter vorgelegen hätten.

Jedenfalls sind zwei Forscher, ihren eigenen Angaben nach Schüler der Chaldäer, Epigenes und Apollonios von Myndos, der in der Erstellung der Nativität besonders erfahren ist, (über die Kometen) völlig verschiedener Meinung. Letzterer vertritt die Auffassung, die Chaldäer hätten sie zu den Irrsternen gerechnet und ihre Bahn erfaßt. Epigenes dagegen behauptet, sie hätten seines Wissens über die Kometen keine gesicherten Erkenntnisse und hielten sie lediglich für eine Art durch Wirbel erregter, sich um die eigene Achse drehender und entzündeter Luftmassen.

3.

‚Duo', inquit E p i g e n e s, ‚cometarum genera sunt: alii ardorem undique effundunt nec locum mutant, alii in unam partem ignem vagum in modum comae porrigunt et stellas praetermeant.' ... ut breviter autem voluntatem eius exprimam, eadem fieri ratione hos cometas existimat, qua fiunt ignes turbine eiecti: hoc unum interest, quod illi turbines ex superiori parte in terras deprimuntur, hi de terra in superiora eluctantur.

Adversus haec multa dicuntur. primum si ventus in causa esset, numquam cometes sine vento appareret: nunc autem et quietissimo aëre apparet. deinde si vento fieret, cum vento caderet: et si vento inciperet, cresceret vento eoque esset ardentior, quo ille incitatior. his accedit illud quoque, quod ventus multas aëris partes impellit, cometes uno loco apparet; et ventus in sublime non pervenit, cometae autem visuntur supra quam ire ventis licet. . . . .

deinde turbinum motus vagus est et disiectus et, ut S a l u s t i i verbo utar, verticosus, cometarum autem compositus et destinatum iter carpens. num quis nostrum crederet lunam aut quinque sidera rapi vento aut turbine rotari? Non, ut puto. quare? quia non est illis perturbatus et impotens cursus. ad cometas idem transferamus ... turbinis autem rotunda facies est; in eodem enim vestigio versatur et columnae modo circumagentis se volvitur: ergo ignem quoque, qui inclusus est, similem esse illi oportet, atqui longus est et disiectus minimeque similis in orbem coacto.

Nat. quaest VII, 6, 1; 7, 1; 8, 2-3, 10, 3

4.

A p o l l o n i u s M y n d i u s in diversa opinione est: ait enim cometem non unum ex multis erraticis effici sed multos cometas erraticos esse ... proprium sidus cometas est sicut

3.

Epigenes sagt: „Es gibt zwei Arten von Kometen; die einen strahlen ihre Hitze nach allen Seiten aus, ohne ihren Standpunkt zu ändern, die anderen verbreiten ihr schweifendes Feuer haarartig nach einer Seite und bewegen sich gegenüber den anderen Sternen fort" ... Um in kurzen Worten seine Anschauung wiederzugeben: er glaubt, die Kometen entstünden wie vom Wirbelwind in die Höhe gerissenes Feuer, nur mit dem Unterschied, daß die einen Wirbel von der Höhe sich auf die Erde niedersenken, die anderen dagegen von der Erde in die Höhe steigen. Dagegen läßt sich viel einwenden: 1. Wenn Luftzug die Ursache wäre, könnte ein Komet nur bei Wind auftreten; in Wirklichkeit zeigt er sich auch bei Windstille. 2. Ein Entstehen bei Wind erfordert ein Verschwinden bei dessen Einschlafen; ein Beginnen mit aufkommendem Winde erfordert eine Zunahme des Glanzes beim Anwachsen der Windstärke. 3. Dazu kommt, daß der Luftzug viele Teile des Luftbereiches betrifft, der Komet aber nur an einem Orte sich zeigt und 4. der Wind nicht in höhere Regionen steigt, Kometen aber in einer Höhe beobachtet werden, die die Winde nicht mehr erreichen ... Ferner ist die Bewegungsart eines Wirbelsturmes unstät und ohne feste Ordnung, um mit Sallust zu sprechen, wie ein Wasserstrudel, die Kometenbewegung aber gleichmäßig und an eine feste Bahn gebunden. Hielte einer etwa dafür, daß der Mond und die fünf Planeten, vom Wirbelwind dahingerissen, sich einherwälzen? Nein, wie ich glaube. Und warum? Weil ihre Bahn nicht ungeordnet und willkürlich ist. Das können wir doch auf die Kometen übertragen. ... Der äußere Anschein einer Windhose ist rund; sie verharrt an einem Platze und gleicht einer um ihre Achse kreisenden Säule: auch von ihr eingeschlossenes Feuer müßte dem entsprechen. In Wirklichkeit ist aber die Gestalt (eines Kometen) auseinandergezogen und macht keineswegs den Eindruck eines geschlossenen Zylinders.

4.

Apollonios von Myndos vertritt eine ganz andere Auffassung. Er erklärt nämlich, aus der Zusammenballung vieler Irrsterne könne unmöglich ein Komet entstehen, aber viele Kometen seien

solis et lunae: talis illi forma est, non in rotundum restricta sed procerior et in longum producta. ceterum non est illi palam cursus: altiora mundi secat et tunc demum apparet, cum in imum cursus sui venit ... multi variique sunt, dispares magnitudine, dissimiles colore: aliis rubor est sine ulla luce, aliis candor et purum liquidumque lumen, aliis flamma et haec non sincera nec tenuis sed multum circa se volvens fumidi ardoris; cruenti quidam minacesque omen post se futuri sanguinis ferunt. hi minuunt augentque lumen suum quemadmodum alia sidera, quae clariora cum descendere sunt maioraque, quia ex loco propiore visuntur, minora cum redeunt et obscuriora, qua abducunt se longius.'

Adversus haec protinus respondetur non idem accidere in cometis, quod in ceteris. cometae enim quo primum die apparuerunt maximi sunt; atqui deberent crescere quo propius accedernt: nunc autem manet illis prima facies, donec incipiant extingui. deinde quod adversus priores, etiam adversus hunc dicitur: si erraret cometes essetque sidus, intra signiferi terminos moveretur, intra quos omne sidus cursus suos colligit. numquam apparet stella per stellam, acies nostra non potest per medium sidus exire, ut per illud superiora perspiciat: per cometen autem non aliter quam per nubem ulteriora cernuntur: ex quo apparet illum non esse sidus sed levem ignem ac tumultuarium.

Nat quaest. VII 1,71-18,2

5.

Ego nostris non assentior: non enim existimo cometen subitaneum ignem, sed inter aeterna opera naturae. primum quaecumque aër creat, brevia sunt: nascuntur enim in re

Irrsterne ... Der Komet ist ein eigenes Gestirn wie Sonne und Mond von folgender Gestalt: nicht zur Rundheit zusammengeballt, sondern gestreckt und in die Länge gezogen. Im übrigen eignet ihm keine sichtbare Bahn, er schneidet die höheren Regionen des Weltalls und erscheint uns erst dann, wenn er zu dem tieferen Verlauf seiner Bahn gelangt ... Viele Kometen gibt es und mannigfaltige, völlig unterschiedlich in ihrer Größe und Farbe: die einen sind rot ohne jeden Schein, die anderen weiß mit einem reinen, flüssigen Licht, andere zeigen eine Flamme, zwar nicht rein und fein, sondern von viel rauchender Hitze umgeben. Es gibt blutige, drohende, ein Vorzeichen kommenden Mordens. Deren Licht nimmt bald ab, bald zu, ähnlich wie andere Gestirne, die heller sind, wenn sie niedersteigen, und größer, da man sie aus größerer Nähe erblickt, kleiner, wenn sie umkehren, und dunkler, wo sie sich weiter entfernen."

Darauf läßt sich sofort antworten, daß Kometen nicht dieselbe Erscheinung zeigen wie die übrigen Gestirne. Die Kometen nämlich sind an dem Tage ihrer erstmaligen Sichtbarkeit sehr groß. Aber nun müßten sie doch anwachsen, je näher sie herankommen: In Wirklichkeit aber behalten sie ihr anfängliches Aussehen bei, bis sie zu verlöschen beginnen. Sodann wird ihm entgegengehalten, was bei den Früheren schon galt: Wenn der Komet ein Planet wäre und ein Gestirn, so würde er sich innerhalb des Zodiakus bewegen, auf den jedes Gestirn seine Bahnen konzentriert. Niemals erscheint ein Stern durch einen Stern hindurch. Die Schärfe unserer Augen vermag nicht den Gestirnkörper zu durchdringen, so daß das Auge durch ihn hindurch die höheren Regionen des Himmels erblickte. Durch einen Kometen aber kann man wie durch eine Wolke die ferner liegenden Himmelsräume sehen: der Komet ist mithin kein Gestirn, sondern ein leichtes, unruhiges Feuer.

5.

Ich stimme den Ansichten unserer Gelehrten [der Stoa] nicht zu, daß der Komet ein plötzlich auftretendes Feuer ist, sondern er gehört vielmehr unter die ewigen Werke der Natur. 1. Alles, was

fugaci et mutabili. quomodo potest aliquid in aëre idem diu permanere, cum ipse aër numquam idem diu maneat? ... deinde si alimento suo haereret, semper descenderet (eo enim crassior est aër, quo terris propior): numquam cometes in imum usque demittitur neque appropinquat solo. Etiamnunc ignis aut it, quo illum natura sua ducit, id est sursum, aut eo, quo trahit materia, cui adhaesit et quam depascitur: nullis ignibus ordinariis et caelestibus iter flexum est: sideris proprium est ducere orbem: atqui hoc an cometae alii fecerint nescio, duo nostra aetate fecerunt. deinde omne, quod causa temporalis accendit, cito intercidit.

Nat. quaest. VII, 22 1-23,2

6.

quid ergo miramur cometas, tam rarum mundi spectaculum, nondum teneri legibus certis nec initia illorum finesque notescere, quorum ex ingentibus intervallis recursus est? ... veniet tempus, quo ista, quae nunc latent, in lucem dies extrahat et longioris aevi diligentia; ad inquisitionem tantorum aetas una non sufficit ... erit qui demonstret aliquando, in quibus cometae partibus currant, cur tam seducti a ceteris errent, quanti qualesque sint. contenti simus inventis: aliquid veritati et posteri conferant. ... tota haec mundi concordia ex discordibus constat: negas cometen stellam esse, quia forma eius non respondeat ad exemplar nec sit ceteris similis? quid enim? simillima est illa, quae tricesimo anno revertitur ad locum suum, huic, quae intra annum revisit sedem suam. non ad unam natura formam opus suum praestat sed ipsa varietate se iactat, alia maiora

die Luft hervorbringt, hat kurze Dauer; es entsteht in einem sich verflüchtigenden und veränderlichen Stoff; wie vermöchte irgend etwas in der Luft lange in derselben Form zu verharren, wo die Luft selbst doch niemals längere Zeit Bestand hat? ... 2. Würde der Komet an seinem Nährstoff hängen, dann müßte er fortwährend sinken, da die Luft in Erdnähe an Dichtigkeit zunimmt: ein Komet aber steigt niemals bis ganz nach unten und nähert sich nie ganz der Erdoberfläche. Immer strebt das Feuer dorthin, wohin seine Natur es führt, nach oben, oder wohin es durch seine Substanz gerissen wird, der es verbunden ist und von der es sich nährt wie weidendes Vieh. Gewöhnliches und himmlisches Feuer kennt keine gebogene Bahn. Kreise zu ziehen ist nur dem Gestirne eigen. Ob diese Bahnform auch anderen Kometen eignete, entzieht sich meiner Kenntnis, jedenfalls haben sich die beiden in unserer Zeit erschienenen Kometen so verhalten. Sodann: Was eine zeitgebundene Ursache entzündet, verlöscht schnell.

6.

Warum wundern wir uns also, daß eine im Weltall so seltene Erscheinung sich nicht in feste Gesetze fassen läßt und ihr Anfang und Ende uns unbekannt bleibt, wo sie doch nur in gewaltigen Abständen wiederkehrt? ... Es wird noch der Augenblick kommen, wo der Lauf der Zeit und jahrhundertelange Forschung auch, was jetzt verborgen, ans Licht bringt; zur Untersuchung so gewaltiger Naturerscheinungen reicht ein Menschenleben nicht aus ... Einst wird der Mann geboren, der die Lage der Kometenbahnen, den Grund ihres Ziehens abseits von den übrigen Gestirnen, ihre Größe und Natur aufzeigen kann. Seien wir mit dem bisher Gefundenen zufrieden: auch die Nachwelt mag zur Wahrheit ihr Teil beitragen ... Die Harmonie der Welt beruht auf Disharmonie. Man behauptet, der Komet sei kein Gestirn, weil seine Gestalt, unähnlich anderen Gestirnen, keinem Urbild entspräche und doch besteht die größte Ähnlichkeit zwischen einem Stern, der erst nach dreißig Jahren zu seinem Ausgangspunkt zurückkehrt, und einem anderen, der seinen Sitz nach einjährigem Laufe wiedersieht. Nicht nach einer Gestalt formt die Natur ihr Werk, sie rühmt sich gerade der

alia velociora aliis fecit, alia validiora alia temperatiora, quaedam eduxit a turba, ut singula et conspicua procederent, quaedam in gregem misit. ignorat naturae potentiam, qui illi non putat aliquando licere, nisi quod saepius fecit: cometas non frequenter ostendit, attribuit illis alium locum, alia tempora, dissimiles ceteris motus: voluit et his magnitudinem operis sui colere, quorum formosior facies est, quam ut fortuitam putes, sive amplitudinem eorum consideres sive fulgorem, qui maior est ardentiorque quam ceteris; facies vero habet insigne quiddam et singulare, non in angustum coniecta et artata sed dimissa liberius et multarum stellarum amplexa regionem.

Nat. quaest. VII 25,3,4,7. 27,4-6

ΠΛΟΥΤΑΡΧΟΣ

1.

Καίτοι τῇ μὲν σελήνῃ βοήθεια πρὸς τὸ μὴ πεσεῖν ἡ κίνησις αὐτὴ καὶ τὸ ῥοιζῶδες τῆς περιαγωγῆς, ὥσπερ ὅσα ταῖς σφενδόναις ἐντεθέντα τῆς καταφορᾶς κώλυσιν ἴσχει τὴν κύκλῳ περιδίνησιν· ἄγει γὰρ ἕκαστον ἡ κατὰ φύσιν κίνησις, ἂν ὑπ' ἄλλου μηδενὸς ἀποστρέφηται. διὸ τὴν σελήνην οὐκ ἄγει τὸ βάρος, ὑπὸ τῆς περιφορᾶς τὴν ῥοπὴν ἐκκρουόμενον, ἀλλὰ μᾶλλον ἴσως λόγον εἶχε θαυμάζειν μένουσαν αὐτὴν παντάπασιν ὥσπερ ἡ γῆ καὶ ἀτρεμοῦσαν.

Plutarchus, de facie in orbe lunae, cap. 6. pg. 923 C.

ΠΤΟΛΕΜΑΙΟΣ

1.

. . . . . δειχθήσεται, διότι μηδ' ἡντινοῦν κίνησιν εἰς τὰ προειρημένα πλάγια μέρη τὴν γῆν οἷόν τε ποιεῖσθαι ἢ ὅλως μεθίστασθαί ποτε τοῦ κατὰ τὸ κέντρον τόπου . . . . . ὥστ' ἔμοιγε δοκεῖ περισσῶς ἄν τις καὶ τῆς ἐπὶ τὸ μέσον φορᾶς τὰς αἰτίας ἐπιζητήσειν ἅπαξ γε τοῦ, ὅτι ἥ τε γῆ τὸν μέσον ἐπέχει τόπον τοῦ κόσμου καὶ τὰ βάρη πάντα ἐπ' αὐτὴν φέρεται, οὕτως ὄντος ἐναργοῦς ἐξ αὐτῶν τῶν φαινομένων . . .

Abwechslung und schafft das eine groß, das andere schnell, das eine kräftig, das andere mäßig, nimmt das eine aus der großen Masse, um es in seiner Vereinzelnung hervorzuheben, und läßt anderes in der Menge zurücktreten. Der verkennt die Wirkkraft der Natur, der ihr nur das zu schaffen zugesteht, was sie schon oft geschaffen. Kometen läßt sie selten auftreten, an anderem Platz und zu anderer Zeit mit anderer Bewegung als die übrigen Weltkörper: sie will auch an ihnen die Größe ihres Werkes herausstellen, deren Anblick zu schön ist, um ihn für Zufall zu halten, ob man nun ihre Größe betrachtet oder ihren Glanz, stärker und leuchtender als der der übrigen Gestirne. Ausgezeichnet und einzigartig ist ihre Erscheinung, nicht eingeengt und beschränkt; sie darf sich frei ergehen und umfaßt einen Raum, den sonst nur viele Sterne zusammen einnehmen.

H. Färber und V. Stegemann

PLUTARCH VON CHAIRONEA

Den Mond sichert vor dem Herabfallen [auf die Erde] schon seine eigene Bewegung und die reißende Geschwindigkeit seines Umlaufes, wie etwas, was auf eine Schleuder aufgelegt wird, durch den raschen Umschwung verhindert wird, herabzufallen. Denn jeden Körper trägt seine natürliche Bewegung, solange er nicht durch eine andere Kraft aus seiner Richtung gebracht wird. Deswegen zieht auch den Mond seine Schwere nicht abwärts, weil der Umschwung seine Neigung zu fallen aufhebt. Man hätte vielleicht im Gegenteil Grund sich zu wundern, wenn er unverrückt an der gleichen Stelle bliebe so wie es die Erde tut.

C. Fr. Schnitzer

PTOLEMAIOS

1.

Die Erde kann unmöglich irgend eine Bewegung im Raume besitzen oder sich irgendwie aus ihrer Stellung im Mittelpunkt entfernen... Ich halte es für überflüssig, die Ursachen der Bewegung nach dem Weltmittelpunkt zu untersuchen, weil ja die Erde diesen Mittelpunkt einnimmt und sich zu ihr hin alle schweren Körper bewegen, was sich ja allenthalben deutlich zeigt. ... Hätte die Erde dieselbe Bewegung wie die anderen

εἰ δέ γε καὶ αὐτῆς ἦν τις φορὰ κοινὴ καὶ μία καὶ ἡ αὐτὴ τοῖς ἄλλοις βάρεσιν, ἔφθανεν ἂν πάντα δηλονότι διὰ τὴν τοσαύτην τοῦ μεγέθους ὑπερβολὴν καταφερομένη, καὶ ὑπελείπετο μὲν τά τε ζῷα καὶ τὰ κατὰ μέρος τῶν βαρῶν ὀχούμενα ἐπὶ τοῦ ἀέρος . . . ἀλλὰ τὰ τοιαῦτα μὲν καὶ μόνον ἐπινοηθέντα πάντων ἂν φανείη γελοιότατα.

ἤδη δέ τινες, ὥς γ' οἴονται, πιθανώτερον, τούτοις μὲν οὐκ ἔχοντες, ὅ, τι ἀντείποιεν, συγκατατίθενται, δοκοῦσι δὲ οὐδὲν αὐτοῖς ἀντιμαρτυρήσειν, εἰ τὸν μὲν οὐρανὸν ἀκίνητον ὑποστήσαιντο λόγου χάριν, τὴν δὲ γῆν περὶ τὸν αὐτὸν ἄξονα στρεφομένην ἀπὸ δυσμῶν ἐπ' ἀνατολὰς ἑκάστης ἡμέρας μίαν ἔγγιστα περιστροφήν, ἢ καὶ ἀμφότερα κινοῖεν ὁσονδήποτε, μόνον περί τε τὸν αὐτὸν ἄξονα, ὡς ἔφαμεν, καὶ συμμέτρως τῇ πρὸς ἄλληλα περικαταλήψει.

λέληθε δὲ αὐτούς, ὅτι τῶν μὲν περὶ τὰ ἄστρα φαινομένων ἕνεκεν οὐδὲν ἂν ἴσως κωλύοι κατά γε τὴν ἁπλουστέραν ἐπιβολὴν τοῦθ' οὕτως ἔχειν, ἀπὸ δὲ τῶν περὶ ἡμᾶς αὐτοὺς καὶ τῶν ἐν ἀέρι συμπτωμάτων καὶ πάνυ ἂν γελοιότατον ὀφθείη τὸ τοιοῦτον . . . ἀλλ' οὖν ὁμολογήσαιεν ἂν σφοδροτάτην τὴν στροφὴν τῆς γῆς γίγνεσθαι ἁπασῶν ἁπλῶς τῶν περὶ αὐτὴν κινήσεων ὡς ἂν τοσαύτην ἐν βραχεῖ χρόνῳ ποιουμένην ἀποκατάστασιν, ὥστε πάντα ἂν τὰ μὴ βεβηκότα ἐπ' αὐτῆς μίαν ἀεὶ τὴν ἐναντίαν τῇ γῇ κίνησιν ἐφαίνετο ποιούμενα, καὶ οὔτ' ἂν νέφος ποτὲ ἐδείκνυτο παροδεῦον πρὸς ἀνατολὰς οὔτε ἄλλα τι τῶν ἱπταμένων ἢ βαλλομένων φθανούσης ἀεὶ πάντα τῆς γῆς καὶ προλαμβανούσης τὴν πρὸς ἀνατολὰς κίνησιν, ὥστε τὰ λοιπὰ πάντα εἰς τὰ πρὸς δυσμὰς καὶ ὑπολειπόμενα δοκεῖν παραχωρεῖν.

εἰ γὰρ καὶ τὸν ἀέρα φήσαιεν αὐτῇ συμπεριάγεσθαι κατὰ τὰ αὐτὰ καὶ ἰσοταχῶς, οὐδὲν ἧττον τὰ κατ' αὐτὸν γινόμενα συγκρίματα πάντοτε ἂν ἐδόκει τῆς συναμφοτέρων κινήσεως ὑπολείπεσθαι, ἢ εἴπερ καὶ αὐτὰ ὥσπερ ἡνωμένα τῷ ἀέρι συμπεριήγετο, οὐκέτ' ἂν οὐδέτερον οὔτε προηγούμενα οὔτε ὑπολειπόμενα ἐφαίνετο, μένοντα δὲ ἀεὶ καὶ μήτε ἐν ταῖς πτήσεσιν μήτε ἐν ταῖς βολαῖς ποιούμενά τινα πλάνην ἢ μετάβασιν, ἅπερ ἅπαντα οὕτως ἐναργῶς ὁρῶμεν ἀποτελού-

schweren Körper, so würde sie diesen bei ihrer Fallbewegung wegen ihrer übermäßigen Größe vorauseilen. Es müßten dann alle Lebewesen und die losgelösten schweren Körper zurückbleiben und in der Luft schweben. ... Es wäre lächerlich, sich dergleichen überhaupt nur vorzustellen.

Manche stimmen diesen Ausführungen zwar bei (da sie davon überzeugt sind und keine Gegengründe vorbringen können), meinen aber, es sei nichts dagegen einzuwenden, wenn man den Himmel als unbewegt annehme und der Erde täglich etwa eine Umdrehung um die Weltachse von Westen nach Osten zuschreibe, oder wenn man Himmel und Erde als bewegt ansehe, aber um dieselbe Achse und mit einer gewissen gegenseitigen Überholung. Möglicherweise widersprechen die Himmelserscheinungen dieser vereinfachenden Annahme nicht. Mit Rücksicht aber auf die Erscheinungen in unserer nächsten Nähe und in der Luft mutet die Anschauung jener Leute sehr lächerlich an. ... Sie müßten uns zugeben, daß die Bewegung der Erde schneller ist als alle Bewegungen in ihrer Nähe, da sie in kurzer Zeit zu ihrem Ausgangspunkt zurückkehrt, so daß alles, was nicht fest auf ihr ruht, scheinbar die immer gleiche Bewegung — der Erddrehung entgegengesetzt — ausführen muß. Es könnte dann nie so aussehen, als bewegte sich eine Wolke oder irgend ein fliegender oder geworfener Körper nach Osten. Die Erde würde nämlich stets allem vorauseilen und die Bewegung nach Osten derart überholen, daß alles scheinbar nach Westen zurückweichen würde.

Wollte man behaupten, auch die Luft drehe sich in der gleichen Weise und ebenso rasch wie die Erde, so müßten doch die in ihr befindlichen Körper hinter der gemeinsamen Bewegung zurückbleiben. Und wollte man sich vorstellen, die Körper würden — mit der Luft gleichsam verwachsen — mit dieser herumgeführt, so müßte es keine Bewegung vorwärts oder rückwärts mehr zu geben scheinen. Die Körper müßten stets an derselben Stelle verharren und kämen weder beim Flug noch beim Wurf vor- oder

μενα ὡς μηδὲ βραδυτῆτός τινος ὅλως ἢ ταχυτῆτος αὐτοῖς ἀπὸ τοῦ μὴ ἑστάναι τὴν γῆν παρακολουθούσης.

Syntaxis mathematica I/7.

MARTIANUS CAPELLA

Venus ac Mercurius non ambiunt terram. licet generaliter sciendum cunctis orbibus planetarum eccentron esse tellurem, hoc est, non tenere medium circulorum (quod mundi centrum esse non dubium) ... advertendum, quod cum mundus eiusdem ductus rotatione unimoda torqueatur, planetae cotidie tam loca quam diversitates arripiant circulorum; nam ex his nullum sidus ex eo loco, unde pridie ortum est, elevatur, ... qui motus omnium cum mundo proveniunt et terras ortibus occasibusque circumeunt. Venus Mercuriusque licet ortus occasusque cotidianos ostendant, tamen eorum circuli terras omnino non ambiunt, sed circa Solem laxiore ambitu circulantur. denique circulorum suorum centron in Sole constituunt, ita ut supra ipsum aliquando infra plerumque propinquiores terris ferantur, a quo quidem uno signo et parte dimidia Venus disparatur. sed cum supra Solem sunt, propinquior est terris Mercurius, cum infra Solem, Venus, utpote quae orbe vastiore diffusioreque curvetur.

De nuptiis Mercurii et Philologiae pg. 854-857.

CASSIODORUS

De astronomia vero disciplina in utraque lingua diversorum quidem sunt scripta volumina; inter quos tamen *Ptolemeus* apud Graecos praecipuus habetur, qui de hac re duos codices edidit, quorum unum minorem, alterum maiorem vocavit Astronomiam. Is etiam canones, quibus cursus astrorum inveniantur, instituit; ex quibus, ut mihi videtur, climata forsitan nosse, horarum spatia comprehendere, lunae cursum pro inquisitione paschali, solis eclipsin, ne simplices aliqua

rückwärts. Dem widersprechen aber doch deutlich die Tatsachen, die keinerlei Beschleunigung oder Verzögerung durch eine Erddrehung anzeigen.

A. Kistner

MARTIANUS CAPELLA

Venus und Merkur bewegen sich nicht um die Erde, die nicht für alle Planetenbahnen den Mittelpunkt bildet, wenngleich sie unzweifelhaft der Mittelpunkt der Welt ist. Während die Welt sich stets in gleicher Weise und in derselben Zeit dreht, ändern die Planeten täglich die Örter und Kreise. Denn kein Planet geht da auf, wo er am Tage vorher aufgegangen ist. Die Planeten bewegen sich mit der Fixsternwelt um die Erde mit Aufgang und Untergang. Venus und Merkur gehen zwar täglich auf und unter, bewegen sich aber doch nicht um die Erde, sondern um die Sonne in freierer Bewegung. In der Tat haben sie die Sonne als Mittelpunkt ihrer Kreise, sodaß sie bald über ihr, bald unter ihr und der Erde näher stehen, und Venus steht von der Sonne um die eineinhalbfache Breite eines Tierkreiszeichens [45°] ab. Und wenn sie oberhalb der Sonne stehen, dann ist Merkur der Erde näher, und wenn sie unterhalb der Sonne sich befinden, dann ist die Venus uns näher, da sie in einem größeren und weiter ausgedehnten Kreise läuft.

A. Kistner, H. Balss

CASSIODOR

Über die Lehre der Astronomie liegen in beiden Sprachen von verschiedenen Gelehrten ausgearbeitete Werke vor. Unter diesen [Gelehrten] steht dennoch bei den Griechen Ptolemaios in vorzüglichem Ansehen, der über die Astronomie zwei Bücher geschrieben hat; von ihnen bezeichnete er das eine als die kleine, das andere als die große Astronomie. Derselbe verfaßte auch Handtafeln zur Ermittlung des Laufes der Sterne; aus ihnen lassen sich auch, wie es mir scheint, möglicherweise die Klimata erkennen und die Stundenlängen ermitteln; auch ist es offenbar nicht abwegig, [mit ihnen] zur Ermittlung des Ostertermins

confusione turbentur, qua ratione fiant advertere non videtur absurdum.

Cassiodori Senatoris Institutiones II 3 ed. Mynors.

den Mondlauf [und] die Sonnenfinsternis in der Art ihres Zustandekommens zu beobachten, damit die einfachen Leute nicht irgendwie ihr seelisches Gleichgewicht verlieren.

V. Stegemann

DAS MITTELALTER

ISIDORUS HISPALENSIS

Ait sanctus Augustinus in psalmi decimi expositione: „Quaeritur enim — inquit — unde habeat luna lumen. Duae tantum opiniones traduntur, sed quae sit harum verax, dubium fertur posse quemquam scire. Alii namque dicunt proprium eam habere lumen, globique eius unam partem esse lucifluam, alteram obscuram et dum moveatur in circulo suo, eandem partem, qua lucet, paulatim ad terras converti, ut videri a nobis possit, et ideo prius quasi corniculato lumine fulget. Nam et si formes pilam ex parte media candidam et ex parte obscuram, tunc eam partem quae obscura est si coram oculis habeas, nihil candoris aspicies; cum coeperis illam candidam partem paulatim ad oculos convertere, primum veluti cornua candoris videbis, dehinc sensim crescit, donec tota pars candens opponatur oculis et nihil obscurum alterius partis videatur; quam si denuo paulatim converteris, incipit obscuritas apparere et candor minui, donec iterum ad cornua redeat ac si totus candor ab oculis avertatur et sola iterum obscura pars possit videri. Quod fieri dicunt, cum lumen lunae videtur crescere usque ad quintam decimam et rursus usque tricesimam minui et redire ad cornua, donec penitus nihil in ea lucis appareat. At contra alii dicunt lunam non suo fulgere lumine sed a sole accipere lumen, sol enim illi loco superior est. Hinc evenit ut quando sub illo est, parte superiore luceat, infe-

DAS MITTELALTER

ISIDOR VON SEVILLA

Es spricht der hl. Augustinus in seiner Erklärung des zehnten Psalmes: „Es ist die Frage, woher der Mond sein Licht hat. Nur zweierlei Ansichten sind uns überkommen, aber welche von ihnen der Wahrheit entspricht, kann vielleicht niemand wissen. Die einen sagen nämlich, er habe eigenes Licht und der eine Teil seiner Kugel sende Licht aus, der andere sei dunkel und, wenn er sich in seinem Kreise bewege, dann wende sich der leuchtende Teil allmählich der Erde zu, sodaß er von uns gesehen werden könne; und so leuchte er zuerst wie ein Horn. Denn wenn man einen Ball verfertigt, der zur Hälfte weiß ist, zur Hälfte dunkel, so wird man, wenn man den Teil, der dunkel ist, vor Augen hat, keine Helle erblicken. Wenn man aber beginnt, jenen hellen Teil allmählich den Augen zuzudrehen, so wird man zuerst das Helle wie Hörner sehen, dann wird es allmählich wachsen, bis der ganze helle Teil vor Augen steht und nichts des Dunkels der anderen Seite zu sehen ist; wenn man ihn dann von Neuem dreht, so beginnt das Dunkle zu erscheinen und das Helle mindert sich, bis es wieder zu den Hörnern zurückkehrt, als ob die ganze Helle von den Augen abgewandt würde und wieder nur der dunkle Teil gesehen werden könnte. Das soll, wie sie sagen, sich ereignen, wenn das Licht des Mondes bis zum fünfzehnten Tage anscheinend wächst und sich wieder bis zum dreißigsten Tage vermindert und zu den Hörnern zurückkehrt, bis gar kein Licht mehr in ihm erscheint. Dagegen sagen die anderen, daß der Mond nicht in eigenem Lichte erglänze, sondern sein Licht von der Sonne erhalte; denn die Sonne steht höher als er. Daher kommt es, daß der Mond, wenn er unter der Sonne steht, auf seinem oberen Teile leuchtet, auf dem unteren

riore vero quam habet ad terras obscura sit. Cum vero ab illo decedere coeperit, inlustretur etiam ex ea parte quam habet ad terras incipiens a cornibus. Sicque paulatim sole longius recedente pars omnis subterior inluminatur, donec efficiatur quinta decima luna. Post dimidium autem mensem cum coeperit ex alio semicirculo propinquare soli, quanto magis a superiore parte inlustratur, tanto magis ab ea parte quam terris advertit non potest excipere radios solis et propterea videtur decrescere". Illud manifestum est et cuilibet advertenti facile cognitum, quod luna non augeatur ad oculos nostros nisi a sole recedendo neque minuatur nisi ad solem ex parte alia propinquando. Ab illo ergo accipit lumen et cum sub illo est, semper exigua est; cum vero ab illo longius abcesserit, fit ampla suoque ambitu plena. Si enim suo lumine uteretur, necesse erat semper eam esse aequalem nec die tricensima exilem fieri, et si suo lumine uteretur, huius numquam eclipsis fieret.

Ceterum quantum ad intellectum pertinet mysticum, luna huius mundi speciem tenet, quia sicut ista menstruis conpletionibus deficit, ita mundus ad conpletionem temporum currens cotidianis defectibus cadit. Luna quippe elementi sui varietate diversis cursibus desinit ut crescat, crescit ut desinat; sed ideo alternis vicibus commutationem sideris repraesentat, ut doceat homines ex ortu morituros et ex morte victuros; adque ideo cum senescit mortem corporum prodit, cum augetur aeternitatem indicat animarum. Nonnumquam vero eadem luna etiam ecclesia accipitur, pro eo quod sic ista a sole sicut ecclesia a Christo inluminatur. Sicut enim luna crescit adque deficit, ita ecclesia defectus habet et ortus. Frequenter enim defectibus suis crevit et his meruit

Teile aber, der der Erde zugewandt ist, dunkel ist. Wenn er beginnt, sich von der Sonne zu entfernen, dann wird er auch an dem Teile beleuchtet, der der Erde zugewendet ist, und zwar mit Hörnern beginnend. Und indem er sich so allmählich weiter von der Sonne entfernt, wird dann der ganze untere Teil beleuchtet werden, bis der Mond im fünfzehnten Tage steht. Nach einem halben Monate aber, wenn er beginnt, sich auf dem anderen Halbkreise der Sonne zu nähern, wird, je mehr der obere Teil erleuchtet wird, der der Erde zugewandte Teil um so weniger die Strahlen der Sonne empfangen, und deswegen sieht es so aus, als ob er abnehme." Das ist nun klar und für jeden, der es beobachtet, leicht erkennbar, daß der Mond vor unseren Augen nur wächst, wenn er sich von der Sonne entfernt, und nur abnimmt, wenn er sich der Sonne von der anderen Seite her nähert. Von ihr also empfängt er sein Licht und, wenn er unter ihr steht, ist er immer nur klein; wenn er sich aber weiter von ihr entfernt,, wird er größer und in seinem Umlaufe voll. Wenn er aber sein eigenes Licht hätte, so müßte er immer gleich und nicht am dreißigsten Tage klein werden; und wenn er eigenes Licht hätte, würde niemals eine Mondfinsternis eintreten.

Was im übrigen die symbolische Bedeutung betrifft, so bietet der Mond das Bildnis dieser Welt; denn wie er sich in monatlichen Erfüllungen erschöpft, so zerfällt auch die Welt, indem sie der Erfüllung der Zeiten zuläuft, in täglichen Mängeln. Der Mond nimmt durch die Verschiedenheiten seines Elementes in verschiedenen Läufen ab, um wieder zu wachsen, und er wächst, um abzunehmen; so stellt er in abwechselnden Läufen die Wandlung des Gestirnes dar, um die Menschen zu lehren, daß sie aus dem Entstehen sterben und aus dem Tode leben werden; und wenn er altert, zeigt er den Tod des Körpers, wenn er wächst, die Ewigkeit der Seele an. Gelegentlich wird der Mond auch als Gleichnis der Kirche angesehen und zwar deswegen, weil, wie er von der Sonne, so die Kirche von Christus erleuchtet wird. Wie nämlich der Mond wächst und abnimmt, so hat auch die Kirche ihre Unter- und Aufgänge. Oft nämlich wächst sie an ihren Schäden und verdankt ihnen ihre Er-

ampliari, dum persecutionibus minuitur et confessorum martyrio cornonatur. Item sicut luna larga est roris et dux humentium substantiarum, ita ecclesia baptismi et praedicationum: et quemadmodum luna crescente omnes fructus crescunt adque ea minuente minuuntur; non aliter intellegimus et ecclesiam, in cuius incremento proficimus cum ipsa. Cum vero persecutionem patitur et minuitur, et nos cum illa patimur et minuimur...

De natura rerum liber, cap. XVIII.

ΣΤΕΦΑΝΟΣ Ὁ ΦΙΛΟΣΟΦΟΣ

Περὶ τῆς μαθηματικῆς τέχνης

Ἐπειδήπερ ἡ τοῦ καιροῦ φορὰ καὶ τὸ τοῦ χρόνου παλίμβολόν τινα μὲν ἐνίοτε τῶν μαθημάτων παρεισάγουσι, τινὰ δὲ καὶ παντελεῖ λήθῃ συγκαλύπτουσι, καὶ τοῦτο διττῶς, ἢ παρὰ πᾶσιν ὁμοίως ἢ ἔν τισι πόλεσιν, ἐγὼ δὴ ἐκ Περσίας τῇ εὐδαίμονι ταύτῃ πόλει ἐπιφοιτήσας καὶ τὸ ἀστρονομικόν τε καὶ ἀστρολογικὸν μέρος τῆς φιλοσοφίας εὑρὼν ἐν ταύτῃ κατασβεσθέν, δεῖν ᾠήθην, ὦ φίλτατε καὶ λογιώτατε παῖ Θεοδόσιε, πρόχειρον τὴν τοιαύτην διδασκαλίαν ἐκθέσθαι καὶ ἀναζωπυρῆσαι τὸ τοιοῦτον ἀξιέραστον μάθημα, ἵνα μὴ συναπαχθῶ καὶ συναρίθμιος γένωμαι τοῖς τὸ τάλαντον κρύπτουσιν. ὅπερ παρεωράθη μὲν ἐνταῦθα διὰ τὸ δυσχερὲς τῆς τῶν κανονίων ἐκθέσεως καὶ τὸ λογίζεσθαι τινὰς ἐφάμαρτον εἶναι.

τοῦ Στεφάνου φιλοσόφου περὶ τῆς μαθηματικῆς τέχνης καὶ περὶ τῶν χρησαμένων ἐθνῶν ταύτῃ nach cod. Marc. 335 f. 25, S. XV. herg. von Fr. Cumont im Catalogus codd. astrolog. Graecor. II, 181, 8 ff.

Περὶ τῶν χρησαμένων ἐθνῶν ταύτῃ τῇ τέχνῃ

Πρῶτος, ὡς ἀνέγνωμεν, Σὴθ ἐχρήσατο τῇδε τῇ τέχνῃ. ἐξ οὗ παρέλαβον οἱ Χαλδαῖοι ταύτην. εἶτα ἐξ αὐτῶν μετῆλθεν ἐπὶ τοὺς Πέρσας· καὶ ἀπὸ τούτων ἐπὶ τοὺς Ἕλληνας· ἐξ ὧν μετέβη ἐπὶ τοὺς Αἰγυπτίους· ἀφ' ὧν καὶ οἱ Ῥωμαῖοι

weiterung, wenn sie durch Verfolgung gemindert und durch das Martyrium ihrer Bekenner gekrönt wird. Ebenso wie der Mond reich an Tau und Führer der feuchten Stoffe ist, so ist die Kirche der Führer zur Taufe und zum Preisen; und wie beim Wachsen des Mondes die Früchte wachsen und, wenn er abnimmt, selbst wieder kleiner werden, so ist es auch, wie wir sehen, bei der Kirche: wenn sie wächst, so gedeihen wir mit ihr. Wenn sie aber Verfolgungen erleidet und kleiner wird, so leiden auch wir mit ihr und werden kleiner ...

H. Balss

STEPHANOS DER PHILOSOPH

1. Von der mathematischen Kunst

Da nun einmal der Lauf der Zeit und deren Wankelmut zuweilen eine Wissenschaft einführt, eine andere aber unter völligem Vergessen verbirgt, und dies in zwiefacher Weise, nämlich entweder überall zugleich oder nur in einigen Städten, so habe ich, der ich aus Persien in diese wohlhabende [glückliche] Stadt zugewandert bin und die Astronomie und Astrologie genannten Teile der Philosophie in dieser Stadt völlig ausgelöscht fand, geglaubt, man sollte, mein lieber und hochgelehrter Sohn Theodosios, eine derartige Lehre handlich zusammengefaßt herausgeben und eine solche liebenswerte Wissenschaft von neuem beleben, damit ich nicht fortgerissen und eingereiht werde in die Zahl derer, ‚die ihre Pfund vergraben'. Diese Wissenschaft wurde dort unbeachtet übergangen, weil die Erklärung der [astronomischen] Tafeln sehr schwierig ist und ihre Berechnung zu Fehlern Anlaß gibt.

2. Von den Völkern, die die mathematische Kunst pflegten

Der erste, der diese Kunst trieb, war, wie wir lesen, *Seth*. Von ihm übernahmen sie die *Chaldäer*, dann wanderte sie zu den *Persern* und von diesen zu den *Griechen*. Von ihnen gelangte sie zu den *Ägyptern*. Von diesen wurden dann die *Römer*

ἐμυήθησαν. εἶτα τελευταῖον προσέλαβον ταύτην οἱ Ἀγαρηνοί. καὶ τὰ εἰρημένα γένη ἅπαντα, ἕως ταύτῃ ἐχρῶντο, σχεδὸν κοσμοκρατορικὰς καὶ νικητείρας εἶχον τὰς δυναστείας. διὰ ταῦτα τοίνυν δεῖν ᾠήθην τὸ βιωφελὲς τοῦτο μάθημα ἀνακαινίσαι παρὰ Ῥωμαίοις καὶ ἐμφυτεῦσαι τοῖς Χριστιανοῖς, ἵνα μηκέτι τούτου εἰς τὸ διηνεκὲς ὑστερῶνται.

Fbda p. 182, 25 ff.

ΘΕΟΔΩΡΟΣ Ο ΜΕΛΙΤΗΝΙΩΤΗΣ

Aus dem 1. Buch:

Τί ἐστιν ἀστρονομία καὶ παρὰ τίνων εὑρεθεῖσα το ἐξ ἀρχῆς ἦλθεν εἰς Ἕλληνας ὕστερον. τίς τε ὁ σκοπὸς τῆς Μαθηματικῆς καὶ Μεγάλης Συντάξεως καὶ τί τῶν ἐν αὐτῇ τρισκαιδέκα βιβλίων ἑκάστη διέξεισιν.

Κεφάλαιον πρῶτον. Ἀστρονομία ἐστὶν ἐπιστήμη περὶ τὰ οὐράνια σώματα καταγιγνομένη τέλος ἔχουσα τὸ γνῶναι τὰς κινήσεις αὐτῶν. ἔτι δὲ ἀστρονομία ἐστὶ γνῶσις ποσοῦ συνεχοῦς ἀεικινήτου. σφαιρικὴ δὲ καὶ ἀστρονομία καλεῖται παρονομασθεῖσα ἔκ τε τῆς πρώτης καὶ τιμιωτέρας σφαιρικῆς θεωρίας τῆς πάντα περιεχούσης οὐρανίου σφαίρας καὶ ἐκ τῶν ἐν αὐτῇ ἀστέρων, θεῖον τῷ ὄντι καὶ κάλλιστον οὖσα μάθημα, ἅτε δὴ καὶ περὶ τὰ θεῖα κατανοουμένη καὶ τὰ οὐράνια καὶ μόνη καθ' ἅ φησι Πτολεμαῖος ἐν τῷ τοῦ πρώτου πρώτῳ τῆς Μεγάλης Συντάξεως περὶ τὴν τῶν ἀεὶ καὶ ὡσαύτως ἐχόντων ἐπίσκεψιν ἀναστρεφομένη, διὰ τοῦτό τε οὖσα δυνατὴ καὶ αὐτὴ περὶ τὴν οἰκείαν κατάληψιν, οὔτε ἄδηλον οὔτ' ἄτακτον οὖσαν, ἀεὶ καὶ ὡσαύτως ἔχειν, ὅπερ ἐστὶν ἴδιον ἐπιστήμης.

εὕρηταί γε μὴν τὸ τοιοῦτον ὑπέρσεμνον ὄντως μάθημα παρὰ τῶν τοῦ Σήθ, ἑνὸς τῶν υἱῶν Ἀδάμ, ἀπογόνων, ὡς ὅ τε παλαιὸς ἐκ πατέρων λόγος ἔχει καὶ ἀληθῶς ἔχει. καὶ μέντοι καὶ Ἰώσηπος φιλαλήθης ἀνὴρ ἐν τῇ πρώτῃ τῶν ἱστοριῶν ἀρχαιολογίᾳ συγγράφεται. μιμηταὶ γὰρ οὗτοι τοῦ ἑαυτῶν γεγονότες γεννήτορος σοφίαν μὲν

eingeweiht. Schließlich übernahmen sie die *Sarazenen.* Alle die genannten Völker hatten, solange sie diese Wissenschaft pflegten, Reiche inne, die fast Weltherrschaften waren und siegreich. Deswegen glaubte ich, diese zum Leben nützliche Wissenschaft bei den Römern erneuern und zu den Christen verpflanzen zu müssen, damit sie nicht mehr auf ewig darin zurückbleiben.

V. Stegemann

THEODOR VON MELITENE

Was die Astronomie ist, von welchen Gelehrten sie ursprünglich entdeckt wurde und wie sie hernach zu den Griechen kam. Das Ziel der großen mathematischen Syntaxis und der Inhalt jedes ihrer 13 Bücher.

Die Astronomie ist die Wissenschaft von den Himmelskörpern mit dem Ziel, deren Bewegungen kennen zu lernen; die Astronomie ist ferner Kenntnis einer zusammenhängenden, in ewiger Bewegung befindlichen Größe. Sphärisch auch heißt die Astronomie aus der obersten und vornehmsten Wissenschaft von der Kugel, die die alles umfassende Himmelskugel zum Gegenstand hat, sowie von den Sternen an ihr: in der Tat ist dies ein göttlicher, also sehr schöner wissenschaftlicher Gegenstand, da sie über das Göttliche und das Himmlische nachsinnt und — nach den Worten des Ptolemaios im 1. Kapitel des 1. Buches seiner Großen Syntaxis — allein in der Betrachtung des immer in gleicher Weise sich Verhaltenden verweilt. Die Astronomie ist daher auch ihrerseits befähigt zu dem eigenen Erfassen sich immer in gleicher Weise zu verhalten, da sie weder unklar noch ungeordnet ist —: das eigentliche Kennzeichen jeder Wissenschaft.
Erfunden wurde in der Tat diese wirklich übererhabene Wissenschaft von den Nachkommen des *Seth*, eines der Söhne Adams, wie es in einer alten Überlieferung der Väter dargestellt wird; und es verhält sich tatsächlich so: denn auch *Josephus*, ein verläßlicher Historiker, erzählt dies im 1. Buch seiner Archäologie. Denn in der Nachahmung ihres

τὴν περὶ τὰ οὐράνια καὶ τὴν τούτων διακόσμησιν ἐπενόησαν, πρῶτοι γραμμάτων ἐφευρόντες τύπους καὶ τὰ σημεῖα τοῦ οὐρανοῦ καὶ τὰς τροπὰς τοῦ ἐνιαυτοῦ καὶ τὰς ἑβδομάδας καὶ τοῖς ἀπλανέσι τῶν ἀστέρων ἐπιθέντες ὀνόματα καὶ τοῖς πλανωμένοις. ὑπὲρ δὲ τοῦ μὴ διαφυγεῖν τοὺς ἀνθρώπους τὰ εὑρημένα, μηδὲ πρὶν εἰς γνῶσιν ἐλθεῖν φθαρῆναι, προειρηκότος 'Αδὰμ ἀφανισμὸν ἔσεσθαι τῶν ὅλων, τὸν μὲν κατ' ἰσχὺν πυρός, τὸν ἕτερον δὲ κατὰ βίαν καὶ πλῆθος ὕδατος, στήλας ποιησάμενοι δύο, τὴν μὲν ἐκ πλίνθου, τὴν ἑτέραν δὲ ἐκ λίθου, ἀμφοτέραις τὰ εὑρημένα ἐνέγραψαν, ἵνα τῆς πλινθίνης ὑπὸ τῆς ἐπομβρίας ἀφανισθείσης ἡ λιθίνη μείνασα ἅπαντα δοίη τοῖς ἀνθρώποις μαθεῖν τὰ ἐγγεγραμμένα δηλοῦσα καὶ πλινθίνην ὑπ' αὐτῶν ἀνατεθῆναι. ἣν δὴ καὶ μένειν κατὰ τὴν Συριάδα γῆν ἄχρις ἐκείνου φησί, λέγω δὴ τὴν λιθίνην.

τῆς δὲ γῆς ἐπομβρίᾳ κατακλυσθείσης καὶ μόνου Νῶε περισωθέντος, ἀρχηγοῦ τε καταστάντος δευτέρου κόσμου καὶ δὴ τῶν ἀπ' ἐκείνου διὰ τὴν ἣν ἐπενόησαν τόλμαν οἰκοδομοῦντες τὸν πύργον συγχυθέντων τὴν γλῶτταν, ἅτε δὴ κακῶς καὶ ἀθέως ὁμοφωνούντων, μόνος 'Α ρ φ α ξ ὰ δ τὴν οἰκείαν διατηρήσας Χ α λ δ α ί ω ν πρόγονος ἐχρημάτισεν. οἱ δὲ φύσεως ἀγαθῆς γεγονότες καὶ τἀπὶ τῆς λιθίνης στήλης εὑρηκότες ἐγγεγραμμένα τὴν τῶν οὐρανίων συνεγράψαντο ἐπιστήμην, τοσοῦτον θαυμασθέντες παρὰ πᾶσιν ἐπὶ σοφίᾳ, ὥστε καὶ τοὺς αὐτῶν φιλοσόφους περὶ ἀστρονομίαν τὸ πλέον ἔχοντας καὶ γενεθλιαλογεῖν ἤδη προσποιουμένους Χαλδαίους προσαγορεύεσθαι Στράβων γεωγραφῶν φησι, τῷ κοινῷ τοῦ γένους ὀνόματι κατ' ἐξοχὴν ὀνομαζομένους, οἰκοῦντας μὲν τῆς Βα-

eigenen Vaters machten sie sich Gedanken über die Wissenschaft von den Himmelskörpern und deren Ordnung; sie erfanden [entdeckten] die Formen der Bilder und die Zeichen am Himmel und die Wenden des Jahres und die Wochen und gaben den Fixsternen und Irrsternen ihre Namen. Nun sollten den Menschen diese Entdeckungen keinesfalls verloren gehen und vernichtet werden, ehe sie in den Besitz dieser Kenntnisse kamen: hatte ihnen doch *Adam* von dem kommenden Untergang des Alls gesprochen, der einmal durch die Gewalt eines Brandes, das andere Mal durch eine ungeheuerliche riesige Flut eintreten werde. Daher erstellten sie zwei Säulen, die eine aus Ziegelstein, die andere aus Naturstein, und gruben in beide ihre Entdeckungen ein: Wenn die Ziegelsteinsäule unter der Einwirkung der starken Überschwemmung verschwunden wäre, so sollte die erhaltene Natursteinsäule den Menschen die Kenntnis der eingegrabenen Entdeckungen ermöglichen und sie zur Neuaufstellung der Ziegelsteinsäule veranlassen. Josephus erzählt, daß tatsächlich in Syrien bis auf seine Zeit die steinerne Säule erhalten geblieben sei.

Dann kam die Flut und überschwemmte die Erde und nur Noe überstand die Katastrophe. Er wurde der Ahnherr einer zweiten Welt und, als dann seine Nachkommen ob des von ihnen ersonnenen verwegenen Turmbaus die Sprachenverwirrung erleiden mußten, da sie, als sie eine Sprache hatten, in schlechter und gottloser Weise miteinander redeten, wurde einzig *Arphaxad* durch Bewahrung seiner Sprache der Stammvater der Chaldäer. Die Chaldäer entstammten guter Natur. Nachdem sie die Inschrift auf der Steinsäule entdeckt hatten, stellten sie die Wissenchaft von den Himmelskörpern in eigenen Werken dar. Ob ihrer Weisheit wurden sie bei allen [Völkern] so bewundert, daß nach der Mitteilung des Geographen Strabon auch ihre Philosophen, da sie von Astronomie noch mehr verstanden und zudem das Horoskop stellen zu können sich anmaßten, als Chaldäer bezeichnet wurden, d. h. sie im besonderen wurden mit dem gemeinsamen Namen ihres Volkes benannt.

βυλωνίας χώραν αὐτοῖς εἰς κατοικίαν ἀφωρισμένην, πλησιάζουσαν τοῖς τε Ἄραψι καὶ τῇ κατὰ Πέρσας λεγομένῃ θαλάσσῃ, εἰς πλείω δὲ γένη διῃρημένους καὶ τοὺς μὲν Ὀρχηνούς, τοὺς δὲ καλουμένους Βορσιππηνοὺς καὶ ἄλλους ἄλλως ὡσὰν κατὰ αἱρέσεις ἄλλα καὶ ἄλλα περὶ τῶν αὐτῶν ἔχοντας δόγματα. ἐν οἷς ἄλλοι τε πλεῖστοι γεγόνασιν ἀξιόλογοι ἄνδρες καὶ μάλιστα Ζωροάστρης καὶ μετ' ἐκεῖνον Ὀ<σ>τάνης. ὅ τε Κιδηνᾶς καὶ ὁ Ναβουριανὸς καὶ σὺν αὐτοῖς ὁ Σουδῖνος· ἀλλὰ καὶ Σέλευκος ἀπὸ Σελευκίας Χαλδαῖος καὶ οὗτός ἐστιν.

ἐκ τούτων τὸ παλαιὸν ὁ μέγας γενόμενος Ἀβραὰμ καὶ πρῶτος θεὸν τῶν ὅλων δημιουργὸν ἐγνωκὼς τοῖς τε τῆς γῆς καὶ θαλάσσης παθήμασι καὶ τοῖς περὶ τον Ἥλιον καὶ Σελήνην καὶ πᾶσι τοῖς κατ' οὐρανὸν συμβαίνουσι συλλογισάμενος· καὶ τούτῳ δὴ προσδραμὼν ἑτοίμως καλοῦντι καὶ εἰς Αἴγυπτον ἀκολουθήσας κατάγοντι κἀκεῖ τοῖς λογιωτάτοις Αἰγυπτίων διαφόροις ἔθεσιν ἀρεσκομένοις καὶ τὰ παρ' ἀλλήλοις ἐκφαυλίζουσι νόμιμα καὶ διὰ τοῦτο δυσμενῶς πρὸς ἀλλήλους ἔχουσι συντυχὼν ἑκάστοις αὐτῶν διαπτύει μέν, οὓς ἐποιοῦντο λόγους περὶ τῶν ἰδίων κενοὺς καὶ μηδὲν ἔχοντας ἀληθὲς ἀποφαίνων. θαυμασθεὶς δὲ παρ' αὐτῶν ἐν ταῖς συνουσίαις ὡς συνετώτατος καὶ δεινὸς ἀνήρ, οὐ νοῆσαι μόνον, ἀλλὰ καὶ πεῖσαι, λέγων περὶ ὧν ἂν ἐπιχειρήσειε διδάσκειν, τήν τε ἀριθμητικὴν αὐτοῖς χαρίζεται καὶ τὰ περὶ ἀστρονομίας παραδίδωσιν. οὗτοι δὲ γνωριμώτατοι διὰ σοφίαν ἐν πᾶσι γενόμενοι καὶ τὸν Ἑρμῆν, ὃν δὴ καὶ Τρισμέγιστον ὠνομάσθαι φασίν, ἄνδρα τῶν ἐν αὐτοῖς ἄκρων ἐν μαθηματικῇ, πολλούς τε σὺν ἐκείνῳ καὶ ἄλλους Αἰγύπτου παῖδας τοὺς κεκλημένους παρ' ἐκείνοις προφήτας ἔσχον, οὐκ ἀθαύμαστον παρὰ πᾶσιν ἐπὶ παιδείᾳ

Sie bewohnten das Land Babylon, das ihnen zur Ansiedlung zugewiesen war und an die Araber und an das nach den Persern zubenannte Meer grenzte, und sie trennten sich in mehrere Gruppen, von denen die einen Orchenen, die andern Borsippenen und andere wieder anders genannt wurden, ganz wie sie nach Schulen andere und wieder andere Lehrmeinungen über dieselben Gegenstände ausgebildet hatten. Aus ihnen gingen wieder andere, besonders erwähnenswerte Männer hervor, vor allem *Zoroastres* und nach ihm *Ostanes*, dann *Kidenas* und *Naburianos* und mit ihnen *Sudinos;* aber auch *Seleukos* aus Seleukeia ist einer von diesen Chaldäern.

Nach ihnen hatte in alter Zeit der große *Abraham* als erster am Naturgeschehen zu Wasser und zu Lande Gott als Schöpfer des Alls erkannt und sich von ihm auf Grund der Vorgänge an Sonne und Mond und an allen andern Himmelskörpern eine Vorstellung gemacht. Nachdem er zu diesem [= Gott], der ihn rief, bereitwillig übergetreten, und ihm, der ihn nach *Ägypten* hinabführte, gefolgt war und mit den gelehrtesten Ägyptern, die Gefallen an den verschiedenartigen Bräuchen fanden und gegenseitig ihre Sitten verunglimpften und daher untereinander im Zustand reiner Feindschaft lebten, persönlichen Verkehr aufgenommen hatte [und zwar mit jedem einzelnen von ihnen], behandelte er ihre Anschauungen über ihre Gottheiten recht geringschätzig und wies sie ihnen als nichtig und der Wahrheit entbehrend nach. Sie ihrerseits bewunderten ihn in den Zusammenkünften als einen außerordentlich klugen und bedeutenden Mann, fähig, nicht nur zu denken, sondern auch zu überzeugen, wenn er über irgendwelche Gegenstände, über die er sie belehren wollte, sprach, und er beglückte sie mit der Rechenkunst und überlieferte ihnen das sternkundliche Wissen. So wurden sie um ihrer Weisheit willen sehr berühmt [bekannt]. Und *Hermes*, nach ihnen *Trismegistos* zubenannt, einer ihrer bedeutendsten Mathematiker, sowie zahlreiche andere Kinder Ägyptens ehrten sie als Propheten, wie sie bei ihnen genannt werden; so gewannen sie, die zuerst dem Abraham, dem Urahn und in Wahrheit weisen Chaldäer, als Schüler zu Füßen gesessen hatten, wegen ihrer Bildung überall einen nicht zu unter-

λαχόντες ὄνομα, οἱ τὸ πρῶτον Ἀβραὰμ τῷ προπάτορι καὶ Χαλδαίῳ τῷ ὄντι σοφῷ μαθητεύσαντες. πρὸ γὰρ τῆς αὐτοῦ παρουσίας εἰς Αἴγυπτον τούτων ἀμαθῶς εἶχον φησίν.
Ἐκ Χαλδαίων δὲ ταῦτ' ἐφοίτησεν εἰς Αἴγυπτον, ὅθεν ἦλθε καὶ εἰς τοὺς Ἕλληνας. Πυθαγόρας γὰρ ὁ Μνησάρχου ὁ Σάμιος καὶ Φερεκύδης ὁ Σύριος καὶ Ἀναξαγόρας ὁ Ἡγησιβούλου ὁ Κλαζομένιος, ἔτι τε Θαλῆς ὁ Μιλήσιος καὶ Σόλων ὁ τῶν Ἀθήνησι νόμων εὑρετὴς καὶ δὴ (codd. μὲν) καὶ Πλάτων ὁ τοῦ Ἀρίστωνος ἄχρι καὶ τῆς Αἰγυπτίων φιλομαθίας χάριν παρελθόντες καὶ παρ' αὐτῶν διδαχθέντες τὴν μαθηματικὴν τοῖς ἄλλοις παραδεδώκεσαν ἐπιστήμην.
καὶ δὴ πολλοὶ μὲν ἐν Ἕλλησι καὶ ἄλλοι γεγόνασι τὴν τοιαύτην εἰς ἄκρον ἐξασκήσαντες θεωρίαν καὶ Χαλδαίους πολλῷ τῷ μέσῳ καὶ Αἰγυπτίους ὑπερβαλόντες καὶ μάλιστα πάντων ὁ πάντων μάλιστα φιλόπονός τε καὶ φιλαλήθης ἀνὴρ Ἵππαρχος, ᾗ φησι Πτολεμαῖος, καὶ μέντοι Πάππος τε καὶ Θέων, οἱ Πτολεμαϊκοὶ φάναι διάδοχοι.

ὁ δὲ δὴ Κλαύδιος οὑτοσὶ Πτολεμαῖος καὶ Πτολεμαΐδος μὲν ἐκφὺς τῆς ἐν Θηβαΐδι καλουμένης Ἑρμείου (codd., Ἑρμείῳ Usener), Αἰλίῳ δὲ Ἀντωνίνῳ βασιλεῖ Ῥωμαίων σύγχρονος γεγονώς, κατὰ πάντων τὰ πρῶτ φέρεται. πάσης μέν, ὡς αὐτὸς γράφων ἐν πρώτοις παραδηλοῖ, μαθηματικῆς θεωρίας ἐπιμεληθείς, ἐξαιρέτως δὲ τῆς περὶ τὰ θεῖα κατανοουμένης καὶ τὰ οὐράνια καὶ ταὐτὸν ἐν τρισὶ καὶ δέκα τοῖς τῆς Μαθηματικῆς καὶ Μεγάλης Συντάξεως κάλλιστά τε καὶ ὑψηλότατα παραδοὺς βιβλίοις καὶ μὴν καὶ μετὰ τοσῆσδε τῶν ὀνομάτων εὐγενείας καὶ χάριτος καὶ ῥυθμοῦ καὶ τόνου ὡς ὑπερβάλλειν σχεδὸν τοὺς ὁρμωμένους ἐντεῦθεν καὶ γλώττης μόνον ἀττικιζούσης δοκεῖν φροντίζειν. ἣ δὴ καὶ μεγάλη καλεῖσθαι μόνη τῶν ἁπασῶν ἐκληρώσατο διά τε τὴν σεμνότητα καὶ τἀξίωμα τῶν ὑψηλῶν καὶ μεγάλων λόγων τῶν ἐν αὐτῇ περὶ τὴν κατ' οὐρανὸν θεωρίαν ἔχουσα τὸν σκοπόν.

schätzenden Namen. Sollen sie doch vor Abrahams Auftreten in Ägypten in diesen Dingen ganz unkundig gewesen sein.

Diese Kenntnisse wanderten also von den Chaldäern nach Ägypten, von wo sie auch nach *Griechenland* gelangten. *Pythagoras*, der Sohn des Mnesarchos, aus Samos, *Pherekydes* von Syros und *Anaxagoras*, des Hegesibulos Sohn, aus Klazomenai, ferner *Thales* aus Milet, der athenische Gesetzgeber *Solon* und vor allem *Platon*, der Sohn des Ariston, gelangten in ihrer Lernbegierde auch bis nach Ägyptenland. Sie ließen sich bei ihnen in der Mathematik unterweisen und übermittelten den andern diese Wissenschaft.

Und wirklich, noch viele andere Männer standen bei den Griechen auf, die solch herrliche Wissenschaft bis zur Vollendung ausarbeiteten und Chaldäer wie Ägypter in der langen, dazwischenliegenden Zeit [erheblich] übertrafen. Besonders ragt unter ihnen allen der ungemein arbeitsame und wahrheitsliebende *Hipparch*, wie Ptolemaios sagt, hervor, dazu *Pappos* und *Theon*, die Nachfolger gewissermaßen des Ptolemaios.

Dieser *Klaudios Ptolemaios* war in Ptolemaïs mit dem Zunamen Hermiu in der Thebais geboren als Zeitgenosse des römischen Kaisers Aelius Antoninus und steht im Urteil aller an der höchsten Stelle. Er befaßte sich intensiv, wie er selbst in den einleitenden Worten seiner Schriften wie nebenbei erzählt, mit jedem Gebiet der mathematischen Wissenschaft, besonders aber mit der, die über die göttlichen wie himmlischen Dinge nachsinnt, und überlieferte gleichermaßen seine Anschauungen in den 13 Büchern seiner Mathematischen Großen Syntaxis in der schönsten und erhabensten Weise und vor allem mit so entwickeltem Gefühl für das Edle, die Anmut, den Rhythmus und den Ton des Wortes, daß er die von hier ausgehenden Schriftsteller zu übertreffen und sich allein um eine atticierende Sprache zu bemühen scheint. Das Werk wurde allein unter allen das Große genannt wegen der Feierlichkeit und Würde der erhabenen und großen Worte, die in ihm gebraucht sind; denn es hat sein Ziel in der Darlegung der Wissenschaft von den Himmelskörpern.

Περιέχει γὰρ ἐν μὲν τοῖς πρώτοις δυσὶ βιβλίοις τήν τε καθόλου τῆς γῆς ὅλης σχέσιν πρὸς ὅλον τὸν οὐρανὸν καὶ τὸν λόγον τὸν περὶ τῆς τοῦ λοξοῦ κύκλου θέσεως καὶ τῶν τόπων τῆς καθ' ἡμᾶς οἰκουμένης, ἔτι τε τῆς πρὸς ἀλλήλους αὐτῶν καθ' ἕκαστον ὁρίζοντα παρὰ τὰς ἐγκλίσεις γινομένης ἐν ταῖς τάξεσι διαφορᾶς. ἐν δὲ τῷ τρίτῳ βιβλίῳ τὴν ἡλιακὴν κίνησιν, ἐν δὲ τῷ τετάρτῳ καὶ πέμπτῳ τὴν σεληνιακήν, ἐν δὲ τῷ ἕκτῳ τὰ ταύταις ἐπισυμβαίνοντα, συνοδικάς τέ φημι καὶ πανσεληνιακὰς συζυγίας καὶ τοὺς ἄλλους, οὓς πρὸς τὸν Ἥλιον ἡ Σελήνη ποιεῖται σχηματισμούς, ἔτι γε μὴν καὶ τὰς ἐκλειπτικὰς φαντασίας τε καὶ παθήματα. ἐν δὲ τῷ ἑβδόμῳ καὶ ὀγδόῳ τὰ περὶ τῆς τῶν ἀπλανῶν καλουμένων σφαίρας, ἐν δὲ τοῖς λοιποῖς πέντε βιβλίοις τὰ περὶ τῶν πέντε πλανήτων προσαγορευομένων. ἕκαστα δὲ τούτων, ὥς φησιν ἐν τῷ τοῦ πρώτου δευτέρῳ, δείκνυσιν ὁ σοφὸς Πτολεμαῖος, ἀρχαῖς μὲν καὶ ὥσπερ θεμελίοις εἰς τὴν ἀνεύρεσιν χρώμενος τοῖς ἐναργέσι φαινομένοις καὶ ταῖς ἀδιστάκτοις τῶν τε πρὸ ἐκείνου καὶ τῶν κατ' ἐκεῖνον τηρήσεων. τὰς δ'ἐφεξῆς τῶν καταλήψεων ἐφαρμόζων διὰ τῶν ἐν ταῖς γραμμικαῖς ἐφόδοις ἀποδείξεων.

Theodorus Meliteniota, Ἀστρονομικὴ τρίβιβλος I c. 1 (nach Catal. codd. astrolog. Graecor. V 3, 139-142 ed. J. Heeg).

Aus dem 3. Buch.

Κεφάλαιον πρῶτον. Προδιάληψις ὁλοσχερὴς τῶν ὀφειλόντων προϋποκεῖσθαι.

Περὶ τῶν κατὰ τὸ κεφαλαιῶδες ὀφειλόντων προδιαληφθῆναι χρὴ προδιαλαβεῖν. τὰ δ' ἐστὶν ὅτι Πέρσαι τε καὶ πρὸ τούτων Ἄραβες παρ' Ἑλλήνων καὶ τῆς τοῦ θαυμαστοῦ Πτολεμαίου βίβλου τὴν περὶ τὰ θεῖα κατανοουμένην καὶ τὰ οὐράνια θεωρίαν διαδεξάμενοι, ταὐτὸν δ' εἰπεῖν, καὶ τὰ τῶν μαθημάτων λοιπὰ καὶ τοῦτο Πέρσαι φασὶ καὶ Ἄραβες μετὰ θαύματος τοῦ ἀνδρὸς μεμνημένοι τὴν ἐκείνου τε βίβλον ἀποσεμνύνοντες, μυζαστὶ καλοῦντες αὐτὴν καὶ πολλὰ

Dieses Werk behandelt in seinen zwei ersten Büchern die allgemeinen Umrisse der ganzen Erde im Verhältnis zum ganzen Himmel und die Beziehungen, die zwischen der Lage des Schrägkreises [der Ekliptik] und den von uns bewohnten Gegenden bestehen; weiterhin enthalten sie eine Darlegung über den Unterschied zueinander, die für einen jeden Horizont wegen [infolge] der Neigungsabweichungen in den Lagen [Zonen] entsteht. Im dritten Buch werden die Sonnenbewegung, im vierten und fünften die des Mondes und im sechsten die mit diesen [Bewegungen] verknüpften Nebenerscheinungen behandelt, nämlich die neumondlichen und vollmondlichen Syzygien und die andern Stellungen, die der Mond zur Sonne einnimmt, dazu noch die Finsterniserscheinungen [der Sonne] und die Mondfinsternisse. Das siebente und achte Buch handeln von der Sphäre der sog. Fixsterne, die restlichen fünf Bücher enthalten die Theorie der fünf sog. Wandelsterne. Jede einzelne von den angeführten Tatsachen beweist der weise Ptolemaios, wie er im zweiten Teile des ersten Buches erklärt, indem er als Ausgangspunkt und gewissermaßen als Fundament für das Auffinden [einer Erklärung] die klar zutage tretenden Phänomene benutzt sowie die unbezweifelbaren Beobachtungsergebnisse vor und zu seiner Zeit. Dabei ordnet er die Begriffe in ihrer [logischen] Aufeinanderfolge vermittels der Beweise, deren sich das geometrische Verfahren bedient.

Zusammenfassende Darlegung der Grundlagen als Vorwort.

Folgendes ist im voraus zusammenfassend darzulegen.

Es handelt sich darum, daß die Perser und vor ihnen die Araber von den Griechen aus dem Buche des bewundernswerten Ptolemaios die sich mit dem Göttlichen und den himmlischen Dingen auseinandersetzende Wissenschaft übernommen und dasselbe gesagt haben, sowie auch die andern Probleme der Wissenschaft; und die Perser und Araber sprechen darüber, indem sie, mit dem Ausdruck der [höchsten] Bewunderung dieses Mannes eingedenk, sein Werk auf das stärkste herausheben, das

τῶν ταύτης καὶ σχεδὸν τὰ πάντα ταῖς σφῶν βίβλοις ἐγκαταμιγνύντες, θαυμαστοὶ τὰ εἰς ἐπιστήμην γεγόνασι.
Καὶ δὴ καὶ πλεῖστα συγγράμματα ταύτης πέρι πεποίηνται καὶ διαφόρους κάνονας τοὺς τῶν ἀστέρων παρόδων τούτους ἔν τε διαφόρων πόλεων μεσημβρινοῖς συστησάμενοι καὶ χρονικῶν ἀρχῶν παραδόσεσιν, ὧν καί τισι περιτετυχήκαμεν ἤδη, πρὸς τὴν ἡμετέραν γλῶτταν μετενηνεγμένοις σοφῶς ἄγαν ἐκτεθειμένοις. Πατανῆς μὲν γάρ τις τῶν παρ' αὐτοῖς ἀστρολόγων, ἔτι τε Σάμψ Μπουχαρῆς ὕστερον τὴν τῶν χρόνων ἐποχὴν τῶν ἰδίων κανόνων εἰς τὴν ἀρχὴν τῆς βασιλείας 'Αλεξάνδρου, τρίτου ἀπ' 'Αλεξάνδρου τοῦ μεγάλου Μακεδόνων βασιλέως, πεποίηνται καὶ τοὺς μὲν ἐξ ἐκείνου χρόνους 'Ρωμαϊκούς. τὴν δὲ περὶ τούτων βίβλων ζῆζι, τουτέστι Σύνταξιν, ὀνομάζουσιν.

'Ο δέ γε Σαντζαρῆς, ἀστρολόγος ἀνήρ, ἀλλὰ δὴ καὶ ὁ 'Αβδουραχμάνης, ὁ Χωζηνὴς κατ' ἐκεῖνον δὴ τὸν χρόνον τὰς ἀρχὰς ὑποτίθενται τῆς τῶν ἀστέρων κινήσεως, ὅτε Μωάμεδ, ὁ ἀσεβὴς καὶ θεομισὴς ἀπὸ τοῦ Μακᾶ πρὸς Μαδιηναίαν πεπόρευται καί εἰσιν 'Αραβικὰ τὰ ἐκεῖθεν συναγόμενα ἔτη. 'Αλῆ δὲ τῷ 'Αβδουλουκαρεὶμ καὶ μὴν καὶ τῷ 'Αλαῆ, τῷ τε Χουσάμη Σαλὰρ καὶ τῷ 'Ισαχῆ σοφωτάτοις ἀνδράσι καὶ τῷ Φεχίρ, σύν γε δὴ τῷ 'Αθυρατὶν καὶ τῷ Μαχχὶ Μαγριπῆ καὶ τῷ Χοντζὰ Νασύρη πᾶσαν λογικὴν παιδείαν εἰς ἄκρον ἐξησκημένοις ἐν τοῖς οἰκείοις αὐτῶν κανόσιν, αἱ ἀρχαὶ τῶν ἐπιλογισμῶν ὑποτίθενται κατὰ τὸ πρῶτον ἔτος 'Ιασδαγέρδου Σαριὰρ τοῦ Μεστρέ, βασιλέως Περσῶν, Περσικοῖς χρωμένοις τοῖς ἔτεσιν. ὅπερ δὴ ἔτος ἐστὶν ,ϛρλθ' ἀπὸ τῆς τοῦ πρώτου ἐνιαυτοῦ παραγωγῆς. καθ' ὃν χρόνον καὶ ἡ τῶν προκειμένων κανόνων σύστασις γέγονεν ἐν τῇ τοῦ κατὰ Πέρσας Φαρουαρτῆ μηνὸς νεομηνίᾳ εἰς τὴν ἐν τῇ Τυβήνῃ λεγομένῃ πόλει μεσημβρίαν κατὰ μῆκος ἀπεχούσῃ οβ' μοίρας ἀπὸ τοῦ Ντζαΐτ Χαλιλάτ, ὥς φασι Πέρσαι, τουτέστιν ἀπὸ τῆς δυτικῆς ἄκρας θαλάσσης.

Theodorus Meliteniota, 'Αστρονομικὴ τρίβιβλος III c. 1 (nach Catal. codd. astrolog. Graecor. V 3, 144—146 ed. J. Heeg).

sie ‚Mizāsti' nennen; und indem sie aus ihm viele Dinge, ja so gut wie alles in ihre eigenen Werke einfügten, haben sie au: wissenschaftlichem Gebiete Bewunderung geerntet.

Die meisten ihrer Arbeiten sind vor allem diesem Stoff gewidmet. Von ihnen rühren ferner ausgezeichnete Tafeln her, in denen sie die Bahnen der Gestirne je nach den Mittagslinien der verschiedensten Städte und den Überlieferungen über die Anfänge der Āren verzeichnet haben. Auf einige von diesen sind auch wir bereits gestoßen, die in unsere Sprache übertragen dies [d. h. die Sternbahnen] ganz vorzüglich darstellen. *Patanes*, einer ihrer Sternweisen, und weiter *Samps Puchares*, haben später die Jahre der Epoche ihrer eigenen Tafeln auf das Anfangsdatum der Regierung Alexanders, des 3. Makedonenkönigs nach Alexander dem Großen, und die seit jenem laufenden römischen Jahre gestellt. Ein Buch, das diese Dinge enthält, nennen sie Zig, das heißt Syntaxis.

Der Astronom *Santzares*, vor allem aber *Abdurachmanes*, der Sohn des *Chozēnēs*, haben zu jener Zeit die Anfänge der Gestirnbewegungen festgesetzt, auf den Zeitpunkt, zu dem Moamed, der gottlose und gotthassende von Maka (Mekka) nach Madienaia (Medīna) auswanderte, und es sind die arabischen Jahre, die von dem Zeitpunkt an zu laufen begannen. Von *Ali* aber, dem Sohn des *Abduluharūn* und dem *Alaī*, und dem Sohn des *Chusamē Salar* und dem Sohn des *Isache*, sehr weisen Männern, weiter dem *Fachir* und mit diesem dem *Athyratūs* und dem *Machchī Magripē* und dem *Chontza Nasīre*, die jegliche Geistesbildung in ihren eigenen Tafeln in Vollendung zeigten, wurden die Radices [Anfangstermine] ihrer Berechnungen auf das 1. Jahr des Perserkönigs *Jasdagerdes Sariar*, des Sohnes des *Mestre*, unter Anwendung der Jahre der Perser gestellt. Dies ist das Jahr 6139 von dem Zeitpunkt an, an dem das 1. Jahr zu laufen begann. Zu der Zeit geschah die Aufstellung der vorliegenden Tafeln am Neumondstag des persischen Monats Phaswarte mittags in der Tibene genannten Stadt, deren Länge 72° von den *Ntzaït Chalilat*, wie die Perser es nennen [‚die ewigen Inseln'], d. h. der Westspitze des Meeres entfernt ist.

V. Stegemann

ANONYMI TESTIMONIUM
DE ORIGINE ASTROLOGIAE

Λόγος ᾄδεται ἐξ ἀρχῆς, ὅτι αἱ τῶν ἀστέρων πλοκαὶ καὶ ὀνομασίαι μηνῶν τε καὶ ἐνιαυτῶν καὶ εἴ τι οὖν ἄλλο ἐν τοῖς μετεώροις λεγόμενον Σὴθ ὁ τοῦ Ἀδὰμ υἱὸς ἐν πλαξὶ πετρίναις Ἑβραϊκῇ διαλέκτῳ ἐνεγράψατο παρὰ θείου ἀγγέλου ἐκδιδαχθείς, εἶτα μετὰ τὴν τῶν γλωσσῶν διαίρεσιν Ἄμμων ὁ Ἕλλην ἐμήκυνε καὶ καθεξῆς ἕτεροι. λέγεται δὲ ὅτι καὶ ὁ ἕβδομος ἀπὸ Ἀδὰμ Ἐνὼχ συνέγραψε τὴν μέλλουσαν τοῦ θεοῦ ὀργὴν ἐν πλαξὶ λιθίναις Ἑβραϊκῇ διαλέκτῳ· καὶ μετὰ τὸν κατακλυσμὸν εὑρέθησαν ἐκ τούτων ἐν ὄρει τινὶ καὶ μετὰ καιροὺς μετεκομίσθησαν ἐν Παλαιστίνῃ.

Ex codice Monacensi 287 saec. XIV exeuntis f. 59 nach Cat. codd. astrolog. Graecor. VII 87 ed. Fr. Boll).

VAVENLOS

Über den Ursprung der Astrologie (Astronomie.)

Man singt seit Urzeiten einen Logos, daß die Verknüpfungen der Sterne untereinander, die Namen der Monate und Jahre und was man sonst noch aus dem Bereich der Himmelskörper nennt, *Seht*, der Sohn Adams, von einem göttlichen Engel unterwiesen, auf Steintafeln in hebräischer Sprache aufgeschrieben hat. Darauf hat nach der Sprachentrennung der Grieche *Ammon* diese Kenntnisse noch erweitert und nach und nach noch andere. Auch der siebte Sproß nach Adam, *Henoch*, schrieb auf steinernen Tafeln von dem zukünftigen Zorn Gottes in hebräischer Sprache. Und nach der Flut wurden von diesen Tafeln manche (?) auf einem Berge entdeckt und nach langer Zeit nach Palästina verbracht.

V. Stegemann

DIE NEUZEIT

COPERNICUS

1.

Multitudinem orbium caelestium maiores nostros eam maxime ob causam posuisse video, ut apparentem in sideribus motum sub regularitate salvarent. Valde enim absurdum videbatur caeleste corpus in absolutissima rotunditate non semper aeque moveri. Fieri autem posse animadverterant, ut etiam compositione atque concursu motuum regularium diversimode ad aliquem situm moveri quippiam videretur.

Id quidem Callippus et Eudoxus per concentricos circulos deducere laborantes non potuerunt et his omnium in motu sidereo reddere rationem, non solum eorum, quae circa revolutiones siderum videntur, verum etiam, quod sidera modo scandere in sublime, modo descendere nobis videntur, quod concentricitas minime sustinet. Itaque potior sententia visa est per eccentricos et epicyclos id agi, in qua demum maxima pars sapientium convenit.

Attamen quae a Ptolemaeo et plerisque aliis passim de his prodita fuerunt, quamquam ad numerum responderent, non parvam quoque videbantur habere dubitationem. Non enim sufficiebant, nisi etiam aequantes quosdam circulos imaginarentur, quibus apparebat neque in orbe suo deferente,

DIE NEUZEIT

KOPERNIKUS

1.

Unsere Vorfahren haben, wie ich sehe, die Menge der himmlischen Kreise hauptsächlich deshalb angenommen, um die bei den Gestirnen sichtbare Bewegung unter Voraussetzung der Regelmäßigkeit zu retten. Denn es erschien sehr unsinnig, daß sich ein himmlischer Körper bei seiner vollkommensten Rundung nicht immer gleichmäßig bewege. Sie hatten aber die Möglichkeit erkannt, daß irgend ein Ding auch durch Zusammensetzung und Zusammenwirkung regelmäßiger Bewegungen sich ungleichmäßig nach irgendeinem Ort zu bewegen scheine.

Zwar vermochten Kallippus und Eudoxos trotz ihrer darauf gerichteten Bemühungen nicht, dies mit Hilfe von konzentrischen Kreisen abzuleiten und durch diese alle Erscheinungen bei der Sternbewegung zu erklären, nicht nur die, welche im Zusammenhang mit den Umläufen der Gestirne gesehen werden, sondern auch die Tatsache, daß die Sterne uns bald in die Höhe hinaufzusteigen, bald wieder herabzusteigen scheinen, ein Vorgang, der mit der Konzentrizität durchaus unvereinbar ist. Daß dies mit Hilfe von Excentern und Epicykeln geschehe, erschien daher als die bessere Meinung, in der schließlich der größte Teil der Gelehrten übereinstimmte.

Dennoch trugen die Lehren, die von Ptolemaios und den meisten anderen allenthalben über diese Bewegungen überliefert worden sind, obwohl sie rechnungsmäßig stimmen, dem Anschein nach eine beträchtliche Ungewißheit in sich. Sie genügten nämlich nur, wenn man sich auch noch gewisse Ausgleichkreise dachte; durch diese wurde es sichtbar, daß sich das Gestirn weder in

neque in centro proprio aequali semper velocitate sidus moveri. Quapropter non satis absoluta videbatur huiusmodi speculatio, neque rationi satis concinna.

Igitur cum haec animadvertissem ego, saepe cogitabam, si forte rationabilior modus circulorum inveniri possit, e quibus omnis apparens diversitas dependeret, omnibus in seipsis aequaliter motis, quemadmodum ratio absoluti motus poscit. Rem sane difficilem aggresso ac paene inexplicabilem obtulit se tandem, quomodo id paucioribus ac multo conventioribus rebus, quam olim sit proditum, fieri possit, si nobis aliquae petitiones, quas axiomata vocant, concedantur, quae hoc ordine sequuntur.

Prima petitio.

Omnium orbium caelestium sive sphaerarum unum centrum non esse.

Secunda petitio.

Centrum terrae non esse centrum mundi, sed tantum gravitatis et orbis Lunaris.

Tertia petitio.

Omnes orbes ambire Solem, tamquam in medio omnium existentium, ideoque circa Solem esse centrum mundi.

Quarta petitio.

Minorem esse comparationem distantiarum Solis et terrae ad altitudinem firmamenti, quam semidimetientis terrae ad distantiam Solis, adeo ut sit ad summitatem firmamenti insensibilis.

Quinta petitio.

Quicquid ex motu apparet in firmamento, non esse ex parte ipsius, sed terrae. Terra igitur cum proximis elementis motu diurno tota convertitur in polis suis invariabilibus firmamento immobili permanente ac ultimo caelo.

seinem Deferentenkreis, noch in seinem eigenen Mittelpunkt immer mit gleicher Geschwindigkeit bewegt. Deshalb schien eine derartige Betrachtungsweise nicht vollkommen genug und nicht mit der Vernunft in hinreichender Übereinstimmung.

Infolge dieser Erkenntnis dachte ich daher oft darüber nach, ob nicht vielleicht eine vernünftigere Art von Kreisen gefunden werden könne, von denen alle sichtbare Ungleichmäßigkeit abhängen würde, obwohl alle sich in sich selbst gleichmäßig bewegen werden, wie es der Begriff der vollkommenen Bewegung fordert: Ich habe mich also an die gewiß schwere und fast unlösliche Aufgabe gemacht, und schließlich fiel mir ein, wie dies mit weniger und viel passenderen Mitteln, als man einst gelehrt hatte, vor sich gehen könnte, wenn uns einige Forderungen, welche man Axiome nennt, zugestanden würden. Diese folgen in untenstehender Anordnung:

Erste Forderung

Es gibt nicht nur einen Mittelpunkt für alle himmlischen Bahnen oder Sphären.

Zweite Forderung

Der Mittelpunkt der Erde ist nicht der Mittelpunkt der Welt, sondern nur derjenige der Schwere und der Mondbahn.

Dritte Forderung

Alle Bahnen gehen um die Sonne herum, die sozusagen in der Mitte aller steht, und deshalb ist die Mitte der Welt in der Umgebung der Sonne.

Vierte Forderung

Das Verhältnis der Abstände der Sonne und der Erde zur Höhe des Firmaments ist kleiner als das des Erdhalbmessers zum Abstand der Sonne, sodaß dieser im Vergleich zur Höhe des Firmaments unmerklich ist.

Fünfte Forderung

Alle Bewegung, die am Firmament sichtbar ist, kommt nicht von ihm selbst, sondern von der Erde. Die Erde wird also mit den nächstliegenden Elementen durch die tägliche Bewegung an ihren unveränderlichen Polen als Ganzes umgedreht, während das Firmament und der äußerste Himmel unbeweglich verharrt.

Sexta petitio.

Quicquid nobis ex motibus circa Solem apparet, non esse occasione ipsius, sed telluris et nostri orbis, cum quo circa Solem volvimur ceu aliquo alio sidere, sicque terram pluribus motibus ferri.

Septima petitio.

Quod apparet in erraticis retrocessio ac progressus, non esse ex parte ipsarum, sed telluris. Huius igitur solius motus tot apparentibus in caelo diversitatibus sufficit.

His igitur sic praemissis conabor breviter ostendere, quam ordinate aequalitas motuum servari possit.

Commentariolus, initium

2.

Hanc igitur incertitudinem mathematicarum traditionum de colligendis motibus sphaerarum orbis cum diu mecum revolverem, coepit me taedere, quod nulla certior ratio motuum machinae mundi, qui propter nos ab optimo et regularissimo omnium opifice conditus esset, philosophis constaret, qui alioqui rerum minutissimarum respectu eius orbis tam exquisite scutarentur. Quare hanc mihi operam sumpsi, ut omnium philosophorum, quos habere possem, libros religerem indigaturus, an ne ullus unquam opinatus esset, alios esse motus sphaerarum mundi quam illi ponerent, qui in scholis mathemata profiterentur. Ac reperi quidem apud Ciceronem primum, Nicetam sensisse terram moveri. Postea et apud Plutarchum inveni quosdam alios in ea fuisse opinione, cuius verba, ut sint omnibus obvia, placuit hic ascribere:

οἱ μὲν ἄλλοι μένειν τὴν γῆν, Φιλόλαος δὲ Πυθαγόρειος κύκλῳ περιφέρεσθαι περὶ τὸ πῦρ κατὰ κύκλου λοξοῦ ὁμοιοτρόπως ἡλίῳ καὶ σελήνῃ. Ἡρακλείδης ὁ Ποντικὸς καὶ Ἔκ-

Sechste Forderung

Alle Bewegung, die für uns bei der Sonne sichtbar ist, liegt nicht bei ihr selbst, sondern kommt von der Erde und unserer Kreisbahn, mit der wir wie irgend ein anderes Gestirn um die Sonne gedreht werden, und so fährt die Erde in mehrfachen Bewegungen dahin.

Siebte Forderung

Daß bei den Wandelsternen Zurückschreiten und Vorwärtsschreiten beobachtet wird, kommt nicht von ihnen, sondern von der Erde. Die Bewegung einzig und allein der Erde genügt also für die Erklärung der vielfältigen und verschiedenartigen Erscheinungen am Himmel.

Nach diesen Voraussetzungen will ich also versuchen, in Kürze zu zeigen, wie geordnet die Gleichmäßigkeit der Bewegungen gewahrt werden kann ...

K. Zeller

2.

Lange hatte ich über diese Ungewißheit der mathematischen Überlieferungen über die Bewegungen der Weltkörper nachgesonnen, da erfaßte mich ein Widerwille, daß von den Philosophen, die doch sonst den geringfügigsten Kleinigkeiten im Hinblick auf unsere Welt eingehend nachgespürt haben, noch kein zuverlässigeres Verfahren für die Bewegungen im Weltgebäude ausgedacht worden ist, das der beste und vollkommenste Baumeister für uns geschaffen hat. So machte ich mich denn daran, alle philosophischen Schriftsteller, deren ich habhaft werden konnte, neuerdings zu lesen und nachzuforschen, ob nicht einmal irgend einer sich die Bewegung der Weltkörper anders vorgestellt habe als die Mathematiker von Fach. Und wirklich fand ich bei Cicero, Niketas habe die Erde als bewegt angesehen. Später fand ich dann bei Plutarch, daß auch einige andere die gleiche Ansicht vertreten haben; seine Worte will ich hierhersetzen, damit sie vor aller Augen stehen:

„Die anderen glauben zwar, daß die Erde stillstehe, der Pythagoreer Philolaos aber meint, daß sie sich um das Feuer im schiefen Kreis der Ekliptik in derselben Richtung wie die Sonne

φαντος ὁ Πυθαγόρειος κινοῦσι μὲν τῆν γῆν, οὐ μήν γε μεταβατικῶς, τροχοῦ δίκην ἐνζωνισμένην ἀπὸ δυσμῶν ἐπὶ ἀνατολάς, περὶ τὸ ἴδιον αὐτῆς κέντρον.

Inde igitur occasionem nactus, coepi et ego de terrae mobilitate cogitare. Et quamvis absurda opinio videbatur, tamen quia sciebam aliis ante me hanc concessam libertatem, ut quoslibet fingerent circulos ad demonstrandum phaenomena astrorum, existimavi mihi quoque facile permitti, ut experirer, an posito terrae aliquo motu firmiores demonstrationes, quam illorum essent, inveniri in revolutione orbium coelestium possent.

De revolutionibus orbium coelestium libri VI. Ad Sanctissimum Dominum Paulum III Pontificem Maximum Nicolai Copernici praefatio in libros revolutionum.

3. De ordine coelestium orbium.

Prima et suprema omnium est stellarum fixarum sphaera, se ipsam et omnia continens, ideoque immobilis; nempe universi locus, ad quem motus et positio caeterorum omnium syderum conferatur. Nam quod aliquo modo illam etiam mutari existimant aliqui, nos aliam, cur ita appareat, in deductione motus terrestris assignabimus causam. Sequitur errantium primus Saturnus, qui XXX anno suum complet circuitum. Post hunc Jupiter duodecennali revolutione mobilis. Deinde Mars, qui biennio circuit. Quartum in ordine annua revolutio locum obtinet, in quo terram cum orbe lunari tamquam epicyclio contineri diximus. Quinto loco Venus nono mense reducitur. Sextum denique locum Mercurius tenet octuaginta dierum spacio circumcurrens. In medio vero omnium residet Sol. Quis enim in hoc pulcherrimo templo lampadem hanc in alio vel meliori loco poneret, quam unde totum simul possit illuminare? Siquidem non

und der Mond bewege. Herakleides von Pontus und der Pythagoreer Ekphantus lassen die Erde sich bewegen, aber nicht fortschreitend, sondern nach Art eines Rades eingepreßt zwischen Niedergang und Aufgang um ihren Mittelpunkt."

Dadurch angeregt, begann auch ich über die Beweglichkeit der Erde nachzudenken. Da ich wußte, daß schon anderen vor mir die Freiheit verstattet war, beliebige Kreisbewegungen zur Ableitung der Himmelserscheinungen anzunehmen, glaubte ich, auch mir sei es wohl erlaubt, durch die Annahme einer Erdbewegung nach einer zuverlässigeren Ableitung der Himmelsbewegungen als die bisherigen zu suchen, wenn auch meine Ansicht widersinnig erscheine.

A. Kistner

5.

Die erste und oberste von allen ist die Sphäre der Fixsterne, die sich selbst und alles andere umschließt und deshalb unbeweglich ist; denn sie ist sicherlich der Ort des Universums, an welchem die Bewegung und die Stellung aller übrigen Gestirne gemessen werden kann. Denn wenn einige die Meinung vertreten, daß auch sie sich auf irgend eine Weise ändere, so werden wir einen anderen Grund, warum das so scheint, bei der Ableitung der Erdbewegung bestimmen. Es folgt der erste der Wandelsterne, Saturn, der seinen Umlauf im 30ten Jahr vollendet; nach diesem Juppiter, der sich mit einer zwölfjährigen Umlaufszeit bewegt; dann Mars, der in zwei Jahren herumgeht. Den vierten Platz in der Reihe nimmt die jährliche Umlaufszeit ein; in ihm ist, wie wir gesagt haben, die Erde mit der Mondbahn wie mit einer Art Epizykel enthalten. An der fünften Stelle kommt Venus mit einer Umlaufszeit von neun Monaten. Den sechsten Platz nimmt schließlich Merkur ein, welcher in der Zeit von achtzig Tagen umläuft. In der Mitte von allen aber hat die Sonne ihren Sitz. Wer könnte nämlich in diesem herrlichsten Tempel diese als Leuchte an einen anderen oder gar besseren Ort stellen als an denjenigen, von dem aus sie das Ganze zu-

inepte quidam lucernam mundi, alii mentem, alii rectorem vocant. Trimegistus visibilem deum, Sophoclis Electra intuentem omnia. Ita profecto tamquam in solio regali sol residens circumagentem gubernat astrorum familiam. Tellus quoque minime fraudatur lunari ministerio, sed, ut Aristoteles de animalibus ait, maximam luna cum terra cognationem habet. Concipit interea a sole terra et impregnatur annuo partu. Invenimus igitur sub hac ordinatione admirandam mundi symmetriam, ac certum harmoniae nexum motus et magnitudinis orbium, qualis alio modo reperiri non potest. Hic enim licet animadvertere non segniter contemplanti, cur major in Jove progressus et regressus appareat quam in Saturno, et minor quam in Marte; ac rursus major in Venere quam in Mercurio, quodque frequentior appareat in Saturno talis reciprocatio quam in Jove, rarior adhuc in Marte et in Venere quam in Mercurio; praeterea quod Saturnus, Jupiter et Mars acronycti propinquiores sint terrae, quam circa eorum occultationem et apparitionem. Maxime vero Mars pernox factus magnitudine Jovem aequare videtur, colore dumtaxat rutilo discretus, illic autem vix inter secundae magnitudinis stellas invenitur, sedula observatione sectantibus ipsum cognitus. Quae omnia ex eadem causa procedunt, quae in telluris est motu. Quod autem nihil eorum apparet in fixis, immensam illorum arguit celsitudinem, quae faciat etiam annui motus orbem sive eius imaginem ab oculis evanescere, quoniam omne visibile longitudinem distantiae habet aliquam, ultra quam non amplius spectatur, ut demonstratur in opticis. Quod enim a supremo errantium Saturno ad fixarum sphaeram adhuc plurimum intersit, scintillantia illorum lumina demonstrant. Quo indicio maxime discernuntur a

gleich beleuchten kann? Nennen doch einige sie ganz passend das Licht der Welt, andere ihr Herz, wieder andere ihren Lenker. Trimegistos nennt sie den sichtbaren, die Elektra des Sophokles den alles sehenden Gott. So lenkt die Sonne, gleichsam auf königlichem Throne sitzend, in der Tat die um sie kreisende Familie der Sterne. Auch wird die Erde keineswegs der Dienste des Mondes beraubt, sondern der Mond hat, wie Aristoteles in der Abhandlung über die Lebewesen sagt, mit der Erde die nächste Verwandtschaft. Indessen empfängt die Erde von der Sonne und wird mit jährlicher Frucht gesegnet. Wir finden daher unter dieser Anordnung die wunderbare Symmetrie der Welt und den festen harmonischen Zusammenhang zwischen Bewegung und Größe der Bahnen, wie er auf keine andere Weise gefunden werden kann. Denn wer nicht oberflächlich beobachtet, kann hier inne werden, warum bei Juppiter die Vor- und Rückläufigkeit größer erscheint als bei Saturn und kleiner als bei Mars, und wieder bei Venus größer als bei Merkur, und warum solche Hin- und Herbewegung bei Saturn häufiger erscheint als bei Juppiter; ferner bei Mars und Venus seltener als bei Merkur; daß außerdem Saturn, Juppiter und Mars bei ihrem Akronychium der Erde näher sind als um die Zeit ihres Verschwindens und Erscheinens. Wenn aber Mars die ganze Nacht am Himmel steht, ist er an Größe scheinbar am meisten dem Juppiter gleich und nur durch seine rötliche Farbe unterschieden, dort aber wird er kaum unter den Sternen zweiter Größe gefunden und nur von denen erkannt, welche ihn in emsiger Beobachtung nicht aus dem Auge lassen. All das geht aus ein und demselben Grund hervor, welcher in der Bewegung der Erde besteht. Der Umstand aber, daß von all diesem an den Fixsternen nichts sichtbar ist, beweist deren ungeheure Höhe, welche sogar die Bahn der Jahresbewegung oder ihr Abbild vor unseren Augen zu nichts werden läßt, weil jedes sichtbare Ding eine gewisse Entfernung besitzt, jenseits welcher es nicht mehr gesehen wird, wie man in der Optik beweist. Daß nämlich vom höchsten Wandelstern Saturn bis zur Sphäre der Fixsterne noch ein recht großer Raum vorhanden ist, beweist das flimmernde Licht jener Fixsterne. Durch dieses

planetis, quodque inter mota et non mota maximam oportebat esse differentiam. Tanta nimirum est divina haec Optimi Maximi fabrica.

De revolutionibus orbium coelestium. Libri VI lib. I, cap. 10.

KEPLER

Quod ante duos et viginti annos, primum atque figuras quinque solidas inter orbes coelestes reperi, sum auguratus; quod firmiter animo persuasi meo, priusquam Ptolemaei Harmonica vidissem; quod titulo libri huius quinti nuncupato, priusquam de re ipsa certus essem, pollicitus sum amicis; quod ante sedecim annos publico scripto quaerendum inculcavi; cuius causa vitae partem optimam Astronomicis contemplationibus impendi, Tychonem Braheum conveni, Pragam sedem elegi; id tandem, Deo Optimo Maximo, qui mentem inspiraverat, desiderium ingens excitaverat, vitam etiam et vires ingenii prorogante, mediaque caetera, per duorum Imperatorum, huiusque provinciae Austriae Supr-Anisanae Procerum liberalitatem, suppeditante, defunctus prius Astronomica provincia, quantum sufficiebat, tandem inquam in lucem protuli, supraque quam sperare unquam potui, verissimum deprehendi; totam Harmonices naturam, quantaquanta est, cum omnibus suis partibus, libro III explicatis, inter Motus coelestes reperiri; non eo quidem modo, quem ego conceperam animo; pars haec est non postrema mei gaudii; sed diversissimo alio, simulque et praestantissimo et perfectissimo. Accessit hoc intermedio tempore, quo me suspensum tenuit motuum restitutio laborissima, praecipuum et cupiditatis meae incrementum, et propositi incitamentum, lectio Harmonicorum Ptolemaei, quae manuscripta mihi transmisit Vir eximius, adque philosophiam omneque adeo

Kennzeichen werden sie am besten von den Planeten unterschieden, weil ja zwischen Bewegtem und Unbewegtem der größte Unterschied bestehen mußte. Wahrlich so groß ist dieses göttliche Werk des besten und höchsten Gottes.

K. Zeller

KEPLER

Was ich vor 22 Jahren vorausgeahnt habe, ehe ich noch die fünf regulären Körper zwischen den Himmelsbahnen entdeckt hatte, was in meiner Überzeugung feststand, ehe ich die harmonische Schrift des Ptolemäus gelesen hatte, was ich durch die Wahl des Titels zu diesem Buch meinen Freunden versprochen habe, ehe ich über die Sache selber ganz im klaren war, was ich vor 16 Jahren in einer Veröffentlichung als Ziel der Forschung aufgestellt habe, was mich veranlaßt hat, den besten Teil meines Lebens astronomischen Studien zu widmen, Tycho Brahe aufzusuchen und Prag als Wohnsitz zu wählen, das habe ich mit Gottes Hilfe, der meine Begeisterung entzündet und ein unbändiges Verlangen in mir geweckt hatte, der mein Leben und meine Geisteskraft frisch erhielt und mir auch die übrigen Mittel durch die Freigebigkeit zweier Kaiser und der Stände meines Landes Österreich ob der Enns verschaffte — das habe ich also nach Erledigung meiner astronomischen Aufgabe, bis es genug war, endlich ans Licht gebracht. In einem höheren Maße, als ich je hoffen konnte, habe ich als durchaus wahr und richtig erkannt, daß sich die ganze Welt der Harmonik, so groß sie ist, mit all ihren im III. Buch auseinandergesetzten Teilen bei den himmlischen Bewegungen findet, zwar nicht in der Art, wie ich mir vorgestellt hatte (und das ist nicht der letzte Teil meiner Freude), sondern in einer ganz anderen, zugleich höchst ausgezeichneten und vollkommenen Weise. In der Zwischenzeit, in der mich die höchst mühsame Verbesserung der Theorie der Himmelsbewegungen in Spannung hielt, kam zu besonderer Steigerung meines leidenschaftlichen Wissensverlangens und zum Ansporn meines Vorsatzes die Lektüre der harmonischen Schrift des Ptolemaios hinzu, von der mir ein ausgezeichneter Mann, ein geborener Förderer der Wissenschaft und jeglicher Art von

genus eruditionis promovendum natus, Johannes Georgius Herwardus, Bavariae Cancellarius: ubi praeter expectationem, et summa cum admiratione, inveni, totum fere librum eius tertium in eadem contemplatione Harmoniae coelestis insumptum, ante mille et quingentos annos. Verum id aetatis multum adhuc deerat Astronomiae; potuitque Ptolemaeus, re infoeliciter tentata, desperationem aliis objicere; ut qui cum Scipione Ciceroniano potius suave quoddam somnium Pythagoricum recitasse, quam philosophiam adjuvisse videretur: at me cum illa veteris Astronomiae ruditas, tum hic ipse meditationum utriusque, ex quindecim saeculorum intervallo, consensus ad amussim exactus, vehementer confirmavit in urgendo proposito. Nam quid multis opus? Ipsa rerum Natura sese proditum ibat hominibus per diversos distantium saeculorum interpretes: digitus Dei erat, ut cum Hebraeis loquar, hic in Animis duorum, qui se totos contemplationi Naturae dedidissent, de conformatione Mundi conceptus idem: cum neuter alteri dux fuisset ad hoc iter ingrediendum. Jam postquam a mensibus octodecim prima lux, a tribus dies justa, a paucissimis vero diebus, Sol ipse merus illuxit contemplationis admirabilissimae; nihil me retinet, lubet indulgere sacro furori, lubet insultare mortalibus confessione ingenua, me vasa aurea Aegyptiorum furari, ut Deo meo Tabernaculum ex iis construam, longissime ab Aegypti finibus. Si ignoscitis, gaudebo; si succensetis, feram; jacio en aleam, librumque scribo, seu praesentibus, seu posteris legendum, nihil interest: expectet ille suum lectorem per annos centum; si Deus ipse per annorum sena millia contemplatorem praestolatus est.

Harmonices mundi, Praefatio libri quinti: de Harmoniis absolutissimis motuum coelestium, ortuque Excentricitatum ex proportionibus Harmonicis.

(Lincii Austriae, Anno M.DC.XIX.)

Bildung, der bayerische Kanzler Johann Georg Herwart, eine Handschrift geschickt hat. Darin fand ich wider Erwarten und zu meiner höchsten Verwunderung, daß sich fast das ganze dritte Buch schon vor 1500 Jahren mit der gleichen Betrachtung der himmlischen Harmonie beschäftigte. Allein es fehlte zu jener Zeit der Astronomie noch vieles. Daher konnte Ptolemaios, der die Sache erfolglos angefaßt hatte, ihre Aussichtslosigkeit anderen vorhalten; machte er doch den Eindruck, als würde er eher mit dem Scipio bei Cicero einen lieblichen pythagoreïschen Traum vortragen als die philosophische Erkenntnis fördern. Mich jedoch hat in der nachdrücklichen Verfolgung meines Vorhabens nicht nur der niedere Stand der alten Astronomie gewaltig bestärkt sondern auch die auffallend genaue Übereinstimmung unserer fünfzehn Jahrhunderte auseinanderliegenden Betrachtungen. Denn wozu bedarf es vieler Worte? Die Natur selber wollte sich den Menschen offenbaren durch den Mund von Männern, die sich zu ganz verschiedenen Jahrhunderten an ihre Deutung machten. Es liegt ein Fingerzeig Gottes darin, um mit den Hebräern zu reden, daß im Geist von zwei Männern, die sich ganz der Betrachtung der Natur hingegeben hatten, der gleiche Gedanke an die harmonische Gestaltung der Welt auftauchte; denn keiner war Führer des anderen beim Beschreiten dieses Weges. Jetzt, nachdem vor achtzehn Monaten das erste Morgenlicht, vor drei Monaten der helle Tag, vor ganz wenigen Tagen aber die volle Sonne einer höchst wunderbaren Schau aufgegangen ist, hält mich nichts zurück. Jawohl, ich überlasse mich heiliger Raserei. Ich trotze höhnend den Sterblichen mit dem offenen Bekenntnis: Ich habe die goldenen Gefäße der Ägypter geraubt, um meinem Gott daraus eine heilige Hütte einzurichten weitab von den Grenzen Ägyptens. Verzeiht ihr mir, so freue ich mich. Zürnt ihr mir, so ertrage ich es. Wohlan ich werfe den Würfel und schreibe ein Buch für die Gegenwart oder die Nachwelt: Mir ist es gleich! Es mag hundert Jahre seines Lesers harren, hat doch auch Gott sechstausend Jahre auf den Beschauer gewartet.

M. Caspar

NACHWORT

„Jeder Grieche hat alle Ursache, daran zu denken, daß er an seiner Heimat ein Land besitzt, das vor allen anderen geeignet ist, tüchtige Männer zu bilden. Denn diesem Land gebührt das Lob eines Klimas, das die glücklichste Mitte zwischen allzu großer Kälte und allzu großer Hitze hält, wenn schon der Umstand, daß die schöne Klarheit des Sommers bei uns hinter der in jenen vorerwähnten Gegenden (Syrien, Ägypten) zurücksteht, schuld daran ist, daß die Kunde jener Sterngötter erst später zu uns drang; denn darüber können wir uns damit trösten, daß die Griechen alles, was sie von fremden Völkern empfangen haben, zu größerer Schönheit und Vollendung erhoben haben." (Philipp von Opus, Epinomis pg. 988.)

Was hier der Platonschüler von der Wissenschaft bei den Griechen überhaupt sagt, hat sich auch bei der Erforschung der Geschichte ihrer Astronomie als richtig herausgestellt: auch in ihr wurden zwar Anregungen aus dem Orient empfangen und aufgenommen, aber die Schaffung eines wirklichen Systems ist ganz der Griechen Werk. Dieses Weltbild war so einheitlich und geschlossen, daß es etwa fünfzehn Jahrhunderte überdauert hat; selbst K o p e r n i k u s hat die Anregungen zu seiner Überwindung aus der griechischen Wissenschaft geschöpft.

1. Die Entdeckung der Kugelgestalt der Erde und der Form des Himmelsgewölbes

Das Weltbild H o m e r s ist die Vorstellung einer flachen Erdscheibe, die, vom Ozean rings umflossen, überdeckt ist von der gewölbten ehernen (undurchdringlichen) Himmelskuppel, an welcher Sonne, Mond und Sterne frei hinwandeln; außerhalb dieser Kuppel liegt der Wohnsitz der Götter. Die Scheibe wird als kreisrund gedacht. Die Schätzung ihres Durchmessers, also ihrer Größe, wächst im Laufe der Jahrhunderte mit dem Bekanntwerden neuer, ferner Länder. Während z. B. Homers Erdkarte sich nur etwa von der Westküste Griechenlands bis nach Syrien erstreckt und Delos ihren Mittelpunkt bildet, reicht um 750 v. Chr. der Westen bereits bis Sizilien sowie zum Atlas-

gebirge und das Zentrum bildet nunmehr Delphi. Im Innern des Erdkörpers dachte man sich die Unterwelt, den Hades mit dem Tartarus.

Mit dem Beginne des wissenschaftlichen Denkens bei den jonischen Naturphilosophen erhob sich dann das Problem, wodurch denn diese flache Erdscheibe getragen werde. So nahm Thales (2) an, sie schwimme auf dem Wasser des Ozeans, Anaximenes (1) ließ sie auf Luft ruhen. An eine ringsum geschlossene Himmelskugel wurde in diesem Stadium der Astronomie noch nicht gedacht. Es war daher eine zu lösende Frage, wie man sich die Rückkehr der Gestirne von ihrem Untergangspunkt im Westen zu ihrem Aufgangspunkt im Osten vorstellen sollte. Entweder ließ man die Sonne allnächtlich auf dem Okeanos zu ihrem Aufgangspunkte zurückschwimmen, oder die Gestirne sollten, wie Anaximenes (2) sagt, sich um die Erdscheibe im Kreise herumbewegen, gerade wie ein Filzhut sich um unseren Kopf herumdreht (s. auch S. 261). — Dieses noch einfache Weltbild hat Anaximander, einer der bedeutendsten der jonischen Naturphilosophen, erweitert. Zwar stellt auch er sich die Erde noch flach, etwa tamburinförmig vor, d. h. als eine runde Scheibe mit konvexer Oberfläche; auch bestimmte er die Größe dieser Scheibe dahin, daß ihre Höhe (d. h. die Dicke) etwa $^1/_3$ ihres Durchmessers betrage (8). Ein großer Fortschritt aber war es, daß er im Himmel eine Vollkugel erkannte, die die Erde mit ihrer Atmosphäre wie eine Baumrinde umgebe und in deren Mitte die Erde frei schwebe, also nicht mehr von Wasser oder Luft getragen werde (10, 11). Sie sei also überall gleich weit von der Peripherie der Kugel entfernt, und so kein Grund vorhanden, daß sich die Scheibe nach einer Seite hin mehr neigen solle als nach einer anderen; sie schwebe vielmehr im Gleichgewicht im Zentrum der Himmelskugel (10, 11). Durch diese Theorie gewann Anaximander die Möglichkeit, die an der Himmelskugel befestigten Sterne sich mit ihren Nachtbögen unterhalb der scheibenförmigen Erde herumbewegen zu lassen, so daß ihre Bewegungen volle Kreise wurden. — Doch erfolgte bei seinen Nachfolgern, wie z. B. bei Anaxagoras (9) und Demokrit, ein Rückschritt insofern, als nach ihnen die immer noch scheibenförmig gedachte Erde wieder auf der Luft, ähnlich einem zusammengepreßten Kissen, einem Luftpolster, ruhte. Der Erdhorizont erstreckt sich danach also wieder bis zur Himmelskugel und schließt die unterhalb der Scheibe befindliche Luft wie ein Deckel ab, so daß sie nicht ausweichen kann und mithin eine große Last zu tragen vermag, wie Aristoteles diese Ansicht erläutert.

Wer als erster die *Kugelgestalt der Erde* gelehrt hat, darüber war sich selbst die spätere Antike nicht mehr klar. Man schrieb

dann diese Lehre vor allem dem P y t h a g o r a s (1) zu, der ja als „der Weise" schlechthin galt. Neuere Untersuchungen sehen entweder die Eleaten, X e n o p h a n e s und P a r m e n i d e s (so Rehm 1933), oder den Kreis der unteritalienischen P y t h a g o r e e r um A r c h y t a s v o n T a r e n t (so Frank 1923) als Begründer dieser Theorie an. Beide mögen durch mathematische Erwägungen, wie z. B. von der Anschauung der Kugel als des vollkommensten Körpers, zu ihr geführt worden sein. Klar ausgesprochen ist diese Anschauung von der Kugelgestalt der Erde erst bei P l a t o n, z. B. im Phaidon und in anderen Dialogen. A r i s t o t e l e s (4, 5) und S t r a b o n (1) gaben dann die noch heute in der Schule gelehrten Beweise, wie z. B. die Verschiedenheiten des Auf- und Untergehens der Sterne sowie der Sichtbarkeit verschiedener Sterne bzw. Sternbilder in den einzelnen Erdbreiten und die Erfahrungen der Schiffer auf dem Meere, daß beim Herannahen entfernter Gegenstände zuerst deren obere Teile sichtbar werden.

Ebenso kugelförmig wie die Erde stellte man sich nunmehr auch das *Himmelsgewölbe* vor. Es umgibt als eine geschlossene, feste, eherne oder kristallene Schale (Anaximenes 4, Empedokles 2) ringsum die Erdkugel, die selbst von der Luft- und darüber der Feuerregion umgeben ist. So nahmen auch P l a t o n und A r i s t o t e l e s den Kosmos als eine durch die Fixsternsphäre begrenzte Kugel an, außerhalb deren es weder einen leeren Raum noch eine Zeit gebe. Zwar wurde im Altertum auch die uns heute gemäßere Anschauung von der Unendlichkeit des Weltalls und seiner grenzenlosen Ausdehnung nach allen Seiten hin vertreten, vor allem von den Materialisten, wie L e u k i p p (2), D e m o k r i t (1), E p i k u r (6) und anderen. Nach ihnen sollte sich im unendlichen Raum eine unendliche Anzahl von Weltsystemen befinden, sogar solche, deren Gestirne eine die unserer Welt überragende Größe besäßen. Doch wurde diese Vorstellung von der unendlichen Zahl der Welten von den übrigen Griechen, wie z. B. den S t o i k e r n und auch von P t o l e m a i o s, der ja für das Mittelalter maßgebend wurde, einhellig abgelehnt. Bekanntlich hat auch noch K o p e r n i k u s eine kugelförmige Fixsternsphäre als äußere Begrenzung des Weltalls angenommen (siehe Abb. S. 295), und erst G i o r d a n o B r u n o (1548—1600) hat wieder die Unendlichkeit des Raumes und der Welten gelehrt.

Unter der Voraussetzung, daß die Erde eine vollkommene Kugel sei, versuchte man nun, ihren *Umfang* zu berechnen, wozu anscheinend als erster A r c h y t a s v o n T a r e n t eine Methode angegeben hat. Man maß die Entfernung zweier, wie man annahm, auf demselben Meridiankreis liegender Städte, beobachtete dann, welcher Stern zu demselben Zeitpunkte im

Zenith eines jeden der beiden Orte stand, ermittelte den Winkelabstand der beiden Sterne in Teilen des Himmelsmeridians und erhielt darauf durch Multiplikation des Abstands der beiden Orte mit der gefundenen Zahl den Umfang des Erdmeridians. Nach einem späteren Berichte des Kleomedes (um 175 n. Chr.) wurden die Orte Lysimachia am Hellespont und Syene (das heutige Assuan) genommen, die 20 000 Stadien voneinander entfernt liegen. In Lysimachia stand der Kopf des Drachen im Zenith, in Syene der Krebs, welche beiden Sternbilder um $^1/_{15}$ des ganzen Meridiankreises voneinander entfernt sind. So würde der ganze Umfang des Erdmeridians 15mal 20 000 = 300 000 Stadien betragen, eine Zahl, die von Archimedes angegeben wird. Nimmt man ein griechisches Stadion zu 185 m an, so würde also der Erdumfang 55 000 km betragen, während die richtige Zahl (am Umfang des Äquators gemessen, denn die Meridianlänge kann wegen der — allerdings nur geringfügigen — Polabplattung nicht zum Vergleich herangezogen werden) 40 075 km beträgt. Diese Messung wurde wahrscheinlich von dem Aristotelesschüler Dikaiarchos ausgeführt (Heiberg 1925).

Genauer war die Messung des Eratosthenes (ca. 275—195 v. Chr.) in Alexandria, dessen Methode die Sonnenhöhen zur Zeit der Sommersonnenwende benutzt (1). Sie ergab, wenn man ein ägyptisches Stadium zu 157,5 m annimmt, eine Meridianlänge von 39 690 km, was dem wirklichen Äquatorumfang erstaunlich nahekäme; doch ist diese Bestimmungszahl des ägyptischen Stadions (es gab sehr verschiedene griechische Stadien, deren Längen zwischen 165 und 210 m schwankten) unsicher (Rehm 1933). Sehr genau war die Entfernung Alexandria—Syene mit 5000 Stadien = 787,5 km gemessen; sie beträgt in der Tat 791 km (Zinner 1931). Poseidonios (5) ist dann wieder zur alten Methode der Beobachtung der Sternhöhen zurückgegangen und berechnete den Erdumfang zu 240 000, bzw. nach Strabon zu 180 000 Stadien. Die kleinere Zahl wurde dann auch von Ptolemaios angenommen und ergab also einen in Wirklichkeit zu kleinen Erdumfang. Dadurch getäuscht, versuchte, wie S. 284 ausgeführt, Columbus Indien auf dem Westwege zu erreichen.

2. *Die Vorstellungen vom Fixsternhimmel*

Wie bei anderen Völkern wird auch bei den Griechen der Himmelsraum ursprünglich als verhältnismäßig sehr klein vorgestellt. Der Mond z. B. sollte kaum weiter von uns entfernt sein, als die Wolkendecke, so daß seine Verfinsterungen durch den Erdschatten von solchen durch die Wolken nicht scharf geschieden wurden. Auch die Lageverhältnisse der einzelnen

Gestirnarten zueinander sind noch nicht richtig erkannt. Nach A n a x i m a n d e r s (2) Anschauung z. B. liegt die Sonne am weitesten von uns entfernt, unter ihr der Mond, und uns am nächsten sind die Fixsterne, „eine bei der häufigen Bedeckung von Sternen durch den Mond höchst befremdende Annahme, die aber auch von Babyloniern und Persern ausdrücklich berichtet wird" (Boll). Ganz phantastisch waren teilweise die Anschauungen von dem Bau und der Natur der Gestirne. Die Sternräder des A n a x i m a n d e r (3, 4), die aus Luft bestehen sollen und aus einem Loch das in ihnen vorhandene Feuer ausstrahlen, sind ebenso rätselhaft wie die Ringe und Bänder, die bei P a r m e n i d e s die Erde umgeben. A n a x i m a n d e r erklärt die Tagesbahn der Sonne durch die Drehung des Luftrades auf der Stelle, wobei die das Feuer ausstrahlende Öffnung von Osten nach Westen über den Himmel geführt wird; in der Nacht dagegen soll die Öffnung ganz von uns abgewendet sein. Während das Luftrad 27mal so groß ist als die Erde, wird die Größe der Sonne selbst, d. h. des das Feuer ausstrahlenden Loches, als der Erde gleich angenommen (4). Phantastisch ist auch des X e n o p h a n e s (1, 2, 4) Annahme, daß die Sterne sich täglich neu entzündende und dann wieder verlöschende Feuerwolken seien — ähnlich wie auch bei den Ägyptern die Sonne täglich neu von der Himmelsgöttin geboren wird —, und nach H e r a k l i t (6) ruhen Sonne und Sterne in kahnartigen Gefäßen, deren Öffnung nach unten gerichtet ist. Dreht sich das Gefäß nach oben, so verschwindet dementsprechend deren Licht für unsere Sicht. (Auch die Ägypter hatten eine Lehre von den Himmelsbarken, in denen die Gestirne auf dem Himmelsozeane einherfahren.) Für die späteren Philosophen sind die Gestirne entsprechend dem Augenschein und auch in Analogie zur Erde flache Scheiben von runder Gestalt und relativ geringer Größe, die aus Feuer bestehen; nach A n a x i m e n e s (2) schwimmen sie auf der Luft. Noch H e r a k l i t (3) hält die Sonne für nicht größer als einen Fuß im Durchmesser. Es war daher schon ein Fortschritt, wenn A n a x a g o r a s (2) sie für größer als den Peloponnes erklärte, eine Folge davon, daß er die Gesetze der perspektivischen Täuschung kannte und entsprechend den Abstand des Himmelsgewölbes von uns für sehr groß annahm. Er sah (1), wohl auf Grund der Beobachtung von zur Erde niedergegangenen Meteoren, in Sonne, Mond und Gestirnen ungeheuere, in Flammen stehende Stein- und Erdmassen. Da nun ein jedes Feuer der Nahrung bedarf, wenn es nicht erlöschen soll, so nahm man an, daß von der Erde aus andauernd feuchte Dünste nach oben stiegen, die das Feuer dieser Gestirne ernährten, die sogenannte Anathymiasis, eine Lehre, die wohl zuerst bei H e r a k l i t (6) auftritt und später besonders wieder von den S t o i k e r n (K l e a n t h e s 2,

Poseidonios 4) vertreten wurde. Aristoteles setzte dagegen für die Gestirnregion ein ganz anderes Element an als die vier bekannten irdischen, den Äther, das fünfte Element, der ewig, unzerstörbar und in kreisförmiger Bewegung begriffen ist und aus dem die Gestirne bestehen, während die irdischen Elemente sich nach oben (Feuer und Luft) und unten (Wasser und Erde) bewegen und die Körper, die sich aus ihnen zusammensetzen, in ewigem Wechsel von Entstehen und Vergehen begriffen sind. — In Analogie zur Erdkugel nahm man dann auch bald für die Gestirne wie auch für Sonne und Mond die Kugelgestalt an, ein Schritt, den wohl zuerst die Pythagoreer machten, und diese Annahme wurde im ganzen Altertum festgehalten. Auch die Achsendrehung dieser Kugeln war eine anerkannte Vorstellung, die besonders von Platon (5) betont wird.

Mit der von Aristarch von Samos versuchten Berechnung des Abstandes von Sonne und Mond von der Erde (1), deren Ergebnisse freilich noch zu klein waren, wuchs denn auch die Anschauung von der Größe des Weltalls immer mehr. War schon für Aristoteles die Erde nur ein Punkt in der Mitte des kugelförmigen Alls gewesen (5), so wurde für Aristarch sogar der Durchmesser der von ihm angenommenen kreisförmigen Bahn der Erde um die Sonne zu einem Punkt im Verhältnis zur Entfernung von der Kugelperipherie, eine Annahme, zu der er durch den Mangel einer beobachtbaren Parallaxe der Fixsterne während dieses Umlaufes gezwungen wurde (2).

Die Kenntnis einzelner *Sternbilder* und besonders heller *Fixsterne* reicht bis in die ältesten Zeiten zurück. Schon bei Homer (1—3) dient der Große Bär als Richtungsweiser bei der Fahrt auf dem hohen Meere, und bei Hesiod (1) werden nach dem Auf- bzw. Untergang einzelner Sternbilder die Jahreszeiten und der Beginn wichtiger landwirtschaftlicher Arbeiten bestimmt.

Der *Tierkreis* soll den Griechen bereits im sechsten Jahrhundert bekannt gewesen sein; seine Einteilung in 12 Zeichen wird von Plinius dem Kleostratos von Tenedos zugeschrieben, der um 520 v. Chr. lebte und auch ein Gedicht über die Sternbilder verfaßt hat. Sicherlich aber haben die Griechen diese Zeichen von den Babyloniern übernommen. Diese 12 Tierkreiszeichen wurden folgendermaßen benannt: κριός (aries, Widder); ταῦρος (taurus, Stier); δίδυμοι (gemini, Zwillinge); κάρκινος (cancer, Krebs); λεών (leo, Löwe); παρθένος (virgo, Jungfrau); ζυγόν (libra, Waage); σκορπιός (scorpio, Skorpion); τοξότης (arcitenens sagittarius, Schütze); αἰγοκερεύς (caper, Steinbock); ὑδροχόος (amphora, Wassermann); ἰχθύες (pisces, Fische). Die Kenntnis der Schiefe der Ekliptik, also des Winkels der Sonnenbahn mit dem Himmelsäquator, wurde später dem Pythagoras, bzw.

dem Oinopides von Chios (2) zugeschrieben, und der schon oben genannte Grammatiker und Geograph von Alexandria Eratosthenes (ca. 275—195 v. Chr.) bestimmte sie auf 23^{0} 45′ (heute beträgt sie 23^{0} 27′). So waren die drei Bezugsebenen (Horizont, Himmelsäquator und Ekliptik) zur Bestimmung des Ortes eines Sternes bekannt. Als erster beschrieb Eudoxos von Knidos, der mit Platon in der Akademie um 367 v. Chr. verkehrte, in seinen „Phainomena" die Lagen der Sternbilder zueinander und in ihren Beziehungen zu den Hauptkreisen des Himmels, erwähnte die wichtigsten Einzelsterne und verglich ihre Helligkeit. Dessen Schilderung folgend verfaßte Aratos aus Soloi in Kilikien (um 275 v. Chr.) sein im Altertum berühmtes Lehrgedicht „Himmelserscheinungen" (φαινόμενα) über die Sternbilder, das von anderen Astronomen wieder erläutert und von den Römern, darunter von Cicero, mehrmals ins Lateinische übersetzt wurde; „es hat etwas Sternkunde bis tief ins Mittelalter hineingerettet; es gibt mittelalterliche Handschriften der lateinischen Bearbeitung mit Bildern, die sicher auf das Altertum zurückgehen" (Heiberg 1925). Eine Zusammenstellung der Sternbilder mit den an sie angeknüpften Sagen hat auch der eben genannte Eratosthenes gegeben, und einen Fixsternkatalog verfaßte, angeregt durch das plötzliche Aufleuchten und Wiederverschwinden eines neuen Sternes, der bedeutendste Astronom des Altertums, Hipparch (2) aus Nikomedia in Bithynien, der in Rhodos um 150 v. Chr. wirkte und neben theoretischen Berechnungen auch astronomische Beobachtungen anstellte. Er beschrieb in diesem Katalog 21 Sternbilder, die nördlich des Tierkreises liegen, 12 in diesem selbst befindliche und 13 südlich desselben gelegene Bilder und gab die Lage von etwa 850 Einzelsternen an, die er nach dem Grade ihrer Helligkeit in verschiedene „Größen"klassen einteilte, ein Brauch, dem wir ja auch jetzt noch folgen, wenn wir z. B. die am hellsten strahlenden Sterne als solche erster Größe bezeichnen. Hierbei kam er beim Vergleich der Orte einzelner besonders heller Sterne (wie z. B. der Ähre, spica, in der Jungfrau) mit den Angaben seiner Vorgänger zu der Erkenntnis, daß auch die Fixsterne nicht ganz festliegen, vielmehr ebenfalls ihren Ort verändern, und zwar sämtlich in gleichem Sinne und in rückläufiger Richtung, also von Osten nach Westen. Er hatte die sogenannte Präzession, das Vorrücken des Frühlingspunktes nach Osten gefunden (1), die nach unserer Erkenntnis durch die Anziehung der Sonne auf den Äquatorwulst der (abgeplatteten) Erde hervorgerufen wird. Hipparch berechnete ihren Betrag, d. h. die Verschiebung des Nullpunktes des Äquators auf mindestens 1^{0} im Laufe von 100 Jahren (statt genauer 1^{0} 23′) oder 36″ für 1 Jahr (statt 51″ wie heute angenommen wird).

Allerdings war diese Entdeckung wahrscheinlich nicht ganz sein geistiges Eigentum; er entnahm sie wohl den Ergebnissen des babylonischen Astronomen Kidinnu (Kidenas der Griechen, der in Sippar um 314 v. Chr. wirkte), welcher die Präzession bereits vor ihm festgestellt hatte. Später hat dann wieder Ptolemaios in seinem berühmten Almagest ein Sternverzeichnis für die Breite von Alexandria aufgestellt, wo er — ebenso wie in Canopus an der westlichen Nilmündung — auf der Sternwarte in den Jahren 127—147 n. Chr. selbst Beobachtungen anstellte, und in ihm die Orte und die Größen von über eintausend Einzelsternen überliefert. Die Genauigkeit seiner Angaben ist aber nach Zinner (1931) nicht sehr beträchtlich; der mittlere Fehler in den Längenangaben beträgt 0,58°, in den Breitenangaben 0,37° und für die Größen 0,47. Nicht aufgeführt sind in diesem Verzeichnis merkwürdigerweise einzelne bekannte Sternbilder, wie z. B. die berühmte Locke der Berenike, nach einer hübschen Sage benannt, welche Kallimachos, der bedeutendste Dichter der alexandrinischen Zeit, in einem berühmten Gedicht besungen hatte, das später von Catull (1) aus dem Griechischen ins Lateinische übertragen worden ist.

3. Sonne und Mond in der griechischen Astronomie

Sonne und Mond hielt man, wie wir gesehen haben, ursprünglich beide für selbstleuchtende (feurige), flache Scheiben. Nach Xenophanes (2, 3, 4) und Heraklit (1) sollte sich die Sonne wie auch die Fixsterne jeden Tag von neuem bilden und der Mond eine verdichtete Wolkenmasse mit eigenem Lichte sein, das bei Neumond verlösche und sich dann von neuem entzünde (Xen. 5). Schwierigkeiten ergaben sich aber, wenn die einzelnen Phasen mittels dieser phantastischen Theorieen erklärt werden sollten. Anaximander (5) berief sich auf Verstopfungen bzw. auf Umdrehungen im Feuerloch des Luftrades, Heraklit und Alkmaion (3) auf Umdrehungen des Nachens, in dem der Mond getragen werde. Empedokles aber (1, 8) und Anaxagoras (4) lehrten, daß der Mond nicht selbst leuchte, sondern sein Licht von der Sonne empfange. Anaxagoras (2) folgerte aus seiner „erdigen" Natur das Vorhandensein von Bergen, Tälern sowie bewohnten Gegenden auf dem Monde, worin ihm Philolaos (4) folgte; dieser bevölkerte ihn mit Tieren und Pflanzen, die schöner und größer seien als die unsrigen und, wegen der Reinheit der dortigen Luft, keinerlei Ausscheidungen absonderten. Er ist also Vorläufer Jules Verne's geworden, wie ja auch der syrische Schriftsteller Lukian im zweiten Jahrhundert n. Chr. eine Reise auf den Mond schildert, auf der er die Kämpfe der Mondbewohner mit den Sonnen-

bewohnern erlebte. Und noch Kepler äußert in seiner Auseinandersetzung mit dem „Sternenherold" des Galilei (1610) die Vermutung, daß die Ringwälle der Mondoberfläche Kunstbauten der Mondbewohner seien. — Die Kugelgestalt des Mondes nahmen erst Platon, Aristoteles und die jüngeren Stoiker an. Nach Heraklit und der älteren Stoa erhielt auch er seine Nahrung durch die feinen und feuchten Ausdünstungen der Erde.

Eine *Sonnenfinsternis* hat nach einem berühmten Bericht des Herodot bei einem Kampf zwischen Lydern und Medern (nach neuen Berechnungen am 28. Mai 585 v. Chr.) schon Thales von Milet (3) vorausgesagt, allerdings wohl nicht den genauen Tag oder gar die Stunde. Zweifellos hatte er aber keine Einsicht in die wirkliche Ursache derselben, da es sonst nicht zu verstehen wäre, daß seine Nachfolger wieder die phantastischsten Erklärungen gegeben haben. Vielmehr stützte sich Thales wohl auf Kenntnisse der Babylonier, welche aus langen Beobachtungsreihen eine regelmäßige Periode der Wiederkehr der Sonnen- und Mondfinsternisse, den sogenannten „Saros" von 223 Mondmonaten ($= 6585\frac{1}{3}$ Tage), gefunden hatten, nach deren Verlauf die Verfinsterungen in demselben Zeitabstande sich wieder folgen (vergl. S. 259). Wie bei allen primitiven Völkern sah man auch bei den Griechen in solchen Vorgängen unheilverkündende Vorzeichen; man glaubte z. B., daß Mondfinsternisse durch thessalische Zauberinnen verursacht würden, die den Mond auf die Erde herabzuziehen versuchten, und man befreite ihn durch Geschrei und Lärmen mit ehernen Geräten. — Die auf Thales folgenden „Physiker" erklärten die Finsternisse entsprechend ihren sonstigen Anschauungen von der Natur der Gestirne, so Anaximander (6) durch seine Theorie von der Verstopfung des Feuerloches im Radkranz, Anaximenes (5) durch Verdeckungen von Sonne und Mond durch erdartige Körper, die in der Gestirnregion schweben sollten, wie später auch die Pythagoreer (1). Alkmaion (3) und Heraklit (6) dagegen dachten an Umdrehungen der Nachen. Die richtige Erklärung gaben erst Empedokles (9, 10) und vor allem Anaxagoras (5), durch den sie auch in Athen bekannt wurde; er ließ die Mondfinsternis richtig durch den Erdschatten, die Sonnenfinsternis durch den Mond verursacht werden. Aus diesen gegenseitigen Bedeckungen folgerte er richtig, daß von der Erde aus zuerst der Mond, dann die Sonne und auf diese erst die Fixsternkugel folgen müsse.

Wie sehr aber das Volk noch weiterhin die unheilverkündenden Finsternisse fürchtete, beweist die Erzählung des Thukydides, (VII/50), daß die athenische Flotte unter Nikias, der „ohnehin

auf Wunderzeichen und dergleichen Dinge viel hielt", ihre Ausfahrt aus Syrakus wegen einer totalen Mondfinsternis (am 27. August 413 v. Chr.) um dreimal neun Tage verschoben habe; und Plutarch (Perikles 35) berichtet, Perikles habe bei einer Sonnenfinsternis dem Flottenkommandanten, um ihn zu beruhigen, einen Mantel vor die Augen gehalten und ihn dabei gefragt, ob dies ein Vorzeichen sei. „Nein", sagte der Kapitän. „Was willst du denn dann?" meinte Perikles. „Ist denn die Sonnenfinsternis etwas anderes? Höchstens, daß das Ding, das die Sonne verfinstert hat, größer ist als mein Mantel." (vgl. auch Plinius 2)

Versuche, die *Entfernungen der Planeten und Fixsterne von der Erde* zu bestimmen, waren zuerst bei dem Mangel einer richtigen Methode rein spekulativ. Als erste sind hier die Pythagoreer zu nennen; sie hatten bekanntlich festgestellt, daß sich die Intervalle der Töne, also die Oktaven, Quinten. Terzen usw. auf einfache Zahlenverhältnisse in den Längen der schwingenden Saiten zurückführen ließen; man nahm nun solche Harmonien auch in den Entfernungen der Sterne von der Erde an (4, 5). So vermutete Philolaos, die Verhältnisse der Distanzen der einzelnen aufeinanderfolgenden Himmelskörper seines Systemes verhielten sich wie 1:3; es sei z. B. der Radius der Gegenerde dreimal so groß wie der des Zentralfeuers, der der Erde wieder dreimal so groß wie der der Gegenerde, also neunmal der Radius des Zentralfeuers, der des Mondes dreimal 3 mal 3 = 27 mal so groß wie derjenige des Zentralfeuers usw. Andere Pythagoreer schätzten nach Plinius (II/20, 22) die Distanzen der Himmelskörper nach Tönen ab; so stünden Erde und Mond um einen Ganzton voneinander ab, Mond und Merkur um einen halben, Merkur und Venus wieder um einen halben, Venus und Sonne um eineinhalb Töne usf. Durch die angebliche Harmonie dieser Töne sollte ja die berühmte Sphärenmusik (5) entstehen, die wir nur deshalb nicht wahrnähmen, da wir an sie schon von Jugend an gewohnt seien. Platon glaubte (Timaios 35), Mond, Sonne, Venus, Merkur, Mars, Jupiter und Saturn befänden sich in Abständen von der Erde, die sich wie 1:2:3:4:8:9:27 verhielten. Diese Schätzungen nach harmonischen Zahlen, uns heute so phantastisch anmutend, hatten ein langes Nachleben und große historische Bedeutung; denn bekanntlich ist Kepler, wie er in der Vorrede zum fünften Buch seiner Harmonice mundi (1) angibt, angeregt durch die Lektüre der Harmonik des Ptolemaios, die auf den Pythagoreern fußt, auf der Suche nach solchen Zahlenharmonien zur Entdeckung seiner drei berühmten Gesetze der Planetenbewegungen gelangt. So fand Kepler z. B., daß das Verhältnis der heliozentrischen Winkelgeschwindigkeit pro Tag im Aphel, dividiert durch die im Perihel beträgt: bei Saturn 4:5 = große Terz;

Jupiter 5:6 = kleine Terz; Mars 2:3 = Quinte; Erde 15:16 = Halbton; Venus 24:25 = Viertelton; Merkur 5:12 = kleine Dezime.

Eine exakte Methode, das Verhältnis der *Abstände der Sonne und des Mondes von der Erde* zu berechnen, gab erst der geniale Aristarch von Samos an in seiner uns erhaltenen Schrift „Über die Größe und die Entfernungen von Sonne und Mond". Er setzte voraus, daß Erde und Mond, wenn dieser im ersten oder letzten Viertel steht, in ihrer Stellung zueinander und zur Sonne ein rechtwinkliges Dreieck bilden (Abb. 279) und daß durch die Messung des Winkels Sonne—Erde—Mond das Verhältnis der Abstände von Mond bzw. Sonne von der Erde (modern ausgedrückt: der Cosinus des Winkels MES) berechnet werden könne. Er fand allerdings (1) bei dem Mangel an geeigneten Instrumenten den Winkel nur zu 87°, während er in Wirklichkeit fast ein rechter ist: 89° 50′. Aristarch kam dadurch zur Ansicht, daß die Sonne etwa 19mal so weit von der Erde entfernt sei wie der Mond, ein Verhältnis, das in Wirklichkeit zwar durch die Zahl 370 zu ersetzen ist, aber bis Kepler als richtig gegolten hat. Auf andere Weise bestimmte Aristarch die Entfernung Mond:Erde zu 74 Erdradien, was der richtigen Zahl 60 bedeutend näherkam. Außer von Aristarch wurden solche Berechnungen von Hipparch, Poseidonios und Ptolemaios angestellt; deren Ergebnisse sind auf folgender Tabelle zusammengestellt, die Zinner (1931, S. 97) entnommen ist:

Größe und Entfernung von Sonne und Mond, bezogen auf den Erddurchmesser als Einheit:

	Mittlere Entfernung des Mondes	Mittlere Entfernung der Sonne	Durchmesser der Sonne
Aristarch	9,5	180	6,75
Hipparch	33,66	1245	12,33
Poseidonios	26,5	6550	39,25
Ptolemaios	29,5	605	5,5
Moderne Berechnungen	30,2	11739	109,1

Wie man sieht, kommen die Angaben für den Mond der Wirklichkeit am nächsten, während bei der Sonne sowohl ihre Entfernung wie ihre Größe zu gering geschätzt sind. Der Wahrheit nähern sich am meisten die Angaben des Poseidonios, während für Ptolemaios das Weltall wieder kleiner geworden ist.

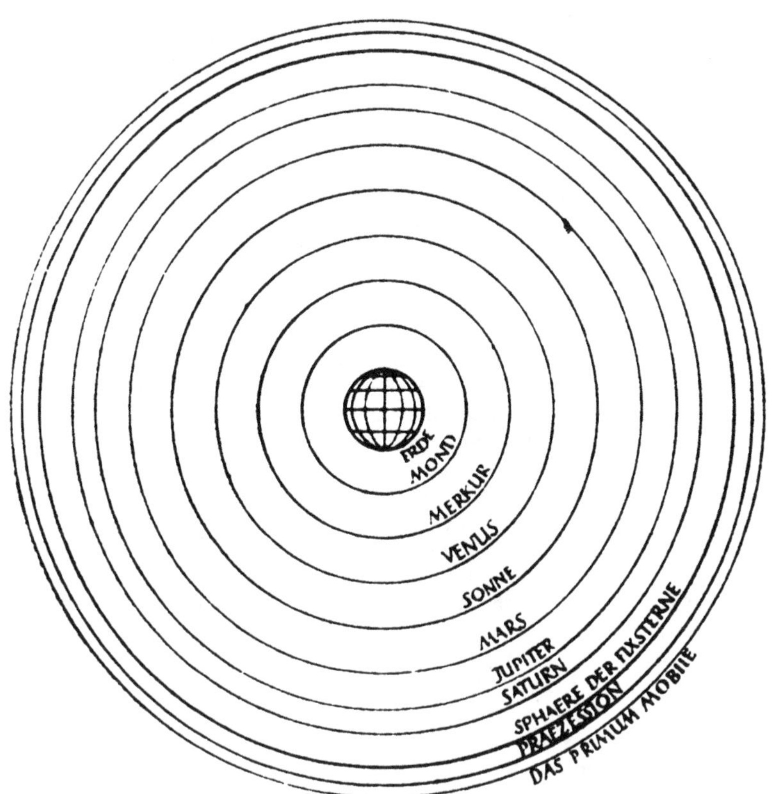

Das Weltsystem in ptolemäisch-mittelalterlicher Auffassung.
(Aus Oppenheim 1906)
Zu innerst die ruhende Erde, hierauf die Sphaeren der 7 Planeten, dann die Sphaere der Fixsterne, die sich in 24 Stunden einmal um die Erde dreht. Sie wird umgeben von einer Sphaere, die die Praecession bewirkt, und schließlich das primum mobile, der Kristallhimmel Dantes, der die tägliche Bewegung des Ganzen bewirkt und dadurch den Begriff der Zeit bestimmt. Er wird noch von dem Empyreum, dem ruhenden Sitz der Gottheit umschlossen und empfängt unmittelbar aus dieser ursprünglichen Quelle seine Kraft und Bewegung. (Dantes Paradies, 27. Gesang nach v. Falkenhausen.)

4. *Die Planeten*

Die Planeten sollen den Griechen relativ spät bekannt geworden sein, und zwar haben sie deren Kenntnis gewiß (wie Boll sagt) von den Babyloniern erhalten. Erst dem Parmenides (um 475 v. Chr.) wird die Kenntnis von der Identität des Abend- und Morgensternes zugeschrieben (2), die in Babylon schon um 2000 v. Chr. bekannt gewesen war. Ursprünglich wurden die

Wandelsterne nur nach ihrem Aussehen charakterisiert, wie sie denn Platon in seinem Staat (3) als den gelblichen Phainon (d. h. den Lichtbringer = Saturn), den glänzend weißen Phaeton (den leuchtenden, = Jupiter), den rötlichen Pyrrhoeis (den feuerfarbigen = Mars) usw. bezeichnet. Die mit den griechischen Göttern zusammenhängenden Namen finden sich erst in den Spätwerken Platons, so im Timaios, Kritias, und in der Epinomis seines Schülers Philipp von Opus (2), wobei die aus Syrien und Ägypten übernommenen chaldäischen Gottheiten der Planeten mit den griechischen Göttern identifiziert werden. Die Planeten heißen daher zuerst „Stern des Zeus" oder „Stern der Aphrodite", und erst später wird unmittelbar „Zeus" oder „Aphrodite" für den Stern selbst gesagt; es sind also der Gott und der Stern völlig gleich gestellt (Boll). — Die richtige Reihenfolge der Planeten nach ihrem Abstand von der Erde bzw. von der Sonne wurde erst spät eingesehen. Anaximander (2) setzt sie noch, wie wir bereits gesehen haben, unterhalb von Sonne und Mond. Bei Philolaos (Abb. S. 271) bzw. den anderen Pythagoreern sowie im Staat des Platon und in der Epinomis (2) haben wir dann die Reihenfolge (von der Erde aus gerechnet): Mond, Sonne, Venus, Merkur, Mars, Jupiter, Saturn — eine Reihenfolge, die von den Alten als das ägyptische System bezeichnet wurde, in Wirklichkeit aber griechisch ist, während die nach den Umlaufszeiten um die Sonne bzw. Erde richtige Reihenfolge: Mond, Merkur, Venus, Sonne usw. erst auf alexandrinischem Boden um 200 v. Chr. erkannt worden sein soll. Es ist dies das sogenannte babylonische System der Alten, das aber wiederum in Wirklichkeit ägyptisch ist.

Man nahm von den Planeten ursprünglich an — so noch Empedokles (11) — daß sie nicht wie die Fixsterne an eine bestimmte Stelle des Himmelsgewölbes gebunden seien, sondern frei und regellos zwischen diesen herumirrten, woher ja auch ihr griechischer Name πλανήτης von πλανάομαι = „ich irre umher" stammt. Daher war es schon ein Fortschritt, als die Pythagoreer (um 400 v. Chr.) und Demokrit (2) erkannten, daß die Wandelsterne in verschiedener Höhe, d. h. also in verschiedener Entfernung von der Erde ihre Bahnen durchmessen. Daß ihre Eigenbewegung im allgemeinen im Gegensatz zu der scheinbaren des Fixsternhimmels von Westen nach Osten verläuft — die sogenannte Recht-(nicht Rechts-)läufigkeit —, diese Beobachtung wird dem Alkmaion von Kroton (1), einem dem pythagoreischen Kreise nahestehenden Forscher (um 500 v. Chr.) zugeschrieben. Wer aber zuerst die sogenannte *Rückläufigkeit* eines Planeten, wobei er seine Bahn in einer von Osten nach Westen gerichteten Schleife durchläuft, beobachtet hat, ist

uns nicht überliefert; möglicherweise wurden auch diese Daten sämtlich von den Babyloniern oder Ägyptern übernommen.

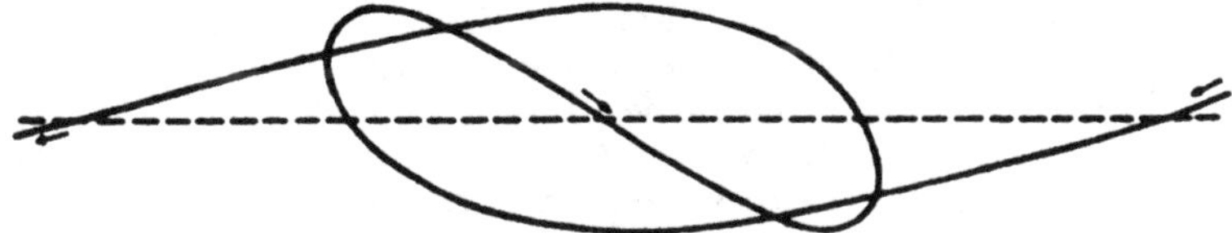

Scheinbare Bahnschlinge des Saturn.

(Nach Schiaparelli 1877 aus Frank 1923 zehnmal überhöht.)

Zu den Planeten wurden im Altertum auch Sonne und Mond gerechnet; ihre Siebenzahl war ja mit ein Grund für die Heilighaltung der Sieben. Denn auch Sonne und Mond zeigen bekanntlich bestimmte, sie von den Fixsternen unterscheidende Eigenbewegungen. So wechselt die Sonne einmal ihre Stellung im Tierkreis von einem Zeichen zum andern in der Richtung von Westen nach Osten, sodann steigt sie im Laufe des Frühjahrs höher am Himmel empor, bis sie das Zeichen des Krebses erreicht hat, um dann still zu stehen und wieder südlich zurück bis zum Himmelsäquator und über ihn hinaus zum Kreise des Steinbocks zu wandern. Diese verschiedenen, von der täglichen Drehung des Fixsternhimmels von Osten nach Westen so sehr abweichenden Bewegungen der Sonne und die Rückläufigkeit der übrigen Planeten erheischten eine ursächliche Erklärung. Solcher wurden verschiedene aufgestellt, zuerst begreiflicherweise primitiv, im Laufe der Zeit aber immer mehr verfeinert und schließlich von Ptolemaios in die für das Mittelalter maßgebende Form gebracht. Für den Sonnenstillstand bei den Wenden nahm z. B. Anaxagoras an, daß die Sonne bei ihrer Aufwärtsbewegung die Luft vor sich her und nach beiden Seiten hin stoße und diese sich also im Norden und Süden sammle, da ja das feste Himmelsgewölbe kein Ausweichen gestatte. Sie werde dabei so stark zusammengepreßt, daß ihr Druck die Sonne schließlich zur Rückkehr veranlasse. Demokrit (3) erklärte die Rückläufigkeit der Planeten wie der Sonne und des Mondes durch einen mitreißenden Wirbel, in den bei dem täglichen Umschwung des Himmelsgewölbes die Luft innerhalb desselben versetzt werde. Da dessen Kraft dem Mittelpunkt zu immer mehr abnehme, sollten die Planeten und die Sonne hinter der Bewegung des Tierkreises zurückbleiben; noch weniger könne der dem Mittelpunkt nähere Mond mit den Tierkreiszeichen standhalten, und die Erde schließlich stehe im Mittelpunkt des Alls ganz still. Es ist die Theorie des Zurückbleibens, die noch in Platons Jugend gegolten hat. Andere, wie die Stoiker

(Kleanthes 2) deuteten die Beschränkung der Sonne auf die Bahn des Tierkreises aus dem Fehlen ihrer Nahrung, der aus dem Meere aufsteigenden warmen Anathymiasis, in den kälteren nördlichen und südlichen Gegenden. Alle diese Anschauungen entbehrten der Einheitlichkeit, und so definierte Platon (2) das Problem der Bewegungen der Sonne und der übrigen Planeten dahin, welche Kreisbewegungen anzunehmen nötig sei, um die Erscheinungen zu „retten", d. h. zu erklären. Er ging von der auf pythagoreischen Anschauungen beruhenden Voraussetzung aus, die Gestirne müßten sich in der vollkommensten Figur, der Kreislinie, bewegen. Auch Kopernikus nahm dies noch an, bis Kepler dann die Ellipse einführte.

Der erste, der sich der Lösung dieser Aufgabe unterzog, war der große Mathematiker und Zeitgenosse Platons, Eudoxos von Knidos (ca. 408—355 v. Chr.), ein Schüler des Archytas von Tarent, der über ein Jahr lang bei ägyptischen Priestern die dortigen astronomischen Anschauungen kennen gelernt hatte, mit seiner Theorie der homozentrischen Sphären, für deren Kenntnis wir auf die Darstellung des Aristoteles und dessen Kommentators Simplikios (vgl. Aristoteles, 2, 3) angewiesen sind. Er nahm für einen jeden Planeten mehrere Kugelflächen an, die in verschiedenen Ebenen zueinander verschachtelt, d. h. mit ihren Polen ineinander befestigt waren; der Planet hatte seinen Sitz auf dem Äquator der innersten Sphäre (Abb. S. 275). Diese Sphären selbst bewegten sich mit verschiedenen Geschwindigkeiten und hatten sämtlich die Erde zum Mittelpunkt (für das Genauere vgl. die Erläuterungen S. 274). Im ganzen benötigte Eudoxos zur Darstellung der Bewegungen der Himmelskörper 26 Sphären, dazu noch eine für den Fixsternhimmel; Kallippos von Kyzikos, ein Schüler von ihm und Mitarbeiter des Aristoteles, hat noch 7 weitere Sphären hinzugefügt. Bei Eudoxos waren diese Sphären anscheinend nur Hilfsmittel gewesen, um die Bahnen der einzelnen Planeten berechnen zu können, die er übrigens schon recht genau kannte (vgl. S. 277). Aristoteles (2) hat dann als Physiker in den Sphären echte Kristallschalen gesehen und wurde dadurch zur Annahme seiner zurückrollenden Sphären genötigt, wodurch sein System insgesamt auf 55 Sphären anstieg.

Mit Hilfe dieses Systems des Eudoxos konnten die Bewegungen der Planeten, auch ihre Vor- und Rückwärtsgänge sowie ihre scheinbaren Stillstände im ganzen befriedigend dargestellt und berechnet werden, so daß, wie der moderne Astronom Schiaparelli sagt, die Astronomie kein System von größerer Einfachheit und Symmetrie bis auf Kepler sah. In der Form aber,

die ihm Aristoteles gegeben hatte, war es zu kompliziert geworden. Auch sah man, wie Simplikios, der Erklärer des Aristoteles im sechsten Jahrhundert n. Chr., berichtet, schon damals, daß es gewisse Tatsachen nicht erklären könne, nämlich einmal, daß manche Planeten, wie Venus und Mars, zu gewissen Zeiten viel heller leuchten. Diese Erscheinung legte doch die Annahme nahe, daß zu dieser Zeit der betreffende Planet uns näher komme als sonst. Ebensowenig konnte es eine Deutung der sogenannten ringförmigen Sonnenfinsternisse geben, bei denen die Finsternis nicht total ist, sondern die Sonne als heller Ring die Ränder des Mondes überstrahlt, dieser also kleiner erscheint und weiter von uns entfernt ist, als zu gewöhnlichen Zeiten. Beiden Erscheinungen konnte die Theorie der homozentrischen Sphären nicht gerecht werden; sie wurde daher wieder verlassen.

Das andere System, das die Erscheinungen der Planetenbewegungen durch einfache Kreisbewegungen zu erklären suchte, war das der jüngeren Pythagoreer (1, 2), insbesondere das des Philolaos (1, 2, Abb. S. 271), das nach Frank wahrscheinlich von Platon in seinem Alter, jedenfalls von dessen meisten Schülern, wie Speusippos und Philipp von Opus angenommen wurde. Besonders kühn war es dadurch, daß es die Erde aus ihrer Ruhelage im Zentrum des Weltalls entfernte und sie eine Bewegung innerhalb von 24 Stunden zwar nicht um die Sonne, aber um das angenommene Zentralfeuer im Mittelpunkt des Weltalls ausführen ließ. Auch mit seiner Hilfe konnten, falls man die Bewegung der Erde auf ein Jahr festsetzte, sowohl die regelmäßigen Bewegungen der Planeten wie ihre scheinbaren Stillstände und Rückläufigkeiten dargestellt werden. Doch wurde es von Aristoteles verworfen, der an der im Zentrum des Weltalls feststehenden Erde starr festhielt.

Der Gedanke, daß durch eine tägliche Drehung der Erde um ihre eigene Achse wenigstens die Bewegung des Fixsternhimmels mit seinen unzähligen Sternen sich als eine scheinbare erklären läßt, ist wohl um dieselbe Zeit auch sonst noch aufgetaucht und findet sich in den Fragmenten zweier sonst unbekannter Pythagoreer aus Syrakus, des Hiketas (1) und des Ekphantos (1) sowie des Herakleides von Pontos (2). Diese beließen aber der Erde ihren bevorzugten Platz in der Mitte des Weltalls und versuchten nicht, die Unregelmäßigkeiten in den Bewegungen der Planeten klarzustellen. Von Herakleides wurde früher angenommen, daß er ein Vorläufer des Tycho Brahe gewesen sei, insofern als er den Merkur und die Venus nicht direkt um die Erde, sondern um die Sonne und dann erst mit dieser um die Erde habe kreisen lassen; doch

ist diese Deutung des antiken Textes (1) sehr fraglich. Sicher ist allerdings, daß ein derartiges System später von Martianus Capella (um 470 n. Chr.) (1) dargestellt worden ist, wodurch es dem Mittelalter und so auch unserm Kopernikus bekannt geworden ist.

Den nächsten großen Schritt, der Wahrheit schon ganz nahe, tat der schon genannte Aristarch von Samos (um 280 v. Chr.), ein Schüler des Physikers Straton von Lampsakos, des zweiten Nachfolgers des Aristoteles in der Leitung des Lykeions. Er versetzte statt der Erde die Sonne in den Mittelpunkt des Weltalls und ließ die Erde sich im Kreise um sie herumbewegen; außerdem aber schrieb er der Erde auch die tägliche Rotation um ihre Achse zu, wodurch sich wieder die tägliche Bewegung des Fixsternhimmels als eine scheinbare erklärte, während durch die Bewegung um die Sonne sich die Stillstände und Rückläufigkeiten der Planeten als scheinbare, durch die Erdbewegung hervorgerufene Ansichten herausstellten (2, 3). Damit war das kopernikanische System erreicht, wenn wir davon absehen, daß wir über des Aristarch Anschauung von den Bewegungen der Planeten nichts wissen. Doch hat sich dieses heliozentrische System im Altertum keine allgemeine Anerkennung verschaffen können. Wie später bei Kopernikus sprachen auch damals schon religiöse Anschauungen gegen die Entfernung der „heiligen Erde" aus dem Mittelpunkt des Weltalls; der Stoiker Kleanthes z. B. fand den Gedanken des Aristarch gotteslästerlich (Ar. 3). Vor allem aber war es die Autorität des Aristoteles, die dagegen sprach; dieser hatte auch bereits den Einwand der mangelnden Parallaxe der Fixsterne ausgesprochen (Über den Himmel 296b, 4.). Bei einer Bewegung der Erde um die Sonne wäre ja zu erwarten, daß uns die Fixsterne zu verschiedenen Jahreszeiten, je nach der Stellung der Erde im Weltraum, in verschiedener Perspektive sichtbar wären, das heißt ihre gegenseitige Stellung etwas veränderten, je nachdem ob sie näher oder weiter von uns entfernt sind. Aristarch nahm zur Erklärung des Fehlens dieser Parallaxe richtig an, daß nicht nur die Erde selbst, sondern sogar ihre ganze Bahn um die Sonne im Verhältnis zur Größe des Weltalls, d. h. gegenüber der Entfernung des Fixsternhimmels so klein wie ein Punkt sei (2). [Tatsächlich beträgt die große Achse der Erdbahn ungefähr 149,5 Millionen Kilometer (etwa gleich 8 Lichtminuten), während der uns nächste Fixstern, α Centauri, etwa 40 Billionen km = 4,27 Lichtjahre und der Andromedanebel sogar 850 Tausend Lichtjahre von uns entfernt ist!] Bekanntlich hat man auch dem Kopernikus später diesen Einwand der fehlenden Parallaxe vorgehalten, und erst der Königsberger Astronom Bessel hat im Jahre 1838

an einem kleinen Sterne im Bilde des Schwanes die scheinbare jährliche, durch die Erdrevolution hervorgerufene Bewegung festgestellt. — So wurde im Altertum die Lehre des Aristarch verworfen. Nur der Astronom Seleukos der Babylonier, der wahrscheinlich um 150 v. Chr. am Tigris lehrte, hat sie wieder vertreten; doch ist es unbekannt, ob er sie als buchstäblich wahr oder nur als Hypothese aufgefaßt hat (Zinner S. 55). Immerhin blieb die Lehre von der Erddrehung auch dem späteren Altertum bekannt (Seneca 1), weswegen noch Ptolemaios (1) gegen sie polemisierte. — Bekanntlich hat Kopernikus einzelne Stellen der antiken Astronomen, die die tägliche Umdrehung der Erde um ihre Achse sowie ihr jährliche Kreisbewegung um die Sonne lehrten, gekannt und sie in der Vorrede seines unsterblichen Werkes erwähnt (2).

Nachdem also weder die Theorie der homozentrischen Sphären des Eudoxos, noch die der konzentrischen Kreise der Pythagoreer die Unregelmäßigkeiten in den Bewegungen genügend erklären konnten, handelte es sich darum, eine neue Theorie aufzustellen, die wieder die geozentrische Stellung zur Voraussetzung hatte. Eine solche war die der exzentrischen Kreise, die man dem großen Hipparch verdankt. Er ging davon aus, daß die Jahreszeiten, d. h. die Anzahl der Tage von den Tag- und Nachtgleichen an bis zu dem jeweiligen Sonnenstillstand, dem Tage der Sonnenwende, ziemlich verschieden sind; und zwar fand er für die Länge des Frühlings 94,5, des Sommers 92,5 Tage, für den Herbst 88 und für den Winter 90 Tage. Er konnte diese Unregelmäßigkeiten dadurch verständlich machen, daß er die Erde aus dem Mittelpunkt der Sonnenbahn etwas entfernte und zwar um den 24. Teil des Radius der Sonnenbahn, welche Größe er die *Exzentrizität* nannte. Obwohl in diesem System die Sonne vollkommen regelmäßig in gleichförmiger Bewegung um ihren Mittelpunkt kreiste, ergab sich für den Beobachter von der Erde aus eine verschiedene Länge der einzelnen Quadranten (vgl Geminos 1). Mit derselben Methode erklärte er auch gewisse Unregelmäßigkeiten in der Mondbewegung, bei der z. B. ebenfalls die Anzahl der Tage zwischen den einzelnen Vierteln nicht genau gleich ist, und andere Verschiedenheiten mehr. Die Bahnen der Planeten aber ließ Hipparch unbearbeitet; ihre Schlingen und Stillstände konnten mittels der Exzentrizitäten nicht klargestellt werden.

Dieses leistete eine andere Theorie, die der *Epicyklen*. Es handelt sich hierbei um zwei Kreise, von denen der Mittelpunkt des Epicykels, des Aufkreises, sich auf dem Umfang des anderen, des Deferenten oder Trägers, mit konstanter Geschwindigkeit dreht. Wenn man sich den Planeten an einer

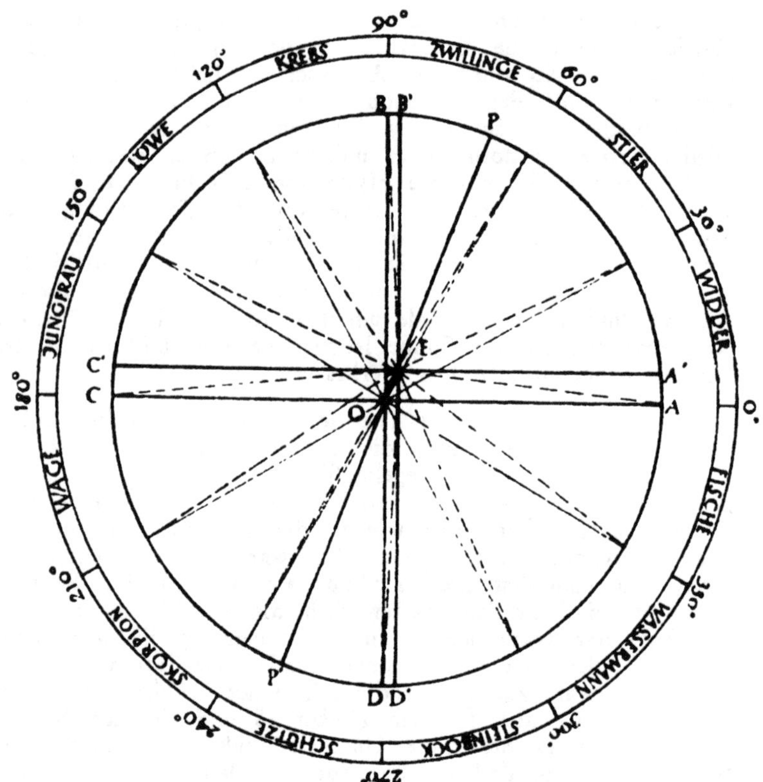

Die Sonnentheorie Hipparchs

(Nach Oppenheim 1906.)

Die Sonne läuft gleichförmig im Kreise A, B, C, D um ihren Mittelpunkt O. (A = Frühlingspunkt, B = Sommersolstitium, C = Herbstaequinoctium, D = Wintersolstitium). Die Erde steht in E und der Beobachter sieht die Sonne im Frühjahr sich zwischen A und B bewegen in 93° 12′ = 94,5 Tagen; dann von B — C, Sommer, in 91° 14′ = 92,5 Tagen, dann von C — D = Herbst in 86° 48′ = 88 Tagen und schließlich von D — A = Winter in 88° 46′ = 90 Tagen, wenn man annimmt, daß die Sonne in einem Tage 360 : 365,25 = 0° 59′ 18″ zurücklegt.

Die Punkte A′, B′, C′, D′ dienen der Construction der Lage von E, die hier nicht erklärt werden kann. Die Linie P P′, welche O und E verbindet, nennt Hipparch die Apsidenlinie der Sonnenbahn, die die Punkte größter Sonnennähe bzw. größter Entfernung verbindet.

Stelle auf dem Umfang des Epicykels festgelegt denkt, so daß er sich mit ihm zusammen dreht, so ergeben sich ähnliche Schleifen, wie sie am Himmel zu beobachten sind.

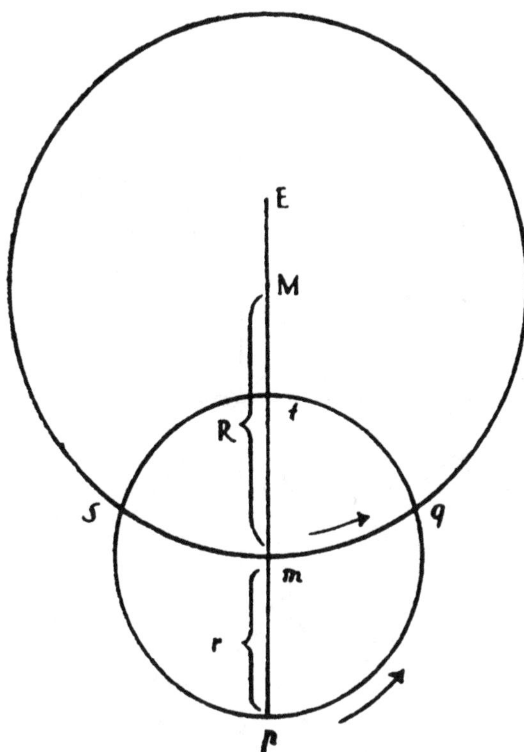

Zur Erläuterung der Epicyklentheorie

E = Erde, excentrisch stehend.
M = Mittelpunkt des deferenten Kreises.
R = Radius des deferenten Kreises.
m = Mittelpunkt des Epicykels.
p, q, t, s = Umfang des Epicykels.
r = Radius des Epicykels.

(Nach Dannemann I 1910.)

Darauf hatte schon der Bearbeiter der mathematischen Theorie, Apollonius von Perge in Pamphylien (um 200 v. Chr.), hingewiesen; das Verdienst, sie wirklich angewendet zu haben, gebührt dem letzten großen Astronomen des Altertums, Klaudios Ptolemaios. Mit ihrer Hilfe sowie mit gleichzeitiger Anwendung der Theorie der Exzentrizitäten gelang es nun, den Lauf der Planeten und des Mondes — für die Sonne ließ er die Theorie des Hipparch unverändert — befriedigend darzustellen, so daß er z. B. für die fünf Planeten

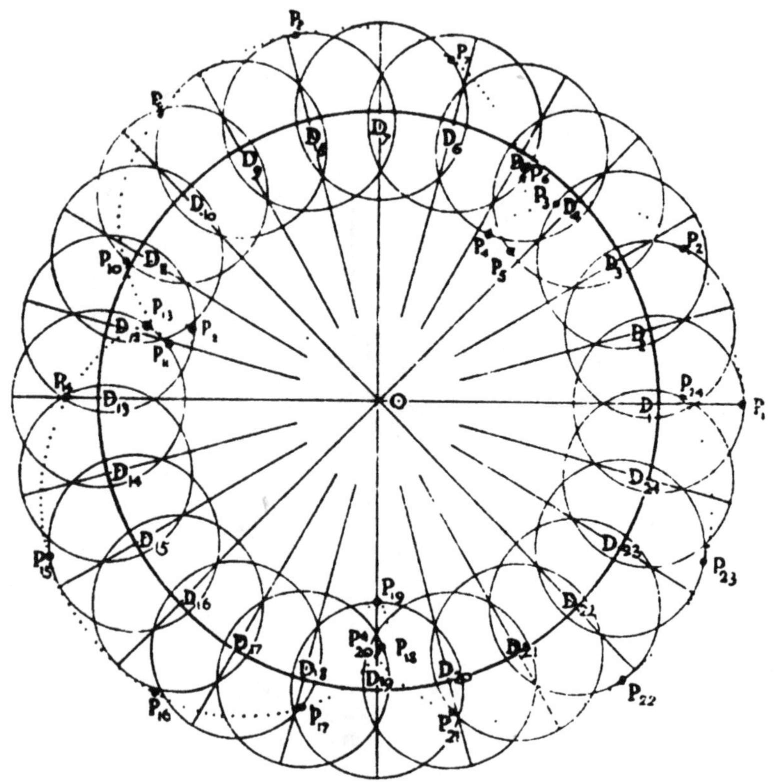

Die Epicyklentheorie des Ptolemaios
(Nach Oppenheim 1906.)

O = Mittelpunkt des deferenten Kreises.
D/1,2 ·· Mittelpunkte des Epicykels in aufeinanderfolgenden Zeiten.
P/1,2 ··· Stellungen des Planeten in den den Lagen von D/1,2 ··· entsprechenden Zeitpunkten.
Gestrichelt der scheinbare Lauf des Planeten.

Es ist angenommen, daß in gleichen Zeiträumen sich der Deferent um 15°, der Epicykel sich um 50° entgegengesetzt zum Uhrzeiger um seinen Mittelpunkt dreht. Bei P/3-6, P/10-14 und P/17-21 finden scheinbare Schleifen statt.

Tafeln konstruiert, aus denen ihre Stellung am Himmel leicht berechnet werden konnte. — Im Mittelalter wurde diese Anschauung von den Bewegungen der Sonne und der Planeten um die Erde als Mittelpunkt in Epicyklen und mit verschiedenen Exzentrizitäten die klassische, allgemein angenommene. Übrigens hat auch noch Kopernikus bei seiner Reformation des Systems, in welchem die Sonne statt der Erde wieder den

Mittelpunkt einnimmt, an den Exzentrizitäten festgehalten, um die Unregelmäßigkeiten in den Bewegungen der Planeten erklären zu können; erst Kepler löst durch seine Feststellung, daß die Planetenbahnen keine Kreise, sondern Ellipsen sind, auch dieses Problem.

5. *Sternwarten und Geräte*

Bemerkenswert ist es, daß die Griechen, im Gegensatz zu den Babyloniern, keine dauernden Sternwarten besessen haben, da „der Zwang, jahrhundertelang alle Himmelserscheinungen zu beobachten, bei ihnen fehlte; vielmehr handelte es sich bei ihnen um die Tätigkeit von Einzelpersonen, die je nach ihrer Vorliebe der einen oder anderen Himmelserscheinung Beachtung schenkten" (Zinner). Dagegen spielte die Astronomie im Unterricht der Schulen, z.B. der Akademie und des Lykeions, eine gewisse Rolle. So gab es *Himmelskugeln* zur Darstellung der Sternbilder, gelegentlich auch mit Angaben der einzelnen Sterne. Schon Anaximander hatte eine solche „Sphaera" konstruiert. Die Himmelskugel des Archimedes wurde nach der Eroberung von Syrakus (212 v. Chr.) von den Römern mitgenommen und im Tempel der Virtus in Rom aufgestellt. Auf Hipparchs Globus war die Lage aller von ihm beobachteten Sterne angegeben; sie hat sich anscheinend noch bis zur Zeit des Ptolemaios erhalten; denn dieser konnte mit ihrer Hilfe nachweisen, daß die Sterne in der Zwischenzeit ihre Lagen zueinander nicht geändert hatten. Derselbe Ptolemaios gibt in seinem Handbuch auch eine Anleitung zur Anfertigung von solchen Himmelsgloben. Erhalten ist uns die aus Marmor gefertigte Himmelskugel, die der farnesische Atlas auf seiner Schulter trägt; sie soll im dritten Jahrhundert vor Chr. angefertigt worden sein und befindet sich heute in Neapel. Auf ihr sind im Relief nur die Sternbilder, nicht die Einzelsterne abgebildet. Auch wurden in die Bücher Abbildungen von Himmelsbildern eingeflochten, wegen ihrer Klarheit teilweise bis ins Mittelalter hinein immer wieder kopiert. Solche haben sich z. B. in Handschriften des neunten Jahrhunderts erhalten.

Man kannte ferner *Planetarien*, d. h. mechanische Modelle mit Nachbildungen der Bewegungen von Sonne, Mond und Planeten, die man ebenfalls „Sphaeren" nannte; die „Sphairopoie", d. h. Konstruktion von automatischen Planetarien wird von Proklos (um 450 n. Chr.) als einer der 5 Teile genannt, in die man die Mechanik gliederte. Schon Platon erwähnt ein solches Modell im Timaios als zur Verdeutlichung der komplizierten Planetenbewegungen dienend. Besonders berühmt war ein von Cicero an

mehreren Stellen erwähntes Planetarium, das Archimedes hergestellt hatte; es gestattete, durch einen Antrieb mittels Wasser Sonne, Mond und Planeten um die Erde herumzuführen und die Finsternisse darzustellen; auch es wurde, wie seine Himmelskugel, als Beute nach Rom geführt und war lange dort aufgestellt. Ciceros Bewunderung erregte ferner ein Planetarium, das Poseidonios gefertigt hatte. Neuerdings sind die Trümmer eines solchen, das mit dem Schiffe untergegangen war, auf dem Meeresboden bei Antikythera (zwischen der Peloponnes und Kreta) wieder aufgefunden worden. — Seit die Astrologie in Griechenland eine größere Rolle zu spielen begann, wurden auch Jahrbücher mit den berechneten Angaben der Stellungen der Planeten hergestellt, so haben wir noch einen Papyrus, der die für Merkur und Venus vorausberechneten Ortsangaben zwischen den Jahren 17 v. und 10 n. Chr. enthält.

6. *Die Lehre von der Göttlichkeit der Gestirne*

Gestirnsverehrung und -anbetung lagen den Griechen ebenso wie die Sterndeutung, im Gegensatz zu den Ägyptern und Babyloniern, ursprünglich fern; „sie hatten keine Neigung, ihre früh zu höchst persönlichen Wesen ausgestalteten Götter mit den Naturerscheinungen selbst gleichzusetzen" (Boll). Die Sonne verehrte man zwar als die Spenderin der Wärme, doch wurde der Wechsel der Jahreszeiten ursprünglich nicht als von ihr verursacht aufgefaßt; vielmehr verband man die Änderungen im Wetter mit dem jährlichen Auf- und Untergang bestimmter Sternbilder (vgl. Hesiod, 1). Erst als im sechsten Jahrhundert die Sonnenbahn näher erforscht worden war, wurden die Jahreszeiten nicht mehr mit den Sternbildern, sondern mit den vier besonderen Punkten, dem Frühlings- bzw. Herbstpunkt der Tages- und Nachtgleichen sowie dem Sommer- und Winterwendepunkte in Verbindung gebracht.

Es ergab sich nun die Frage, welche Kräfte diese verschiedenen Bewegungen der Gestirne hervorriefen, ob dieselben, die auch auf unserer Erde wirken, oder ob am Himmel andere, göttlichere Kräfte heimisch seien.

Den jonischen Naturphilosophen war dies noch kein Problem; für sie ist der Stoff als solcher lebendig und bewegt sich aus sich selbst heraus, ebenso wie ja auch die Lebewesen sich aus ihrer eigenen Natur heraus fortbewegen. Daher gab Anaximander seinem ἄπειρον, dem „Unendlichen", das Prädikat des Göttlichen (τὸ θεῖον) und Xenophanes identifizierte die Gottheit mit dem Weltall (ἓν καὶ πᾶν); es ist ewig, ungeworden und unvergänglich, von Gestalt einer Kugel und hat seelische

Eigenschaften, wie die Allgegenwart des Wissens und der vernünftigen Leitung der Dinge, ein echter Pantheismus (6, 7). Heraklit war es dann, der zwar das Weltall als in ewiger, unablässiger Umwandlung begriffen ansah („alles fließt" und „nichts bleibt"), der aber auch diesen ewigen Wechsel in immer gleichbleibender Reihenfolge sich vollziehen ließ. Dieser Rhythmus des Geschehens, auf dessen zahlenmäßige Verhältnisse die Pythagoreer aufmerksam wurden und den spätere Zeiten die Gesetzmäßigkeit der Natur genannt haben, ist das einzig Dauernde; er wird von Heraklit als Geschick (εἱμαρμένη), als Ordnung (δίκη) oder als die Vernunft (λόγος) der Welt bezeichnet. Nachdem dann als Gegensatz zu diesem ewigen Werden durch Parmenides der Begriff des einen, unveränderlichen und ewigen Seins herausgearbeitet worden war, wurde von den nachfolgenden Philosophen der Gegensatz von Stoff und Kraft erkannt. Empedokles nahm zur Erklärung des Geschehens die 4 Elemente (Feuer, Wasser, Luft, Erde) an, von denen ein jedes ungeworden und unzerstörbar, aber teilbar und in diesen Teilen verschiebbar ist. Alle körperlichen Dinge bestehen aus ihrer mechanischen Mischung und werden durch zwei Kräfte verändert, die er mit den mythischen Namen „Liebe" und „Haß" bezeichnet. Noch weiter ging Anaxagoras, der das Vorhandensein unzähliger Elemente lehrte, verschieden an Gestalt, Farbe und Geschmack und an und für sich unbewegt; durch ihr Zusammen- und Auseinandertreten werde das Entstehen bzw. Vergehen der Einzeldinge bewirkt. Als dies bewirkende Kraft führt er ein besonderes, noch stofflich gedachtes Element ein, das zum Unterschied von den anderen von selbst in Bewegung, also lebendig und beseelt ist und den anderen Elementen seine Bewegung mitteilt. Er charakterisierte daher diesen feinen Kraftstoff als beseelt, vernünftig (νοῦς) oder als Denkstoff. Dagegen nahmen die Materialisten, wie Leukipp, Demokrit und später Epikur zwar ebenfalls unendlich viele, ewige Elementarteilchen, die Atome an, die sich nur durch Unterschiede der Gestalt, Größe und Lage unterscheiden. Diese sind aber — zum Unterschied von den Lehren des Empedokles und Anaxagoras — im unendlichen leeren Raum der selbständigen Bewegung fähig, die ebenso anfangs- wie endlos ist wie ihr Sein selbst. Durch rein mechanische Notwendigkeit (ἀνάγκη) geht das Weltall aus einer Anhäufung dieser Atome dadurch hervor, daß durch deren Anprall aneinander eine drehende Bewegung entsteht, bei der die feineren und beweglicheren an die Peripherie getrieben werden, die schwereren und trägeren sich im Zentrum sammeln. So findet sich das Gleiche zum Gleichen, nicht durch Liebe oder Vernunft, sondern durch die bloße Gesetzmäßigkeit von Druck und Stoß.

In allen diesen Systemen der sogenannten kosmologischen Periode der griechischen Philosophie, die das Weltall und seine Entstehung aus natürlichen Ursachen und ohne Mitwirkung der Götter zu erklären versuchte, nahmen die Sterne keine andere Stellung ein als auch die übrigen irdischen Elemente, besonders als das Feuer, dem sie ihrem Wesen nach gleichen, wenn sie dann auch oft als besonders feines Feuer aufgefaßt wurden. Diese Ansicht änderte sich in der folgenden Periode, der Sophistik, und bei den großen Denkern Platon, Aristoteles und deren Nachfolgern. Während in den niederen Volksschichten die alten Götter Homers wie bisher die beherrschende Rolle einnahmen, wurden bei den wissenschaftlich Gebildeten die religiösen Vorstellungen stark umgebildet. Die Sophisten z. B. hielten die Götter nur für allegorische Darstellungen sittlicher Begriffe. Protagoras leugnete die Gewißheit ihrer Existenz. Prodikos lehrte, die Menschen hätten aus allem, was ihnen Segen brachte, Götter gemacht, so aus dem Brot die Demeter, aus dem Wein den Dionysos u. ä. Doch trat in Sokrates trotz seines Rationalismus und seiner rein intellektuellen Ethik das religiöse Bedürfnis wieder stärker hervor, wie er sich denn in seinem praktischen Verhalten dem üblichen Kultus anschloß und auch in seinen theoretischen Vorstellungen in keinen ausdrücklichen Gegensatz zum Volksglauben setzte. Noch stärker war das religiöse Bedürfnis bei seinem größten Schüler Platon, der von den orphisch-dionysischen Anschauungen stark beeinflußt war. Zwar suchte er für die höher Gebildeten zu einer reinen Vernunftreligion vorzudringen, die in der abstrakten göttlichen Idee „des Guten", dem Zielpunkt aller weiteren Ideen, gipfelt, für das Volk aber hielt er den Polytheismus für nötig, so daß im zehnten Buch der Gesetze der Unglaube, d. h. die Leugnung der Existenz, der gütigen Vorsorge und der Unbestechlichkeit der Götter mit schweren Strafen bedroht wird. Zum Teil seien diese Götter sogar uns sichtbar — es seien die Gestirne. Aus deren unveränderlicher Kreisbewegung, die nicht durch Zufall, also rein mechanisch, sondern nur durch eine vernünftige, also seelische Kraft bewirkt werden könne, schließt er auf ihre göttliche Natur (5, 9, und Philipp von Opus in der Epinomis, 1).

Auch Aristoteles hat sich dieser Lehre von den Gestirngöttern in seiner Jugend angeschlossen, so in dem nur in Zitaten erhaltenen Dialog „Über die Philosophie" (7, 8). Als er dann später seine eigene Lehre ausbildete, so die vom Äther als dem fünften, dem himmlischen Element mit seiner ewigen Kreisbewegung im vollkommenen Gegensatz zu den vier irdischen Elementen, welche nach oben (Feuer, Luft) bzw. nach unten (Wasser, Erde) als nach ihren natürlichen Orten hinstreben, da hat er auch die Lehre von den Gestirngöttern umgebildet. Er nahm

nun außerhalb der Kugel des Weltalls den stofflosen, transzendenten Geist, den höchsten Gott an, der selbst unbewegt, keine andere Tätigkeit ausübt als das Denken seiner selbst. Er ist zwar der erste Beweger (primum movens), aber er wirkt nicht, indem er wie die Ursache in der Mechanik andere Körper durch Stoß in Bewegung setzt, sondern indem er den Zweck darstellt, dem alles zustrebt; er ist die „Zweckursache, die bewegt, wie der Gegenstand der Liebe den Liebenden bewegt, und mit dem, was so bewegt wird, bewegt sie weiter die anderen" (Metaphysik 1072 b3). Dantes Bekenntnis gibt diese aristotelische Anschauung in Versen wieder:

... Credo in uno Dio
Solo ed eterno, che tutto l'Ciel muove,
Non moto, con amore e con disio.

Paradies XXIV/130 ff.

Ich glaub an einen Gott, der reget
Die Himmel all durch Liebe und Verlangen,
Der Ewig-Eine, selber unbeweget.

oder, wie es am Schlusse des ganzen Werkes heißt:

L'Amor, che muove il Sole e l'altre stelle.
„Die Liebe, die in Gang hält Sonn' und Sterne"

von Falkenhausen.

Aristoteles stellte sich nun ursprünglich vor, daß durch diesen höchsten Gott außerhalb des Weltalls zunächst die Fixsternsphäre in Bewegung gesetzt und dann davon die innerhalb ihrer befindlichen Planetensphären erfaßt würden. Nach dieser Lehre hätten sich also die Planeten ebenfalls von Osten nach Westen, wenn auch langsamer als die Fixsterne bewegen müssen. Da sie nun aber in Wirklichkeit so ganz andere und viel kompliziertere Bewegungen ausführen, so stellte er die oben besprochene Theorie der 55 Sphären nach Eudoxos-Kallippos auf und kam zur Ansicht, daß für eine jede dieser Sphären ein besonderer Beweger anzunehmen sei, der wieder als geistig-göttlich aufgefaßt wurde. Diese Ansicht, die schon im Altertum in Plotin einen scharfsinnigen Gegner gefunden hat, erlebte doch im Mittelalter eine bedeutsame Nachfolge: in der besonders von Albertus Magnus und Thomas von Aquino vertretenen Lehre von den Intelligenzen oder Engeln, die die einzelnen Planetenspären bewegen.

Auch davon singt Dante:

La moto e la virtù de' santi giri
Come dal fabbro l'arte del martello
Da'beati motor convien che spiri.

Kraft und Bewegung müssen jene Kreise
Von sel'gen Lenkern zugehaucht empfangen,
Wie Stein sich formt nach seines Künstlers Weise.

Paradies II/127 ff.

Dagegen gingen die Stoiker wieder auf den alten Hylozoismus, besonders des Heraklit zurück, modifiziert durch die aristotelischen Begriffe von Form und Stoff; auch für sie gibt es einen qualitätslosen, leidenden Urstoff, der sich durch die ihm immanente, körperlich gedachte Weltvernunft (Logos) entwickelt, die sie gleich Gott setzen. Die Welt ist wieder ein lebendiges, vernünftiges Wesen, das von der Gottheit durchdrungen ist, die sie bald als vernünftigen Hauch, Atem πνεῦμα bald als künstlerisches Feuer πῦρ τεχνικόν bald als Äther bezeichnen. So sind auch die Gestirne wieder beseelte, göttliche Wesen, die im reinen Äther wandern und bei dem allgemeinen Zusammenhang in der Welt von der Erde aus durch deren aufsteigende Dünste (die Anathymiasis) ernährt werden (Kleanthes 1, 2, Poseidonios 4). Besonders Poseidonios hat diese Lehre ausgeführt; die beseelten Planeten wie die Gestirne überhaupt bewegen sich nach ihm aus freiem Willen, aus eigener innerer Kraft. Da sie sich in dem umgebenden Äther, dem feinsten Stoffe überhaupt, bilden und sich von der feinsten Nahrung nähren, so muß ihnen eine überragende Geistigkeit zu eigen sein. Auf Poseidonios geht auch die ursprünglich aus dem syrischen Orient stammende Lehre von der überragenden Stellung der Sonne im Weltall zurück; sie ist ihm der Schöpfergott, der Geist der Welt, aus dem alles Leben herrührt, von der die Vernunft, der νοῦς, des Menschen stammt und zu der diese nach dessen Tod zurückkehrt. So hat sich in der Spätantike, in Verbindung mit ägyptischen sowie persischen Vorstellungen — Sonnengott Re, dessen Inkarnation der Pharao ist, Kult des Mithras als des Lichtgottes —, besonders bei den Römern vom dritten Jahrhundert an ein solarer Monotheismus entwickelt, für den panegyrische Reden Zeugen sind, wie z. B. die des Kaisers Julian des Abtrünnigen auf den König Helios.

Andererseits begünstigte die Lehre der Stoa von der „Sympathie des Alls", nach der nichts geschehen kann, ohne sich auch an einer anderen Stelle bemerkbar zu machen, die Annahme der ursprünglich ebenfalls aus dem vorderen Orient, vor allem aber aus Ägypten stammenden astrologischen Lehren mit ihrer Ver-

bindung zwischen der irdischen und der himmlischen Welt, die ebenfalls von Poseidonios an, sich im hellenistischen Griechenland und bei den Römern ausbreiteten. Die Astrologie erschien als ein wissenschaftlich ausgeführter und begründeter Schicksalsglaube an das Bestehen einer großen Weltordnung, die in den Sternen geschrieben ist und die der ihrer Gesetze Kundige aus ihnen ablesen kann (Nestle 1934). „So hat denn derselbe Ptolemaios, der das abschließende Grundwerk der griechischen Astronomie geschrieben hat, auch die Tetrabiblos verfaßt, das Werk in vier Büchern, in dem er die Lehre von der Wirkung der Sterne auf die aristotelische Physik zu begründen und die Kunst der Sterndeutung als eine Art nüchterner Physik des Weltalls aufzufassen versucht hat" (Boll 1919).

7. *Antike Astronomiegeschichte*

Aus den vorstehenden Fragmenten ergibt sich in großen Zügen der Ablauf der griechischen Astronomiegeschichte nicht nur nach den wesentlichen mathematischen und kosmologischen Problemen, wenn das naturwissenschaftliche Geistesgut auch nur hie und da veranschaulicht werden konnte, sondern auch in den zwischen Wissenschaft und Religion obwaltenden Beziehungen. Die modernen Darstellungen von Paul Tannéry, Recherches sur l'histoire de l'astronomie ancienne (Paris 1893), Pierre Duhem, Le système du monde I (Paris 1913) und etwa J. Heiberg in: Geschichte der Mathematik und der Naturwissenschaften im Altertum (Handburch der Altertumswissenschaft, hersg. von Walter Otto) München 1925 pg. 50 ff. (hier auch die ältere Literatur) behandeln im allgemeinen die mathematischen Probleme nach den Fragmenten. Für die religionswissenschaftlichen sei auf Franz Boll, Die Entwicklung des astronomischen Weltbildes im Zusammenhang mit Religion und Philosophie (in Kultur der Gegenwart, Teil 3, Bd. 3, Astronomie, 1921) sowie auf dessen „Sternglaube und Sterndeutung" (4. Aufl. von W. Gundel, Leipzig 1931) verwiesen.

Aber auch die Alten haben sich mit einer Darstellung der Geschichte ihrer Astronomie versucht. Sie beginnt, wie ihre wissenschaftsgeschichtliche Arbeit allgemein, in der Schule des Aristoteles mit Eudemos von Rhodos (s. S. 116). Viel ist davon nicht auf uns gekommen. Was oben S. 100 durch Vermittlung des Neuplatonikers Simplikios über das System der homozentrischen Sphaeren zu lesen ist, stammt aus Eudemos und spricht für sich selbst. Andere Fragmente finden sich bei Derkylides. Die zunächst folgenden Textstücke, die aus Eudemos' Astronomiegeschichte (αἱ ἀστρολογίαι, ἀστρολογικαὶ ἱστορίαι) stammen, sollen eine Idee von der Astronomie-

geschichtschreibung der klassischen Zeit der Griechen vermitteln. Sie scheint die Form der doxographischen Zusammenstellung angewendet zu haben, wie dies die Philosophiegeschichte tut.

Was sich daran im lateinischen Bereiche anschließt, zeigt in seiner Dürftigkeit zweierlei: 1. den Verlust des Sinnes für die Geschichte einer Wissenschaft, also des Geistigen in aller Entwicklung; 2. das ausschließlich aufs Praktische ausgerichtete Interesse der wissenschaftlichen Arbeit der Vergangenheit (Plinius, Cassiodor).

Das griechische astronomische Schrifttum nach Hipparch hat dagegen mehr Sinn für die historische Tradition der Astronomie erhalten. Die Darstellung der Kalenderberichtigungen im 8. Kapitel der Einführung (Εἰσαγωγή) des Geminos ist dafür ein Beispiel, daß die Dynamik einer wissenschaftlichen Frage weit eher in ihrer Problematik erfaßt werden kann, wenn sie aus den vorausgegangenen Lösungsversuchen entwickelt wird, als rein aus der neuesten Darstellung der Lösung eines thesenartig aufgestellten Problems, wie es die Griechen bis auf Aristarch von Samos, Hipparch und Poseidonios gleichfalls taten; im ersteren Falle tritt der Anteil des Menschen am Problem ganz anders in Erscheinung, im zweiten spricht das Problem selbst.

Diese spätantike überlieferungsbewußte griechische Astronomie kennzeichnen Namen wie Ptolemaios, Theon, der Neuplatoniker Proklos und Simplikios.

Ans Ende stellen wir drei mittelalterliche Textstücke aus dem *byzantinischen* Bereich, der sich mit dem ausgehenden Hellenismus schon zu vermischen begann, in denen Astronomie und Astrologie nicht scharf getrennt sind, wie es dann mit Kopernikus im Abendland wieder unter dem Einfluß der Berührung mit den klassischen Zeugnissen der griechischen Astronomie geschieht. Was Byzanz auf astronomischem Gebiet leistete, bestand weitgehend in Tafelerklärung (u. a. für die Berechnung des Osterfestdatums) im Anschluß an Ptolemaios und die islamisch-persische Astronomie. Wenn sich auch sonst somit das mittelalterliche byzantinische Griechentum nicht viel mit den Problemen der klassischen Astronomie befaßte, deren Reste indes bei den Byzantinern bewahrt worden sind, so haben doch bedeutende Astronomen daselbst in den beiden Perioden eines erneuerten Aufschwungs der Astronomie im byzantinischen Reich (im 9. und 13. Jahrhundert) neben dem Studium der Alten die Frage der geschichtlichen Überlieferung astronomischer Probleme durchdacht und eine solche entwickelt, wenn auch in stark christlicher Verbrämung (Seth, Adam als Astronom). Das ist in den Einleitungen zu dem Werke des Stephanos und Theodoros Meliteniota wie bei dem anonymen Fragment zum Ausdruck gebracht.

So unbedeutend dies zu sein scheint, solche Erkenntnis führte zu einer Beschreibung der klassischen griechischen Astronomie zurück, und der Sinn für sie wirkte auf den Westen, als nach dem Fall von Konstantinopel 1453 die byzantinische Gelehrsamkeit mit einem Gutteil ihrer Werke sich nach Italien flüchten konnte. Hier war die Beschäftigung mit Problemen griechischer Astronomie schon etwa 150 Jahre vorher angebahnt worden. Gerhard von Cremona hatte nach der Mitte des 12. Jahrhunderts arabische astronomische Arbeiten einschließlich der Syntaxis des Ptolemaios ins Mittellateinische in staunenswerter Anzahl übersetzt; neben und nach ihm wirkten andere abendländische Gelehrte, Christen und Juden, in der gleichen Sache. So war der Boden für eine Erneuerung der astronomischen Studien in altgriechischem Sinn vorbereitet, als die griechischen Originale und historische Überlieferung nun auch aus byzantinischer Tradition nach Italien hinübergelangten.

Zwei Jahrhunderte später ward in Kopernikus der abendländische Astronom geboren, von dem an die Astronomie in das Stadium ihrer modernen Entwicklung eintrat — nicht ohne Kenntnis der Alten, wie Kopernikus von sich selber bezeugt hat (2).

ERLÄUTERUNGEN

Homer *Seite 6*

Der Große Bär, das bekannteste Sternbild unseres nördlichen Himmels, ursprünglich bei den Indogermanen „die sieben Glänzenden", wurde bei den ältesten Griechen und Römern auch als „die sieben Pflugochsen" aufgefaßt (daher lateinisch Septem triones, nach Varro trio = terio Pflugochse). Der Name „Wagen" tritt schon im Althochdeutschen auf; ebenso war die griechische Bezeichnung „Bärin" auch in der ältesten deutschen Literatur gebräuchlich und erst im 16. Jahrhundert wurde „der Bär" üblich. Heute geht der Stern η des Sternbildes (hinten oben im Viereck gelegen) infolge der Präzession für Griechenland unter, während er, wie aus dieser Stelle hervorgeht, dies zu Homers Zeiten noch nicht tat (Westphal). Der Orion wird als riesenhafter Jäger vorgestellt, und im Sirius sah man von alters her dessen Hund. Sein Erscheinen vor dem Frühaufgang der Sonne bedeutete bei den Ägyptern mit dem Steigen des Nils den Beginn des neuen Jahres, also in der heißesten Jahreszeit, im Juli, weswegen auch wir noch von Hundstagen sprechen. Er galt gewöhnlich als Unheilbringer; so wurde auf der Insel Keos im Juli ein Waffentanz aufgeführt zur Abwehr der bösen Wirkungen, die von dem in ihm anzunehmenden Sterngeist ausgehen sollten. Der Name Plejaden (unser Siebengestirn oder die Gluckhenne, zwischen Widder und Stier gelegen) bedeutete vielleicht ursprünglich Staubkörner. Er war schon den Griechen unverständlich geworden, so daß sie den Namen mit πέλεια (die Taube) in Beziehung brachten und in dem Sternbild Tauben oder auch sieben weibliche Wesen (die sieben Atlastöchter bei Hesiod, Werke und Tage v. 383) sahen. Sie wurden fünf Jahre von Orion verfolgt; Zeus verwandelte sie dann auf ihre Bitten hin in Tauben und versetzte sie an den Himmel. Nach dem abendlichen Auf- bzw. Untergang der Plejaden rechneten die Griechen den Beginn bzw. das Ende ihrer landwirtschaftlichen und seemännischen Tätigkeit; die Plejaden waren also ein Kalendergestirn. Die Hyaden, in der Nähe des Stieres, bekamen ihren Namen daher, daß man in ihnen das Bild einer Muttersau (ὗς) sah; oder man erkannte in ihnen die an den Sternenhimmel versetzten Ammen des

Dionysos. Ihr Aufgang galt als Vorzeichen von Regen. **Bootes**, der Ochsentreiber, Führer des Wagens, auch Arkturos, d. i. Hüter des Großen Bären, genannt.

3. Odysseus sollte also nach Nordosten steuern. Nach R. Hennig (Das vor- und frühgeschichtliche Altertum in seinen Kultur- und Handelsbeziehungen, Leipzig, S. 125) ist in der Insel der Kalypso Ogygia das heutige Madeira zu sehen.

Hesiod (um 700 v. Chr.) *Seite 8*

Hesiod aus Askra in Böotien gab in seinem Epos „Werke und Tage" nach Ermahnungen sittlicher Art, die an seinen Bruder Perses gerichtet sind, Lehren über Ackerbau und Schiffahrt, wobei dem Kalender eine wichtige Rolle zugewiesen wird. Der Beginn der Jahreszeiten wird darin nach dem Auf- bzw. Untergang gewisser Sternbilder bestimmt. Noch Eudoxos von Knidos (um 408—355 v. Chr.) kennt den Frühaufgang des Sirius als den Beginn der Erntezeit, den des Arktur als den Anfang des Herbstes und den Frühuntergang der Plejaden als Beginn des Winters (Boll 1921). — v. 383 f. Mitte Mai bzw. Ende Oktober — v. 609 f. Anfang September — 614 f. Anfang November. (Daten für Griechenland und Hesiods Zeit nach P. Brunet und A. Mieli, Histoire des sciences, Antiquité, Paris 1935).

Thales (um 624—546 v. Chr.) *Seite 9*

Der Schritt vom Mythos zum Logos, von der Sage zur Wissenschaft, ist zuerst an der von Ioniern bewohnten Westküste Kleinasiens getan worden, wo Milet als reiche Handelsstadt die Verbindung des Orients mit dem Westen vermittelte. Hier traten jene Persönlichkeiten auf, die in durchaus selbständigem Denken sich über das Wesen der umgebenden Natur, über die Urstoffe, die sie zusammensetzen, und die Kräfte, die in ihr walten, Klarheit zu verschaffen suchten. Sie finden ihren Platz am Eingang einer jeden Wissenschaft, in der Philosophie sowohl wie in den Naturwissenschaften, und hier sowohl bei den anorganischen wie in den biologischen.

Mit Thales von Milet beginnt nach Aristoteles die ionische Naturphilosophie. Die Legende stellt ihn bald als unpraktischen, weltvergessenen Sterngucker (1), bald als berechnenden Kaufmann dar, der die Ölkonjunktur schlau auszunützen versteht; auch galt er als einer der Sieben Weisen.

Daß Thales die Sonnenfinsternis vom 22. Mai 585 v. Chr. voraussagen konnte (3), läßt nicht auf wissenschaftliche Einsicht in die Bewegung der Gestirne schließen. Vielmehr ist anzunehmen, daß er die von den babylonischen Astronomen empirisch fest-

gestellte sogenannte Sarosperiode kannte, nach der die Finsternisse sich in einem Zyklus von 18 Jahren und etwa 11 Tagen in derselben Reihenfolge wiederholen. Wahrscheinlich hatte er schon die am 18. Mai 603 eingetretene große Sonnenfinsternis in Ägypten beobachtet und rechnete damit, daß nach 18 Jahren sich der Vorgang wiederholen werde. (H. Diels, Antike Technik², 1920, S. 3, Anm. 1.)

Mimnermos (um 600 v. Chr.) *Seite 10*

Mimnermos aus Kolophon oder Smyrna galt den hellenistischen Dichtern als Begründer der erotischen Elegie.

Anaximander (610—547 v. Chr.) *Seite 10*

Von Anaximander stammt die erste in griechischer Prosa abgefaßte Darstellung einer wissenschaftlichen Lehre, niedergelegt in seiner Schrift „Über die Natur", die er in hohem Alter verfaßt hat. Er soll auch als erster eine Karte der bewohnten Erde und eine Himmelskugel angefertigt haben; ferner kannte er den von den Babyloniern erfundenen Gnomon, einen Stift, der auf einer horizontalen Unterlage ruht und dessen zu den verschiedenen Tages- wie Jahreszeiten wechselnde Schattenlängen und Schattenrichtungen zur Bestimmung der wahren Mittagszeit eines jeden Ortes sowie zur Ermittelung der vier Kardinalpunkte (Norden, Osten, Süden, Westen) und der beiden Sonnenstillstände ausreichen. Für die schwer verständlichen Lufträder gibt Gomperz (Griechische Denker I², S. 44) folgende Erklärung: Bei der Entstehung des Weltalls aus dem „Unendlichen" (ἄπειρον) lagerten sich die von der Wirbelbewegung ergriffenen Stoffe im Verhältnis ihrer Schwere und Dichte um- und übereinander. Den innersten Kern bildete die Erde, ihre ganze kugelförmige Oberfläche wurde von einer Wasserhülle überdeckt. Diese war von einer Luftschicht umgeben und zu äußerst von einem Feuerkreis umschlossen. Dieser barst dann im Fortgange der Wirbelbewegung, wobei auch Luftmassen, welche die Feuermassen umschlossen, fortgerissen und verdichtet wurden. Diese also entstehenden, feuertragenden Lufthülsen stellte er sich in Gestalt von Rädern vor, welche nun weiter um die Erde liefen. Eine andere Auffassung wurde von Gilbert (Die meteorologischen Theorien des griechischen Altertums, Leipzig 1907) ausgesprochen. Er vermutet in ihnen flache Luftscheiben, die horizontal am Himmel liegen und sich kreisförmig um sich selbst drehen; bei Nacht ist ihr Lichtloch von uns abgewandt und wird daher von uns nicht mehr gesehen. Die Wenden der Sonne an den Breitenkreisen des Krebses und des Steinbockes werden von Gilbert durch Verschiebungen der Luftscheibe am Himmel in nördlicher bzw. südlicher Richtung gedeutet.

Anaximenes (um 585—525 v. Chr.) *Seite 14*

Anaximenes von Milet sah in der Luft den Urgrund der Welt. Zu 2: Die Deutung des Vergleiches mit dem „Filzhut" ist umstritten; s. W. Kranz, Gleichnis und Vergleich, Hermes 73, S. 110; O. Gigon, Ursprung der griechischen Philosophie, Basel 1945, S. 110 f. Zu 5: Die erdartigen Körper in der Region der Gestirne, die auch von seinen Nachfolgrn teilweise angenommen wurden (vergl. Anaxagoras, 1, 5, 6, Pythagoreer 1), sollten die größere Häufigkeit der Mond- gegenüber den Sonnenfinsternissen erklären.

Pythagoras (um 580—um 500 v. Chr.) *Seite 16*

Von Pythagoras, geb. in Samos, dem Namen nach wohl dem berühmtesten unter den vorsokratischen Philosophen, wissen wir in Wirklichkeit wenig Sicheres, da er keine eigenen Schriften verfaßt hat. Die unter seinem Namen gehenden Lehren auf mathematischem und physikalischem Gebiet wurden ihm erst später zugeschrieben. Fest steht nur, daß er nach längeren Reisen, die ihn auch nach Ägypten geführt haben, sich in Unteritalien (zuerst in Kroton, später in Metapont) niedergelassen und dort einen auf religiös-ethischer Grundlage beruhenden aristokratischen Bund (nicht eine Philosophenschule) gegründet hat, dessen Zweck es war, durch Mäßigkeit, Reinheit, Gehorsam und Ehrfurcht die guten Sitten der alten Zeit wieder aufleben zu lassen. Dieser Bund beschäftigte sich daneben besonders mit Mathematik, Astronomie und Akustik. Als Weltprinzip sahen die Pythagoreer nicht mehr einen Stoff an, wie die ionischen Naturphilosophen, sondern die diesen bewegende bzw. gestaltende Form, die sie in den Zahlen fanden. Bei ihren akustischen Forschungen hatten sie nämlich erkannt, daß die Höhe eines Tones bei gleichbleibender Spannung der Saite in bestimmter Beziehung zu ihrer Länge stehe und die Töne dann unserm Ohre harmonisch klingen, wenn die Saitenlängen bestimmten ganzen Zahlen proportional sind, daß z. B. bei der Oktave sich die Längen wie 2 : 1 verhalten, bei der Quinte wie 3 : 2, bei der Quarte wie 4 : 3. So wurde ihnen die Zahl 1 zu dem Prinzip aller Zahlen, da aus ihr die übrigen hervorgingen; die 2 war das Unbegrenzte, da sich sämtliche geraden Zahlen durch 2 teilen lassen, 3 war die erste begrenzende Zahl, auch die 4 hatte als erste Quadratzahl ihre besondere Bedeutung. Ferner setzten sie die 1 dem Punkte gleich, die 2 der Linie, da diese durch die Bewegung des Punktes entsteht, die 3 der Fläche, die durch Bewegung einer Linie gebildet wird und die 4 einem Körper, der durch verschiedene Flächen entsteht. Die 10 ist die heilige Zahl, da sie gleich der Summe von 1 + 2 + 3 + 4 ist. Diese

Zahlenharmonien suchten sie nun auch in der übrigen Natur und wollten daher in den Abständen der einzelnen Planeten voneinander eine solche wiederfinden; durch den Zusammenklang der Sphären entstünde dann die sogenannte Sphärenmusik, die unser Ohr, an sie gewöhnt, nicht wahrnehmen kann. „Die Sonne tönt nach alter Weise, in Brudersphären Wettgesang."

Pythagoras soll auch der erste gewesen sein, der das Wort Kosmos, das ursprünglich soviel wie „Schmuck" oder in übertragenem Sinne „Ordnung" bedeutete, auf das Universum wegen der in ihm waltenden Ordnung übertragen habe, worin ihm die übrigen großen griechischen Philosophen nachgefolgt sind. Die oben (S. 80) unter dem Namen „Pythagoreer" angeführten Fragmente stammen wahrscheinlich erst aus dem Ende des fünften Jahrhunderts und späterer Zeit. — Zu 2: Favorinus, dem mittleren Platonismus angehörender Philosoph zu Hadrians Zeit (117—138 n. Chr.) aus Arelate (Arles), Schüler des Dion Chrysostomos und Freund Plutarchs.

Alkmaion (um 530 v. Chr.) *Seite 16*

Der Arzt Alkmaion von Kroton gehörte zwar wahrscheinlich nicht dem pythagoreischen Bunde selbst an, stand ihm aber in seinen Anschauungen nahe, so wenn er die Gesundheit auf dem Gleichgewicht der Kräfte beruhen läßt. Seine Hauptbedeutung liegt in Entdeckungen anatomisch-physiologischer Art, wie er denn als erster im Gehirn das Zentralorgan der Geistestätigkeit sah und den Sehnerv sowie die Eustachische Röhre fand.

Zu den bedeutendsten Mitgliedern der späteren pythagoreischen Schule gehört der Mathematiker und Begründer der wissenschaftlichen Mechanik Archytas von Tarent (um 380 v. Chr.), der auch als Staatsmann und Feldherr eine bedeutende Rolle gespielt hat. Platon hat ihn auf seiner ersten sizilischen Reise um 390 v. Chr. besucht und tiefe Anregungen von ihm empfangen. Die mathematisch-astronomischen Teile des Dialogs „Timaios" beruhen nach E. Frank (Plato und die sog. Pythagoreer, Halle 1923) fast ganz auf den Anschauungen und Entdeckungen des Archytas.

Heraklit (um 540—480 v. Chr.) *Seite 18*

Heraklit von Ephesos, „der Dunkle", wie er schon im 3. Jhdt. hieß, der durch seine Lehre vom ewigen Wechsel und dem Ausgleich der Gegensätze, in dem sich die Vernunft der Welt, der Logos, spiegelt, so bedeutende Einwirkungen auf viele nachfolgende Philosophen von der Stoa an bis auf Hegel und Nietzsche ausgeübt hat, tritt uns in der Astronomiegeschichte als wenig hervorragend entgegen; wichtig wurde nur

seine Lehre von der Ernährung der Gestirne durch von dem Erdboden aus nach oben aufsteigende heiße Dünste (5 und 6). Daß das Feuer der Gestirne in Nachen am Himmel herumschwimme, ist eine Anschauung, die auch bei den alten Ägyptern vertreten wurde; sie mag dem Heraklit durch Berichte aus diesem Lande zugekommen sein. — Zu 1: Nach Heraklit entzündet sich also an jedem Morgen eine neue Sonne, da die des vorhergehenden Tages bei ihrem Untergang wirklich erloschen ist.

Xenophanes (um 565—480 v. Chr.) *Seite 20*

Xenophanes, geboren in Kolophon, in der Nähe von Ephesos gelegen, hat wie Pythagoras seine Vaterstadt verlassen und ist nach langen Wanderungen schließlich nach Unteritalien gelangt, wo er in Elea, unweit von dem heutigen Paestum, gestorben ist. Er war eine tief religiöse Natur, die zwar aus ethischen Gründen die alten Götter Homers verwirft, aber von pantheistischem Naturgefühl durchdrungen ist. Er ist der Begründer der Philosophenschule der sogenanten Eleaten, zu denen noch Parmenides und Zenon sowie Melissos gehören. Außer den philosophischen Fragmenten besitzen wir von ihm auch solche zur Astronomie, Geologie — er erkannte als erster Versteinerungen auf dem Land und deutete sie richtig als Überreste von Meeresorganismen, woraus er einen stetigen Wechsel von Land und Meer folgerte —, Meteorologie und Geographie.

Parmenides (um 500 v. Chr.) *Seite 22*

Parmenides aus Elea, der als Schüler des Xenophanes bezeichnet wird und der bedeutendste unter den Eleaten ist, hat in einem Lehrgedicht „Über die Natur“ vor allem eine Lehre vom Seienden (Ontologie) gegeben, nach der das Erkennen sich nur auf den Begriff als reines ewiges Sein richten kann, während die sinnliche Wahrnehmung als Trug und Schein verworfen wird. Aus dem zweiten Teil seines Werkes, der „Doxa“, also der Meinung, der Welt des Scheines, sind uns einige Fragmente zur Naturwissenschaft erhalten, die auch für die Astronomiegeschichte von Interesse sind. — Zu 4 und 5: Daß aus diesen Fragmenten hervorgehe, daß der Mond von der Sonne sein Licht empfange, erklärt Heath für unsicher und glaubt, daß dies erst Anaxagoras (4) festgestellt habe. Denn nach Parmenides (1) bestehe der Mond aus Luft und Feuer; 4 beschreibe nur den Augenschein und das ἀλλότριον φῶς (5) sei nur eine witzige Wiedergabe desselben Ausdruckes in Homers Ilias (v 214), wo aber ἀλλότριος φώς „ein Fremdling“ bedeutet.

Empedokles (483—um 425 v. Chr.) *Seite 24*

Empedokles, geb. in Akragas, dem heutigen Girgenti auf Sizilien, gest. an unbekanntem Orte — daß er seinem Leben durch einen Sprung in den Krater des Aetna selbst ein Ende gemacht habe, ist eine antike Sage —, in dessen Persönlichkeit und Lehre sich exakte mechanische Naturwissenschaft mit Hang zum Mystizismus paart, nahm die vier Elemente des Volkes (Feuer, Luft, Wasser, Erde) in sein System auf, denen als die bewegenden Kräfte „Liebe" und „Haß" gegenüberstehen. Im Weltprozeß lassen sich verschiedene Perioden unterscheiden: die Weltbildung, die zum Sphairos, der Kugel, führt, und die Weltauflösung mit dem Ende der Akosmia, der Unordnung. Wenn die Liebe siegt, dann ballen sich die vier Elemente mechanisch zu einer ungeheuren Kugel zusammen, während sie bei dem darauf folgenden Überwiegen des Hasses sich wieder völlig voneinander trennen. Zwischen diesen beiden Zuständen pendelt das Weltgeschehen periodisch hin und her. — Zu 1: „Widerschein des Feuers" ist vielleicht Einfluß der Lehre der Pythagoreer vom Zentralfeuer (Capelle). — Zu 3: Hier wird zum ersten Male in der Geschichte der Physik der Gedanke ausgesprochen, daß die Fortpflanzung des Lichtes Zeit beanspruche, ein Gedanke, den dann Aristoteles (Über die Seele II/7) bestritten hat. — Zu 4: „Der Vergleich des Weltalls mit einem Ei stammt aus der orphischen Mystik" (Capelle). — Zu 5: „Das geht offenbar auf die Scheinsonne, deren Kristallinse das Feuer der eigentlichen Sonne sammelt und widerstrahlt" (Capelle). — Zu 8: Der lateinische Text ist nicht in Ordnung; Capelle folgt Bigognes Interpretation (Empedocle, Torino 1916, S. 436 f.).

Anaxagoras (um 499—428 v. Chr.) *Seite 26*

Anaxagoras, das Urbild eines der reinen Erkenntnis gewidmeten Lebens, stammte aus einem angesehenen Geschlechte in Klazomenai in Kleinasien (bei Smyrna gelegen). Um 460 v. Chr. begab er sich nach Athen, wo er dreißig Jahre gelebt haben soll, eng befreundet mit Perikles, der nach Plutarch von ihm die Kraft, den festen und standhaften Mut lernte, das Volk zu leiten; Anaxagoras habe überhaupt dessen Charakter zur Würde und Vollkommenheit erzogen. Von ihm wurde Perikles auch in die Erkenntnis der Himmelserscheinungen und der Himmelskörper eingeführt und gewann „die Verachtung des Aberglaubens, der bei ungewöhnlichen Erscheinungen die Menschen schreckt, weil sie ihre Ursachen nicht kennen und in ihrer Torheit vor dem Walten der Götter in Furcht erbeben. Davon befreit nur die Naturphilosophie". Anaxagoras hat als erster die Ergebnisse der ionischen Astronomie und Philosophie nach Athen gebracht. Wegen seiner aus der Betrachtung des im

Jahre 467 v. Chr. bei Aigospotamoi niedergegangenen Meteorsteines entstandenen Lehre, daß die Sonne und die Sterne glühende Gesteinsmassen seien, die passiv durch den Umschwung des Äthers herumgeführt würden, von den politischen Gegnern des Perikles der Gottlosigkeit angeklagt, wanderte er um 430 v. Chr. nach Lampsakos am Hellespont aus, wo er gestorben ist. Zu seiner Charakteristik seien hier noch zwei antike Zeugnisse angeführt: Nach Aristoteles (Eudem. Ethik I/4) soll er auf die Frage, weswegen man wohl das Sein dem Nichtsein vorziehen möchte, geantwortet haben: „Wegen der Betrachtung des Himmels und der die ganze Welt, den Kosmos, durchwaltenden Ordnung." Und auf ihn soll Euripides (fr. 910) die schönen Verse gedichtet haben: „Glückselig ist der Mann, der sich hält an die Erforschung der Wahrheit und nicht darauf ausgeht, seine Mitbürger zu schädigen durch ungerechte Taten, sondern verharrt im Anschauen der nicht alternden Ordnung der ewigen Natur, wie und auf welchem Wege sie ward, was sie ist; wem dies zuteil geworden, den wird niemals ein Gedanke an schimpfliche Taten anwandeln" (übersetzt von P. Deussen).

Zu 7 und 8: Anaxagoras und Demokrit unterschieden an den Fixsternen ein eigenes, schwaches, und ein fremdes, von der Sonne herrührendes Licht. Ersteres werde im allgemeinen von dem der Sonne überstrahlt, so daß wir auch in der Nacht die Sterne durch dieses Sonnenlicht sehen. Nur das Licht der Milchstraße sei das eigene Licht der Sterne, da die Erde durch ihren Schatten das Sonnenlicht abschirme. Aristoteles hat später demgegenüber eingeworfen, daß dann doch die Milchstraße entsprechend dem Gang der Sonne unter der Erde hin sich über den Himmel fortbewegen müsse.

Oinopides *Seite 30*

Oinopides von Chios war ein jüngerer Zeitgenosse des Anaxagoras und ist außer als Astronom auch als Mathematiker bekannt; einige seiner Lösungen geometrischer Aufgaben sind in den Elementen des Euklid erhalten.

Leukippos (um 425 v. Chr.) *Seite 30*

Leukipp, geboren in Milet, gestorben in Abdera, über dessen Leben wir nicht viel Sicheres wissen, so daß man seit Epikur sogar seine Existenz überhaupt hat leugnen wollen, und sein Schüler Demokrit sind die Begründer des wissenschaftlichen Materialismus. Durch ihre Atomlehre haben sie einen nicht abzuschätzenden Einfluß auf die ganze Folgezeit bis heute ausgeübt.

Demokrit (um 460 — um 370 v. Chr.) *Seite 32*

Demokrit war in Abdera in Thessalien geboren und lebte nach längeren Reisen, die ihn nach Athen, Ägypten und ins Innere Asiens (Persien, Babylon) führten, in seiner Vaterstadt ein der Wissenschaft gewidmetes ruhiges Leben; er soll neunzig Jahre alt geworden sein. In seinem sittlichen Charakter ähnelt er dem Anaxagoras, indem er den reinen Forschungstrieb über alles stellte. Ein Ausspruch von ihm lautete (frag. 118): „Ich möchte lieber einen einzigen ursächlichen Zusammenhang entdecken als König der Perser werden." Seine Schriften, von denen wir eine große Anzahl von Fragmenten besitzen, umfaßten das ganze Wissen seiner Zeit; sie teilen sich in mathematische, physikalische, musikalische, technische und ethische Werke. — Zu 4: Entgegen dem oben (Anaxagoras 8) Gesagten gibt hier Demokrit die richtige Darstellung der Natur der Milchstraße, die aber im Altertum nicht anerkannt wurde.

Sokrates (469 — 399 v. Chr.) *Seite 36*

Mit Sokrates und der Sophistik beginnt die zweite Periode der griechischen Philosophie, deren Zentrum sich nunmehr aus Kleinasien bzw. Thessalien oder Unteritalien nach Athen verschiebt. In der Sophistik treten an die Stelle der kosmologischen Probleme als bevorzugt behandelte Teile der Philosophie die Erkenntnistheorie und die Ethik. In der Lehre des Sokrates nimmt die Reflexion auf das menschliche Subjekt die erste Stelle ein, während er der Natur gegenüber wenig Interesse zeigt. Er hat nach Ciceros Ausspruch die Philosophie vom Himmel auf die Erde gerufen und sie genötigt, über das Leben, die Sitten und die Güter bzw. das Übel zu forschen. Doch waltet nach seiner Überzeugung im Weltall eine höchste göttliche Vernunft, die sich in den zweckmäßigen Einrichtungen der Welt offenbart; freilich ist diese Teleologie ganz auf den Nutzen für den Menschen abgestellt. — Zu 1: Sokrates erscheint hier, wie bei Xenophon überhaupt, im Gegensatz zu Anaxagoras und Demokrit, aber auch zu seinem ihn idealisierenden Schüler Platon, auf dessen Beschäftigung mit astronomischen Problemen wohl angespielt wird, als der Mann des praktischen Lebens, als der Durchschnittsbürger, der bei jeder einzelnen Wissenschaft nur nach deren Nutzen für den Menschen fragt, dem Streben nach Erkenntnis als solcher aber nur geringen Wert beilegt.

Platon (427 — 347 v. Chr.) *Seite 38*

Platon hat von allen Naturwissenschaften das meiste Interesse der Astronomie zugewandt, wobei er unter dem Einfluß der pythagoreischen Zahlenspekulation und Harmonielehre

stand, die er bei seiner ersten Reise nach Unteritalien (Archytas von Tarent, vgl. S. 262) und Sizilien um 388 v. Chr. kennen gelernt hatte. Seine Anschauungen haben sich aber im Laufe seines langen Lebens mit dem Fortschreiten der mathematischen Wissenschaft geändert, die ihm seine Freunde, wie Eudoxos und Theaitetos, vermittelten. Allerdings ist die Deutung seiner wahren Meinung aus den uns allein erhaltenen, für ein weiteres Publikum bestimmten Dialogen schwierig, da deren Sprache oft dunkel und gleichnishaft ist, so daß manche Stellen schon im Altertum Anlaß zu Fragen nach ihrem Sinn gegeben haben und verschieden gedeutet worden sind. Zu Platons astronomischen Anschauungen vgl. außer Frank (s. S. 262) auch Ritter, Platons Stellung zu den Aufgaben der Naturwissenschaft (Sitz. Ber. d. Heidelberger Akad. d. Wiss., Philosoph.-hist. Kl. 1919, Nr. 19).

Zu 1 Seite 38

Im Gegensatz zum Sokrates des Xenophon spricht sich hier Platon, der seinem Sokrates eigene Ansichten in den Mund legt, über die Aufgabe der Astronomie dahin aus, sie solle die wahren Zahlenverhältnisse der Bewegungen am Himmel erforschen, die, wie er annimmt und in den folgenden Seiten auch ausführt, harmonische Zahlen sein müßten. Diese könne man aber nicht rein empirisch durch Himmelsbeobachtungen finden, sondern müsse sie durch Zurückführung der Beobachtungen auf Bewegungen auf Kreisen (2) mittels des Verstandes feststellen. Im Anfang des Kapitels spricht Platon von dem unbefriedigenden Zustand der Stereometrie zu seiner Zeit; erst sein Zeitgenosse Theaitetos († 369 v. Chr.) hat die fünf regulären Körper, die jetzt „platonische Körper" genannt werden (vgl. Timaios pg. 53 ff.), entdeckt und konstruiert (Frank S. 233). Der Mitunterredner Glaukon ist Platons Bruder, der hier „die fein gebildeten philosophischen Kreise Athens um 400 repräsentiert" (E. Frank).

Zu 2 Seite 48

Die berühmte Definition der von Platon der wissenschaftlichen Astronomie gestellten Aufgabe. — Eudemos von Rhodos, Schüler des Aristoteles, schrieb eine Geschichte der Geometrie und Astronomie, von der leider nur wenige Fragmente erhalten sind (s. S. 116 ff.). — Sosigenes, griechischer Astronom aus Ägypten, der von C. Julius Caesar bei seiner Verbesserung des römischen Kalenders (45 v. Chr.) zugezogen wurde. Weiter bei Simplikios: Ὁ Πλάτων . . . πρόβλημα τοῖς μαθηματικοῖς προὔτεινε, τίνων ὑποτεθέντων δι' ὁμαλῶν καὶ ἐγκυκλίων καὶ τεταγμένων κινήσεων δυνήσεται διασωθῆναι τὰ περὶ τοὺς πλανωμένους φαινόμενα. „Platon stellte den Mathematikern das Problem, welche gleichen, kreisförmige und geordnete Bewegungen

anzunehmen seien, die es vermöchten, die Phänomene der Planeten zu retten."

Zu 3 Seite 48

Aus dem berühmten Mythus am Schlusse des 10. Buches des „Staates", als dessen „angeblicher Urheber der anderweitig völlig unbekannte Pamphylier Er, der Sohn des Armenios, genannt wird. Dessen Seele habe, nachdem er den Tod auf dem Schlachtfelde gefunden, dem Totengericht beigewohnt, nach zwölf Tagen aber sei sie wieder in seinen unverwest gebliebenen Körper zurückgekehrt und von den Göttern dazu erkoren worden, den Menschen Kunde zu bringen von den Schicksalen, die ihrer harren. Er hat jene Wiese gesehen, auf der die Wege der vom Himmel herab und von der Unterwelt hinan Steigenden sich begegnen; er hat an der Quelle geweilt, aus der die Seelen den Trunk des Vergessens schlürfen; er hat sie auch unter Blitz und Donner, während die Erde bebte, als Sternschnuppen davonfliegen sehen. Er hat es geschaut, wie der Spalt der Unterwelt sich unter gewaltigem Brüllen verschloß, wenn die schlimmsten Übeltäter ans Licht zu gelangen strebten. Vor allem war er Zeuge der Lebenswahl, die von den nach tausendjähriger Wanderung einer neuen Einkörperung Entgegengehenden getroffen wird. Nicht der Dämon erkürt sich den Menschen, sondern der Mensch seinen Dämon. Seine Wahl ist frei. Unschuldig an allem Übel ist die Gottheit" (Gomperz). Es wird hierbei eine Beschreibung des Himmels und der Planeten gegeben, bei der zwar nicht klar ist, was mit der Breite der Bänder gemeint ist — man hat sie z. B. auf die verschiedenen Neigungen der einzelnen Planeten bezogen, wie H. Berger (Geschichte der wissenschaftlichen Erdkunde der Griechen, Leipzig 1903, S. 200) —, in der aber die Planeten selbst, wenn auch ohne Namensangabe, deutlich erkennbar nach ihrer Farbe und in ihren verschiedenen Umläufen in entgegengesetzter Richtung zur Bewegung des Fixsternhimmels geschildert sind. Es ist das ursprüngliche Weltbild mit der ruhenden Erde im Mittelpunkt; die Drehung der einzelnen Sphären um die Spindel, d. h. die Äquatorialachse, erfolgt durch „Notwendigkeit", also mechanisch, wenn auch mythisch auf die Parzen zurückgeführt. Sonne, Venus und Merkur (in dieser Reihenfolge angeordnet) werden zusammengefaßt, da ihre Umläufe um die Erde in gleicher Weise je ein Jahr dauern. Im ganzen ist die Anordnung Platons die folgende: Mond, Sonne, Venus, Merkur, Mars, Juppiter, Saturn, d. h. das sogenannte ägyptische System. Der Gang der Planeten auf der Ekliptik ist nicht angedeutet. Anlehnend an die Pythagoreer wird auch auf die Harmonie der Sphären angespielt. Von den drei Parzen soll also Klotho die Drehung des Fixsternhimmels und der mit ihm

zugleich erfolgenden täglichen Bewegung der Planeten bewerkstelligen, Atropos die entgegengesetzte Jahresbewegung der Planeten, während mit den abwechselnden Bewegungen von Lachesis vielleicht die bald recht-, bald entgegengesetzte Bewegung der Planeten angedeutet werden soll. Platon hatte, wie Frank vermutet, bei dieser Schilderung wahrscheinlich ein einfaches Planetarium vor sich.

Zu 4 Seite 52

Aus dem etwa 15 Jahre nach dem „Staat", also um 360 v. Chr. entstandenen berühmten Dialog „Timaios", in dem Platon seine Ansichten über die anorganische und die organische Welt darlegt. „Das Andere" ist die Ekliptik, der Tierkreis; „das Selbige" der gleichmäßig sich drehende Fixsternhimmel. Auch hier sind die äußeren Planeten (Mars, Juppiter, Saturn) noch nicht mit Namen genannt.

Zu 5 Seite 56

Mit „dem Göttlichen" sind die Fixsterne gemeint, die nach Platon feurige Kugeln darstellen, welche sich erstens um sich selbst drehen und dabei „immer dasselbe denken", also nie auf den Gedanken kommen, einmal aus ihrer Bahn abzuweichen, zweitens auch zugleich mit dem Himmelsgewölbe nach vorne, d. h. von Osten nach Westen fortschreiten. Die fünf anderen Bewegungen, welche den Fixsternen fehlen, wären also die nach hinten, nach oben bzw. unten und die nach links bzw. rechts.

Zu 6 Seite 58

Eine berühmte, schon im Altertum viel diskutierte Stelle, bei der über den Text εἱλλομένην oder εἱλομένην oder ἰλλομένην (Aristoteles) viel gestritten wurde. Danach ist die Übersetzung verschieden: „um die Achse geballt" oder „sich um die Achse drehend". Aristoteles verstand die Stelle als „sich drehend" (de coelo S. 293 b, 296 a); Cicero (vgl. Hiketas 1) und Plutarch (7) zweifelten bereits. Der Ansicht aber, daß Platon schon hier die Achsendrehung der Erde gemeint habe, wodurch also die Bewegung des Fixsternhimmels zu einer scheinbaren geworden wäre, widerspricht die Tatsache, daß er kurz vorher von der echten Bewegung des Fixsternhimmels gesprochen hatte. Vereinbar wäre beides nur bei Annahme des sog. philolaischen Systems vgl. S. 271). Von den meisten modernen Erklärern mit Ausnahme von Frank wird die Stelle ebenso wie hier übersetzt und der Erde also ihre ruhende Lage im Zentrum des Weltalls belassen.

Zu 8 und 9 Seite 58 und 62

Die folgenden Fragmente stammen aus dem um 360 v. Chr. geschriebenen Alterswerk Platons „Die Gesetze", das der Meister selbst nicht mehr vollendet, sondern erst sein Schüler Philipp

von Opus nach seinem Tode herausgegeben hat. Es unterhalten sich in ihm drei Greise, „der Athener", unter dem Platon selbst zu verstehen ist, Megillos aus Sparta und Kleinias, ein Kreter, die zusammen eine Wanderung auf Kreta unternehmen. In 8 spricht Platon davon, daß die Planeten nicht, wie ihr Name besagt und wie es der Augenschein zeigt, planlos am Himmel umherirren, sondern in Wirklichkeit regelmäßige Kreisbahnen vollführen. Bei dieser Ansicht müssen die Planeten mit dem größten Bahndurchmesser die größten Kreisbahnen durchlaufen, in Wirklichkeit sich also (nach Längen gemessen) am schnellsten fortbewegen, obwohl sie uns, infolge ihrer größeren Entfernung am langsamsten, d. h. mit der geringsten Winkelgeschwindigkeit, fortzuschreiten scheinen. Der Saturn läuft also in Wirklichkeit schneller als der uns soviel nähere Mond, der sich nur scheinbar am schnellsten bewegt. Man hat übrigens aus dieser Stelle auch herauslesen wollen, daß Platon an eine Drehung der Erde um ihre Achse oder sogar an eine Bewegung derselben um die Sonne anspiele, doch gibt sie zu einer solchen Deutung m. E. keinen Anlaß. — In 9 beweist Platon die Gestirne als lebende Wesen und Götter im Gegensatz zu den Ansichten des Anaxagoras und der Materialisten, welche in ihnen nur tote Gesteinsmassen sehen, die passiv durch Strömungen der Luft u. a. fortbewegt werden. Platons Definition der Seele geht dahin, daß sie aus sich heraus den Beginn einer Bewegung bewirke; sie ist ein erstes sich selbst Bewegendes, für unsere Sinne unsichtbar. Da nun die Gestirne mit Drehung um ihre Achse in regelmäßigen Kreisbahnen laufen, ähneln sie darin unserem Verstande, der ebenfalls am reinsten denkt, wenn er immer dasselbe denkt, ohne sich von äußeren Umständen beeinflussen zu lassen. So werden nach Platons Ansicht die Gestirne von göttlichen Seelen fortbewegt, den berühmten Gestirnseelen.

Philipp von Opus *Seite 76*

1 und 2 sind dem Nachtrag zu den Gesetzen Platons, der sogenannten Epinomis, entnommen, die wahrscheinlich nicht ein nachgelassenes Werk von Platon selbst ist, sondern von dem oben genannten Herausgeber der Gesetze, Philipp von Opus, verfaßt und angefügt wurde. 1 sieht einen weiteren Beweis für die Göttlichkeit der Gestirne in deren großen Masse, die nur von einem Gott bewegt werden könne, 2 bringt zum ersten Male in der griechischen Literatur die Namen der Planeten mit dem ausdrücklichen Hinweis, daß sie aus dem Orient stammen.

Jüngere Pythagoreer *Seite 80*

Vergl. S. 262

Philolaos *Seite 88*

Über Stellung und Lebenszeit des Philolaos hat die Forschung noch nicht zu gesicherten Ergebnissen geführt. Der Pythagoreer dieses Namens soll um das Ende des fünften Jahrhunderts in Unteritalien gelebt haben, die mathematisch-astronomischen Fragmente aber nach Frank (1923) ihm nur untergeschoben sein und in Wirklichkeit von einem der Schule Platons nahestehenden Philosophen, vielleicht sogar von Speusippos, dem Neffen Platons, herrühren. Andere Forscher, wie Diels-Kranz, Capelle, Geffcken halten aber an der Echtheit der Fragmente fest, setzen sie also bereits an das Ende des fünften Jahrhunderts.

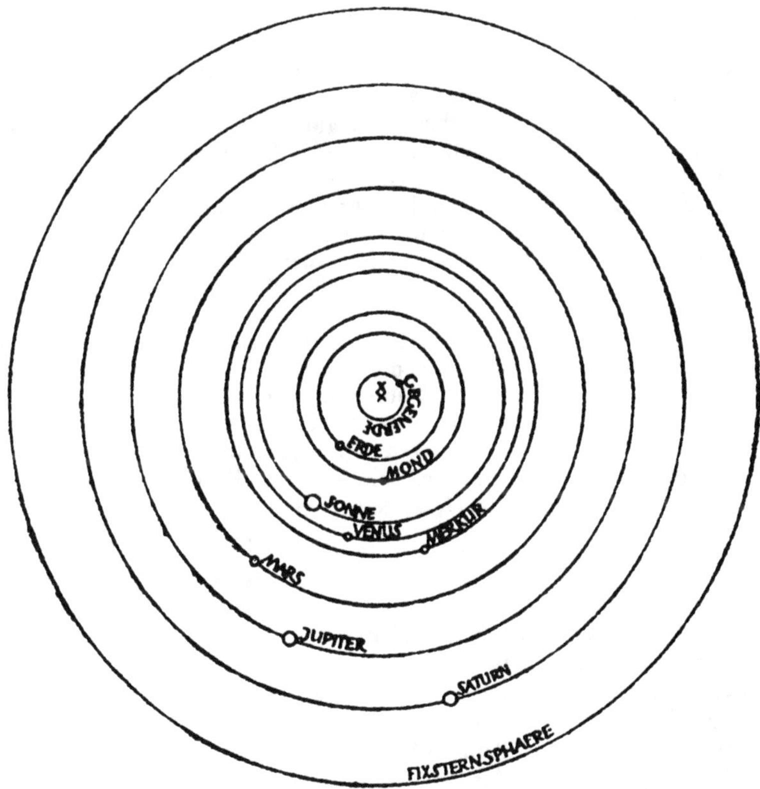

Das sogenannte „philolaische" Weltsystem

in dem die Gegenerde, die Erde und die 7 Planeten sowie die Fixsternsphaere um den gemeinsamen Mittelpunkt, das Zentralfeuer, kreisen. (Nach Frank 1923 — Gegenerde neu eingezeichnet.)

Das System sei hier an Hand der Abbildung näher erläutert. In der Mitte der Welt ruht unbeweglich das Feuer der Hestia, umgeben von zehn Kugelschalen — 10 ist ja die heilige Zahl der Pythagoreer —, welche die angenommene Gegenerde, die sieben Planeten und die Fixsterne tragen. Gegenerde und Erde bewegen sich mit der gleichen Geschwindigkeit in der Äquatorebene umeinander und um das Zentralfeuer als Mittelpunkt, und zwar einmal im Laufe von 24 Stunden, wobei die bewohnte Seite der Erde immer nach außen gekehrt ist, so daß wir Gegenerde und Zentralfeuer nie direkt erblicken können. Die sieben Planeten umkreisen das Zentralfeuer ebenso von Westen nach Osten mit verschiedenen Geschwindigkeiten, so der Mond einmal im Laufe eines Monats, die Sonne innerhalb eines Jahres usw. Obwohl für den Fixsternhimmel eine Eigenbewegung nicht nötig wäre, da durch den täglichen Umlauf der Erde um das Zentralfeuer die Bewegung der Fixsterne von Ost nach West als nur scheinbar erklärt ist, nahm Philolaos doch an, um die Zehnzahl der Bewegungen voll zu machen, daß auch der Fixsternhimmel langsam durch das die Welt einhüllende Ätherfeuer von Ost nach West gedreht werde, unmerklich für das Auge. Der Mond wird als dunkler Körper vorgestellt, der von der Sonne beleuchtet wird und von der Erde so weit entfernt ist, daß die Erdbewegung sich in seinen Lichtgestalten nicht mehr äußert. Rätselhaft und phantastisch für uns bleibt an diesem System die Annahme der Gegenerde; nach Aristoteles (Pythagoreer 3) sollte sie erfunden worden sein, um die heilige Zehnzahl voll zu machen; außerdem sollte durch sie auch die größere Häufigkeit der Mondfinsternisse gegenüber den Sonnenfinsternissen begreiflich gemacht werden. Näher liegt die Annahme, daß sie der im Gegensatz zu den ätherischen Planeten schweren und festen Erde das Gleichgewicht halten sollte, wie es auch Deussen (Allgem. Geschichte d. Philosophie II, 1, S. 63) glaubt.

Erklärt war durch das System des Philolaos der Wechsel von Tag und Nacht bei relativem Stillstand des Fixsternhimmels und des Standes der Sonne; indem sich die Erde im Laufe von 24 Stunden einmal um das Zentralfeuer dreht und diesem dabei immer dieselbe Seite zuwendet, dreht sie sich ja auch einmal um ihre Achse, ebenso wie dies der Mond im Laufe von 27 Tagen tut. Ferner konnten nach diesem System auch der Stillstand und die Rückläufigkeit der Planeten leicht als scheinbar eingesehen werden, allerdings nur, wenn man die Umlaufzeit der Erde auf ein Jahr festsetzte, wie es vielleicht Herakleides von Pontos getan hat. Dies galt wenigstens für die oberen Planeten vom Mars ab, die sich ja langsamer als die Erde bzw. die Sonne am Fixsternhimmel fortbewegen.

Herakleides Pontikos (388 — um 310 v. Chr.) *Seite 92*

Herakleides von Pontos, geb. zu Heraklea am Schwarzen Meere, der „phantastische, wissenschaftlich nicht allzu ernst zu nehmende“ (Rehm) Platonschüler — Geffcken dagegen nennt ihn einen „bedeutenden Forscher“ —, hat zwar sicher die tägliche Rotation der Erde um ihre Achse gelehrt (2), doch ist es neuerdings zweifelhaft geworden, ob er als ein Vorläufer Tycho Brahes bezeichnet werden kann, insofern er den Umlauf von Merkur und Venus nicht direkt um die Erde, sondern um die Sonne gelehrt haben soll. Frank deutet seine Beschreibung aus dem philolaischen System heraus. Immerhin war das System von Merkur und Venus um die Sonne kreisend und diese um die Erde laufend durch Martianus Capella (s. S. 190) im Mittelalter wohl bekannt.

Zu 1 Seite 92

Aus dem Kommentar des Chalcidius, eines am Anfange des vierten Jahrhdts. lebenden Christen, der den Timaios Platons teilweise übersetzt und nach griechischen Quellen erläutert hat. Diese Übersetzung und der Kommentar übermittelte dem frühen Mittelalter die Kenntnis der platonischen Physik. Das Fragment erläuterte die Stelle des Timaios (pg. 38 s. oben S. 55), nach der Venus und Merkur zwar dieselbe Umlaufszeit wie die Sonne haben, aber eine Gegenkraft besitzen. Drei verschiedene Erklärungsarten der antiken Ausleger führt Chalcidius an, die Frank folgendermaßen interpretiert: „Die erste Theorie sieht den Ursprung der erwähnten Gegensätzlichkeit in der Sonne, die im Laufe eines Jahres sich auf einem Epizykel von Ost nach West bewegt, während der Mittelpunkt dieses Epizykels von West nach Ost um die Erde kreist. Dadurch erscheint sie uns bald oberhalb, bald unterhalb der Venus, wenn diese wie die Sonne im Lauf eines Jahres um die Erde als Mittelpunkt kreist. Diese Theorie setzt die Exzentrizität der Sonnenbahn voraus, die erst von Hipparch um 150 v. Chr. entdeckt worden ist. Die zweite Theorie (quidam vero) legt zum Unterschied von dieser die „Gegenkraft“ in die Planeten Venus und Merkur: hier kreisen diese Planeten um die Sonne bzw. um das Sonnenepizykel — denn das scheint hier solstitialis circulus zu bedeuten — und nicht um die Erde als Mittelpunkt. Diese zweite Theorie ist also das im Altertum sogenannte „ägyptische“ System, das allerdings mit dem Tycho Brahes identisch ist. Die Theorie des Epizykels wurde von Apollonius von Perge um 200 v. Chr. geschaffen. Die Erklärung der Venusbahn durch Herakleides Pontikos endlich wird durch die Worte: Denique Heracleides Ponticus deutlich von der vorhergehenden zweiten Theorie unterschieden und als eine neue dritte eingeführt. Wenn wir dann diese Stelle des Herakleides Pontikos unvoreingenom-

men übersetzen, so kommen wir wieder auf dasselbe pythagoreische System mit der sich bewegenden Erde, das Herakleides auch in allen anderen Fragmenten vertritt". (Dies wird aber von Rehm, 1933, pg. 47, bestritten.)

Hiketas und Ekphantos *Seite 94/96*

Hiketas und Ekphantos, beide aus Syrakus, werden im allgemeinen der altpythagoreischen Schule zugerechnet und ins fünfte Jahrhundert v. Chr. gesetzt; doch wissen wir über ihre näheren Lebensumstände nicht das geringste. Frank glaubt sogar mit dem französischen astronomgeschichtlichen Forscher Paul Tannéry, daß beide gar nie gelebt hätten und nur die Namen von Personen in einem verlorenen Dialog des Herakleides Pontikos darstellten; sie wären jedenfalls, wenn sie wirklich historische Personen sein sollten, dessen Zeitgenossen gewesen.

Aristoteles (384—322 v. Chr.) *Seite 96*

Aristoteles, der große Philosoph und Naturforscher, geboren zu Stagira in Macedonien, wurde zuerst Platons Schüler in Athen, dessen Akademie er zwanzig Jahre lang angehörte, in welcher Zeit er seine Dialoge schrieb. Nach längeren Aufenthalten in Kleinasien und Macedonien kehrte er nach Athen zurück und gründete im Lykeion die peripatetische Schule. Wenn er sich mit Astronomie auch nur theoretisch beschäftigt hat, so wurde doch die Lehre von der im Zentrum des Weltalls stille stehenden Erde durch das Gewicht seiner Autorität zum Dogma, welches das ganze Mittelalter überdauerte. Die unter dem Namen περὶ οὐρανοῦ (de coelo, Über das Himmelsgebäude) erhaltene Schrift behandelt nur in den beiden ersten Büchern astronomische Fragen, während die beiden letzten Bücher allgemeine Probleme, wie über Werden und Vergehen, die Bewegung usw. enthalten. Eine Schrift περὶ ἀστρονομίας ist verloren.

Zu 2 und 3 Seite 98 und 100

E u d o x o s, geb. um 408 v. Chr. in Knidos, gest. um 355, studierte Mathematik bei Archytas von Tarent und gründete nach längeren Reisen in Asien und Ägypten in Kyzikos am Marmarameer eine Schule, mit der er um 367 nach Athen übersiedelte; hier trat er mit Platon in Verbindung, dessen Ideenlehre er angegriffen hat. Seine Bedeutung liegt auf dem Gebiete der Mathematik sowohl wie auf dem der Astronomie. Er beschäftigte sich wissenschaftlich ferner mit Länder- und Völkerkunde und war auch für das Kalenderwesen von Bedeutung. Sein Schüler Kallippos, geb. zu Knidos um 370 v. Chr., trat um 330 v. Chr. in Athen mit Aristoteles in Beziehung. Er verbesserte das Sphärensystem seines Lehrers sowie den Kalender und bestimmte die Längen der Jahreszeiten genauer.

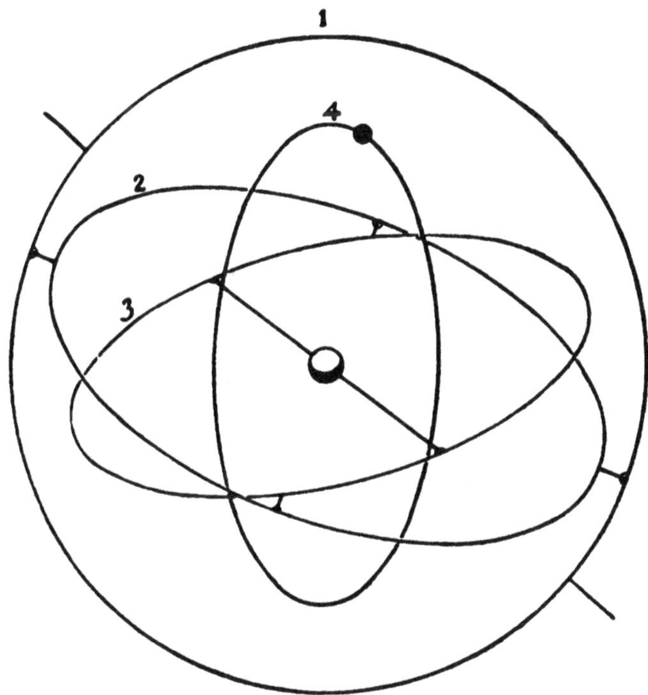

Der Eudoxische Sphaerenmechanismus

1, 2, 3, 4 die verschiedenen Sphaeren, im Zentrum die Erdkugel, der Planet als schwarzer Punkt in der innersten Sphaere (neben 4) dargestellt. (Modell nach Künnsberg, Eudoxus. Dinkelsbühl 1888; aus Frank 1923.)

Die Sphärentheorie des Eudoxos bestand darin, daß er die scheinbaren Bewegungen eines jeden Planeten in eine Anzahl von Kreisbewegungen um die Erde als Mittelpunkt zerlegte. Sämtliche Sphären einer Gruppe, die zu einem Planeten gehörten, drehten sich mit verschiedenen, aber gleichförmigen Geschwindigkeiten, und zwar um Achsen, die verschieden orientiert waren. Die Achse einer jeden folgenden (inneren) Sphäre steckte innerhalb des Umfangs der vorhergehenden (äußeren) Sphäre und der Planet selbst wurde in den Äquator der letzten innersten Sphäre gesetzt. Zu äußerst des ganzen Systems kreiste die einfache Sphäre des Fixsternhimmels. Außerdem gab es für sämtliche Planeten, also auch für Sonne und Mond, je eine äußere Sphäre, deren Bewegung der täglichen Bewegung des Fixsternhimmels entsprach und in 24 Stunden einmal in der Richtung von Ost nach West erfolgte, also konform, aber unabhängig von der äußersten, sämtliche Sphären umhüllenden Sphäre des Fix-

sternhimmels war. Die zweite Sphäre eines jeden Planeten drehte sich umgekehrt, also von West nach Ost, wobei ihr Äquator in die Ekliptik fiel; sie stellte also die Wanderung des Planeten innerhalb des Tierkreises dar. Beim Mond erfolgte diese Bewegung einmal in 27 Tagen, welche Zeit der Mond bis zur Rückkehr in seinen Knoten. den Schnittpunkt der Bahnebene des Mondes mit der Bahnebene der Erde, benötigt. Die dritte Sphäre des Mondes drehte sich wieder von Ost nach West, und zwar sehr langsam, nämlich in der Zeit von 223 Mondperioden, dem Saros, nach welcher Zeit die Finsternisse wieder in derselben Reihenfolge auftreten. Durch einen Winkel von 5°, den die zweite Sphäre mit der Ebene der Ekliptik bildete, wurden die Schwankungen des Mondes in der Breite und durch die Kombination mit der dritten die Verlagerung der Knoten erklärt. Bei der Sonne erfolgte die Bewegung der zweiten Sphäre in der Ekliptik innerhalb eines Jahres. Bei den übrigen Planeten kamen zu den beiden ersten Sphären noch zwei weitere hinzu, von denen die dritte wieder die Veränderungen in der Breite darstellte; ihre Periode entsprach einem synodischen Umlauf, d. h. dem Wiederzusammentreffen mit der Sonne, während die dritte und vierte zusammen die Schlingen des Planeten und die Rückläufigkeit darzustellen hatten. Sie beschrieben nämlich auf der zweiten Sphäre eine Kurve, die einer liegenden Acht (∞) ähnelte und Hippopede, Pferdefessel, genannt wurde. Mit Hilfe dieser verschiedenen Sphärensysteme gelang es Eudoxos, den scheinbaren Lauf der Sonne, des Mondes und der meisten Planeten befriedigend auch mit ihren Schlingen darzustellen.

Kallippos verbesserte das System dadurch, daß er noch weitere Sphären hinzufügte, um bei der Sonne die verschiedene Länge der Jahreszeiten zu erklären und auch bei den anderen Planeten eine bessere Darstellung ihres scheinbaren Laufes geben zu können.

Eudoxos und Kallippos hatten wahrscheinlich dieses Weltgebäude nur zeichnerisch erdacht, um mit seiner Hilfe die Bewegungen der einzelnen Planeten berechnen zu können; Aristoteles dagegen faßte die Sphären als reale Gebilde auf, die mechanisch miteinander zusammenhingen. Dadurch war er gezwungen, eine Reihe von sogenannten rückrollenden (reagierenden) Sphären einzuführen, die zuerst die Bewegungen des nächst vorhergehenden Planeten (außer der der Bewegung des Fixsternhimmels analogen, jeweils äußersten oder ersten Sphäre) wieder für den folgenden Planeten unwirksam machen sollten, und mußte daher 22 neue, rückrollende Sphären einführen.

Die Systeme der drei Astronomen sind daher folgende:

	Eudoxos (umdrehend)	Kallippos (umdrehend)	Aristoteles (umdrehend)	rückrollend
Saturn	4	4	4	3
Juppiter	4	4	4	3
Mars	4	5	5	4
Venus	4	5	5	4
Merkur	4	5	5	4
Sonne	3	5	5	4
Mond	3	5	5	—
Summe	26	33	33	22 = 55

(Dazu kam noch in jedem System die einfache äußerste Sphäre für den Fixsternhimmel).

Zu 3 Seite 100

Die von Eudoxos als dritte Unregelmäßigkeit der Sonne bezeichnete Bewegungsanomalie ist nach Schiaparelli eine hypothetisch angenommene Nutation. Nicht erklärt ist nach diesem System die ungleiche Länge der einzelnen Jahreszeiten, die die Griechen schon seit Meton (um 450 v. Chr.) kannten, sowie die Präzession, die zuerst von Hipparch beschrieben worden war. Die *siderische* Umlaufzeit, d. h. die Zeit, die ein Planet bei seiner Umwanderung durch den Tierkreis benötigt, um wieder mit dem gleichen Fixstern zusammenzutreffen, beträgt (S. 106)

	nach Eudoxos	modern
Saturn:	30 Jahre	29 Jahre 166 Tage
Juppiter:	12 Jahre	11 Jahre 315 Tage
Mars:	2 Jahre	1 Jahr 322 Tage
Venus;	1 Jahr	1 Jahr 0 Tage
Merkur:	1 Jahr	1 Jahr 0 Tage

„Die Alten", welche den Kronos (Saturn) das „Gestirn der Sonne" nannten, waren nach Diodor II/30 die Babylonier.

Die *synodische* Umlaufszeit, d. h. die Zeit, die ein Planet benötigt, um von der Erde aus gesehen die gleiche Stellung zur Sonne wieder einzunehmen — z. B. bei den unteren Planeten mit ihr in Konjunktion zu treten — beträgt (S. 108)

Saturn:	390 Tage	378 Tage
Juppiter:	390 Tage	399 Tage
Mars:	260 Tage	780 Tage
Venus:	570 Tage	584 Tage
Merkur:	110 Tage	116 Tage

Die Daten sind Schiaparelli entnommen.

Die Zahlen des Eudoxos stimmen also im allgemeinen, außer für Mars, gut mit den modernen überein; noch genauer sind sie bei Kleomedes (II/7).

Eudemos *Seite 116*

Eudemos von Rhodos, Schüler des Aristoteles, schrieb die erste Geschichte der Astronomie des Altertums. Die lat. Zahlen sind die Nummern der Fragmente bei L. Spengel, Eudemi Rhodii fragmenta, Berlin 1871. — Zu 1 b: Gemeint ist die Schlacht am Halys in Kleinasien am 22. Mai 585 v. Chr. Kyaxares I. von Medien 634—584, Astyages 584—550, Alyattes von Lydien 617—563, Kroisos 563—546. — Zu 2: Vgl. Oinopides S. 30, Thales S. 8, Anaximander S. 10, Anaximenes S. 14, Pythagoreer S. 80, Herakleides Pontikos S. 92, Eudoxos von Knidos S. 98. — Zu 5: Die Stelle behandelt die Theorie der homozentrischen Sphären, vgl. S. 98. — Zu 6: Zu Platon vgl. S. 38 ff., zu Anaxagoras S. 26 ff.

Zenon (um 336—264 v. Chr.) und
Kleanthes (um 331—232 v. Chr.) *Seite 122*

Zenon von Kition auf Kypern und Kleanthes von Assos in der Troas (für diesen vgl. auch Aristarch, 3) gehören zu den Begründern der stoischen Schule, die sich zwar praktisch mit Astronomie nur wenig beschäftigt hat, aber durch ihre pantheistische Lehre vom belebten, vernünftigen Weltall philosophisch wichtig geworden ist. Gott ist für sie von der Welt nicht verschieden, vielmehr ist das ganze Weltall ein belebtes göttliches Wesen.

Mit der Stoa treten wir in die Zeit der sogenannten hellenistischen Periode ein. Athen blieb zwar vorerst der Mittelpunkt der Philosophie, aber in den Fachwissenschaften übernahm Alexandria, die Gründung des großen Macedoniers, die Führung. Hier sorgten weitblickende Könige, wie es die Ptolemaier waren, dafür, daß die Gelehrten frei von materiellen Sorgen ihren Studien leben konnten und in den beiden großen Bibliotheken auch das wissenschaftliche Material der vorhergehenden Zeiten gesammelt vor sich hatten. Vor allem machte die Mathematik bedeutende Fortschritte. Euklid lehrte schon unter Ptolemaios I. Archimedes (gest. 212 v. Chr.), der allerdings in Syrakus lebte, aber mit den Gelehrten in Alexandria enge Beziehungen hatte, war der genialste Mathematiker des Altertums und den größten neueren ebenbürtig (Heiberg). Apollonios von Perge in Pamphilien, um 200 v. Chr., schuf durch seine Lehre von den Kegelschnitten und von den Epizyklen die Grundlagen für die Theorien vom Planetenlauf bei Hipparch und Ptolemaios. Auch die Mechanik nahm in dieser Periode einen großen Aufschwung, durch den indirekt die Astronomie gefördert wurde. Die verbesserte Technik lieferte ihr genauere Apparate zur Beobachtung und Messung am Himmel, zuverlässige Sonnen-

uhren u. a. Die engeren Beziehungen zum Orient führten zur Übernahme des babylonischen Sexagesimalsystems mit seiner Einteilung des Kreises in 360 Grade zu je 60 Minuten zu je 60 Sekunden, die uns zum ersten Male in einer kleinen Abhandlung des Hypsikles (um 180 v. Chr.) über den Aufgang der Tierkreiszeichen entgegentritt.

Epikur (341—270 v. Chr.) *Seite 124*

Epikur, geb. in Samos, gründete um 306 in Athen seine Schule, der er bis an sein Lebensende vorstand. Philosophisch erneuerte er den Materialismus des Demokrit und versuchte zu zeigen, daß eine rein mechanische Naturerklärung, die die Götter völlig untätig sein läßt, möglich ist.

Aristarch (um 320—250 v. Chr.) *Seite 128*

Aristarch von Samos, über dessen Leben nichts Näheres bekannt ist, soll ein Schüler des Physikers Straton von Lampsakos gewesen sein. Seine Hauptverdienste liegen in der Aufstellung des heliozentrischen Systems, ferner in dem Versuche einer exakten Berechnung des Verhältnisses der Entfernungen von Sonne und Mond von der Erde sowie ihrer Größenverhältnisse. Es handelt sich also ursprünglich nicht um die absoluten Maße, sondern nur um Verhältniszahlen, die man aber durch Umrechnung aus dem Erdumfang, den man durch Eratosthenes u. a. kannte, in absolute Zahlen umwandeln konnte.

Zu 1 Seite 128

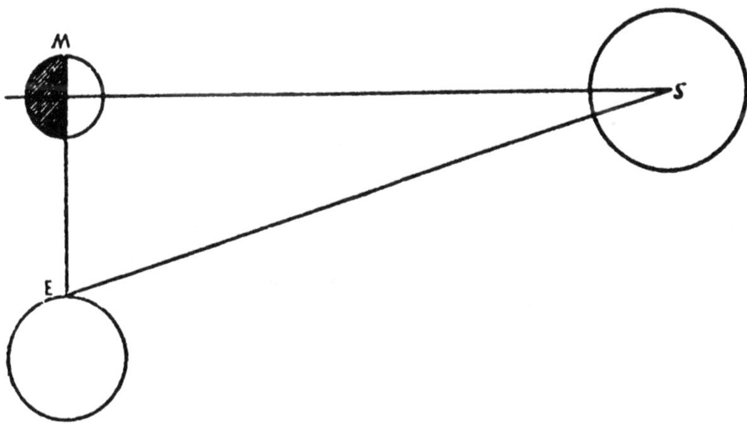

Aristarchs Verfahren, das Verhältnis der Entfernungen des Mondes und der Sonne zu bestimmen

E = Erde, M = Mond, S = Sonne. (Aus Dannemann I, 1910.)

Das Prinzip der Messung beruht darauf, daß, wie Aristarch richtig meint, das Dreieck E M S ein rechtes ist, wenn der Mond im ersten bzw. letzten Viertel steht, wenn also die Grenze zwischen Licht und Schatten eine gerade Linie bildet. Man könnte also, modern gesprochen, aus dem Cosinus des Winkels M E S das Verhältnis der Entfernungen von Mond und Sonne von der Erde ablesen. Aristarch nahm diesen Winkel nur zu 87° an, während er in Wirklichkeit 89° 50′ beträgt, also fast ein rechter ist. Auch der scheinbare Durchmesser des Mondes (6) beträgt nicht 2°, sondern nur etwa 30′. Die genauere Messung, mit der Aristarch zu seinen Ergebnissen kam, kann hier nicht gegeben werden; da das Altertum die trigonometrische Berechnung mittels der Winkelfunktionen noch nicht kannte, war sie ziemlich kompliziert. Statt des Resultates 19:1 des Aristarch wäre in Wirklichkeit 370:1 einzusetzen. Der Irrtum dieser Zahlen, die übrigens noch bis Kepler für richtig gegolten haben, beruhte einmal auf der Unmöglichkeit der genaueren Messung so kleiner Winkel im Altertum, sodann auf der Schwierigkeit exakt festzustellen, wann die Schattengrenze des Mondes eine gerade Linie bildet. Trotzdem war der Weg, auf dem Aristarch das Problem zu lösen versuchte, richtig und genial erdacht. Auch die Raumverhältnisse von Sonne und Mond versuchte er zu berechnen, gelangte allerdings auch hierbei zu unrichtigen Zahlen. Er nahm an, daß das Volumen des Mondes 30mal (statt 48mal) so klein, das der Sonne dagegen 300mal (statt 1 300 000mal) so groß wie das der Erde sei.

Eratosthenes (um 275 — 195 v. Chr) *Seite 130*

Eratosthenes aus Kyrene, der vielseitige Bibliothekar an der alexandrinischen Bibliothek, der sich auch als Mathematiker und Astronom sowie als Philologe betätigte, wurde der erste wissenschaftliche Geograph des Altertums. Seine „Geographie" bestand aus drei Büchern: 1. der Geschichte der geographischen Forschung seit Homer, 2. der mathematisch-physikalischen Geographie, 3. der beschreibenden Geographie des Erdkreises mit Karte, wobei die Lage der einzelnen Orte, soweit es möglich war, auf astronomischen Daten, sonst auf Angaben über die Tagesmärsche und Küstenentfernungen beruhte.

Zu 1 Seite 130

Der Gnomon ist ein senkrecht stehender Stab, dessen Schatten in eine Hohlkugel fällt, die mit einem Gradnetz im Innern versehen ist. Aus dem Winkel, den der Schatten mit der Mittagslinie bildet, sowie aus dessen Länge, die mit den verschiedenen Jahreszeiten wechselt, konnte man die Tagesstunde ersehen, die auf den verschiedenen Linien des Gradnetzes für die Zeiten der

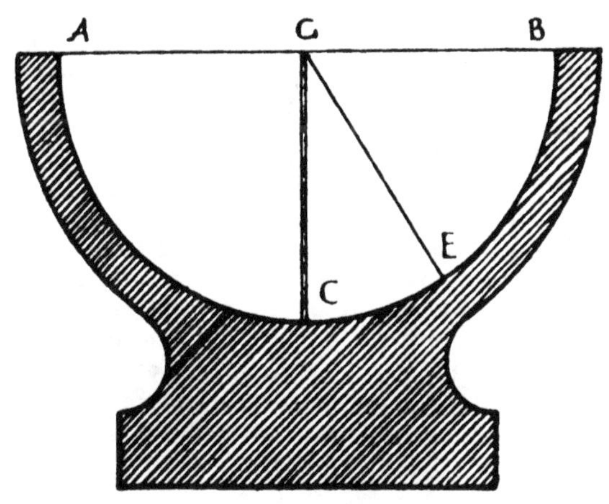

Sonnenuhr

A B C = Hohlkugel, G = Gnomon, E = Spitze des Schattens des Gnomon. (Nach Schaubach 1802 aus Dannemann I, 1910.)

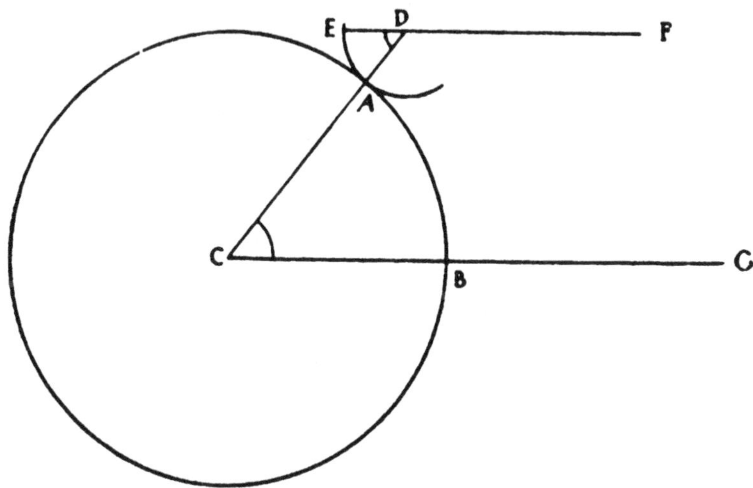

Die Gradmessung des Eratosthenes

A Alexandria. B Syene, C Erdmittelpunkt, E Sonnenuhr, D Spitze des Gnomon, F, G die einander parallelen Strahlen der Sonne (Aus Dannemann I 1910.)

Sonnenwenden und der Tag- und Nachtgleichen besonders angegeben war. Das Prinzip der Messung sei an Hand der Abbildung erläutert (nach Dannemann). Der Gnomon stand

senkrecht zum Horizont, so daß sich der Winkel E D A auf der Gradeinteilung ablesen ließ. E F und B G sind die parallelen Sonnenstrahlen, A (Alexandria) und B (Syene) bildeten den zu messenden Bogen, der gleich dem Winkel A C B am Erdmittelpunkt ist. Die Winkel E D A und A C B sind als Wechselwinkel gleich. Der Winkel E D A wurde zu $7^{0} 12' = {}^{1}/_{50}$ des Erdumfangs bestimmt, die Entfernung von Alexandria bis Syene zu 5000 Stadien gemessen, so daß der Erdumfang 50×5000 Stadien betrug. In Wirklichkeit liegen allerdings Alexandria und Syene nicht auf demselben Meridian, sondern Alexandria $3^{0} 14'$ westlicher als Syene. Auch ist die Entfernung von Alexandria nach Syene nicht genau 5000 Stadien = 925 km, sondern nur 4760 Stadien = 880 km, wenn man ein Stadion zu 185 m annimmt (Czwalina, deutsche Übersetzung des Kleomedes z. Stelle).

Hipparch (um 190—120 v. Chr.) — *Seite 136*

Hipparch, nach Heiberg der exakteste Astronom des Altertums, war in Nikaia in Bithynien geboren; hier hat er auch seine meisten astronomischen Beobachtungen angestellt, später auch in Rhodos und wahrscheinlich auch in Alexandria. Er legte auf größtmögliche Genauigkeit Wert, Theorien gegenüber hielt er sich zurück. So bestimmte er die Länge des Sonnenjahres genauer (auf 365 Tage, 5 h 55′ 12″), ebenso die Lage der Punkte der Tag- und Nachtgleiche sowie der Sonnenwenden am Himmel. Ferner fand er beim Vergleich des Ortes einzelner Sterne zu seiner Zeit mit den Angaben, die etwa 100 Jahre vorher gemacht worden waren, die Präzession (1). Die hier genannten Astronomen Aristyllos und Timocharis lebten in Alexandria im Anfang des dritten Jahrhunderts. Hipparchs Beobachtungsmaterial stammte großenteils aus Babylonien. Das Erscheinen eines neuen Sternes (2) veranlaßte ihn, einen Fixsternkatalog zu verfassen, damit mit dessen Hilfe die Nachkommen die Lagen der einzelnen Sterne vergleichen könnten. — Von seinen Schriften ist außer einer Jugendschrift, einem Kommentar zu dem Gedicht des Aratos über die Sternbilder (um 275 v. Chr.), keine im Original erhalten. Wir haben nur Auszüge aus ihnen bzw. Berichte von seiten späterer Astronomen, wie des Ptolemaios. Hipparch hat auch einige neue Beobachtungsinstrumente erfunden, ferner gab er ein großes Werk über die Berechnung der Sehnen eines Kreises aus den Winkeln, also trigonometrische Untersuchungen, heraus.

Poseidonios (um 135—51 v. Chr.) — *Seite 140*

Poseidonios aus Apameia in Syrien lebte in Rhodos, wo er besonders die lernbegierige römische Jugend, unter ihr auch

Cicero, um sich scharte. In ihm hat nach Reinhardt das schon altbabylonische Weltgefühl des mystischen Zusammenhangs zwischen Makro- und Mikrokosmos, die Sympathie des Alls, seinen ersten bewußten Ausdruck gefunden. Angeregt durch die Beobachtung der Abhängigkeit der Gezeiten, Ebbe und Flut, von der Mondbewegung, baute er auf der Einsicht in den Zusammenhang der Kräfte in der Welt u n t e r dem Mond mit den himmlischen ü b e r diesem eine religiöse Weltansicht auf, in der auch Astrologie, Mantik und Dämonenglaube ihre Stätte fanden. Durch seinen glänzenden Stil wurde er der Popularisator der wissenschaftlichen Anschauungen seiner Zeit und hat sowohl auf die Literatur der Römer (Sallust, Cicero, Vergil, Horaz, Ovid, Seneca, Plutarch) wie auch des Frühchristentums (Nemesios, Basilios u. a.) einen bedeutenden Einfluß ausgeübt. Eigene Forschungen hat er auf seinen weiten Reisen nur auf geographisch-ethnographischem Gebiet angestellt, während er in den exakten Wissenschaften Dilettant blieb (Heiberg). Er schrieb u. a. über die Grundlagen der Mathematik, verfaßte einen Kommentar zum Timaios des Platon, behandelte auch astronomische Fragen in dem großen Werke „Über die Meteore" sowie in der Schrift „Über die Größe und Entfernung der Sonne" (1, 2), ferner physikalische Erdkunde in der Schrift „Über den Ozean". Seine Weltgeschichte setzt das Werk des Polybios fort. In seinen philosophischen Schriften verband er den Pantheismus der Stoa mit dem Dualimus Platons. Er trug durch seine Anerkennung der Astrologie, der Dämonologie und der Mantik zur Ausbreitung orientalischer Anschauungen im Westen bei.

Zu 2 Seite 142

„Ichthyophagen", d. h. Fischesser nannte man im Altertum verschiedene Küstenvölker des Indischen Ozeans, z. B. in Belutschistan, Arabien, Ostafrika, die größtenteils von Fischen leben sollten. Poseidonios meint hier wohl die von Herodot (III/19ff.) erwähnten, südöstlich von Ägypten wohnenden Völker.

Zu 5 Seite 146

Die Schilderung der Erdmessung des Poseidonios, die also statt der früheren des Eratosthenes nicht Beobachtungen an der Sonne, sondern, wie die erste des Dikaiarch, die Kulmination von Sternen benutzte, wurde von ihm mehr aus didaktischen Gründen gegeben, wie der Schlußsatz beweist. Strabon (II/2, 2) nennt als die von Poseidonios gefundene Zahl 180 000 Stadien, was gegenüber der richtigeren des Eratosthenes ein großer Rückschritt gewesen wäre. Der Kanopus ist der hellste Stern im Bilde des Schiffes Argo am südlichen Himmel, das neuerdings in mehrere Bilder: carina = Kiel, puppis = Rumpf, vela = Segel, pyxis = Kompaß zerlegt worden ist.

Zu 6 Seite 148

Die zu geringe Schätzung der Länge des Breitenkreises auf der Höhe von Rhodos (36° N. B.) bzw. der Länge der Ökumene, die aus Poseidonios von Ptolemaios übernommen wurde, hat weltgeschichtliche Bedeutung erlangt. Durch sie ist Columbus zu seiner Fahrt auf dem Westwege nach Indien angeregt worden; bekanntlich hat der Entdecker Amerikas bis an sein Lebensende geglaubt, in China gelandet zu sein.

Zu 7 Seite 148

Das Fragment, das streng genommen nicht in eine Geschichte der Astronomie gehört, wurde hier angeführt, um des Poseidonios Arbeits- und Ausdrucksweise zu erläutern. Um sich über das Problem der Gezeiten, die ja im Mittelmeer nur in geringfügigem Maße zu beobachten sind, klarer werden zu können, war er nach Gades, dem heutigen Cadiz, gereist und hatte hier richtig die beiden täglichen Perioden von Ebbe und Flut sowie die durch das Zusammenwirken von Mond und Sonne entstehende monatliche Periode selbst beobachtet, während er auf eine jährliche Periode nur aus den Berichten der Eingebornen schloß und sich hierin täuschen ließ. Seine Erklärung operiert nicht mehr mit den älteren Versuchen des Aristoteles, Pytheas und anderer, die die Fluten an der Küste durch Druck des Windes auf den Ozean hatten verursacht sein lassen, sondern mit dem Begriff der Sympathie zwischen Mond bzw. Sonne und Erde. Der Ozean ist für ihn gewissermaßen ein Lebewesen, das ebenso wie die niederen Organismen dem Einfluß des Mondes unterliegt. So nehmen nach seiner Ansicht auch die Muscheln und das Blut des Menschen je nach dem Monde zu und ab, die Bäume sind bei Neumond am trockensten u. ä. (vgl. Reinhardt, Poseidonios 1921, pg. 121 ff.).

Geminos (um 70 v. Chr.) *Seite 150*

Geminos, ein stoischer Mathematiker, gab eine Systematik der Mathematik mit vielen historischen Nachrichten heraus sowie eine uns erhaltene populäre kurze Übersicht der astronomischen Grundbegriffe, die εἰσαγωγὴ εἰς τὰ φαινόμενα, welche sich durch große Klarheit auszeichnet.

Zu 1 Seite 152

Die Dioptra war ein von Hipparch erfundenes Instrument zur Bestimmung des scheinbaren Durchmessers von Sonne und Mond. Es bestand aus einem waagrecht liegenden Richtscheit — die Bestimmungen wurden nur beim Auf- bzw. Untergang gemacht — von etwa 2 m Länge. An dessen einem Ende war eine gelochte Scheibe zum Anvisieren angebracht, eine zweite konnte beweglich auf dem Richtscheit entlang geführt werden,

bis das betreffende Gestirn vollkommen verdeckt war. An einer längs des Richtscheites angebrachten Teilung konnten dann die Entfernungen vom Visierloch abgelesen und die Winkel der Durchmesser berechnet werden.

S. 154: Äquinoctialstunden sind die Stundenlängen zu den Zeiten der Tag- und Nachtgleichen, die nur dann tags und nachts von gleicher Länge waren. Zu anderen Jahreszeiten waren nach der alexandrinischen Zählung die Längen der Tages- von denen der Nachtstunden verschieden, da die Tage und Nächte, von verschiedener Länge, beide immer in zwölf gleiche Teile geteilt wurden; dies sind die sogenannten Temporalstunden, die, zuerst von den Ägyptern angewendet, später von den Griechen der Alexandrinerzeit übernommen, über die Römer zu uns gelangten; sie waren bis ins vierzehnte Jahrhundert in Gebrauch. Erst die Erfindung der Räderuhren setzte dieser Zählung ein Ende. Noch Regiomontanus gibt in seinem berühmten deutschen Kalender (um 1474) eine Tafel zur Umrechnung beider Stunden. — In Rom dauerte im Winter eine Tagesstunde nach unserem jetzigen Zeitmaß nur 45 Minuten, im Sommer dagegen 1 Stunde und 15 Minuten.

Strabon (63 v. Chr. — 19 n. Chr.) *Seite 160*

Strabon aus Amasia im Königreich Pontos, südlich vom Schwarzen Meere, gab neben heute verlorenen historischen Schriften eine Erdbeschreibung (γεωγραφικά) heraus, die inhaltsreichste ihrer Art in der ganzen Antike. Sie umfaßt mathematische, physikalische, politische und historische Geographie und enthält auch interessante geologische und biologische Beobachtungen.

Catull (um 87—54 v. Chr.) *Seite 160*

Catulls „Die Locke der Berenike" ist die lateinische Übersetzung einer 246 v. Chr. verfaßten Elegie (Βερενίκης πλόκαμος) des hellenistischen Dichters Kallimachos, der, in Kyrene 300 v. Chr. geboren, in Alexandria in der ersten Hälfte des dritten Jahrhunderts am Hofe des Königs Ptolemaios III. Euergetes lebte. Berenike, dessen Gemahlin, gelobte bald nach ihrer Hochzeit der Aphrodite eine Locke ihres schönen Haares, falls ihr Gatte siegreich aus dem Kriege gegen Syrien heimkehre. Nach Einlösung des Gelübdes verschwindet die Locke aus dem Tempel; der Hofastronom Konon, mit dem Archimedes befreundet war, findet sie als Sternbild am Himmel wieder. In dem Gedicht spricht die Locke selbst. — Vers 6 Trivia = Diana, die Mondgöttin; sie liebt den schönen Hirten Endymion und besucht ihn auf dem Berge Latmos in Karien (Kleinasien). —

V. 51 Die Schwestern: die anderen Locken Berenikes. — V. 53 ff. Die gelehrten Anspielungen dieser Verse sind sehr gesucht und schwer zu deuten. Das Flügelroß Arsinoës ist wohl der Strauß; auf einem antiken, von Pausanias erwähnten Bilde wurde Arsinoë auf einem Strauß reitend dargestellt. Warum er als Zwillingsbruder oder als einziger Sohn des Aethiopenkönigs Memnon bezeichnet wird, bleibt unklar. Arsinoë, die Schwestergemahlin des Ptolemaios Philadelphos, Mutter der Berenike, wurde nach ihrem Tode als Venus Arsinoë verehrt und bekam auf dem Vorgebirge Zephyrion östlich von Alexandria einen Tempel, nach dem sie Zephyritis heißt. Die Verse sagen also, daß ein Strauß, von der Göttin selbst gesandt, die Locke aus dem Tempel entführt und zu Venus Arsinoë bringt, die sie als Sternbild an den Himmel versetzt. — V. 58. Arsinoë war eine Ptolemaierin, also griechischer Herkunft. Zephyrion, wo ihr Tempel stand, lag bei Kanopus. — V. 60. Der Brautkranz der Ariadne wurde nach der Hochzeit als Sternbild (Krone) an den Himmel versetzt. — V. 65 ff. „Die Locke der Berenike" steht zwischen den Sternbildern der Jungfrau, des Löwen, des Großen Bären und des Bootes. — V. 66. Kallisto, die Tochter des Lykaon, wurde von Hera aus Eifersucht in eine Bärin verwandelt, von Zeus aber als Sternbild an den Himmel versetzt („der Große Bär"). — V. 67. Als Führer des Bootes: Die Locke der Berenike geht vor ihrem Nachbar, dem Bootes, unter.

W. Schöne

Plinius (23—79 n. Chr.) *Seite 164*

„Die Römer interessierten sich für wissenschaftliche Astronomie so wenig wie für Mathematik; höchstens hat der eine oder andere Dilettant aus Liebhaberei Beobachtungen angestellt, wie jener C. Sulpicius Gallus, der, wie Cicero in seinem Cato maior cap. XIV berichtet, ganze Nächte darauf verschwendete und sich einen Spaß daraus machte, seinen Freunden Sonnen- und Mondfinsternisse vorauszusagen" (Heiberg 1925). Wir geben hier die Eingangskapitel des Plinius zu seiner Naturgeschichte, da seine Anschauungen für den stoisch gebildeten Römer seiner Zeit charakteristisch sind. C. Plinius Secundus, der Ältere, kam bekanntlich bei dem berühmten Ausbruch des Vesuvs um, der Pompeji und Herculanum verschüttete. Er schrieb, während er als Offizier, Verwaltungsbeamter und Flottenkommandant im Staatsdienste stand, seine berühmte naturalis historia, die dem ganzen späteren Altertum, dem Mittelalter und noch lange bis in die Neuzeit als Autorität gegolten hat, obwohl sie zum größten Teile nur aus anderen Werken ausgeschrieben ist. Immerhin enthält sie doch auch eigene

Naturbeobachtungen, z. B. gerade aus der Zeit seines Aufenthaltes in Germanien.

Zu 1 Seite 168

Der Lobgesang auf die Sonne stammt aus Poseidonios, wie Reinhardt 1927 nachgewiesen hat. — S. 170: Homer: Ilias III/277:

„Flehentlich rief des Atreus Sohn mit erhobenen Händen:
Vater Zeus, erhabenster Gott, du Herrscher vom Ida!
Helios auch, der du alles vernimmst und alles gewahrest!..."

S. 172: Der Aberglaube des Augustus ist auch bei Sueton (Augustus cap. 92) erwähnt.

Zu 2 Seite 172

Sulpicius Gallus, vgl. Livius 44, 37, 5—9. Im Jahre 168 v. Chr. besiegte Aemilius Paulus den König Perseus von Macedonien bei Pydna. Die Geschichte selbst hat ihre antiken Parallelen; vgl. Plutarch, Perikles cap. 35. — Alyattes vgl. S. 278. Hipparch vgl. S. 282. „Den armseligen Geist der Menschen freigemacht": der triumphierende Gedanke der Befreiung (durch Epikurs Philosophie) stammt aus Lukrez, vgl. etwa I/62 ff. — Mondfinsternisse sind im griechischen Altertum und Mittelalter stets mit Mord, Tod und Vernichtung in Zusammenhang gebracht. Auch die Verbindung zwischen Mondschein und Tod ist uralt, da die dingliche Natur des Lichtes giftig ist. (Frühe deutsche Zeugnisse vom Kampf gegen die Mondfinsternis s. Handwörterbuch des deutschen Aberglaubens s. v: „Finsternisse", II, Sp. 1514 ff.). — Statt an den sizilischen Chordichter Stesichoros (um 600 v. Chr.) ist wohl an des Archilochos' (um 650 aus Paros) Gedicht auf die Sonnenfinsternis vom 6. April 649 zu denken. Offenbar wurden die Namen verwechselt. Text bei E. Diehl, Anthologia lyrica I², Archil. Nr. 74, Übersetzung von Geibel im klassischen Liederbuch. Pindars (um 518—442 v. Chr.) Gedicht auf eine Sonnenfinsternis ist als Fragment erhalten (ed. O. Schröder Paian IX). — Nikias, der athenische Feldherr bei der Unglücksexpedition der Athener gegen Syrakus (415—413 v. Chr.). Als die athenischen Truppen im Juli 413 an der syrakusischen Quermauer geschlagen waren, wurde nach Wochen der Rückzug und die Einschiffung beschlossen; aber eine am 27. August 413 eingetretene totale Mondfinsternis bewog vor allem Nikias dazu, die Abfahrt einen ganzen Monat zu verschieben (Thukydides VII/50, 4 f.). Damit war das traurige Schicksal des athenischen Expeditionsheeres besiegelt. Zum ganzen Abschnitt: Pauly-Wissowa RE s. v. „Finsternisse" (Boll).

Stegemann

Seneca (um 4 v. Chr. — 65 n. Chr.) *Seite 174*

L. Annaeus Seneca aus Corduba in Spanien, bekannt als Erzieher Neros, schrieb ein Werk über Fragen der Natur (quaestiones naturales), in dem auch die Kometentheorien bis auf seine Zeit in historischen Auseinandersetzungen behandelt waren. In der Erkenntnis der Kometenbahnen konnte man ja bei der nicht allzu großen Häufigkeit dieser Weltkörper keine endgültigen Lösungen erwarten; aber die physikalische Beschaffenheit der Kometen hat eine Theorie, der Seneca sich selbst anschließt, erstaunlich modern erklärt; sie blieb leider ohne Nachwirkung. Die äußere Form der Darlegung ist die des allgemein verständlichen Vortrags; daher die häufig erfolgenden Einwände mit inquit, inquis etc. Zum Kometenbuch: A. Rehm, Sitz.-Ber. d. Bayr. Akad. d. Wiss., München 1916.

Zu 2 Seite 179

Demokrit s. S. 32; Eudoxos s. S. 98; Konon s. S. 285: Die Übernahme der Kenntnis der Planetenbewegung aus Ägypten ist wohl griechische Legende; denn das ägyptische Wissen in dieser Hinsicht war bescheiden. Auch ägyptische Finsterniskataloge sind nicht bekannt, wohl dagegen babylonische. — Epigenes, aus frühalexandrinischer Zeit s. Pauly-Wissowa VI 65 (Rehm). — Apollonios von Myndos ist nicht näher bekannt, wahrscheinlich lebte er im 1. Jahrhundert n. Chr. (Fr. Boll, Sphära 368).

Zu 3 Seite 180

Zur sogenannten Wirbelwindtheorie siehe Pauly-Wissowa, RE XXI s. v. „Kometen" sp. 1164.

Plutarch (um 46—120 n. Chr.) *Seite 186*

Plutarch, geb. in Chaeronea in Böotien, machte nach seinen Studien in Athen wiederholt Reisen nach Rom, wo er mit vornehmen Römern in Verbindung trat. lebte aber später dauernd in seiner Vaterstadt. In der Sammlung seiner philosophischen Schriften — heute unter dem Namen Moralia zusammengefaßt — werden auch physikalische und astronomische Fragen behandelt, so in „das Gesicht im Mond" (vgl. Aristarch 3, ferner Platon 7). — Das Fragment zeigt eine überraschende Einsicht in die beiden physikalischen Kräfte, die die Bewegung der Planeten beherrschen (vergl. E. Dühring, Krit. Geschichte d. allgem. Prinzipien d. Mechanik, Leipzig 1877, S. 176).

Ptolemaios (um 100 — um 178 n. Chr.) *Seite 186*

Klaudios Ptolemaios war in Ptolemais in Ägypten geboren und lebte in Alexandria. Sein Hauptwerk ist die „Mathematike Syntaxis", in der er die für das Altertum abschließende

Zusammenfassung der bisherigen Ergebnisse der griechischen Astronomie gegeben hat; sie führt auch eigene Beobachtungen an, die in Alexandria in den Jahren 127—142 n. Chr. von ihm veranstaltet wurden. Das Buch war bei den Arabern unter dem Namen Kitab al maghesti (das größte Buch) bekannt, woraus der mittelalterliche Name Almagest entstanden ist. Dieses Werk hat fast fünfzehn Jahrhunderte im Westen wie im Osten die Astronomie beherrscht und das geozentrische Weltbild führend gemacht. Dieses hat Ptolemaios auch in einem besonderen Werke „Von den Planetenhypothesen" im Zusammenhang dargelegt. Weiter stammen von ihm Schriften über „Sternaufgänge" (mit Wetterprognosen), „Handtafeln", „Abhandlungen über die Projektion von Kugelflächen auf die Ebene". In seinem zweiten Hauptwerk, die „Geographie", sind u. a. für etwa 8000 Orte die Längen und Breiten angeführt. Er hat ferner Schriften über Philosophie und Physik geschrieben, darunter eine umfangreiche „Optik", die auch die Lehre von der Brechung des Lichtes für verschiedene Einfallwinkel bei Wasser und Glas untersucht; deren Ergebnisse werden auf die Bestimmung der Refraktion des Sternenlichtes beim Übergang vom Äther in atmosphärische Luft angewendet. Seine „Harmonik" behandelte die Musiktheorie. Das dritte Buch besprach dabei die geheimnisvollen Beziehungen zwischen den Tonarten und Intervallen mit den Zuständen der Seele und den Bewegungen der Himmelskörper, die dann wieder Kepler (1) in seiner Harmonices mundi (1619) untersuchte und durch die er zur Auffindung seiner drei Gesetze über die Planetenbewegungen geführt wurde. Das „Vierbuch" (Tetrabiblos) ist eine wohlgeordnete systematische Übersicht der astrologischen Lehre; es hat noch Melanchthon und seinen Kreis beschäftigt.

Martianus Capella *Seite 190*

Der Römer Martianus Capella war in Madaura in Nordafrika geboren und lebte in Karthago, wo er im 5. Jhdt. n. Chr. ein einer Enzyklopädie ähnliches Buch mit dem seltsamen Titel „De nuptiis Philologiae et Mercurii et de septem artibus liberalibus libri novem" in Prosa und Versen schrieb, das im Mittelalter viel gelesen wurde. Diese sogenannten sieben freien Künste bestanden aus dem Trivium (Grammatik, Dialektik und Rhetorik) und dem Quadrivium (Geometrie, Arithmetik, Astronomie und Musik). — Die von ihm hier berichtete Lehre, daß Venus und Merkur nicht um die Erde, sondern um die Sonne ihre Kreise ziehen, sollte nach früherer Annahme auf Herakleides Pontikos zurückgehen, was aber, da dessen Name nicht genannt ist, neuerdings bezweifelt wird. Das Mittelalter hat diese Lehre durch Martianus Capella gekannt, durch den sie auch Kopernikus kennen lernte.

Cassiodor (um 490 — 583 n. Chr.) *Seite 190*

Cassiodorus Senator wurde Staatsmann unter Theodorich d. Gr. bis etwa 540 n. Chr. Dann zog er sich in das von ihm in Kalabrien gegründete Kloster Vivarium zurück, wo er sich der Überlieferung der schon bedrohten antiken Bildung und der Erziehung seiner Mönche widmete. Der Einführung in die Theologie dienten seine Institutiones, deren erstes Buch die Theologie enthält, während das zweite in dürftiger Darstellung, nach griechischen Vorlagen gearbeitet, mit den sieben artes bekannt machen will. — Bei lateinischen Werken über Astronomie ist wohl gedacht an Ciceros somnium Scipionis (= Staat, VI. Buch), Manilius, des Germanicus Übersetzung des Arat, vielleicht auch an Nigidius Figulus. — Zu Ptolemaios vgl. S. 186. Die Handtafeln (Προχείρων κανόνων διάταξις) mit Einleitung sind nicht erhalten.

Isidor von Sevilla (um 560—636 n. Chr.) *Seite 194*

Der hl. Isidor von Sevilla, in Carthagena oder Sevilla geboren, wurde um 600 Bischof dieser Stadt. Er schrieb eine große, Origines oder Etymologiae genannte Enzyklopädie in zwanzig Büchern, deren Quellen einerseits klassische Autoren, andrerseits die Kirchenväter sind. Wie schon der Titel andeutet, wird von jedem Stichwort die — oft sehr abenteuerliche — Etymologie gegeben. Das Buch diente vielen anderen Enzyklopädien des Mittelalters zum Vorbild und hat daher einen sehr großen Einfluß ausgeübt. Andere Schriften des gelehrten Bischofs behandeln historische, philologische und religiöse Fragen. So schrieb er auch eine Geschichte der Goten, Vandalen und Sueven. Der hier gegebene Auszug „Über das Licht des Mondes“ stammt aus seiner Schrift „de natura rerum“, die Sisebut, dem König der Westgoten (612—621), gewidmet ist und ein Compendium der Kosmographie, Astronomie und Meteorologie darstellt. Die Schreibweise ist charakteristisch für die tiefstehende frühmittelalterliche Behandlung naturwissenschaftlicher Fragen.

Stephanos (um 720 n. Chr.) *Seite 198*

Stephanos, der Philosoph, Astronom, Astrolog, gebürtig in Persien, war offenbar nach Byzanz eingewandert, wo die astronomischen Studien damals nach Jahrhunderten auf Zeit wieder auflebten. Er brachte Handtafeln persischen Ursprungs und astrologische Lehren mit, um sie im byzantinischen Reich zu verbreiten. Stephanos war geradezu ein Verteidiger astrologischen Glaubens. Die beiden abgedruckten Kapitel enthalten einiges zur Geschichte der Astrologie- bzw. Astronomietradition in damaligem Verständnis. Der angeredete Theodosius ist nicht weiter bekannt.

Stegemann

Theodoros Meliteniota, bedeutender byzantinischer Mathematiker und Astronom, fällt in die zweite Blütezeit der astronomischen Studien des byzantinischen Reiches. Das astronomische Dreibuch (ἀστρονομικὴ τρίβιβλος) ist bisher nur handschriftlich zugänglich im Codex der vatikanischen Bibliothek. Unsere Textstücke sind abgedruckt nach dem Katalog der griechischen Astrologenhandschriften in europäischen Bibliotheken (Catalogus codd. astrologorum Graecorum, edd. Franz Boll, Fr. Cumont und andere, I—XII, Bruxelles, 1898 ff. Bd. V/3 pg. 133 ff.).

Seite 200

Seth als Erfinder der Astronomie ist im byzantinischen Bereich auch sonst bekannt (siehe den letzten anonymen Text!). Er ersetzt vermutlich den Hermes-Toth-Trismegistos der ägyptischen Überlieferung, nach der dieser der Erfinder der Wissenschaft überhaupt und der Astronomie im besonderen war. — Josephus Flavius (37 bis um 100 n. Chr.), der jüdische Historiker des Krieges gegen Vespasian-Titus und der Verfasser der jüdischen Archaeologie. Die angeführte Stelle findet sich Arch. I 1, 3 § 68/70. —

Seite 202

„Adam“ : Die Lehre von Brand und Flut zur Welterneuerung ist an sich stoisch, ist aber bei den spätantiken christlichen Theologen mit der biblischen Sintflut verbunden worden. — Säulen als Träger göttlicher Überlieferung kennt die hellenistische Religionsgeschichte des Orients. Ihre literarische Verwendung in der Offenbarungsliteratur der Antike ist notorisch, auch ihre Entdeckung in späterer Zeit, wodurch die Menschheit von göttlichen Wahrheiten der Urzeit Kunde erhält. Verwandt ist die Auffindung alter Bücher in einem Gewölbe oder einer Höhle. — Turmbau von Babel: siehe Genesis XI, 1—9. — Arphaxad vgl. Genesis XI, 10. — Die Chaldäer leitet Theodoros von Abraham ab, der nach der Stammtafel, Genesis XI, als Chaldäer angesehen wird. — Strabon, Geograph der augusteischen Zeit s. oben S. 160; die zitierte Stelle XVI/6 pg. 739c.

Seite 204

„Borsippa“ liegt etwas südlich von Babylon und beherbergte eine Astronomenschule (Astrologen). Die bei Theodoros erwähnten Gruppen sind indes keine Volksgruppen. — „Orchenes“ (Plinius n. h. VI/123) mit Astronomenschule = Uruk-Warka, südlich von Borsippa am Euphrat. — Die Überlieferung über Zoroaster und Ostanes als Astronomen (und Astrologen) ist religiöse Mystifikation des östlichen kleinasiatischen Hellenismus. Bidez und Cumont haben die Texte gesammelt vorgelegt

in Les mages hellénisés, I., II., Paris (1938). In byzantinischen Codices und bei arabischen Astrologen des Mittelalters werden Astrologica des Ostanes und Zoroasters mitgeteilt, die natürlich fiktiv sind. — Kidenas (babylon. Kidinnu) ist ein babylonischer Astronom des 4. Jahrhunderts v. Chr. (vgl. Br. Meißner Babylonien und Assyrien Bd. I, 1920). Er war der Urheber der jüngeren babylonischen Mondberechnung, der entdeckte, daß 251 synodische Monate = 269 anomalistische Monate sind. — Naburianos, (Strabon XVI/6 pg. 738 f.); Graecisierung von Naburimannu, um 500 v. Chr.; Urheber der älteren babylonischen Mondberechnung. — Sudines, tätig bei König Attalus im Galaterkrieg (240 v. Chr.). — Seleukos von Seleukia (um 150 v. Chr.) trug die Lehre des Aristarch von Samos in Babylon vor. — Zu Abrahams Reise nach Ägypten siehe Genesis XII/10. Das Folgende geht irgendwie auf die jüdische Tradition des Hellenismus zurück, daß alles Wissen der Philosophie, und dazu gehörte auch die Astronomie bei den älteren Griechen, nicht griechischen oder ägyptischen, sondern jüdischen Ursprungs sei. Die christliche Antike des Abendlandes nahm diese Tradition auf. Daher wird nun auch Hermes-Thoth-Trismegistos von Abraham abhängig. — Der Weg für bestimmte astronomische Erkenntnisse führte nach heutiger Kenntnis von Babylonien direkt nach Hellas. Die „Weissagung" des Thales ist kaum anders als unter Benützung der babylonischen Sarosperiode zu denken (vgl. S. 260). Die babylonische Astrologie indes wanderte wohl tatsächlich zum großen Teil mit dem Assyrereinfall und der bald anschließenden Okkupation in das Ägypten der Saïtenzeit und wurde im Hellenismus von hier mit ägyptischer Astrologie an die Griechen vermittelt.

Seite 206

Pythagoras s. S. 16. — Pherekydes von Syros, kosmogonischer Theologe des 6. Jhrdts. v. Chr. (Astronomisches bei Diels-Kranz, Vorsokratiker I Nr. 7). — Anaxagoras S. 26; Thales S. 8. Die Nennung Solons in dieser Reihe ist natürlich ein Irrtum des Theodoros, der auf Platons Timaios beruht. — Platon S. 38. — Die Ägyptenreisen der griechischen Gelehrten sind in klassischer Zeit meist gar nicht bezeugt; sie verdanken ihre Entstehung dem Anspruch der lagidischen Ägypter, die geistige Kultur an Griechenland abgetreten haben. — Hipparch S. 136. — Pappos, ein Mathematiker des 3. Jhrdts. n. Chr., verfaßte einen Kommentar zu Ptolemaios' Almagest. — Theon der Alexandriner (nicht der Platoniker) schuf Ende des 4. Jhrdts. n. Chr. einen solchen. — Daß Kl. Ptolemaios (s. S. 186) aus Ptolemais stammt, nicht wie die islamische Astronomie es will, aus Pelusium (aus Ptolemais verlesen), wissen wir erst aus Theodoros. — Ptolemais Hermiu,

das heutige Menschije in Oberägypten. Thebais, römisch-byzantinische Bezeichnung für Oberägypten bis Assuan. — Aelius Antoninus Pius, römischer Kaiser, 136—161 n. Chr. Das Jahr 15 seiner Regierung nennt Ptolemaios in seiner Syntaxis als Jahr einer seiner astronomischen Beobachtungen. — Der Ton der Verherrlichung der Astronomie bei Theodoros ist noch über Ptolemaios hinaus gesteigert. Dessen fast mystisches Epigramm (Anth. Pal. IX/577), auf das Theodoros im Vorwort anspielt (C C A V/3, S. 134, 25 ff.), gestattete dies:

Οἶδ' ὅτι θνητὸς ἔφυν καὶ ἐφάμερος· ἀλλ' ὅταν ἄστρων
ἰχνεύω κατὰ νοῦν ἀμφιδρόμους ἕλικας,
οὐκέτ' ἐπιψαύω γαίης ποσίν, ἀλλὰ παρ' αὐτῷ
Ζηνὶ διοτρεφέος πίπλαμαι ἀμβροσίης.

Quotidie morior, fateorque: sed inter Olympi
Dum tenet assidua me mea cura vias:
Non pedibus terram contingo: sed ante Tonantem
Nectare, divina pascor et ambrosia.

J. Kepler.

Täglich steht der Tod mir bevor, wohl weiß ich es sicher,
Doch wenn ich schau', wie der Chor kreisender Sterne sich schlingt,
Fühl' ich mich aufwärts gehoben; ich sitze an himmlischer Tafel,
Lebenspendenden Trank Gott, der Gebieter, mir beut.

M. Caspar.

Seite 208

Das Einleitungskapitel des dritten Buches behandelt in Übersicht die bedeutenderen Autoren der islamischen Astronomie in der Zeit zwischen Spätantike und Theodoros.

Seite 210 ff.

μυζυστῆ (lautliche Umschreibung des arabischen Miğasti), daher al-Magest (μεγίστη). — „Unsere Sprache" ist das byzantinische Griechisch. Solche Tafeln sind sowohl aus dem Arabischen wie aus dem Persischen übertragen. In der korrigierten Form gelangten sie sowohl aus dem Arabischen (Toledanische Tafeln, 11. Jhrhdt.) wie aus dem Mittelgriechischen nach dem Westen. (Nic. Cusanus bemerkte 1436 in seiner Kalenderberechnung, daß er Teile solcher byzantinischer Tafeln ins Lateinische übertrug.)

Die folgenden arabischen Namens- und Sacherklärungen sind den auf den Arbeiten von Suter und Gildemeister fußenden Bemerkungen im C. C. A. V/3 S. 145 entnommen.

Patanes = al-Battâni, der mittellateinische Albategnius † 929. — Samps Puchares = Sams ad-dîn al-Buchâri, persischer Astronom des 13. Jahrhunderts. — Gemeint ist die Aera des Philipp Arrhidaios († 317 v. Chr.) von 323 an laufend. — zîg persisch, zîǧ arabisch = astrono-

misches Tafelwerk zur Errechnung der Planetenpositionen. — Santzares ist kein Astronom (hier bei Theodoros seine Quelle, das chronologische Buch des Şamps Puchari), sondern bedeutet az-zîğ as-Sandschari, d. h. die astronomische Tafel des Abdarrahmân al-Châzini († 1186) für den Sultan Sandschar, der 1115 die Regierung antrat. — „auswanderte": die Hedschra 622 n. Chr. — Ali, Sohn des Abduluharun: Farîd ad-dîn Abul Hasan Ai ibn Abdalkarîm as-Sirwâni (Suter pg. 218). Sein Werk Alaē ist Titel, keine Person und heißt zîğ al-Alâï; es war dem Fürsten Alâ ad-Daula gewidmet. — Chusame Salar = Ali ibn Fadlallâh Husâm ad-dîn as-Salar, Astronom des 12. Jahrhunderts (?) — Phechir: = Fachr ad-dîn, Name der zwei Mitarbeiter des Astronomen Nasîr ad-dîn at Tûsi († 1274) bei dem Mongolenchan Hulagu, dem er die Tafeln widmete. — Athyratin: Athîr ad-dîn al-Mufaddal ibn Omar al-Abhari († 1265). Malchchi Magripe: der Spanier Muhji ad-dîn al-Maghribi, Mitarbeiter des Nasîr ad-dîn at-Tûsi (s. oben). — Chontza Nasyre: Chôdscha (Magister) Nasîr ad-dîn at-Tûsi (1274). — Jasdagerdes Sarıar: Jesdegerd III ibn Sarijâr, 632 Perserkönig, der letzte Sassanide, der das Land bei Kadesia an die Araber verlor. — τοῦ Μέστρε: vielleicht entstellt aus dem Namenschluß des Perserkönig Kisra Parvîz. — Τυβήνη: Tovin (Dovin) = Armenien? — Ντζαΐτ Χαλιλάτ: ğazâïr Khâlidât = die ewigen Inseln, von denen die Araber entsprechend dem Vorbild des Ptolemaios die Längengrade zu zählen pflegten.

Namenlos *Seite 212*

Seth: siehe S. 291. — Steintafeln: S. 203 waren es Säulen. Die hebräische Sprache gehörte auch in der antiken Magie zu den heiligen Sprachen. — Der Grieche Ammon (an sich der bekannte ägyptische wahrsagende Sonnengott) als Gott der Astronomie-Astrologie ist unbekannt. Aber solche Mystifikationen sind für die volkstümlichen Vorstellungen einer astrologiegläubigen Zeit bezeichnend. Übrigens gibt es einen Astrologen dieses Namens, der aber kaum gemeint sein dürfte. — Hennoch als Zukunftsdeuter entspricht nach meiner Ansicht östlicher Überlieferung. — Flut s. oben S. 202.

Kopernikus (1473 — 1543). *Seite 214*

Kopernikus, geb. in Thorn, gest. in Frauenburg in Ostpreußen, ist der Begründer des neuen, durch das Studium der Antike angeregten heliozentrischen Weltbildes. „Unter allen Entdeckungen und Überzeugungen möchte nichts eine größere

Wirkung auf den menschlichen Geist hervorgebracht haben als die Lehre des Kopernikus. Kaum war die Welt als rund anerkannt und in sich selbst abgeschlossen, so sollte sie auf das ungeheure Vorrecht Verzicht tun, der Mittelpunkt des Weltalls zu sein. Vielleicht ist noch nie eine größere Forderung an die Menschheit geschehen; denn was war, ging nicht alles durch diese Anerkennung in Dunst und Rauch auf: ein zweites Paradies,

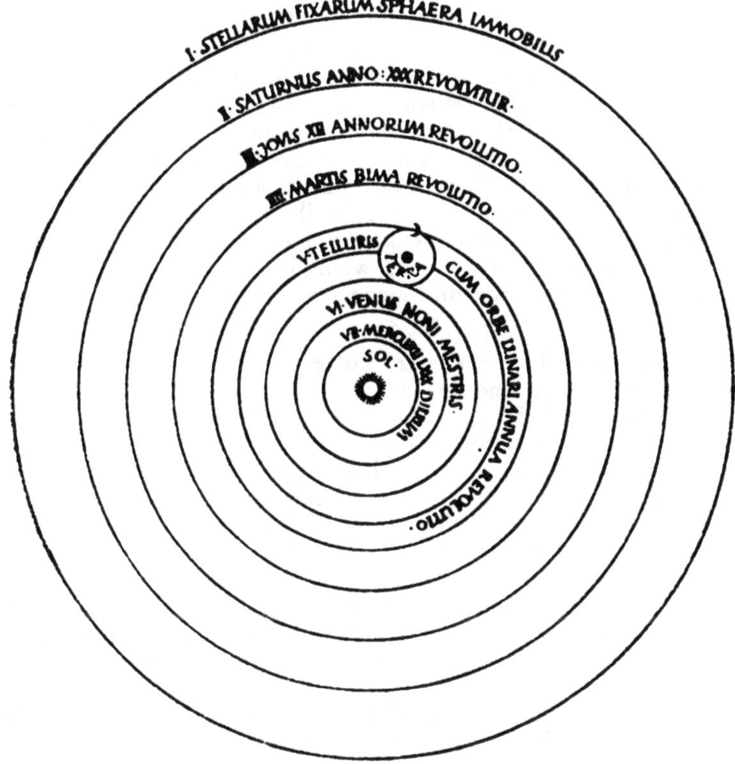

Das Kopernikanische Weltsystem

(Nach Kopernicus 1543 aus Dannemann 1910)

I Unbewegliche Sphaere der Fixsterne
II Kreis des Saturn, der eine Umlaufszeit von 30 Jahren hat
III Kreis des Juppiter mit zwölfjähriger Umlaufszeit
IV Kreis des Mars mit zweijähriger Umlaufszeit
V Erde, die mit dem Mond zusammen in einem Jahre die Sonne umkreist
VI Kreis der Venus mit 9 Monaten Umlaufszeit
VII Merkur mit 80 tägiger Umlaufszeit
Sonne

eine Welt der Unschuld, Dichtkunst und Frömmigkeit, das Zeugnis der Sinne, die Überzeugung eines poetisch-religiösen Glaubens? Kein Wunder, daß man dies alles nicht wollte fahren lassen, daß man sich auf alle Weise einer solchen Lehre entgegensetzte, die denjenigen, der sie annahm, zu einer bisher unbekannten, ja ungeahnten Denkfreiheit und Großheit der Gesinnungen berechtigte und aufforderte." (Goethe, Materialien zur Geschichte der Farbenlehre.)

Zu 1 Seite 214

In seinem „Commentariolus Nicolai Copernici de hypothesibus motuum coelestium a se constitutis" (d. h. Entwurf der von N. Kopernikus aufgestellten Hypothesen über die Bewegungen der Himmelskörper) hat er etwa um 1510 die Grundgedanken seines neuen Weltbildes für seine Freunde in handschriftlicher Form niedergelegt. Diese Handschrift wurde erst 1878 wieder aufgefunden. Kopernikus stellt in ihr schon die Sonne in den Mittelpunkt des Weltsystems, nimmt aber für die Planeten noch doppelte Epizyklen an, während er später mit einfachen auskommt, dafür aber die Sonne etwas exzentrisch stellt.

Zu 2 Seite 218

Außer den hier in der Vorrede des im Todesjahr des Kopernikus erschienenen Hauptwerkes genannten „Niketas" (= Hiketas vgl. S. 94), Philolaos (S. 88), Herakleides Pontikos (S. 92) und Ekphantos (S. 96, die Stelle aus Pseudoplutarch stammt aus Aëtius III/13), hat Kopernikus zwar auch den Aristarch von Samos gekannt, aber nicht die für das heliozentrische System desselben entscheidende Stelle in der Sandrechnung des Archimedes (S. 128), die erst ein Jahr nach seinem Tode, also 1544, im Druck erschien. Kopernikus spricht aber in einer uns erhaltenen Stelle des eigenhändigen Entwurfes, die er nicht in das Hauptwerk aufnahm, nur davon, daß „einige sagen", daß auch Aristarch von Samos derselben Meinung wie Philolaos gewesen sei, d. h. also eine Erdbewegung zwecks Erklärung des scheinbaren Laufes der Planeten angenommen habe (A. Faust in: Nicolaus Kopernikus, herausgegeben von Fritz Kubach, München 1943).

Zu 3 Seite 220

„Trismegistos", der dreimal größte, ursprünglich Bezeichnung des ägyptischen Gottes Thot, mit welchem Hermes als der Gott der Weisheit später identifiziert wurde. — S. 223: Als Akronychium wird der Zeitpunkt bezeichnet, wenn sich Stern und Sonne am Horizont genau gegenüberstehen; der akronychische Aufgang des Sternes erfolgt also in demselben Zeitpunkt, in dem die Sonne untergeht. Die außerhalb des Saturn befindlichen Planeten wurden bekanntlich erst spät entdeckt, so Uranus im

Jahre 1781 durch W. Herschel, Neptun nach den berühmten Berechnungen Leverriers aus den Störungen der Uranusbahn durch Galle 1846 und Pluto sogar erst 1930.

Kepler (1571 — 1630) *Seite 224*

Johannes Kepler, geb. in Weil der Stadt (Schwaben), gest. in Regensburg, veröffentlichte die beiden ersten nach ihm benannten Gesetze der Planetenbewegungen 1609 in seiner Astronomia nova de motibus stellae Martis (eine neue auf wahre Ursachen gegründete Sternkunde oder Naturlehre des Himmels aus Denkschriften über die Bewegungen des Marsgestirnes abgeleitet), das dritte in seiner Harmonice mundi (Weltharmonik von 1619), aus der hier die Vorrede zum fünften Buche ausgewählt wurde. „Kepler steht an der Wende zweier Zeiten: auf der einen Seite ist er noch ganz im Banne der theologisierenden Naturbetrachtung, auf der anderen Seite weist er in die Zukunft und eröffnet mit seiner mathematisch-quantitativen Naturbetrachtung das neue Zeitalter exakter Wissenschaft. Diese historische Doppelstellung ist tief begründet in Keplers geistiger Persönlichkeit. In seltener Harmonie zeigt er eine großartig kühne Phantasie, die manchmal selbst zur Phantasterei sich steigert, und religiös-künstlerischen Sinn verbunden mit einem geradezu fanatischen Wirklichkeitssinn." (C. Siegel, Geschichte der Deutschen Naturphilosophie, 1913.)

Die folgenden Anmerkungen sind der Ausgabe von M. Caspar, München 1939, entnommen. — Zu 1.: Kepler bezieht sich hier auf seine 1602 erschienene Schrift „de fundamentis astrologiae certioribus", in der er These XXXVII ff. seine harmonischen Grundgedanken entwickelt (oder auf den Prodromus dissertationum cosmographicarum continens mysterium cosmographicum Tübingen 1596? Balss). Die Stelle über die Harmonie der himmlischen Bewegungen ist verschiedentlich falsch ausgelegt worden. Man gab ihr eine ganz prinzipielle Bedeutung und faßte sie so auf, als wolle Kepler hier den Übergang von seinem ursprünglichen Harmoniebegriff zu einem neuen Begriff der Naturgesetzlichkeit vollziehen. In Wirklichkeit kommt Keplers alter Harmoniebegriff gerade hier zu seiner vollendeten Darstellung. Was sich in seiner Auffassung geändert hat, ist die Rolle, die er den zwischen den Planetensphären eingeschobenen regulären Körpern zuwies. Während er ursprünglich glaubte, die Abstände der Planeten von der Sonne und deren Exzentrizitäten seien so beschaffen, daß jene Körper genau zwischen die Planetensphären paßten, weist er jetzt diesem Erklärungsprinzip den zweiten Rang zu und läßt es nur soweit gelten, als es mit der Verwirk-

lichung der harmonischen Beziehungen in den Bewegungen der Planeten verträglich ist. Außerdem hatte er früher Harmonien in den wirklichen Geschwindigkeiten gesucht, jetzt aber in den Winkelgeschwindigkeiten an der Sonne. — S. 226, Schluß: An dieser vielzitierten Stelle, die Kepler offenbar Ende Mai 1618, wenige Tage nach der Entdeckung seines dritten Planetengesetzes in hoher Begeisterung niedergeschrieben hat, spielt er auf den Bericht im zweiten Buch Mosis an, wonach die Israeliten von den Ägyptern goldene Gefäße entlehnten und hernach bei ihrem Auszug heimlich mitnahmen. Wie nun die Israeliten dieses Gold zum Bau der Stiftshütte, eines heiligen Zeltes, für ihren Gott verwendet haben, so will Kepler aus dem Gold der Erkenntnis, das er zwar niemanden, auch dem Ägypter Ptolemaios nicht geraubt, sondern aus dem reichen verborgenen Schatz der Natur hervorgeholt hat, ein wissenschaftliches Gebäude errichten, in dem die Herrlichkeit Gottes offenbar werden soll. Dabei kümmert es ihn wenig, ob dieses Gebäude den Menschen gefällt oder nicht.

DIE ÜBERLIEFERUNG

Aus der Zeit vor Platon haben wir von den griechischen Astronomen (wie von der griechischen Wissenschaft — von den Historikern abgesehen — überhaupt) nur Fragmente und Berichte aus späterer Zeit, teilweise sogar erst aus den ersten Jahrhunderten unserer Zeitrechnung. Da die Namen dieser Kommentatoren und Berichterstatter und ihre Werke im allgemeinen wenig bekannt, aber bei den hier wiedergegebenen Fragmenten genannt sind, so folgen hier einige kurze Angaben über sie in alphabetischer Reihenfolge.

Achilleus (nach der Suda mit dem Beinamen Statios), um 200 n. Chr., Verfasser einer „Einführung" in die Phainomena des Arat.

Aëtios von Antiocheia, über dessen Leben nichts bekannt ist, verfaßte um das Jahr 100 n. Chr. eine Συναγωγὴ τῶν ἀρεσκόντων (placita), die auf einem Poseidonianer der ersten Hälfte des ersten vorchristlichen Jahrhunderts und in letzter Linie auf den φυσικῶν δόξαι (Meinungen der Physiker) des Theophrast fußen.

Alexander von Aphrodisias (in Karien), dem zwischen 198 und 211 n. Chr. der Lehrstuhl für peripatetische Philosophie in Athen übertragen wurde, war der berühmteste und einflußreichste Kommentator des Aristoteles.

Athenaios, Grammatiker aus Naukratis, 3. Jhrdt. n. Chr., trug in seinem „Gastmahl der Gelehrten" über allerlei Themen Material aus der älteren Literatur zusammen.

Chalcidius, ein im 4. Jhrdt. n. Chr. lebender Neuplatoniker des lateinischen Westens, verfaßte eine lateinische Übersetzung des platonischen Timaios nebst einem Kommentar, einer Überarbeitung eines älteren, auf Poseidonios zurückgehenden Kommentars. Beide waren im Mittelalter weit verbreitet, das aus ihnen einen großen Teil seiner Ansichten über Platon schöpfte.

Clemens Alexandrinus, T. Flavius, der Kirchenvater, war um die Mitte des 2. Jhrdts. n. Chr. in Athen geboren, wo er Mitarbeiter und schließlich Leiter der dortigen Gelehrtenschule wurde. Er starb nach 211. Der Προτρεπτικὸς πρὸς Ἕλληνας (Cohortatio ad Graecos = Mahnrede an die Griechen) sucht die Anhänger des heidnischen Glaubens von dessen Torheit zu überzeugen, indem zuerst die Verwerflichkeit des heidnischen Götterglaubens geschildert und im zweiten Buch die wahre Lehre unter Berufung auf die biblischen Schriften dargelegt wird.

Diodor aus Sizilien gab um 60—30 v. Chr. eine Weltgeschichte, βιβλιοθήκη in 40 Büchern heraus, welche ältere Geschichtsdarstellungen fast wörtlich ausschrieb.

Diogenes Laërtios (d. h. aus Laërte in Kilikien), über dessen Person und Leben wir nichts wissen, schrieb am Anfang des 3. Jhdrts. n. Chr. seine περὶ βίων, δογμάτων καὶ ἀποφθεγμάτων τῶν ἐν φιλοσοφίᾳ εὐδοκιμησάντων (Leben, Lehren und Aussprüche der berühmten Philosophen) in zehn Büchern, eine Kompilation, die für uns die Hauptquelle zur Geschichte der griechischen Philosophie darstellt. Sie bietet neben Biographien auch Berichte über die Schullehren, Schriftenverzeichnisse einzelner Autoren, Urkunden (Testamente, Briefe u. a.).

Hippolytos, geboren nach 150 n. Chr., war um 200 in Rom als Presbyter tätig, wurde 235 vom Kaiser Maximinus Thrax nach Sardinien verbannt und starb bald darauf. Seine Schriften sind teils Erklärungen zur Bibel teils polemische teils chronographische und kirchenrechtliche. Sein Hauptwerk κατὰ πασῶν αἱρέσεων ἔλεγχος (refutatio omnium haeresium = gegen die Ketzer) in 10 Büchern sucht darzutun, daß die gnostischen Irrlehren aus der hellenischen Weisheit, aus philosophischen Lehren, Mysterien und der Sternkunde geschöpft seien, und gibt daher in den ersten vier Büchern (von denen uns aber die Bücher zwei und drei mit den Mysterien nicht erhalten sind) einen Abriß der griechischen Philosophie.

Johannes Philoponos aus Kaisareia war ursprünglich Heide, als welcher er seine berühmten Kommentare zu Aristoteles schrieb; später, bald nach 520 n. Chr., wandte er sich dem Christentum zu und wurde Bischof von Alexandria.

Kleomedes lebte wahrscheinlich in der zweiten Hälfte des 2. Jhrdts. n. Chr.; wir besitzen von ihm ein Kompendium der Astronomie (κυκλικῆς θεωρίας μετεώρων βιβλία δύο) in zwei Büchern (ins Deutsche übersetzt von A. Czwalina, in Ostwalds Klassikern der exakten Wissenschaften Nr. 220, Leipzig 1927). Seine Quelle ist Poseidonios, περὶ μετεώρων.

Pappos von Alexandria, ein Mathematiker, lebte wahrscheinlich unter Diokletian, also in der letzten Hälfte des 3. Jhrdts. n. Chr. in Alexandria und schrieb außer geographischen Werken die für uns besonders wichtige Synagoge (συναγωγή) in 8 Büchern, die Erläuterungen zu Lehrsätzen älterer Mathematiker mit eigenen Zusätzen auch historischer Art gibt, im Anschluß an den Lehrkurs der höheren Mathematik nebst Astronomie und Mechanik.

Philon von Alexandria, 20 v. Chr. bis 50 n. Chr., der bekannte jüdische Philosoph. Die Schrift Περὶ ἀφθαρσίας κόσμου (Über die Unvergänglichkeit des Weltalls), gegen die stoische Lehre von der periodischen Weltverbrennung gerichtet, ist durch ihre Auszüge aus jetzt verlorenen Werken wertvoll.

Pseudoplutarch: Die „Stromateis" (= Teppiche) sind eine unter dem Namen des Plutarch von Chaironeia gehende Fälschung, die nach Diels etwa um die Mitte des 2. Jhdts. n. Chr. entstanden ist. Ebenso sind die Περὶ τῶν ἀρεσκόντων φιλοσόφοις φυσικῶν δογμάτων (de placitis philosophorum) eine aus Aëtios schöpfende Fälschung in 5 Büchern.

Proklos, neuplatonischer Philosoph, 410—485 n. Chr., Verfasser von Kommentaren zu Platon, Aristoteles und Euklid.

Sextus Empiricus war Arzt der empirischen Richtung (daher sein Beiname) um 150 n. Chr. Seine Skeptika (adversus mathematicos) in elf Büchern entwickeln die Einwände der Skepsis gegen die Sätze der Philosophie und der Einzelwissenschaften. Die ersten sechs Bücher (πρὸς μαθηματικούς gegen die Mathematiker) wenden sich gegen die Vertreter der sieben Artes liberales (Grammatik, Rhetorik, Geometrie, Arithmetik, Astrologie, Musik), die fünf letzten gegen die dogmatische Philosophie, d. h. die Logik, Physik, Ethik.

Simplicius (Simplikios), der neuplatonischen Schule in Athen angehörig, wanderte, als diese Schule von Justinian im Jahre 529 n. Chr. geschlossen wurde, mit sechs Kollegen nach Persien aus, kehrte aber 533 beim Friedensschlusse zwischen

Persien und dem oströmischen Reiche nach Athen zurück, wo er seine für uns sehr wertvollen Kommentare zu Aristoteles (Physik, vom Himmel u. a.) schrieb, die auch Fragmente der Vorsokratiker enthalten.

Stobaios (d. h. Johannes von Stoboi in Makedonien), der im Anfang des 5. Jhrdts. n. Chr. lebte, gab in seiner Blumenlese (Anthologion) in vier Büchern Exzerpte aus mehr als 500 Schriftstellern; es wurde im Mittelalter in zwei Bände: 'Εκλογία (Eclogae physicae et ethicae) und das 'Ανθολόγιον (Florilegium oder sermones) auseinandergenommen.

Theon von Smyrna, der platonischen Schule angehörig, lebte unter Hadrian und gab eine mathematische Einleitung zu Platon heraus, die Arithmetik, Geometrie, Stereometrie, Astronomie und Musik behandelt und auch einen Abschnitt über Zahlenmystik enthält. Er machte auch selbst Planetenbeobachtungen in den Jahren 129—132 n. Chr., die Ptolemaios verwertet hat.

SCHRIFTTUM

Zur Einführung in die Geschichte der griechischen Astronomie dienen vor allem die bekannten Werke von R. Wolf, Geschichte der Astronomie, München 1877, und E. Zinner, Geschichte der Sternkunde Berlin 1931. Nützlich sind ferner: Fr. Dannemann, Die Naturwissenschaften in ihrer Entwicklung und in ihrem Zusammenhang Bd. 1 (Von den Anfängen bis zum Wiederaufleben der Wissenschaften) 2. Aufl. Leipzig 1920, sowie Th. Gomperz, Griechische Denker, eine Geschichte der antiken Philosophie, 3 Bde. 4. Aufl. Leipzig 1922—30. Populär, aber sehr klar ist S. Oppenheim, Das astronomische Weltbild im Wandel der Zeit (Aus Natur und Geisteswelt 110. Bd.) Leipzig 1906. Wichtig ist ferner die oben S. 262 genannte Arbeit von E. Frank. Von ausländischen Werken seien erwähnt: Sir Thomas L. Heath, Greek Astronomy, London-Toronto-New York o. J. (1932) in The Library of Greek Thought, sowie desselben Aristarch of Samos (Oxford 1913). Ferner P. Brunet und A. Mieli, Histoire des sciences, Antiquité. Paris (Payot) 1935. Eingehende bibliographische Hinweise enthalten I. L. Heiberg, Geschichte der Mathematik und Naturwissenschaften im Altertum (Handbuch der Altertumswissenschaften), München 1925, und A. Rehm-K. Vogel, Exakte Wissenschaften, in Gercke-Norden, Einleitung in die Altertumswissenschaft, Bd. II Heft 5, Leipzig-Berlin 1933.

Kulturhistorisch interessant sind besonders die Schriften F. Boll's: Sternglaube und Sterndeutung. Die Geschichte und das Wesen der Astrologie (Aus Natur und Geisteswelt Nr. 638) Leipzig-Berlin 1919, neuere Auflagen von W. Gundel, sowie die oben S. 255 zitierte Übersicht im Bd. Astronomie der „Kultur der Gegenwart" 1921. Zu vergleichen sind ferner W. Nestle, Griechische Religiosität von Alexander d. Gr. bis auf Proklos (Sammlung Goeschen Nr. 1080) Berlin-Leipzig 1934, sowie die Artikel V. Stegemanns im Handwörterbuch des deutschen Aberglaubens, z. B. Planeten Bd. VII, 1935/36, Sternbilder, Nachtragsband 1938/41 u. a. Vgl. ferner die S. 255 angegebenen Werke.

*

Weder Philologe noch Astronom, beschäftigte ich mich, angeregt durch den 400. Todestag des Kopernikus, während der durch die Zerstörung meiner Arbeitsstätte, der Bayerischen zoologischen Staatssammlung, erzwungenen Muße aus Liebhaberei mit antiker Astronomie. Die Frucht dieser Studien lege ich hiemit vor.

Eine wesentliche Förderung erfuhr diese Arbeit durch meine Bekanntschaft mit dem Philologen Prof. Dr. Viktor Stegemann, einem Kenner antiker Astronomie und Astrologie. Er nahm an dem Werke regen Anteil und steuerte selbst einige Abschnitte bei, so die Kapitel über antike Astronomiegeschichte (S. 255 bis 277), über Eudemos von Rhodos (S. 116 ff.), Seneca (S. 174 ff.) und die Byzantiner (S. 198—212). Leider durfte er das Erscheinen des Buches nicht mehr erleben.

Bei der Drucklegung hat mich Herr Dr. Hans Färber durch sorgfältiges Mitlesen der Korrekturen tatkräftig unterstützt.

Planegg bei München

Prof. Dr. Heinrich Balß

NAMENREGISTER

F Fragmente *E* Erläuterungen

Gelegentliche Erwähnung ist durch — abgesetzt

SACHREGISTER

ÜBERSETZUNGEN

A. Busse, Aristoteles über die Seele, F. Meiner, Philosoph. Bibliothek Leipzig 1911.

W. Capelle, Die Vorsokratiker, Kröners Taschenausgaben Nr. 119, Leipzig 1935.

M. Caspar, Joh. Kepler, Weltharmonik, R. Oldenbourg, München 1939.

F. Dannemann, Plinius, Klassiker der Naturwissenschaft, E. Diederichs Jena 1921.

E. Eyth, Hesiod, Langenscheidt, Berlin 1858.

E. Eyth, Platons Gesetze, in Platons sämtl. Werke, Lambert Schneider, Berlin o. J.

A. Forbiger, Strabons Erdbeschreibung, Langenscheidt, Berlin 1907.

E. Geibel, Mimnermos, (Klass. Liederbuch), in H. Rüdiger, Griechische Gedichte, E. Heimeran, München 1936.

O. Güthling, Xenophons Denkwürdigkeiten, Ph. Reclam, Leipzig

O. Güthling — K. L. v. Knebel, Lucrez, Ph. Reclam, Leipzig

O. Güthling — F. Lange, Herodot, Ph. Reclam Leipzig

W. Horn, Simplikios, Abhandl. z. Geschichte der Math., Heft 1 (Zeitschrift f. Math. u. Phys., Suppl. z. hist.-lit. Abt. 22. Jhrg., Leipzig 1877).

O. Kiefer, Platons Timaios, Kritias, Gesetze X, E. Diederichs, Jena 1909.

A. Kistner, Im Kampf um das Weltsystem (Kopernikus und Galilei) Voigtländers Quellenbücher Nr. 39, Leipzig 1914.

Ph. H. Külb, Plinius Naturgeschichte, Osiander-Schwab, Stuttgart 1840.

A. Lasson, Aristoteles Metaphysik, E. Diederichs, Jena 1907.

G. H. v. Moser, Cicero, Osiander-Schwab, Stuttgart 1829.

W. Nestle, Die Vorsokratiker, E. Diederichs, Jena 1929.

W. Nestle, Aristoteles Hauptwerke, Kröners Taschenausgabe Nr. 129, Stuttgart 1938.

W. Nestle, Die Nachsokratiker, E. Diederichs, Jena 1923.

C. Prantl, Aristoteles, Vier Bücher über das Himmelsgebäude, Zwei Bücher über Entstehen und Vergehen, W. Engelmann, Leipzig 1857.

F. Pressel — W. Hertzberg — W. Schöne, Catull, E. Heimeran, 1941.

K. Preisendanz, Platons Staat, E. Diederichs, Jena 1916.

K. Reinhardt, Poseidonios, Ch. Beck, München 1921.

H. Rupé, Homer Ilias, E. Heimeran, München 1948.

Fr. Schleiermacher, Platons Theaetet, in „Platons sämtl. Werke" Lambert Schneider, Berlin o. J.

C. Fr. Schnitzer, Plutarch Moralia, Osiander-Schwab, Stuttgart 1860.

J. H. Voß — E. R. Weiß, Homer Odyssee, Tempelverlag, Berlin o. J.

F. Susemihl, Platons Epinomis, in „Pl. sämtl. Werke", Lambert Schneider, Berlin o. J.

A. Wahrmund, Diodor von Sizilien, Langenscheidt, Berlin 1869.

K. Zeller, Nikolaus Kopernikus, Bildnis eines großen Deutschen, hergg. von Fr. Kubach, R. Oldenbourg, München 1943.

INHALTSVERZEICHNIS

DIE KAISERZEIT

DAS MITTELALTER

DIE NEUZEIT

NACHWORT

ANHANG

www.ingramcontent.com/pod-product-compliance
Lightning Source LLC
Chambersburg PA
CBHW070329100426
42812CB00005B/1295

* 9 7 8 3 1 1 0 3 6 1 0 2 5 *